隐形超权力

算法传播研究

INVISIBLE SUPER-POWER

A STUDY ON ALGORITHMIC COMMUNICATION

全燕　著

前　言

对于本书的书名，读者也许会产生疑问，为什么要关注算法传播？为何说算法传播具有隐形超权力？回答这两个问题需要从理解算法说起。经历了从集合论和符号逻辑基础到数据驱动的机器学习的最新发展，算法几乎改变了社会生活的方方面面。在一定程度上，它能够决定社会分层、影响公平公正、协调生产分配、干预民主议程……越来越普遍的个人、团体、社会组织、实体机构、市场主体，越来越广泛的思维方式、工作方式、管理方式、生活方式等，都卷入了可计算逻辑，一点点累积起当代“计算大教堂”的“神权”。显然，算法的根源不仅在数学逻辑，还在于控制论的哲学传统。为了理解算法，我们需要揭示这些根源，并建立一个新的“算法阅读”模式。本书策划开启的传播学视野的“算法阅读”，就是一种既能应对计算固有的复杂性，又能应对这种复杂性与人类文化相交时产生的模糊性的模式。

算法传播将“计算决策一切”从抽象的代码编程空间部署到多模态的人机交往空间，在何塞·范·迪克（José van Dijck）称之为“平台社会”的地方实现了机器（技术智能体）和人的复杂组合。算法传播的互动式和反应性为人们提供了一种独特的陪伴，与算法共处，你也许会孤独，但并不会孤单。举一个例子，对于许多人来说，很难接受对自我观念的挑战，尽管许多心理学家、社会学家、精神分析学家和哲学家都主张：自我在本质上是偏颇的。然而，我们写诗，我们旅游，我们工作，我们社交，我们参与政治，我们沉溺网游，我们追逐功绩，我们憧憬田园……我们的日常几乎都在热衷于经营能表现自我能力和情感的事情。算法作为一种强化个体思想和表达自我多样性的媒介，为我们展现这一切提供了新的机会，准备好了答案。通过算法传播，人们将自己投射到诱人的手机界面中，作为自我的延伸，算法成为人类心灵的隐喻、文化的隐喻、意识形态的隐喻、生物学的隐喻、经济的隐喻……从这个角度来看，算法传播涉及的问题已经影响到每一个人，而不仅仅是对智能媒介和传播感兴趣的学者。

我们无法认定技术的进步一定会带来道德的进步，也无法假定人们的媒介素养会随着媒介进化自动晋级，这是我们需要明晰的问题，同时也是我们最常忽视的问题。直面这个问题，需要人文学科的批判方法。这本书贯彻这一想法，系统描述了新兴的算法传播是如何影响我们关于心灵、身体、自我和机器的观念的。算法传播在人们的平台生活中占据了突出的位置，在平台上，算法从与人的异质互动中产生了一系列判断，并形成自动化决策，这使我们能够更清楚地观察到深度媒介化导致人类生产、生活方式发生根本性转变的证据。这本书试图反映算法与算法传播在创造一种新的社会、政治和文化情感方面所拥有的隐形超权力。换句话说，这不是一本关于算法的书，而是一本关于人与算法之间密切关系的书。

本书第一章立足于算法的物质性，探究其对传播与社会的影响，具体回答作为技术物的算法与人形成了怎样的传播关系、如何构建起算法传播这一新型传播形态，以及算法作为媒介、算法作为媒介实践、算法作为化身引擎的不同角色嵌入深度媒介化社会、工业 4.0 社会、元宇宙社会中分别产生何种社会影响等问题。

第二章描述了算法传播如何与原有社会结构交织与互嵌，形成新的社会实践，产生新的社会场景，并在媒介实践中形塑起新的认知与行为模式。研究发现在社会议题建构、日常生活选择、公共话语塑造方面，算法传播通过精准适配、程序修辞等方式产生了长期的、不断增长的媒介环境渗透作用，也产生了算法偏见。

第三章讨论了算法传播中内容生产的诸种问题，发现算法以关键词生成内容，依靠语义网将内容连接起来形成全新的传播格局，并通过对内容生产、消费与变现环节的深度干预，完成了对平台内容生态的重组。本章提出发展建设性新闻有助于专业媒体在履行民主社会的公共性角色中与算法机器抗衡，同时遏制算法对新闻本质的侵蚀。

第四章探寻算法传播与政治的关系，关注在何处以及在何种方式下将算法引入到人类知识实践中可能会产生政治影响。算法传播是一种社会的、政治的实践，它不仅是数据对象的代理，其本身也是数据的主体行为者。本章对政治极化、后真相政治、透明度和公共性问题等都进行了深入讨论。

第五章从人工智能时代的人机关系着眼，在对计算政体的政治批判中研究算法机器（虚拟智能体）与人类的博弈与共生关系，提出算法创造了人机关系的奇点，而传播最本质的变化在于传播的“人性”逐步被“技性”取代。

第六章在全社会拥抱数字技术治理创新背景下，展开对“代码正义”论和人脸识别技术的讨论，反思了量化等同于美好生活的理念。同时也指出算法守门人应履行平台治理职责，更好地与公民利益保持一致。

第七章从解读算法文化的发生背景、表达方式展开，观察文化决策过程的自动化过程，以及算法在日常生活中的文化整合力量。在算法文化中，日常生活本身变成了一组数据，需要由算法来调节。本章通过理解算法文化、算法时间等内容，讨论了如何以有效的方式抵制算法文化的控制。

第八章对算法与消费文化和消费社会的关系展开讨论，通过对算法消费文化和评分机制的观察，认为消费文化领域的算法不再是一种工具，而是一种策略、一种社会互动和关系的表现形式，或者说就是一个庞大的文化机器。消费者与符号之间的关系是由算法制造的，消费社会的再结构化成为平台资本主义蔓延的后果。

本书在第九章结束，这一章以平台文化生产和知识生产为主要研究对象，探讨算法文化实践及其意义的变化过程。同时指出算法传播时代的个体需要在与技术的融合与抵抗中不断调适自身，确保最大程度的个人自主权，实施有意义的发展目标，最终实现文化突围。更多视角的媒介文化批评也会在这一章得到整合。

整个大纲清晰表明，本书更像是一份草图，试图勾勒人们需要了解的算法传播的方方面面，加深理解正在进行的智能传播变革的本质。从这个意义上讲，本书旨在充分提出问题，而不是匆忙给出答案。此外，本书并未形成一套完整的理论系统，而是希望这样的讨论方式能有助于促进进一步的实证分析，帮助后来者发展出更为深入的、经验研究和理论研究并重的算法传播研究体系。同时，本书也为传播行为的制度化和具体化留下了一个值得继续探讨的话题，即算法传播权力的特定要素在多大程度上可能永久存在？如果这本书能激励相关研究的发展，或者牵引出更多批判性话语，将是对作者莫大的鼓舞。

目　录

绪　论　大数据神话与算法传播的崛起 …… 1

算法传播与智能社会

第一章　算法传播与社会变革 …… 19

第一节　算法传播形态的建立 …… 19

第二节　算法传播与深度媒介化社会 …… 36

第三节　算法传播与元宇宙乌托邦 …… 45

第四节　算法传播变革社会的风险之维 …… 62

第二章　算法传播与社会重构 …… 74

第一节　算法媒介对社会的重构 …… 74

第二节　算法传播的社会议题建构 …… 90

第三节　算法修辞的媒介社会实践 …… 104

第四节　算法选择与算法偏见形成 …… 122

第三章　算法传播中的内容生产 …… 129

第一节　算法作为内容生产的语义坐标 …… 129

第二节　算法传播模式中的信息控制 …… 138

第三节　算法加速逻辑中的内容生产 …… 146

第四节 算法传播中建设性新闻的“可为” 153

算法传播与政治传播

第四章 算法传播与政治的不确定性 171
第一节 算法传播与算法政治 171
第二节 算法传播与公共性背离 179
第三节 算法传播与政治极化 188
第四节 算法传播与后真相政治 204
第五章 算法传播与人机传播 222
第一节 算法机器与计算政体形成 222
第二节 算法奇点与人机传播崛起 226
第三节 行动者网络中的人机传播 243
第六章 算法治理术中的可见性政治 264
第一节 反“代码正义”中的算法治理 264
第二节 算法守门人的治理向度 279
第三节 人脸识别中的算法焦虑与治理 297

算法传播与媒介文化

第七章 算法文化与日常生活的改变 317
第一节 理解算法文化 317
第二节 关键词批评中的算法文化 336
第三节 算法时间的考辨与文化否思 355

第八章 算法机制下消费文化与消费社会 …… 371
第一节 算法拜物教与算法消费文化 …… 371
第二节 算法评分机制与“平台文化资本” …… 376
第三节 平台算法下消费社会的再结构化 …… 388
第九章 算法传播与平台文化生产 …… 393
第一节 迈向“算法转向”的平台文化生产 …… 393
第二节 算法机制下的平台化知识生产 …… 410
第三节 算法透明度下的内容自决与文化突围 …… 434
参考文献 …… 451

后 记 …… 486

绪　论

大数据神话与算法传播的崛起

人类进入工业文明以来，科学技术的进步帮助人类扫清了一些世界上的未解之谜。20 世纪初，马克斯·韦伯的写作将现代性的中心化特征定义为“除魅”（Entzauberung），后被译为“启蒙”（De-magification）或“祛魅”（Disenchantment）。这个过程就是理性观察取代魔法和迷信，成为解释生活中神秘事件的方法之过程。[①] 而在智能技术环境下生活的这代人也许是体验了相反效果——世界的“再神秘化”。随着时间的流逝，我们会发现自己被具有超凡力量的、微妙而复杂的大数据和算法传播越发紧密地包围起来，其中的大多数我们都几乎无法理解，更不用说控制了。英国科幻小说家阿瑟·克拉克（Arthur C. Clarke）说：“任何足够先进的技术都无法与魔法区分开来。”[②] 诚如斯言，若数字生活世界要为我们准备一场魔术表演，它必将与我们所见过的一切截然不同。在此之前，我们从未与拥有强大力量和自主权的非人类系统共存过，从来没有在一个大数据与算法传播已无缝融入社交网络的世界生活过。我们不了解生活中的大部分内容是如何被记录、跟踪和处理的。当我们在数字生活世界中继续前进时，面临的主

① 参见马克斯·韦伯：《经济与社会》（第一卷），阎克文译，上海人民出版社 2019 年版。

② 阿瑟·克拉克：《阿瑟·克拉克科幻短篇全集 2：星》，秦鹏等译，文汇出版社 2021 年版，第 169 页。

要风险即失去自己的政治和道德直觉，不愿意或没准备好对我们已经习以为常的变化进行批判性思考。

故此，我们首先必须认知这个无处不数据的时代。在数字生活世界中，越来越多的社交活动将作为数据被捕捉和记录，随后由数字系统进行分类、存储和处理。人类的动作、话语、行为、关系、情感和信念将越来越多地留下永久或是半永久的数字标记。除了记载人类生活的数据，自然界、机器行为和建筑环境等方面的相关数据也会被逐渐收集起来。所有这些数据将用于商业目的，训练机器学习人工智能系统、预测和控制人类行为。这无疑是一个日益量化的社会，人类和机器生成和处理的数据呈爆炸式增长，到 2022 年时，全球已有 40 泽字节（zettabytes）的数据——大概是人均 300 万册书的数据量，这意味着人类每隔几个小时产生的信息量差不多等于从人类文明诞生到现在所产生的所有信息量。我们如今每 10 分钟产生的信息量就等于最初一万代人类创造的信息量总和，我们生产信息的速度就像计算机处理能力一样继续呈几何级数增长。那么到底什么是数据？它们划时代的意义是什么？

维克托·迈尔-舍恩伯格（Viktor Mayer-Schönberger）与肯尼斯·库克耶（Kenneth Cukier）在其著作《大数据时代》中曾解释道，数据“是对某种事物的描述，它使对这些事物的记录、分析和重组成为可能”。而将现象转化为数据的过程被称为“数据化”。[①] 数据化与数字化相关，数字化推动了模拟内容（包括书籍、电影和照片）转化为数字信息，数据化则与政治和经济项目密切相关。直到 2000 年，世界上还只有约三分之一的信息是以数据形式存储的，如今，这一比

① 维克托·迈尔-舍恩伯格、肯尼思·库克耶：《大数据时代》，周涛译，浙江人民出版社 2013 年版，第 4 页。

例已超过99%。在平台环境下，消费者通过每天的活动——交流、浏览、购买、分享、搜索等，创造了他们自己的海量数据。这些数据包括了数亿人的生活、梦想和情感的轨迹，也给研究人员提供了前所未有的研究机会。乐观者云："大数据洪流正在引导人们对地球上的生命和宇宙之外的生命有更深刻的理解，它可能改变科学发现的过程……数据越多，发现越多。"[①] 随着大数据越来越受到信任，新的算法和计算分析工具也从其中产生出源源不断的"数据黄金"，[②] 这一大数据神话除了为平台企业打造无数商业奇迹和治理奇观外，也直接导致相关社会科学研究的焦点日趋偏向自然科学化。

大数据神话始于"大"，但规模其实并不是大数据最具规定性的特征。有意思的是，一些大数据集（如 Twitter 数据）的数量并没有突破传统数据集（如全国人口普查数据）的数量。然而，尽管后者力求在数量上详尽无遗，却有显而易见的劣势。首先，考虑到产生、处理、分析和存储数据集的成本问题，人口普查数据都是通过抽样的方式产生的，这限制了数据的范围、时间和大小。其次，为了使汇编普查数据易于管理，研究人员每 5 年或 10 年才编制一次，并只提出 30—40 个问题，统计结果通常比较粗糙。第三，用于生成这些问题的方法也不灵活（例如，问题一旦设定就不可能调整、添加或删除）。相比之下，大数据的特点是持续生成，不仅在范围上力求详尽准确，在生产上也具有灵活性和可扩展性的特点。而无处不在的算法、随时随地的万物互联，以及新数据库设计和存储能力很好地满足了大数据分析的要求。例如 Facebook 这样的数据公司早就实现即时处理上亿个关系数据流，这也是大数据神话的发端。

---

① Rosling, H., *The Joy of Stats*, London: BBC4, 2010.

② Bell, G., Hey, T., Szalay, A., "Beyond the Sata Deluge", *Science* 323(5919), 2009, pp.1297–1298.

与此同时，传统的数据分析技术被设计为从稀缺的、静态的、干净的、关系不密切的数据集中提取见解，并遵循严格的假设（比如独立性、平稳性和正态性），然后根据特定的问题进行分析。大数据分析则需要应对数据的丰富性、穷竭性、多样性、动态性、不确定性、高度相关性等的挑战，而且很多数据只是某项活动的“副产品”，是由正在发生的社会过程的痕迹构成。但这种挑战在高性能计算和新的分析技术下已不复存在，这些新技术源于人工智能、机器学习和新的可视化模式，包括网络尺度观测数据的分析、虚拟实验室的实验和计算建模等。另外，传统数据分析师通常根据所掌握的经验性知识选择合适的方法，而大数据分析不是通过分析相关数据来检验理论，而是直接从数据中寻求见解，数百种不同的算法可以轮番应用到数据集上，以确定最佳的或复合的模型或解释。

大数据分析也使一种科学主义认识论成为可能：数据可以为自己说话，模型和关系在本质上都是有意义和真实的，并可以超越语境或特定领域的知识，因此也是完全可以通过统计模型来解释、模拟和预测人类生活的。它让研究人员有机会通过数以亿计的人际网络来观察社会的复杂性状况，并有能力据此改变人们对生活、组织和社会的理解。正如平台和数据分析公司的成功所证明的那样，大数据化的社交生活确实更易定量、更有规律、更可预测。例如，一个帖子在社交平台上收到的“点赞数”不需要额外的操作来量化，但如果以传统数据形态进行统计则需要专门的转录，更不必说处理“表情包”这类型的难题了。

随着人们越来越多地使用编码数据来导航人们的社交世界，将意义的交流变成数字、文字，以及从预定义的表情包中做出选择，人们的社交生活也变得更加量化、更加有序和结构化。预测分析世界的创始人埃里克·西格尔（Eric Siegel）曾说，“他们通常不知道因果关系，也往往并不关心……他们的目标更多的是预测，而不是理解世界……预测胜过解释”。[①] 这的确代表了相当一部分从事大数据分析的研究人员的认知状况，也使大数据成为捕获和匹配数字生活的关键力量，是大数据“封神”的思想来源之一。

在大数据神话出现之前，早期的关于数字化的讨论主要是围绕数字技术带来的快速变化所导致的社会影响展开的。[②] 根据早期学者的说法，数字化进程不受物质世界的限制，并日渐成为社会变革的技术背景。在数字化语境下，社会的稳定性遭受破坏，例如鲍曼在对液态现代社会的描述中，就认为“流动”取代了确定的社会结构和文化体系。[③] 与此同时，数字化语境还与更广泛的讨论如“后现代性”“晚期资本主义”“风险社会”“社会加速”等概念有关，从鲍德里亚的拟像学说到詹姆逊对晚期资本主义的文化分析，从贝克对风险社会去结构化的描述到吉登斯提到的无序失控的世界意象等，人们可以在很多言说中找到数字技术语境对社会影响的分析。总的来看，早期学者将数字技术视为晚期现代性的一部分，也是更大的现代性进程的一部分。在这个进程中，“人类不是居住在一个由可持久使用的物质组成的稳定世界中，而是被卷入了一个加速的生产和消费的过程”。[④]

在这些学者看来，数字化被理解为社会现实发生转变的一个阶段，在这个阶段中，资本主义社会已经达到了詹姆逊所说的最纯粹的形式，数字化进程最终融化了技术的物质性，让一切固态化为源代码。而从人类世界进化的历史来看，世界的稳定性是与技术的物质性

---

① See Siegel, E., *Predictive Analytics*, Hoboken: Wiley, 2013.

② See Negroponte, N., *Being Digital*, New York: Alfred A. Knopf; Mitchell, W. J., *City of Bits: Space, Place, and the Infobahn*, Cambridge: The MIT press, 1996.

③ 参见齐格蒙特·鲍曼：《流动的现代性》，欧阳景根译，中国人民大学出版社2018年版。

④ See Arendt, H., *The Human Condition*, Chicago: University of Chicago Press, 1958.

联系在一起的，因为物质性技术的变化往往是缓慢的，所以它为社会结构赖以生存的环境提供了一个相对稳定的基础。例如，一座由工程技术构造出来的建筑可以在一个城市中屹立数百年，并可以长时间展示其建造时所处的时代背景。但这种稳定性正在被数字技术带来的去物质化破坏。随着数字技术的发展，实体建筑的灵韵被消磨，实物的数码影像、虚拟的 VR 影像、混合的 AR 影像等都可以代替实体建筑使人身临其境，原有建筑的意义在数字化语境下也会变得不稳定。不但技术作为社会结构稳定器的功能被削弱，新的不稳定性也被带进了人们的语言和解释世界的方式中。为了说明这一点，研究人员以拉康的“漂浮的能指”（floating signifier）为基础，指出数字化语境下的文字变得很不稳定，意义也不固定，并且不断变化。“数字技术从根本上改变了所指与能指的关系，从而将拉康的‘漂浮的能指’的不稳定性又向前推进了一步。”[①] 从这个角度来看，社会系统通过允许快速的技术变化，进而产生了“本体论的不确定性”，在数字和符号表面稳定之下，社会结构的流动性和不稳定性却在不断升级。

正如早期讨论所指出的那样，数字化所带来社会结构的流动性、不确定性是现代性过程的一部分，但仅凭对现代性的经典理解，并不能很好地描述数字化语境对社会系统的影响和对人的行为影响。近些年以大数据为代表的数字化进程已经发展到难以预见的状况，这意味着意义和结构的流动性也在以意想不到的方式被引导。我们可以以实体教堂与数字教堂的异同为例来解释。传统的实体教堂是权力和权威的象征，它作为一种有意识的设计，专门用以激发人们对上帝、宗教机构和神圣力量的敬畏。教堂为神坛后的牧师赋权，并赋予信徒的行

① See Hayles, N. K., *How We Became Posthuman*, Chicago: University of Chicago Press, 1999.

为以意义。而今天的在线数字平台与这些实体场所在本质上似并没什么不同，它们也提供仪式和社会生活发生的场景，它们也塑造和影响了人们的行为和互动方式，也会塑造出类似牧师的角色，塑造出谁是权威、谁就能被倾听的结果。但实体教堂都是用石头和粘土混合筑成的，是稳定的物质形态，而数字教堂（在线平台）则像空气一般包裹着人们，并不断发展变幻。实体教堂是塑造人们生活的钝器，它需要宗教法庭的支撑，而数字教堂读取并回应人们的每一个手势和表情，它们能够根据个人的需要进行定制，潜移默化地培养数字信徒，利用精妙的选择设计将用户一步步导向某一特定的方向。这种非物质化的技术带来的碎片化和流动性反而促进了数字化控制的日益集中，因为它允许技术所有者通过温和的“轻推”（nudging）规则来塑造意义和结构，它并没有冻结意义的流动性，而是动态地引导意义的流动，从而塑造结果。

人们循着早期的讨论进一步扩展。首先，在数字化理论出现的早期，互联网还是一个高度碎片化的环境，今天，互联网在基础设施方面变成了一个极端集中化的地方。由于自然垄断，数字化已经变得非常成熟，为大型平台企业的蓬勃发展创造了条件。而平台企业也已越来越类似于非物质形态的私人政府，它们拥有控制信息流的权力、管理着网络社会的秩序，例如“共享经济”的“龙头”企业 Uber 甚至会对其用户群“征税”。其次，数字化平台的新发展不仅改变了新技术的推出方式，也改变了反馈与创新的过程。由于平台所有者拥有关于其产品如何在更大的社会环境中被使用的精确而详细的数据，平台在评估和创新之间的反馈循环变得越来越快。例如通过对数字化平台上的用户活动进行复杂的数据分析、A/B 测试和即时评估，平台所有者就能够以前所未有的精确度和控制力塑造用户的行为。最后，随着从原子到比特的转变所带来的对社会系统稳定力量的破坏，社会系统的开放性增强，社会结构更加碎片化、发生质变的倾向也日趋明显，而这也带来了对大数据量化社会有效性的质疑，因为被度量的对象（社会系统）已经不再是恒定不变的了。

这三个变化也启示我们，由早期的研究者提出的非物质化（数字化）技术带来社会结构的流动性和不确定性，不仅是资本主义现代性进程的一部分，更重要的是它印证了当下大数据技术的演进已经成为塑造社会现实的隐蔽语境。换句话说，随着社会生活向大型平台集中，大数据技术演进正在成为包裹社会的无所不在的技术环境。它改变了技术在社会生活中的作用，破坏了以物质为基础的社会系统的稳定性，使得社会发展更趋碎片化和流动性。然而，当社会现实化约为一种编码的、可衡量的大数据分析的结果时，产生大数据的复杂社会和技术力量就已经被隐匿了，同时产生数据的人类生活和社会之间复杂的相互作用也被忽略。事实上，大数据的产生并不是建立在机械编码过程之上，而是产生于内置了行为引导的平台法则中。平台通过提供一种“行为语法”（grammar of action）来指导和限制个人行动，从而使社会活动可以被充分测量、分析、商品化和操纵，而这种“行为语法”就是由算法规则制定的。

诚然，本书提供的远不止是对数据如何影响人们生活的评价。数据本身并没有意义，意义依赖于算法对数据的解释。而算法无疑已经成为当今数字生态研究中的主流话题，大量有关算法的“元”分析和现状评估在不断增加。相关研究与三个相互关联的主张密切相关：首先是算法具有独特形式的权力，这种权力来源于与处理数据的复杂计算技术。通过这些技术，算法能够以前所未有的历史规模识别数据中的模式，并建立塑造和调节人类行为的预测模型。第二，算法的权力来自它们建构了难以拆解的社会技术网络。在这个意义上，算法逐渐被视为日常生活中不可或缺的无形组成部分。第三，算法为社会中更广泛的不平等增加了一层复杂性。除了复杂的计算程序和基础设施外，算法还与更大范围的社会歧视和剥削历史相交集，它们书写了某种意识形态或特定的世界建构方式。通过这种方式，算法再生产并放大了特定形式的权力。

可以说，人们生活在法学学者弗兰克·帕斯奎尔（Frank Pasquale）所称的“黑匣子社会”，在这个社会中，算法决定了人们世界的轮廓，而人们却对此往往一无所知。的确，在线上的“你”可能和真实的你关系不大，甚至没有关系，通过各种算法处理方式，“你”被赋予了分类的意义，而真实的你并没有直接参与、了解或允许。正如帕斯奎尔所说，“编码规则所执行的价值观和特权隐藏在黑匣子中”。[①] 这意味着，当通过算法理解人们的社会身份时，它们实际上根本不是社会的。人们在平台世界中的身份远不只是对自我认同或意图表现的概括，比如根据互联网研究人员格雷格·埃尔默（Greg Elmer）关于“画像机器”的研究，用户的身份还是个人数据通过算法解释所做的概括。[②] 这些算法分类使个体的主观独特性、心理动机或意图不再重要。在算法解释面前，人是被计算出来的生物机器。而当人的个体性被忽视时，他（她）不仅越来越失去对生活的控制，也会失去对生活本身如何定义的控制。

这种“损失”加剧了人们在线上的自我分裂现象。在短短一天时间里，人们可能会被创造成上百种不同的自我。人们的身份由无数

---

① Pasquale, F., *Black Box Society: The Secret Algorithms That Control Money and Information*, Cambridge: Harvard University Press, 2015, p. 8.

② Elmer, G., *Profiling Machines: Mapping the Personal Information Economy*, Cambridge: The MIT Press, 2004.

的解释层组成，被数百家不同的公司和机构以成千上万种竞争方式识别。就在此刻，百度网站会认为“我”是男性，而淘宝平台可能会说“我”是女性，但网易云音乐软件可能识别为不确定。这些数据解释的矛盾来源于各家公司都在根据自己的算法逻辑谈论“我”。人们甚至难以真正知道自己在线上是谁，因为算法身份会随着输入的变化而变化，一分钟一次，或者一字节一次。换句话说，在线上，“我”并不是你熟悉的那个人。而算法身份的一个关键后果是，它们将围绕身份的政治重塑为资本或权力的独家话语。

在网络上，人们的身份是根据数据制造、解读、解释和可理解的。人们的世界以及赋予其意义的知识越来越可计算。人们与无处不在的算法在当代相遇，也暗示了一种“软生物政治”的新权力关系。这一权力关系和新兴的人机关系合体，迫使我们重新思考算法的媒介化问题。我们会发现在过去的大约 15 年里，人们共同亲历了媒介史上一个新阶段的到来：移动媒体、社交媒体的智能化发展，以及各种应用程序的平行扩张使社会重新媒介化，其中，以“计算引擎决策一切”为特征的算法技术所创造的一套实践理性，正在成为一种媒介管理机制，并为传播嵌入了新知识观、价值体系和行为模式。当下，算法作为相对独立的技术力量在智能媒体的驱使下所发挥的作用越来越大。当参与式 Web3.0 邀请用户生成他们自己的视频、音频和文本内容，并在社交媒体上与其他用户共享这些内容时，这些自发和不受控制的多样性内容为算法提供了数不尽的“数据黄金”，使其能够寄生地利用用户在 Web3.0 上的参与来开发它们自己的学习能力。

今天的算法学习能够识别从未遇到过的图像，进行关于未知话题的对话，以及预测用户的行为、推理和愿望。当算法大规模地、自主地在人机交互中发挥能动作用，不是以技术中介的身份，而是独立胜任面对用户的个性化传播时，我们需要运用一种开创性的传播观重新审视依靠算法决策的新型传播形态——算法传播（algorithm-based communication）。算法传播指的是以大数据为基础，经由智能媒体，依靠算法技术驱动的传播，它是在传播社会学意义上整体发生异变的一种传播形态，它的传播对象、传播内容、传播方式、传播效果等均被纳入可计算的框架内，形成全新的传播形态。不同于媒介史上历次技术革新对传播渠道和效果的渐进式提升，算法颠覆了传统传播组织与传播活动的规则与边界，实现了传播的质性革命，它脱离了传统媒介机构、脱离了专业组织原则、脱离了经典传播模式、脱离了传统把关人，成为可计算前提下人机交互、精准营销、UGC、PGC、OGC、虚拟社交等的混杂体。

传统的传播观认为，为了实现传播，参与者的心理过程必须在某些共同的内容上趋同，至少在解码意义时，传播产生效果的前提是需要达成传授双方的某种同一性的。因此在界定算法传播形态时，人们需要辨识的是这样一种情况，即传播者（算法）是一种不可能理解传播内容的技术，那么当传播不再以沟通意义为导向时，传播何以可能？在社会系统理论中，传播的发生并不是从传播源开始的，而是从接受者开始的，传播发生的前提是接受者可以从传播源获得信息。例如，人们可以写书、可以做演讲，但如果没有人读或听，传播就没有发生。相反，如果接收者理解了传播内容，那么无论传播源是什么，传播都是有效的，也就是说，传播可以完全独立于意识。在算法与人的交互中，算法通过自主学习，代替用户进行信息选择、话语选择、理解选择，在无人工介入环境下完成了对用户的个性化判断，精准实现了对用户的意义介导，那么人们就能够认定算法传播是有效的。

今天，人们对于算法传播在社交平台上的活跃程度和影响力度是很难精确估计的，但依然有人做了粗略的统计：在美国，算法机器人是大约 50% 的网络流量贡献者；至少 40% 的维基百科编辑工作是由算法完成的；自动化新闻经常被美联社、三星、康卡斯特等公司使用，更不必说几大互联网科技公司（Google、Apple、Facebook、Amazon、Microsoft、YaHoo）都在依靠算法进行个性化传播，例如 Apple 的 Siri、Amazon 的 Alexa、Microsoft 的 Cortana、IBM 的 Wason、Google 的 Now 等，这些社交机器人每天都在与特定用户互动，使用自然语言界面回答新问题、管理日历、提供个人建议，等等。通过与算法的交互，用户可以获得很多信息，在许多情况下，这些算法程序往往比用户更了解自己，也更谙熟传播策略与营销效果。简言之，这个世界不再用人们能理解的方式表达，而是变成了算法解释的且经由算法传播重新配置的世界。

促使算法传播形态如此深度发展的原因在于，当用户与具有学习能力的算法交互时，算法从用户行为（搜索、推荐、评论、购物、聊天）中获取数据，同时收集了大量的信息，包括用户是接受推荐抑或继续搜索，但不管是哪一种，由用户执行的操作都可以被算法用来指导和组织其行为，这使传播越来越具有针对性和精细化的特征。而在越来越精细的人机交互和传播中，算法读懂了人们个性化的思想和需求，并利用人们思维的结果生成人们自己都想不到的结果。而这反过来也不断鼓励用户将他（她）的感知和意义投射到算法机器上，从而使算法持续与用户产生新的信息交互与信息传播。因此，算法传播激活了一种递归循环：用户依靠算法获取信息，算法影响用户后续的信息搜索，算法传播独有的个性化推荐也因此变得更加精准有效。正是因为算法自主学习所表现出的理解能力和反应能力，使得用户不知不觉跟从算法选择、信任算法推荐、依靠算法打理自己的线上生活。

那么这是否意味着人类传播正在走向一种普遍的智能传播状态？在这种状态中，是否算法智能体和人类传播者可以相互替代？我们看到，算法根据用户不知道也无法知道的标准对数据进行选择、编程，但这些标准不是算法自带的，它来源于用户画像，是算法从具体用户的角度出发进行千人千面的个性化传播的基础。算法机器无法理解选择什么、为什么选择，而只能决定传播什么，并直接参与了传播。可见，算法复制的不是人本身，而只是传播的形态。新的算法传播形态在保留了人机交互的特点之外，将机器智能与人的智能结合起来，但这并不说明聪明的算法与人已经不分彼此，智能体也无法复制真实传播者的思想并取而代之。就像物联网只创造了物—物传播的场景一样，算法传播虽然极大地扩展了传播的边界，丰富了数字传播的形态，但只要赛博人还只是停留在研究者的想象中，算法传播就不可能取代富有智慧和创造力的真实的人类传播。

本书将算法与人的交互定义为一种新型传播形态，并对此进行讨论，不仅是出于在智能传播的框架下对人们熟知的传播观进行相应的拓展，还在于反思人们所依从的算法传播隐形的超权力是如何影响我们的价值观、知识观、身份认知以及生活的意义和价值的。算法传播制约人们的现在和未来，算法知识的分层叠加，也在不断改变世界。虽然人们至今并未生活在一个完全由算法构成的媒介化社会中，但现实却通过算法媒介得到了增强。每一个可测量类型的分配都会将人们拉向特定的算法解释，但人们几乎不知道自己被拉动的方式和原因。而当数据流动构成传播的本体，服务用户成为传播的动因时，传播成为受商业或政治力量驱策的自动化过程，就极有可能带来智能时代独特的媒介化风险，并在根本上威胁着个人进步和社会共识。

在社会领域，算法形成信息茧房会固化社会偏见，破坏社会共识。机器学习算法的高精度信息聚类，会对平台用户实施全方位、全天候的信息干预，其负面影响包括形成信息茧房、固化社会偏见、传播社会谣言等，不仅对传媒行业的发展造成不良影响，也使精神文明建设蒙受损失。

在政治领域，算法武器化成为国家民主进程的巨大威胁。受政治利益团体控制的算法系统能够进行政治信息的精准投放，其规模和精度史无前例。为抹黑对手制造的虚假信息，以及政治机器人炮制的虚假舆论一经算法传播，会产生网络群体极化现象，使政治文明建设遭受挑战。

在经济领域，超级平台利用算法权力形成垄断，破坏经济秩序。商业驱动的算法控制系统是按照资本逻辑进行设置的，拥有巨量个人信息的超级平台掌握了最先进算法，不但会冲击现有市场秩序，并且可能突破现有制度框架，挑战国家治理能力，使国家信息安全和公民隐私权力面临巨大风险。

在日常生活领域，平台算法根据个人偏好重组社会生活，容易使人产生算法依赖。在广泛普及的算法推荐、算法排序中，算法成为影响人们的选择、想法和机会的复杂文化过程。随着人们对移动设备和算法决策系统的依赖愈发加深，一旦算法能够大规模“塑造”人们的行为，算法依赖现象就会发展成为一种社会性症候。

上述复杂形势是由算法传播内含的计算理性及其易受资本和政治操控所导致。揭示算法传播的建构过程、表现形态及其风险状况，是对媒介化当代进程的深度读解。然而仅仅打开算法黑箱还不够，在相关软法还不足以有效治理算法监控和计算盈利等问题的现状下，可以通过构想以个人和集体的技术自治方式来管理算法，并加强公共机构和民间组织的监管与维护，向实现智媒时代的公平传播和有效问责迈出切实的一步。当然，这一理想状态的实现，除了关注算法传播形态本身，还需要将其与媒介化社会、新媒体政治，以及媒介文化等研究融合，思考人与技术之间更广泛的关于社会、政治、文化、伦理等关系的变革。在算法的世界中，谁拥有权力？谁能够行使权力？技术又如何在不经意间，以一种让人类适应的方式将权力嵌入其内？清楚回答这些问题，方能在算法迷思中保持清醒的头脑，为建设智能文明构想出全新发展理念，在无可避免的人机共生中保持人类的稳健发展与文明延续。

算法传播与智能社会

第一章

算法传播与社会变革

第一节 算法传播形态的建立

智媒时代的人们成为数字化映射的个体，随着社会的媒介化程度不断加深，虚拟的赛博空间与现实的物质世界的界限日渐消融。日新月异的媒介技术为人类建构出不同于以往的社会场景，这些“媒介化的情境”通过新型的传播形态得以具象化呈现。作为智能技术的底层架构，算法对于新型传播形态的崛起有着至关重要的影响，算法自身的逻辑也在重构着传播形式和媒介情境，进而对社会互动形式与文化进行重塑。算法不只是充当中介者的角色，主宰社会信息传播渠道，更在一定程度上获得传播控制主体地位，挑战了过去人作为传播主体的地位。

作为传播领域的新入局者，非人类行动者——算法的物质性得以挖掘，人与作为技术物的算法不再是二元对立，而是相互映照、相互嵌入。当下传播研究领域的媒介物质性转向也在提示着我们，算法在与人类的交互中对于传播形态与社会结构都产生了深刻影响，它带来了新型传播形态的崛起，并嵌入社会结构中，从而产生了不同于以往的社会实践活动。正如加拿大学者尼克·斯尔尼塞克（Nick Srnicek）所言：“虽然传播只能是未来算法发展中的一部分，但算法依托于社会框架和文化背景的'嵌入性'将会持续存在。"[①] 我们也将立足于算法的物质性，探究其对传播与人的认知的影响，作为技术物的算法与人形成了什么样的传播关系？如何构建起新型传播形态？在嵌入社会结构之后又引发了何种社会影响？

传播形态是指："传播在一定技术环境中的表现形式和情景，它是媒介系统的具像化。传播形态的核心要素包括媒体形态、受众、传播方式、传播技术、传播环境与情景。"[②] 在新一轮技术浪潮的驱动下，尤其是在平台资本主义驱动下，追求传播效果的无极限，使得算法作为人工智能的底层逻辑，成为智媒时代的主要神经中枢。"大数据和算法技术所建构的拟态环境，与大众传播时代的拟态环境迥然不同，它是一种特殊的'拟态环境'，具有超强劝服能力，大数据挖掘、分析、可视化，定制式精准投放、个性化推送等等，构成了一个全新的'楚门的世界'。"[③] 基于算法，内容提供者与消费者能够实现快速匹配，并且形成了"用户兴趣导向"，用户的主动性与掌控力看似增强，但在算法所营造的传播环境下，人的认知与行为都逐渐依照算法逻辑进行，由此，算法通过影响传播形态的核心要素进一步影响了传播形态。

（一）编码者与解码者的智能匹配

近年来，基于智能算法对于信息和人的匹配的算法型分发成为各大内容平台进行信息推送的主要方式。"算法本质是通过一系列价值判断架构实现供需双方价值关系的连接匹配。"[④] 内容提供者和内容消

---

① Srnicek, N., *Platform Capitalism*, Cambridge: Polity Press, 2017.

② 王君超："未来传播形态的三个重要维度"，《人民论坛》（学术前沿）2017 年第 23 期。

③ 全燕、陈龙："算法传播的风险批判：公共性背离与主体扭曲"，《华中师范大学学报》（人文社会科学版）2019 年第 1 期。

④ 喻国明、耿晓梦："算法即媒介：算法范式对媒介逻辑的重构"，《编辑之友》2020 年第 7 期。

费者通过算法建立联系，算法推荐基于海量数据建立起用户画像，而用户画像的实质是用户信息的标签化。标签意味着识别与分类，从而便于查找与定位。算法在进行标签体系建设时，实际上是将用户特征简化为特定的符号，以此识别个体用户的信息需求，每个被打上标签的用户并不是孤立的个体，在标签主导的算法推荐机制下，具有相同标签的用户被聚集起来，实现“人以群分”，在不同时空下接收到同样的内容。内容生产者不必再花费过多时间与精力找寻和定位目标人群，基于内容方标签与用户方标签，就能将信息传递给特定的人群。信息畅通无阻地抵达用户只是算法推荐的第一步，更重要的是算法能够精准把控用户的兴趣偏向，因此提供的内容会让用户进行“霸权式解码”，这导致对于信息解读的方式和过程都与信息编码时所设定的预期保持高度一致。

而内容生产者进行编码的实质是将信息符号化，在算法的介入下，符号化的信息也被打上标签，与被打上标签的用户实现精准对接与匹配，内容提供者基于目标用户的兴趣偏好生产相应内容，作为内容消费者的用户对接收到的讯息进行解码，减少了对抗性解读，扩大了传授双方彼此共通的意义空间。内容生产者有意识地迎合用户兴趣取向，并通过基于算法的用户反馈及时调整内容。例如腾讯新闻曾发起关于“内容创作者面对的难题”的投票，当被问到“做内容是要迎合大众还是做自己”时，大部分人选择了“迎合大众”，而非“做自己”。由此可见，编码者与解码者都受制于算法，在算法的介入下，原先作为主体的编码者与解码者都要依照算法逻辑下的智能匹配以满足各自的需求。

由于相同标签而被聚集起来的用户往往具有相近趣味，算法推荐中的基于协同过滤的算法机制正是将偏好、行为类似的用户编入一个隐性社群，向目标用户推荐该小组中其他用户感兴趣但未被目标用户接收过的信息内容。“在算法推荐机制下形成的隐性社群中，不同的社会阶层会因为其本身不同的社会背景、社会实践被算法在无形中划分到不同的标签下，这种算法推荐机制带来的圈层化正在隐性社群中体现，每一种算法推荐机制下的标签都是一种圈子。”[①] 某种意义上，算法推荐机制形成的圈子是布尔迪厄趣味理论的网络实践。布尔迪厄（Pierre Bourdieu）认为，文化资本是社会区隔的一个维度，趣味是文化资本的一部分，[②] 因此趣味对于人群的区隔起着重要的作用，由算法推荐形成的趣味共同体建立起了一种“品位区隔”。例如在主打音乐社交的网易云音乐平台中，通过算法的个性化推荐，让个体用户在与音乐内容精准匹配的同时，也通过评论等方式找到和自己拥有共同音乐品味的人，建立联系，强化身份认同。不同的音乐类型被看作是审美品味的差异，许多小众的歌曲在大火之后反而遭到原来的听众群体攻击，其实际原因在于由个性化推荐算法聚集起来的人群努力制造出属于自身群体的特定趣味，以此标榜自己与他人的差异。

（二）用户主动性与被动性并存

丹麦学者施蒂格·夏瓦（Stig Hjarvard）认为：“在一个越发商业化的媒介环境下，受众已经最大化地成为媒介的重要逻辑之一，媒介也由此不遗余力满足受众对形式的需求，这些形式符合特定受众的生活方式。媒介越来越少地遵循社会利益或共同文化价值观，而是更倾向于按照不同人口群体的生活方式选择从事内容生产和流通。”[③] 算法

---

① 喻国明等：“趣缘：互联网连接的新兴范式：试论算法逻辑下的隐性连接与隐性社群”，《新闻爱好者》2020 年第 1 期。

② 转引自刘晓春：“布尔迪厄的‘生活风格’论”，《民俗研究》2017 年第 4 期。

③ 施蒂格·夏瓦：《文化与社会的媒介化》，刘君等译，复旦大学出版社 2018 年版，第 150—151 页。

逻辑对用户思维的重视可谓登峰造极，重视用户、了解用户、洞察用户心理以及预测用户行为，以此满足其个性化与共性化需求。因此，从传者本位到受众本位的转变使得用户需求不断被挖掘与满足，基于此，平台可以更好地留存用户，增加用户黏性，进而为平台创造商业价值。

商业化平台常常以“个性化”为噱头，以此来强调用户的自主性与主动性，但正如研究者看到的，“从理论上说，个体可以使自己的需求、行为以及个性特征成为重要变量，作用于信息和服务的提供者，以此来实现自己的主动性，但从实际来看，个性化服务也会带来人的惯性、惰性以及被动性，人们越来越多地被算法钳制”[①]。平台设计者将对于人性的洞察融入算法之中：一方面，用户在技术与平台赋权之下主动使用平台服务并获取自己所需的信息；另一方面，用户的浏览记录转化为平台进一步提升用户黏性的数据，平台源源不断地推荐同质化信息，对平台产生惯性依赖的用户进而被动地接受所推荐的信息。我们熟悉的电商社区平台小红书的用户最开始是自主搜寻信息，但在平台的算法导向之下，会对用户搜索之后点击、点赞、收藏的内容标签进行实时反馈推荐，同类信息不断充斥用户主页，这在一定程度上是对用户主动性的抑制。

（三）算法形成全新媒介环境

“新的媒介技术应用形成新的媒介环境，进而引起传播情景的变化，这种变化进一步影响社会发展。”[②] 在算法建构起的媒介环境之

---

① 彭兰:《新媒体用户研究：节点化、媒介化、赛博格化的人》，中国人民大学出版社 2020 年版，第 193 页。

② 张华、韩亮:“社群化传播：基于新媒介时间的新传播形态”，《现代传播》（中国传媒大学学报）2020 年第 2 期。

下，算法为用户营造出了新的情境，同质化信息对个体的规训更为频繁。如前所述，在协同过滤的算法模式下，具有相同兴趣爱好的人群聚集起来，形成隐性连接，认知、态度与行为也均会受到相似人群的规训，从而影响自我形象建构，在算法营造起来的新的情境下，人们会互相参照，不断强化既有认知，在获得自我表达空间时，又在被互动环境所影响。在社交媒体平台上，每个用户都可以参与拟态环境的建构，在算法推荐机制下，高度一致性的内容信息不断展现在用户面前，并且在隐性群体的相互交流和讨论下形成整齐划一的认知，在此之下形成共识的价值观不断被放大和弥散，成为后来者的参照。个体在算法环境下被反向驯化，以算法为代表的智能媒体技术本身的技术逻辑会影响作为主体的人，算法技术营造的媒介化生存映射到现实中，“演化为一种现代人无法躲避的生活方式”[①]。这体现了夏瓦所言的“媒介既反映又建构生活形态，影响着不同社会群体作为现代生活导向的规范和实践”[②]。

柏林大学研究者马伦·哈特曼（Maren Hartmann）提出了媒介技术和使用者的“三重勾连”，她指出：“媒介技术不仅是一种物品（object），也不仅是一种信息渠道（message），还是一种情境（context）。”[③]情境意味着个体不仅是在使用作为物的媒介，也是通过媒介这个中介渠道来获取信息，还存在于媒介技术所建构起的互动交流情境中，也就是处于“媒介化的情境”中，受到媒介逻辑的规制。“算法不仅是

① 刘千才、张淑华：“从工具依赖到本能隐抑：智媒时代的‘反向驯化’现象”，《新闻爱好者》2018 年第 4 期。

② 施蒂格·夏瓦：《文化与社会的媒介化》，刘君等译，复旦大学出版社 2018 年版，第 151 页。

③ Hartmann, M., “The Tripe Articulation of ICT, Media as Technological Objects, Symbolic Environments and Individual Texts”, *Domestication of Media and Technology*, 2006.

一种技术架构（technical infrastucture），更是与周边社会生态密切相连的嵌入式的产物和具有生产性的过程。"[①] 算法所构建起的情境对互联网内容生态的变革产生影响，用户的视野、眼界、品味、审美水平、价值观等都会受到该情境的制约。腾讯智库发布的《2020—2021年数字内容产业趋势报告》就显示，在依据不同性别、年龄、收入、学历划分的用户群体中，每个群体中都有 80% 以上的用户认为自己的好奇心并未被满足，这说明当下的资讯分发平台的内容生态并不够丰富，人们都在算法所建构的情境中获取信息，用户的眼界被钳制在自己所感兴趣的领域内，难以跳脱出算法所限定的内容范围。[②]

算法技术的应用影响了既有的传播形态，并进一步形成了新型传播形态。随着算法技术在互联网产品中广泛而深入地应用，算法推荐下所形成的新型媒介环境使得原有的信息传播机制发生变化，各类互联网应用程序通过算法传播逐步成为全新的信息传播平台，构建起不同于以往的媒介生态。在此过程中，传播主体由人类扩展至非人的物体——算法技术以及基于算法的信息传播平台。为了解这个过程发生机制以及算法传播这种新型传播形态是如何崛起的，我们有必要引入法国学者布鲁诺·拉图尔（Bruno Latour）的行动者网络理论。该理论认为，社会现象是由一系列相互关联的行动者所构成的网络塑造和演化的。这些行动者可以是人类个体、组织机场、物体、技术之具、符号等实体。行动者之间通过网络中的关系和交互行动来形成复杂的社会现象。[③] 而作为行动

① 孙萍："'算法逻辑'下的数字劳动：一项对平台经济下外卖送餐员的研究"，《思想战线》2019 年第 6 期。

② "内容生态再次进货：2020—2021 年数字内容产业趋势报告"，2020 年 12 月 3 日，http://www.199it.com/archives11166462.html。

③ 参见布鲁诺·拉图尔：《科学在行动：怎样在社会中跟随科学家和工程师》，刘文旋、郑开译，东方出版社 2005 年版。

者的算法技术是传播领域的行动者网络中的新入局者，在行动者网络理论的视域下，算法与人类行动者之间相互联系、彼此建构，并且无时无刻不在发挥作用，因而行动者网络也是动态运转的。

传播领域的行动者网络过去是由传统的大众媒体建构起来的，作为行动者的大众媒体垄断了社会中的信息传播渠道，专业内容生产者对信息进行把关，并且对无差别的受众进行单向传播，建构起拟态环境，拥有强大的权力。社会中信息的流通都要经过大众媒体这一渠道，因此，大众媒体也成了行动者网络中的“必经之点”，以此来保持行动者网络的稳定。随着移动互联网的发展以及智能手机的普及，个体在技术赋权下逐渐成为独立的传播中心，“关系”成为核心的传播渠道，从内容与人的连接逐渐过渡到人与人的连接。在此背景下，社群化传播形态兴起。社群化传播是以用户的社交关系为纽带形成的网络传播模式。在社交媒体时代，关系成为传播的重要因素，每一个节点都作为独立的传播中心存在；关系成为传播渠道，并呈现出去中心化的传播趋势。用户既可以通过强关系建立自己的信息获取来源，也可以通过弱关系为自己寻找更多元和异质性的信息。移动互联网时代的开放互动性让各类人群的聚合变得更加容易，通过互动建构起不同性质的网络共同体，包括社区、社群、族群以及圈子。“社群化传播形态下，各种社会群体成为人们交往的中心，信息和意义的生成与传播也在其间展开”①，“关系”成为传播的重要驱动力。在这个阶段，人的主体性地位得以凸显，个体与群体的价值得以展现。

媒介理论家保罗·莱文森（Paul Levinson）的“媒介补偿性理论”认为，每一种新媒介的出现都是对以往媒介所存在的不足的补偿。我

---

① 张华、韩亮：“社群化传播：基于新媒介时间的新传播形态”，《现代传播》（中国传媒大学学报）2020 年第 2 期。

们看到，随着算法在传播领域普遍且深入地应用，它对社群化传播不啻为一种补偿。在社群化传播形态下，人们处在信息过剩的状态，难以在海量信息中快速获得有效信息，而算法的出现弥补了该媒介形态的不足。随着算法推荐实现了对传播渠道的掌控，并日渐占据主导地位，算法开始逐渐成为传播主体，并构建起新的行动者网络。拉图尔和伍尔加认为，行动者网络就是异质行动者建立网络，发展网络以解决特定问题的动态过程。一个行动者能在自己的周围构建一个网络，使其他要素依赖着自己，并将其兴趣转译进自己的网络中。[①] 作为新入局的行动者，算法解决了过去信息无法精准传播至个体的问题，并通过对不同个体兴趣的了解与掌控将这些在传播网络中的既有行动者“招揽”进以算法自身为主导的新型行动者网络中。由此，算法在传播领域主导地位的确立也产生了基于算法的新型传播形态。因此，通过分析以算法为主导的行动者网络的建构过程，我们对于算法传播形态的崛起过程会有更加清晰的认知。

拉图尔的行动者网络理论围绕行动者（actor）、转译者（mediator）以及网络（network）三个概念展开。他扩展了行动者的概念，行动者不单指人类，还包括技术、观念等非人的事物，只要能“通过制造差别而改变事物状态”都可以称为行动者，但是非人类行动者需要通过“代言人”进行意愿表达来获得主体地位。我们发现，作为行动者的算法会不断改变其他行动者的状态，行动者网络的运转也会随之发生变化。当下传播领域的行动者网络既包括了传统大众媒体、互联网公司、各类传媒组织、用户以及相关政府部门等人类行动者，也包括 5G 等互联网基础设施、移动终端，以及可穿戴设备等实物、算法

① 参见布鲁诺·拉图尔、史蒂夫·伍尔加：《实验室生活：科学事实的建构过程》，张伯霖、刁小英译，东方出版社 2004 年版。

等媒介技术，资本、政策法规等非人类行动者，其中算法在不同程度上对各类行动者的状态与行为产生影响，并且介入这些行动者之间的互动，将原有的网络重新进行整合，各方的利益在行动者网络中不断博弈，正是这种动态的变化才使得算法主导的行动者网络保持稳定，每一方都受制于隐藏在幕后的算法。

拉图尔认为，任何行动者都是转译者，转译者是相对于中介者（intermediary）提出的概念，中介者是指“原封不动地对意义和力量进行转运，输入量与输出量大致持平”①。换句话说，只要对输入进行限定，就可以对输出进行控制。而转译者是具有能动性的，输入的信息与设定的条件并不能保证输出了什么，而是根据不同内容及时做出响应与调整。算法的设计者可以对算法程序进行设定，但算法内部的计算逻辑是设计者无法掌控的，也就是说，并不能保证对算法进行某种设定就能产生对应的结果。算法不仅充当信息分发者的“中介者”角色，还通过对传播渠道的占领，取代了过去基于人工编辑与关系网络的信息分发，并根据其内部运行机制对信息内容进行转译。例如，前文所述的小红书中的推荐算法就是对于用户喜欢的内容标签进行实时的推荐反馈，用户点击一种类型的内容之后，再往下滑就会马上看到类似内容。作为非人类行动者，算法通过转译与包括人在内的行动者进行联系与互动，换言之，就是主导的行动者将自己的利益表述为其他行动者的利益。那么算法是如何在自己周围构建网络，并且让各种行动者加入该网络的？

首先，算法需要一个脚本 / 情境（scenario），告诉其他行动者要建立一个什么样的网络，以此来吸引行动者。在社交驱动的关系型信

① 转引自梁爽：“从图灵测试到超级智能：基于行动者网络理论的媒介技术互动”，《新闻知识》2018 年第 8 期。

息分发模式中，信息冗余与过载使得人们无法迅速获取有效信息，常常迷失在纷繁复杂的信息海洋中，在此背景下，算法技术的代理人即算法设计者与其背后的商业利益集团开发出算法驱动的互联网产品，例如基于数据挖掘的推荐引擎产品今日头条等。接下来，为了征召（enrollment）其他行动者进入算法行动者网络，算法的代理人需要进行问题界定（problematization），即让其他行动者明确自己的需求和所遇到的问题，并且让行动者相信通过算法能够解决信息选择困难和信息接收疲劳等问题。按照腾讯新闻产品总经理冯涛的说法："推荐系统的职责是不仅能够准确地进行内容理解和用户兴趣的理解，达到用户更好的体验感，还会通过算法快速发现和学习用户对于新内容的兴趣和喜好，实现客观上分发多样性，为用户开启眼界之旅。"[①] 我们看到，算法的代理人不断强调"为用户好"，强化用户需要算法的认知，而当其他行动者对此问题产生了一定的认知后，就会进一步被带入兴趣激发和利益赋予的笼套中。

算法除了对用户的征召，还会对不同来源的信息生产者进行征召。通过算法推荐，内容生产者所创造的成果可以精准抵达内容消费者，能够得到有效的反馈。由此，在算法的招募下，不同行动者被吸引并聚集到同一个平台。而吸引行动者参与只是算法征召的第一步，接下来还要控制其他行动者的行为，从而预测他们未来的行为，这就需要通过简化（simplification）和并置（juxtaposition）的策略。简化就是使被招募进这个网络中的行动者只对这个网络中所界定的问题服务，而抛弃其他的想法。简化使被吸引的群体目标保持一致，有利于

① "被算法'投喂'的时代，内容行业如何对抗系统推荐"，2020 年 12 月 7 日，https://mp.weixin.qq.com/s/Fo3SKWmOuzyt7vcslCr_PA。

控制它们的行为。[①] 实际上，作为行动者的用户被打上的标签是一种简化，算法通过标签进行内容的匹配，并且被打上相同标签的用户会在算法机制的推荐下聚合起来，当人群的聚合也变得可计算时，算法对于人群的控制变得更为容易。而并置则需要将之在网络中理解，拉图尔认为，网络意味着联结，无论是人类行动者还是非人类行动者都是网络中的节点，节点的区别在于与其他节点联结的多少。行动者网络保持稳定的必要条件是存在一个必经之点，这个必经之点意味着“与之相联结的其余行动者可以依据自身条件转化行动意愿”。算法正在将自己构建成传播领域的行动者网络中其他行动者的必经之点，用户正在将体现人的主体性的判断能力移交给算法，通过算法分发提供的信息做出下一步行动，“技术不再只是人们达成目的的手段，而是行动者，与人类互为主体，甚至成为传媒自身”[②]。

通过展现算法在传播领域的行动者网络中的联结与部署，可以窥见算法行动者这个新入局者对于既有网络中的行动者意愿的转化，并且使之在行为上也开始逐渐追随算法。算法传播是以算法为中心的网络的具象化展现，这种新型传播形态的出现预示着人与物不再是二元对立，而是在越来越深入的互动中相互交融。当作为“技术物”的算法融入人类世界，原有的主客体划分标准、虚拟与现实的割裂、微观个体与宏观社会的结界都被打破，物不再是“静态”的，而是不断自我学习与自我进化，并且将周围的行动者都纳入自身的网络中，原先作为主体的人与其所处的世界都随着算法的演进而不断发生变化。

美国科学家尼古拉斯·尼葛洛庞帝（Nicholas Negroponte）早在

---

① See Latour, B., *The Posteurization of France*, Cambridge: Harvard University Press, 1993, p.62.

② 刘斌：“算法新闻的公共性建构研究：基于行动者网络理论的视角”，《人民论坛》（学术前沿）2020 年第 1 期。

1996年就预言了一个信息技术越来越可定制化的世界。他在《数字化生存》中设想了一种数字生活——报纸为人们量身定制内容，媒体消费变成一种高度个性化的体验……今天，智能媒体以算法传播为载体，真正实现了信息的“私人定制”，满足了人们的个性化要求，使这一预言成为现实。基于算法的传播呈现出可计算的特质，例如传播方式演变为日益精准的微目标传播，传播过程简化为依靠数据驱动，传播效果依靠用户体验实现，等等。它们彼此交叉，相互渗透，共同建构出算法传播的形态，并表现出自动化、精准化和参与性等特点。

1. 微目标传播

智能媒体中高速流转和令人眩晕的过剩信息常常使人们失去耐心，信息在注意力经济下必须先赢得关注，然后才是在来自各个方向的信息竞争中保持关注，因此一个更有效的选择是使人们在信息中凭借已知的体验获得即时满足。可以说，人们正在从“信息时代”过渡到“体验时代”。[①] 在此背景下，以满足用户个性化体验为诉求的微目标传播（micro-communication）脱颖而出，它遵循用户逻辑，传播的价值和效果均依靠个体用户体验进行评判。在体验时代，将服务与内容关联是一种便捷的传播策略，目的是使用户感受到独特的理解以及难忘的个性化服务。为了尽可能创造愉快的用户体验，平台必须努力确保每一位用户获得尽可能多的个性化服务，因而通过使用机器学习来不断优化用户体验这一趋势得到了进一步加强，可见赢得用户良好的认知印象是微目标传播的动机。

微目标传播将传播对象列入可计算框架，是算法传播的重要型构，

---

① See Riccio, J., “Why the Experience Age Is Closing the Gap between Consultancy and Agency”. Available at: https://www.digitalpulse.pwc.com.au/experience-age-advertising-agency-consultancy.

它采用精准营销的策略，对用户进行点对点的传播。虽然都是将受众（用户）视为固定不动、乐于接受的靶子，但与“魔弹论”条件下大众媒介采取的粗放的大面积灌服不同，智能媒体会利用算法耐心地记录每一个用户留下的每一个数字轨迹，以及这背后所隐含的价值观、态度或偏好，从而生成一幅“真实的我”的在线行为画像，用户的在线行为总和就变成了他们的“本质”。目标精准的微目标传播依靠的就是在此基础上的算法“超轻推”（hypernudging）技术，[①] 这种技术利用了人类行为心理学的知识来影响用户的情绪和行为，它可以动态地配置用户的信息，并有效地形成影响用户的决策。Facebook 曾在 2014 年开展了一次备受争议的情绪传染实验，证明了情感 AI 能够触发个人的多巴胺冲动或其他情绪反应。纽约大学心理学研究人员也发现，每在一条推特上添加一个带有强烈情绪的词，就会增加 17% 的转发率。[②] 随着智能媒体更深刻地渗透到社会生活中，用户（尤其是年轻人）可能会自动地按照算法驱动的路径生活，但其结果往往并不符合用户的最佳利益。可见，算法在实现个性化微目标传播的同时，也强化了社会学家巴里·韦尔曼（Barry Wellman）所称的“网络化个人主义”，其后果可能使人们上网致瘾、更加自恋、也更容易受到煽动、产生偏见，并最终侵蚀人际信任、阻碍人们构建共同议程来帮助解决共同面临的问题，同时也使潜在的政治微目标操纵成为可能。[③]

---

① See Yeung, K., "'Hypernudge': Big Data as a Mode of Regulation by Design", *Information, Communication & Society*, vol. 20, no. 1 (2017), pp. 118–136.

② See Harris, T., "Before the Subcommittee on Communications, Technology, Available at: Innovation, and the Internet on '*Optimizing for Engagement: Understanding the Use of Persuasive Technology*' ". Avialiable at: https://www.commerce.senate.gov/services/files/AB53478B-3393-4EA1-B4F9-CDEE3E5F1663A.

③ See Kohl, U., Davey, J. & Eisler, J., "Data-Driven Personalisation and the Law-A Primer: Collective Interests Engaged by Personalisation in Markets, Politics and Law". Available at: https://eprints.soton.ac.uk/428082/1/Data_Driven_Personalisation_and_the_Law_A_Primer. pdf.

2. 数据驱动传播

受大数据逻辑的影响，传播活动几乎等同于数据的流动。用英国杜伦大学研究者路易丝·阿穆尔（Louise Amoore）的话来说，数据流回答了关于传播本体是什么的问题。[①] 而数据驱动传播（data-driven communication）也是算法传播的一种实质性表现。表面上大数据逻辑往往以中立的、科学的或客观的计算方法示人：数据计算只是工具，没有价值观和政治目的，它们以一种非常简洁的方式处理数据，“计算”在线行为。然而，我们始终应该警惕的是，在线数据的产生渠道从来不是数据传输的中立渠道。数据逻辑的一个重要特质是其生产机制的不可见性，公共或私人审查常常无法访问。数据的所有权问题受算法背后的力量控制，包括谁可以访问数据、谁可以销售数据，等等。在一个智能媒体和数据公司全球范围内运营的环境下，在主要通过国家立法来发挥作用的民主国家中，针对大数据所有权的立法和监管越来越成问题。而大数据计算过程的不可见性引发的问题在于：实时数据流到底是自然传播的显现，还是经过算法操作的结果？

而真实的结论趋向于：算法对数据流的控制空前集中，算法能够准确地只提供用户感兴趣的内容，潜在地抑制了与用户偏好不同的、令其不快的信息接触，这有利于精准的商业化推广。越来越多基于智能媒体的传播，如社交互动、娱乐、购物等都是通过数字服务和算法分析进行调节的。例如Facebook上每小时有1 000多万张新照片上传，它的用户每天点击“喜欢”按钮或输入评论近30亿次，留下数字足迹供该公司寻找出用户的偏好，这使得同时观察数千万个体的行为成

---

① See Amoore, L., “Data Derivatives on the Emergence of a Security Risk Calculus for Our Times”, *Theory, Culture & Society*, vol. 28, no. 6 (2011), pp. 24–43.

为可能。[①] 算法的频率分析会寻找最佳模式以获得对用户的可预测性，而不是通过寻求基于样本的结果来解释事件。这即是说，算法只问发生了什么，它把平台的社会性转化为经济价值的开发和商业目标的实现，从而加速价值的提取。最终，Amazon 可以向用户推荐理想的书，Google 可以显示与用户的搜索最相关的广告网页，Facebook 知道我们的购物品味，LinkedIn 可以猜测我们认识谁……与霍克海默和阿多诺时代由大众传播形成的文化工业相比，数据驱动传播对消费文化的推崇有过之而无不及，隐私暴露和广告轰炸无所不在，智能媒体上以数据出现的任何内容，最终都会变成商品的形式。

3. 参与式传播

智能媒体时代，从前被动的受众已经转变为网络文化的积极生产者和使用者，他们是极度活跃的参与式传播（participatory communication）的主体。研究者认为，如果说 UGC 代表的是显性的参与式传播，那么 UGB（用户生成行为）代表的则是隐性的参与式传播。[②] 可以说，智能媒体服务是建立在对显性参与和隐性参与的双重利用之上的。首先，媒体公司依靠内容创造者的自由劳动而蓬勃发展；其次，它们利用了访问者的网络交往活动，这些访问者的活动生成有价值的数据。其中，后者与美国传播学者詹姆斯·凯瑞（James W. Carey）定义的传播的仪式观有关，它集中于人与人之间的关系，服务于维持特定的社群性和团体性。[③] 某种程度而言，传播活动正在从一种劝服

---

① See Lambiotte, R. & Kosinski, M., “Tracking the Digital Footprints of Personality”, *Proceendings of the IEEE*, vol. 12, no. 12 (2014), pp. 1934–1939.

② See Netzer, Y., Tenenboim-Weinblatt, K. & Shifman, L., “The Construction of Participation in News Websites: A Five-Dimensional Model”, *Journalism Studies*, vol. 15, no. 5 (2014), pp. 619–631.

③ See Carey, J. W., *Communication as Culture: Essays on Media and Society*, Boston: Unwin Hyman, 1989, p. 215.

性行为转变为一种分享性行为，而分享也成为人们媒介化体验的核心方式，这同时成就了参与式传播的第三种方式——UDC（用户分发内容），用户通过将内容与社会关系相结合的方式进行传播，例如通过在平台上发送链接进行个人推荐，引导关系网络中的其他用户消费其认为有趣的内容等。

然而，以UGC、UGB、UDC为代表的参与式传播，体现出的是人主导和数据主导之间的矛盾关系。参与本身是凸显社会性和主动性的人类活动，但数字化参与又是在智能媒体平台上产生的，代码、数据、算法、协议和交互界面为参与施加了先决条件。例如语料库的建立不仅是用户参与的数据累积，也是由智能媒体平台根据其算法的逻辑、业务模型的要求来构建的。[①] 因此，用户的参与与算法技术是紧密联系在一起的，这种参与既具有人类的社会性，也具有可计算性。研究者展示了网络传播的三个不同层面：第一层是物理层，它是通信的基础，例如硬件支持信息网络中的操作；第二层是代码层，负责运行硬件，这一层包括协议和代码；第三层是内容层，是互联网的可见部分，包括图像、文本和视频。[②] 这当中只有内容层是用户唯一可见的，而代码层却隐形控制了内容层。在智能媒体中，代码层（算法）的力量比以往任何时候都更强大，算法动态地构成了用户网络参与的社会实践。算法可以是基于用户的，也可以是基于平台的，当用户受到算法监控时，点赞或分享内容的参与式传播行为就会影响算法决策，看似是用户主动参与了新闻选择和价值守门，但其实是算法在生成更多微妙而全面的新形式的用户控制。

---

① See Gillespie, T., “Platforms Intervene”, *Social Media Society*, vol. 11, no. 2 (2015), pp. 91–102.

② See Lessig, L., *The Future of Ideas: The Fate of the Commons in a Connected World*, New York: Random House, 2001, p. 77.

第二节 算法传播与深度媒介化社会

毋庸置疑，媒介已经成为各种社会领域以其现有形式表达的共同构成要素，而媒介与传播研究的问题也不再仅局限于研究媒介，例如还研究媒报道对某事物的影响等。通过关注“媒介化”，研究者进行了更为基础的提问：媒介与传播与某些社会文化形式及其转变有何关联？人们能找到哪些相互关系？在这些转变过程中，人们能观察到什么后果？而这些根本性问题，也是吸引人们涉足媒介与传播研究领域的原因。媒介化是与媒介和传播有关的社会和文化转型理论化中一种开放的、持续的话语。媒介化关乎社会中与媒体相关的变革，这一概念源于当代文化和社会中以技术为基础的传播媒介影响力日益凸显。

在跨学科的媒介与传播研究领域，媒介化深受建构主义影响，强调媒介在社会中的普遍存在和作用，以及媒介对社会行为和社会结构的塑造，它有助于人们批判地分析媒介和传播的变化与文化和社会的变化之间的相互关系。媒介化研究的代表人物安德烈亚斯·赫普（Andreas Hepp）认为，媒介化并不是一个“媒介效应”的概念，不能把媒介和传播理论说成是对文化和社会的“外部”影响，因为它们本身就是文化和社会不可分割的一部分。在这一总体原则下，媒体化既有定量的维度，也有定性的维度。在定量维度上，媒介化是指媒介传播效果在时间、空间和社会中不断扩大、加深；随着时间的推移，人们越来越习惯于在越来越多的文本通过媒介进行跨时空互动。而媒介化的定性维度，指的是媒介传播在组织更复杂的情况下产生的社会和文化差异。[①]

---

① Hepp, A. & Couldry, N., *Communicative figurations:Transforming Communications in Times of Deep Mediatization*. Palgrave Macmillan, 2018, pp. 4–5.

作为一个长期且非线性的过程，媒介化与社会变革以及现代社会的演进密切相关，其程度在过去十年中得到根本性加剧。受数字化、平台化浪潮的冲击，“人们不能再仅仅将媒介的社会影响视为一个独立于社会其他领域（比如新闻业）的影响，媒介化已经渗透到社会世界的各个领域中”。[①] 尼克·库尔德利（Nick Couldry）和安德烈亚斯·赫普称此为“深度媒介化”（deep mediatization）。“深度”至少有两层含义。首先，通过数字媒介的广泛传播，人们所处的社会世界非常深刻地依赖于这些基于技术的通讯媒体。其次，这些媒体不仅是通过传播进行社会构建的手段，而且在更深层次上，它们还是通过数据化进行构建的手段。在深度媒介化中，用于构建社会意义的元素和构成要素本身也基于技术化的中介过程。在这一媒介化的高级阶段，人们社会世界的所有要素都与数字媒介及其基础设施密切相关。[②]

很明显，媒介泛在化已经成为事实，这在很大程度上是由于它们组成了数字化网络，而人们成了网络中的一个个传播节点。这些基于软件的媒介在各种各样的数字设备中寻找自己的定位，例如广播作为一种媒介早已不再与收音机相连，而是有了各种数字替代方案，人们可以使用各种的数字设备来收听以往只有使用收音机才能听到的节目。虽然有些看起来仍然像收音机（数字收音机也作为一个离散的设备），但更多时候，它们是通过手机屏幕上的特定软件（智能手机上的应用程序）呈现。人们还可以将同样的原则应用于电视、电话和其他媒体服务设备。

可以说，数字媒介及其基础设施在许多方面改变了社会世界的

---

① Livingstone, S. M., “On the mediation of everything”. *Journal of Communication*, vol. 59, no. 1(2009), pp. 1-18.

② 尼克·库尔德利、安德烈亚斯·赫普:《现实的中介化建构》，刘泱育译，复旦大学出版社 2013 年版，第 7—8 页。

结构与运行方式，原因有如下四点：首先，媒介制作者的数量大幅增加。通过使用互联网平台、网页、手机内置摄像头等媒介，普通人能轻易成为媒介内容的制作者；其次，数字媒介提供了新的社交分发形式，在一定程度上削弱了大型媒介组织对媒体内容分发的垄断地位。此外，较小的组织甚至个人已经能够接触到数量庞大的用户，它们彼此合作，并成为“共享”新实践的一部分。第三，在数字媒介渗透日常生活的过程中，新的生产和分发形式对社会各领域的影响变得更加重要。最后，数字技术不再只是媒介技术，而是已内置于所有生产过程中。故此，在深度媒介化的背景下，数字经济也不再是一个独立的领域，而是在实际上涵盖了全球经济形态。越来越多的生产、分发和销售等商业模式在某种程度上都在以数字媒介及其基础设施为基础。

这也使得深度媒介化对媒介化研究提出了进一步挑战，因为它必须结合对算法、数据和数字基础设施的分析。这个时候，研究算法传播变得非常必要，因为在深度媒介化状态下，社会世界的中介构建就是通过自动化数据处理发生的。由于媒介化是一个使人们对数字媒介最近的变化变得更加敏感的概念，人们必须重新考虑其当前的研究路径，并进一步整合算法、数据和平台这些分析概念。根据这一分析要求，深度媒介化这一术语也与“深度”的各种其他用法产生了相关性。如“深度学习”（基于算法自动化学习过程的一个新层次）或“深度分析”（应用于数据挖掘），等等。可以说，深度媒介化是媒介化的高级阶段，在这个阶段中，对算法、数据、平台和人工智能的分析对人们理解社会世界至关重要。

（二）媒介逻辑下的算法与深度媒介化

在媒介逻辑（media logic）的语境下，建构主义传统起源于媒介实践研究，主要关注媒介的使用和媒介的生产，强调媒介在社会文化现实传播建构中的作用，通常是从日常生活的角度探讨媒介化。这一传统研究了当社会实践与媒介纠缠在一起时，它们是如何变化的。从建构主义的视角出发，媒介以传播塑造社会，媒介逻辑贯穿传播的始终，这是传播依据的法则。从大众媒介发展到社会化媒介，从一对多的大众传播模式发展到纵横交错的社会化传播模式，媒介逻辑也历经了由量变到质变的过程。媒介逻辑概念诞生于大众传播时代，是学者对媒介组织强大的社会化功能的总结与概述。1979 年，大卫·阿什德（David L. Altheide）和罗伯特·斯诺（Robert P. Snow）在他们的著作《媒介逻辑》中首次引入了“媒介逻辑”一词。[①] 媒介逻辑包括一整套传播形式，是媒介呈现和传播信息的过程，也是媒介机构对组织原则和传播策略理性培育的过程，它渗透于众多领域并影响它们的组织结构。构成媒介逻辑的策略与其构建现实的能力有关，也与其宣称中立或独立有关。媒介逻辑作为描述媒介运作的各种修饰手法的隐喻，是指媒介形式、组织规则的逻辑和媒介技术支持的逻辑、设备和平台的物质特征等。

媒介逻辑的原始理论中隐含着机构独立的想象，即媒介独立于国家或商业，并通过客观性话语策略将其产品变为公共利益的均衡代表，但它在 20 世纪最后 20 年经历了许多重大变化，其中一个重要的变化是文化的普遍商业化，新闻越来越多地被广告实践渗透。当媒介独立诉求变得困难时，媒介逻辑也必须适应新的变化，需要诠释新闻与广告、事实与观点、公共服务与商业经济之间已经遭到侵蚀的边界。1990 年代以后出现的互联网媒介、20 世纪初移动新媒体以及社

---

① See Altheide, D. L. & Snow, R. P., *Media Logic*, Beverly Hills: SAGE Publication Inc., 1979, p. 3.

交网络等的兴盛也在影响媒介逻辑。在新千年已过的20多年中，以Web技术为核心的社会化媒介发展被视为全球化转型中不受约束的新势能。当社会化媒介逐步迈入智能发展阶段，人们越来越多地依赖算法技术生产和分配注意力市场，而算法对现实构建起作用，就是通过一种选择或省略信息标记的方式实现的。

今天，算法作为相对独立的技术参与者在日益增长的机器智能的驱使下发挥的作用越来越大，对算法媒介而言，算法在用户黏性、数据治理、经济驱动、权力加持这几个方面产生重要影响，并据此创造出新的媒介逻辑，成为社会媒介化的巨大驱动力。新形态媒介逻辑的构成不再是对传统媒介逻辑的适应性修正与调节，而是呈现出新的“质的规定性”。在算法传播时代利用媒介逻辑隐喻时，媒介影响不应被概念化为一种或多或少的直接影响，而应被看作一个更复杂的相互关联的过程。识别新形态媒介逻辑“质的规定性”，揭示其区别于大众媒介逻辑的本质所在，才能回答算法传播背景下媒介逻辑的新原则、新策略、新机制等问题，以及它对“可计算传播”的建构影响。

1. 用户原则

美国研究者大卫·阿什德在《媒介边缘：媒介逻辑和社会现实》一书中提到，随着媒介传播技术的进步，受众已经被系统地摧毁了，取而代之的是社会化用户，他们以共建和共享的方式享受数字世界的自由和民主。[①] 麻省理工学院媒介比较研究中心的创办人亨利·詹金斯（Henry Jenkins）也认为算法媒介赋予用户极大权力，是用户的使用行为塑造了媒介的形式。[②] 从这个意义说，“用户”比“受众”更适

① Altheide, D. L., *Media Edge: Media Logic and Social Reality*, New York: Peter Lang Inc., 2014.

② See Jenkins, H., *Fans, Bloggers and Gamers: Exploring Participatory Culture*, New York: New York University Press, 2006, p. 136.

合用于概括社交媒体中的互动参与者。离开了用户的互动参与，算法媒介将失去所有价值。算法媒介平台的创建是为了生成关于用户的数据，以改进信息管理和定向广告，因此用户体验高于一切，用户原则是算法媒介逻辑的重要特质，而使消费者满意度最大化是遵循用户原则的根本。当下丰富的数据和算法分析极大地加速了算法媒介用户原则的完善，并成为“类似经济发展战略的重要组成部分，支撑着所有互联网公司的商业模式”。[①]

算法媒介在其技术设计上大大优化了用户体验，传统媒介对受众的单向传播被用户和平台媒介之间的双向互动所取代，而用户也不再满足于传统的终端消费者角色，而是积极参与创造开发数字产品和服务。我们知道，传统型媒介议程设置的能力一直是学术界理论化程度很高的课题，但算法媒介甫一出现，中控式的议程设置开始趋于弱化，以服务每一个具体用户为导向的算法排名在过滤热门话题、内容筛选方面日趋成熟。尽管每个平台都有独特的算法，策略各不相同，但不断提升用户价值的导向却是总体趋势。在算法驱动下，有影响力的用户与名人一起拉动流量；传统媒介越来越多地根据社交媒体的用户偏好趋势或头条话题来决定议程……而算法排名机制向其他机构或商业环境的输出，也充分证明了其用户原则在挑战现有社会等级制度或改写传播秩序方面的有效性。

2. 数据逻辑

在这个任何人都可以发挥作用的算法媒介时代，人们从阅读到分享再到讨论、从交往到购物再到娱乐，所有这些行动都被以数据的形式

---

① See Puschmann, C. & Powell, A., “Turning Words into Consumer Preferences: How Sentiment Analysis Is Framed in Research and the News Media”, *Social Media Society*, vol. 4, no. 3 (2018), pp. 1–12.

自动记录下来，数据逻辑使符合传统媒介逻辑的价值观、惯例、规则的力量变得微弱起来。例如，曾经大众媒介通过传统的收视率分析和民意调查增强受众的可预测性，是其强大逻辑的一个重要支柱，但当进入大数据时代，在线数据分析逐步成为构成算法媒介逻辑的新策略。出现在互联网发展早期的元数据通常被认为是在线网络工作的副产品，但随着平台的逐渐成熟和以生产、积累、挖掘、流通、聚合、分析、解读为核心的大数据算法的崛起，掌握了元数据的互联网公司更趋于成为数据公司。它们的盈利模式来自其获取和重新利用数据的能力。算法媒介也越来越多地利用算法来挖掘在线数据，以热门话题、关键词、情感、公众观点或经常分享内容的数据流作为分析基础。

与传统媒介强调客观性逻辑一样，算法媒介的数据原则默认其收集、存储、检索、分析和呈现的数据是原始资源，这些数据忠实记录了人们在互联网上的行为和言论，平台只是通过在线“静脉引导”进行意见挖掘或句子分析等工作，与民意调查在大众媒介逻辑中扮演的角色没有本质区别。[①] 但是研究人员发现，机器学习和人工智能让统计学的知识传统发生了巨大变化。[②] 首先，算法在处理数据时，不仅“测量”了某些表达或观点，而且帮助塑造了它们，即使许多推文是未经修饰的，但算法已经将它们预先格式化了。其次，数据化之所以成为新媒介逻辑的一个动力来源，是因为算法可以跟踪个人用户行为的瞬间移动，聚合这些数据，分析它们，并将结果转化为关于个人、企业、政府的有价值的信息，帮助大数据成为社会治理或企业进行经

---

① See Diakopoulos, N. & Shamma, D. A., “Characterizing Debate Performance via Aggregated Twitter Sentiment”. Available at: http://dl.acm.org/citation.cfm?id=1753504.

② See Pak, A. & Paroubek, P., “Twitter as a Corpus for Sentiment Analysis and Opinion Mining”. Available at: http://www.bibsonomy.org/bibte x/25656c3bb1adf00c58a85e3204096961c/frederik.

济决策和社会投资的重要参考因素。因此，基于大数据挖掘来预测在线行为趋势，避免了统计学方法进行受访者动机测量时可能存在的偏差，用大数据预测精度和广度在某种程度上超过了新闻媒介或专业机构发布的传统民意调查。

3. 商业化机制

与大众媒介时代单向度的商业化相比，算法媒介的商业化机制与互动性、开放性、互联和自由交换等理念紧密相连，它通过开放平台获取用户数据，使人们产生一种自由的幻觉，毕竟数据经济建立在自愿输入个人数据以换取互联网服务的基础上。算法媒介机构是完全的市场企业，因此也被称为社交媒体公司（CSM），无论是用户还是用户提供的数据，都是它们在市场化业务中使用的商品。研究发现，许多社交媒体公司更感兴趣的是那些不为服务付费的用户，而不是付费会员，因为作为免费服务的交换，社交媒体公司可以要求使用不付费用户的数据。[①] 对于社交媒体公司来说，用户作为数据提供者的角色，远比用户作为内容提供者的角色重要得多，这也就是说他们对用户原创内容的兴趣，不如对用户带来的关系网络的兴趣大，因为后者会产生关于潜在的用户是谁、在哪里，以及他们对什么感兴趣等有价值的信息。可见，用户价值也更多地与交流和互动联系在一起。

社会媒体平台记录的不仅是用户正在说什么，还包括用户沟通交往的行为本身，例如接收、转发、阅读、分享、点赞等等。用户的行为模式、兴趣和消费习惯被转化为有价值的数据。例如，当用户将他（她）的 Spotify 账户连接到 Facebook 时，关于音乐消费的信息会自动地传达给他（她）的 Facebook 好友。在这个过程中，用户产生出

① See van Dijck, J., "Users Like You? Theorizing Agency in User-Generated Content", *Media, Culture & Society*, vol. 31, no. 1 (2009), pp. 41–58.

宝贵的资源——连通性（connectivity）。连通性指的是社交媒体用户之间以多种方式相互联系，而将关系和联系商品化，将连通性转化为商品，是社交媒体公司所从事业务的本质。[①]在参与性文化的语境中，用户即流量，是媒体为吸引广告商的眼球而出售的商品。更多的数据连通意味着更多的资金流通，当用户产生具有价值的数据时，社交媒体公司通过算法动员用户加速他们的连通行为，并持续产生越来越多的数据。掌握了大数据的平台公司不仅能挖掘出有意义的数据，而且能预测和控制用户的行为，创造商业诉求，通过微目标操作准确地投送与用户特征相关的广告。

也许我们正在见证两种传统和相关观点的融合，最新的媒介技术的变化在深刻影响传统。算法媒介影响了社会各个领域的实践，媒介曾经是半独立的机构，因为它们被认为是制度主义的传统。算法媒介与产生机构的实践纠缠在一起，因此几乎不可能将媒介逻辑与机构逻辑放在一起。同时我们也必须记住，研究算法媒介并不仅仅意味着我们要研究日常实践和社会交往的媒介使用，最初的社会建构主义论点需要进一步扩展，更多地考虑算法媒介在“制造”深度媒介化中的作用。在深度媒介化的时代，媒介的重要性不仅涉及各种电子设备、有线网络和卫星，今天的媒介主要是基于软件的，我们需要考虑到复杂的社会任务可能而且最有可能会被“转移”到算法传播中。因此，有必要更深入地思考算法传播在深度媒介化时代意义的建构。

物质现象学的方法非常重视理解，认为无论事物的外观具有多强的复杂性和不透明度，社会世界仍然可以被人类行为者解释和理解。事实上，深度媒介化社会就是一个通过算法传播进行解释和理解而建

---

① See van Dijck, J., *The Culture of Connectivity: A Critical History of Social Media*, Oxford: Oxford University Press, 2013.

立起来的结构。深度媒介化的特点是不同行为者的实践与算法媒介及其基础设施之间的纠缠程度。随着社会的各个领域的媒介饱和，算法也已经成为构建这些社会领域的实践的一部分。过去可能不被认为与媒介相关的物质，现在正在成为媒介实践。比如，通过深度媒介化来揭示涉及身体活动的实践——手工劳动、清洁、驾驶、烹饪等等，这些都与传播实践紧密地交织在一起。当我们从事这些工作时，我们会协调我们的行动，通过传播分享来定位我们的知识，我们会通过传播来投射我们的目标。随着一般社会实践与算法媒介的纠缠，传播行为与身体行为之间的分离变得模糊起来，物理实践也成为媒介实践。一个很好的例子就是人们通过智能手表的算法系统自动跟踪行走、骑自行车和睡眠等等。

通过分析，我们可以将深度媒介化理解为递归转换的过程。递归性是一个起源于逻辑学和计算机科学的术语，它表示规则被重新应用于生成它们的实体。我们在问题出现时就会做出必要的调整，再次回归到它以前所依据的规则和规范。今天的递归性在一个以深度媒介化为特征的环境中得到了提高，现在许多形式的实践都涉及软件使用及算法传播，通过递归函数来完成工作。由于软件必须在更广泛的连接空间中运行，即使是由社会行为者执行的明显的简单的行为，也需要依赖于许多层次的递归。社会的转变就变成了一个深刻的递归性的转变：规则被嵌入数据处理算法中，这些算法被重新应用于它们不断收集数据的社会现象，导致递归循环本身成为影响社会转变的一个因素。

第三节　算法传播与元宇宙乌托邦

算法传播的下一个应用场景即元宇宙，作为一个由社交媒体巨头和大型科技公司主导的巨大虚拟生态系统应用，元宇宙正处于 Web 3.0 互联网进化的最前沿。它从作家尼尔·斯蒂芬森的小说中走出来，在林登实验室开发的第二人生（www.secondlife.com）中初具规模。它承诺给人们一个近乎完美的、连续性的 3D 虚拟世界，其限制只取决于个体的想象力。2021 年 10 月，扎克伯格宣布 Facebook 更名为 Meta，元宇宙概念引起广泛关注。Microsoft、Google、Apple、腾讯、字节跳动等海内外科技公司争先恐后布局，相继加大在这一领域的投资与研发。在产业界一片欢腾之际，以往只出现在文学、艺术、音乐领域的元宇宙概念很快引起学界的关注。乐观者认为元宇宙反映了以人为中心的计算愿景，对弘扬多样性、平等自由和人性关怀非常有益，① 作为互联网的终局和虚拟世界的顶峰，它将催生新的虚拟文明。② 就不可估量的技术前景而言，元宇宙已然是个"上不封顶"的概念，其应用场景也在不断向各个领域发展，诸如教育元宇宙、图书馆元宇宙、媒体元宇宙等。

围绕元宇宙的很多讨论都与 20 世纪 90 年代出现的互联网乌托邦式愿景遥相呼应，它们均依赖对技术中立的信念，并与那些希望用数字组织消除等级制度的网络自由主义者的理想世界高度契合。然而，种种浪漫的、不受约束的元宇宙愿景目前仍更多地依赖人们的想象，更关键的问题在于：元宇宙并非人人平等共享，它一方面受限于地理、文化差异和对基础设施的占有；另一方面受控于资本投入，企业平台所有者的利润动机决定着其未来的形态。元宇宙项目对各种侵入

① See Alzubaidi, L., Zhang, J. & Humaidi, A. J., "Review of Deep Learning: Concepts, CNN Architectures, Challenges, Applications, Future Directions", *Journal of Big Data*, vol. 8, no. 1 (2021), pp. 1–74.

② 参见方凌智、沈煌南："技术和文明的变迁：元宇宙的概念研究"，《产业经济评论》2022 年第 1 期。

性技术的推广和使用导致更多的控制权和决策权掌握在人工智能算法手中，这将进一步加剧监视资本主义的盛行。此外，元宇宙并非超越甚至脱离现实世界的存在，数字世界之外的现实和历史依然会烙印在数字世界中。

20 世纪 90 年代，第一代互联网技术力量在硅谷悄然崛起，技术先驱们不遗余力地发挥着人类创造力，深刻地改变了世界。30 多年过去，元宇宙的勃兴再一次唤起人们对互联网民主化承诺的信心。元宇宙依靠边缘计算、区块链、数字孪生、虚拟现实等技术撑起了互联网的三大革命性概念——去中心化、化身和平行世界。“去中心化”是互联网的核心诉求，但互联网的发展并未实现这一愿景，反而演变成由科技企业巨头牢牢掌握的格局。而“以去中心化、匿名性和非篡改性为主要特征的区块链技术，本质上是一种平等哲学在技术领域的运用”[①]。开发这项技术的初衷也是夺回互联网的所有权，将其交还给用户。在区块链技术的支撑下，元宇宙社会或将拥有一种全新的人类组织协同方式——去中心化自治组织（Decentralized Autonomous Organization），它号称将颠覆现实世界的客观法则与社会秩序，不再受到传统权力中心的控制和干预，而是通过达成共识的算法或程序机制实现管理。得益于这样的智能合约（smart contract），每一个节点（用户）之间将组织起一个分布式网络，节点与节点之间依据平等、自愿、互利的原则进行往来。这意味着个体不必生活在事先规定的现实秩序中，也不再面对所谓的等级结构或层级结构，而是成为各自生活的中心，在元宇宙中平等活动。

元宇宙不仅指向新的空间秩序，它还赋予个体以能够摆脱宿命、

---

① 王勇刚：“机遇抑或挑战：区块链技术与当代西方民主困境”，《哈尔滨工业大学学报》（社会科学版）2021 年第 2 期。

实现自由的“数字化身”。互联网技术通过对地域空间和时间的虚化，统一了人们生存的时空基础，解放了自然肉身，让人们实现远距离精神交流，但这又激起了对身体缺席的焦虑与回归的渴望。元宇宙解决了这一问题，它能支持个体以数字化身的身份在虚拟空间生存，不再受到身不在场的现实制约。一方面，数字化身与互联网阶段用户账号平面、单一的自我描述不同，它可以在特定场景下形成个体3D的视觉形象，就像是自然肉身在虚拟世界的投射，带来同现实几乎一致的生命体验；另一方面，无论数字化身与自然肉身的关系是彼此独立还是作为自然肉身的补偿物，最重要的是通过自定义数字化身，个体能够摆脱在现实世界处于劣势的样貌、年龄、性别、身份、财富，甚至是有限的生命跨度，拥有无所不能的生存技能，发展理想的社会互动，自由体验多种的人生。

在许诺赋予个人彻底的平等与自由之后，元宇宙宣称将建立一个独立平行于现实世界的社会存在。在元宇宙社会到来之时，虚拟世界与现实世界的边界将被清晰划分，而构成这一边界的关键在于环境、身份、社会规则三个要素。首先，元宇宙提供了一个持久在线、自由开放、高度沉浸的虚拟生存空间。个体通过数字化身替代在交流中缺席的身体，随时同他人在同一场景下建立社交关系，拉近人与人、人与群体之间的心理距离，丰富交互体验。其次，个体能够对自己的数字化身进行个性化定制，打造独一无二的社会身份。人们也不再需要顾忌个体之间外貌身形、社会地位、家庭背景等之差异，不再受到物理环境、现实规则的制约，精神世界得到了极大的释放，并获得无限实践的可能。最后，元宇宙社会将颠覆现实世界的运行规则与社会秩序，形成一套新的价值体系和道德观念，成为重建人类社会的全新起点。这一系列关于元宇宙的构念也成为技术乌托邦主义的新现实皈依。

传播学学者弗莱德·特纳（Fred Turner）认为，技术乌托邦主义抑或技术乐观主义的源头可以追溯到20世纪60年代的美国社会。[①]当时，计算机仅供某些技术机构和国家机构使用，它促成了集中式的官僚架构，成为冷漠理性的社会治理工具。直到反主流文化运动的崛起和个人计算机技术的发展，人们在计算机身上才逐渐看到了打破社会等级秩序、推动社会变革的希望。1996年，电子前哨基金会创始人约翰·佩里·巴罗（John Perry Barlow）在《赛博空间独立宣言》（A Declaration of the Independence of Cyberspace）一文中提出，数字技术将构造一个全新的世界，个体可以摆脱现实世界权力规则的制约，开放且自由，公正且平等。[②]这一设想充满了对于数字技术释放潜能的信心与信念，深刻影响了互联网社会演进的每一个阶段。当然，技术乌托邦理念能够延续至今，离不开资本源源不断的投入。元宇宙作为新投资风口，短期内吸引了大量资金和公众关注，产生了大批研发项目和计划，涉及各类商业及其他领域，它正在推动全球科技市场走上前所未有的盈利之路。随着各种数字技术的开创与融合，元宇宙宛如神秘莫测的异位空间，为人类的生活打开了新的窗口，促进这一含有巨大民主化潜能的技术乌托邦为更多人接受和向往。

除了受技术与社会力量的推动，元宇宙乌托邦的形成还有其思想的根源。美国社会哲学家刘易斯·芒福德（Lewis Mumford）在《乌托邦的故事：半部人类史》中曾提到，虽然乌托邦可能永远也不会成为现实，但关于乌托邦的思想却有着经久不衰的价值。[③]20世纪中叶，

① 参见常江、何仁亿："弗莱德·特纳：技术乌托邦主义是一种失败的社会变革方案——民主诉求下的传播技术批判"，《新闻界》2019年第10期。

② 参见弗雷德·特纳：《数字乌托邦：从反主流文化到赛博文化数字乌托邦》，张行舟等译，电子工业出版社2013年版，第4页。

③ 参见刘易斯·芒福德：《乌托邦的故事：半部人类史》，梁本彬、王社国译，北京大学出版社2019年版，第6—11页。

技术乌托邦思想的萌芽即承载了人们对未来理想社会的憧憬，人们试图利用技术推动变革，改变社会现状，呈现出一种充满理想情怀的“重建式乌托邦”。随着数字技术与资本利益逐渐纠缠在一起，技术革新慢慢沦为资本增值的筹码，科技公司对技术的狂热追逐悄然背离了乌托邦思想的精神内核。在互联网社会，无孔不入的数据追踪被“美化”成个性化推荐，由虚假账号控制的好评被“置顶”为大众的多元选择……这些由数字技术形成的重重陷阱导致越来越多的用户徘徊在逃离和深陷之间。就在全球性的互联网反垄断浪潮中，元宇宙概念不失时机的出现，不啻为一剂安抚心灵的良药，它对一个不同于传统社会、不同于互联网社会的崭新世界的描画，仿佛在召唤乌托邦精神的回归。尽管元宇宙极有可能是一种带领大家躲避现实困境的“逃避式乌托邦”，尽管它还停留在研究者支离破碎的表述和科技公司闻风而动的投资中，但这并不妨碍人们憧憬它，以及愿意为靠近它、拥有它而付出信任，做出努力。

全球科技巨头在数字世界中记录和分析人们的足迹和行为，并一手创建了元宇宙，而且试图拥抱元宇宙的创新者和企业家们也已经纷纷行动：2021 年，伦敦的苏富比艺术画廊同意其作品所有者以代币（NFT, Non-Fungible Token）的形式拍卖其作品；同年，全球最大的加密货币交易所（Binance）在元宇宙建立中心，里面有为数字世界专门设计的音乐厅和展览厅、可供出售的房地产土地、可供购买的数字广告和宣传板等，以此作为用户和制造商见面和发展合作的数字聚集地……元宇宙的拥趸中还包括购买虚拟土地的投资者、宣布将国家行政机构迁至元宇宙的政治家、承诺将机构迁至元宇宙的营销专业人士，以及乐观并积极探索其发展的科研人员，等等。越来越多的元宇宙实践证明，元宇宙正在成为承载人们超越真实生活的乌托邦想象的完美温床。

1.“宇宙政体”的建立

积极参与到元宇宙建设中的研究者认为，元宇宙作为一个熵增世界，在其文化的形成过程中将会诞生一种可称为“宇宙政体”（Cosmocracy）的新的全球政府秩序。根据这一概念倡导者的解释，宇宙政体是一个在世界范围内相互依赖的网络系统，法律、政府、警察和军事网络均涵盖其中。[①]作为一种新的政体形式，宇宙政体具有当代国际体系结构特征，它更多地是各种全球权力行为者（国家和非国家）互动的结果。宇宙政体与各种现代通信技术交织在一起，在几乎零障碍的时间和空间中运作，被支持者认为将对现行的各国政府和人民产生深远影响。试图将宇宙政体变为现实的是 Arkycia（一个元宇宙平台），他们的官方网站上就采用了 Cosmocracy Metaverse（宇宙政体元宇宙）的概念，用户可以创建虚拟人物、工作、娱乐、做生意、赚钱，甚至像在现实世界中一样组建自己的政府。Arkycia 声称自己是第一家具有“未来主义”特征的元宇宙现实平台，他们将采纳同一个世界的概念，并提供与现实世界完全相同的地图和建筑。这里没有国家之间的边界，也消除了国家之间的不平等。其中代币政府作为办公室，Arkycia 代币作为数字货币，玩家在 Arkycia 世界可以拥有政治地位，甚至可以通过 Arkycia 制度“统治世界”。

这样的政治乌托邦很容易让人联想到早期的互联网政治愿景，意气风发的第一代拓荒者认为互联网技术能够使数字社区摆脱国家官僚主义以及种族、性别和阶级差异，能够允许自由表达思想。而互联网空间的主人翁就是至高无上的个体，对他们来说，理想的民主能够在互联网空间彻底实现，不过这一政治愿景始终未在互联网的发展过程

---

① See Bodie, Z., Kane, A. & Marcus, A., *Investments*, 5th Edition, Boston: McGraw-Hill Education, 2002.

中真实存在过。同样，Arkycia 的宇宙政体计划也只停留于游戏玩家的仿拟中。相反，更有可能成为现实的是，元宇宙巨大的用户潜力会吸引现实世界的政党和政治人物的关注并进入其中拉取选票。一些大党会在元宇宙世界中拥有虚拟的竞选总部，而政治人物则可以通过数字化身创造出更有吸引力的形象，并根据元宇宙选民的态度进行政治宣传。这预示了一个地区或民族的社会和政治斗争也会转移到元宇宙的世界中。此外，社会风险、政治风险和商业风险同样会导致元宇宙民主化进程的中断。

2. 元宇宙的代码治理

从对宇宙政体的畅想中不难看出，元宇宙乌托邦的重要诉求即倡导权力的扁平化，将人与社会政治的背景分离，将新自由主义假设现实化。新自由主义的逻辑是，政府总是限制自由的，而市场和资本才是负责任的和民主化的。区块链提供的技术解决方案被认为可以使一个完全有效和普遍的自由市场成为可能。而完全自由市场的治理是通过私人的技术网络实现的，分布式的共享账本和数据库成为用户新的权力表达方式，它能确保用户的社交互动、交易均建立在自主、理性、自利和效用最大化的决策之上。这也构成了元宇宙民主核心，即倡导技术自由，将个人主权置于优先地位，并通过积累和维护私人价值来实现，也因此不再受中心化监管体系和国家行政权力的干预。乔纳森·贝勒（Jonathan Beller）曾预言，未来由个人计算机组成的政府将接管国家职能，分布式平台主权为所有人共享，无摩擦、高效、精英化的市场成为可能，它依靠的是一套完全不需要人类解释的技术自治规则。[①] 甚至法律和合同条款也可以转化为基于代码的规则，并由

① See Beller, J., *The Message Is Murder: Substrates of Computational Capital*, London: Pluto Press, 2017, p. 171.

底层区块链网络自动执行。这意味着以代码形式存在的法律从人类的解释中抽象出来，成为一种无实体的权力来源。

在技术乌托邦主义者眼中，代码是源，是行为的真实表征，也是行为的理想替代。[①]“代码即法律”意味着用软件取代社会组织执行管理，并将世界想象成一个由区块链支持、由完全市场左右的空间，这样的空间将为理性、自利的新自由主义者占据。从这个角度来看，民主犹如在元宇宙通行的加密货币一样，不啻为一种政治投机的副产品。当民主变成了一个市场，每个人都可以用他们手里的加密货币投票。国家即电脑，个人主权就在键盘上实现，这将导致政治被显著私有化、个体化和工具化。此外，从技术本身的角度来看，区块链所依赖的智能契约必须用精确且完整定义的计算机代码编写，一旦执行就不可更改，这会造成有漏洞的智能合约被轻易利用，而且很难通过去中心化的网络进行修复。更为严重的是，这种自动化的法律抽离了人类环境，也忽略了内容必须由系统设计人员协商、商定和实施，由此造成的结果很可能是法律的社会解释消失，甚至造成社会组织本身的衰落。

3. 元宇宙的价值创造

元宇宙是一个横跨数字世界和物理世界的非永久界面，它有人居住，但又存在于现实生活之外。前《纽约时报》产品与技术高级编辑乔纳森·格利克（Jonathan Glick）将元宇宙分为两个领域，一个是能够实现现实与虚构之间无缝对接的技术集，另一个是人类渴望栖息的虚拟空间。[②]很明显，元宇宙在游戏、教育、金融、治理等方面的价值创造力对用户产生了强烈吸引力。例如 DMarket 是一个基于代币的

① See Chun, W. H. K., *Programmed Visions: Software and Memory*, Cambridge: The MIT Press, 2013, p. 13.

② See Hackl, C., “Defining a New Reality” (No. 1) [Audio podcast episode]. Available at: https://metaversemarketing.libsyn.com/1-defining-a- new-reality.

大型游戏交易市场，它服务全球 22 亿游戏开发者和玩家，可对任何平台上的任意游戏中的虚拟物品进行一键交易或一键评估，这种元宇宙经济模式在将娱乐、财富和消费者自我实现的结合方面表现十分突出。特别是当元宇宙界面扩展到对用户产生现实生活的后果时，如从产品购买到获得知识、从化身交友到赢得声誉等，这个数字空间创建的新价值更是毋庸置疑的。此外，引发巨大争议的虚假社交媒体账户和机器人激增的现象在元宇宙中也不再是棘手问题，因为生物学角度的人机差异已被用户统一的 3D 形态的元宇宙身份所取代，人机平等的新型价值观将成为主流常态。

至此，我们必须要追问的一个问题是：当元宇宙乌托邦技术升级为一种价值观主张时，它到底是在服务谁的利益？显而易见，元宇宙作为首屈一指的创新项目，吸引了大量投资和公众的关注，正在推动全球市场走向前所未有的盈利之路。Meta 和其他平台供应商以及各大公司已经开始投资数十亿美元开发元宇宙，因为它将在未来十年对城市社会产生巨大影响。据相关预测，到 2024 年，XR、AR、VR 和 MR 的市值将接近 3 000 亿美元，消费市场将增长到约 1 252 亿美元。考虑到元宇宙技术的丰富性以及潜在产品和应用的广泛性，元宇宙的经济前景会更加广阔。与此同时，基于区块链的平台组织为用户承诺主权，但其对主权的抽象描绘却掩盖了一个现实，即掌握元宇宙权力的核心是拥有尽可能多的加密货币，这些平台组织的代币投资直接受益于用户增长。因此，我们很难将元宇宙乌托邦的一系列主张与资本家促进代币市场的繁荣目标分割开来。换句话说，在假定的技术中立和自由平等的外表掩盖下，一切都是为了追求投资回报。而对于元宇宙用户而言，无论是在虚拟现实、增强现实中，还是在混合现实、扩展现实中，元宇宙只会让他们的数字生活和现实生活在财富、生产力、购物和娱乐方面有着更大的重叠。与所有数字应用程序的创新一样，元宇宙终将被消费主义吞没，成为虚拟消费社会的下一代进化。

讨论元宇宙乌托邦的风险后果问题，监视资本主义是重要的解释路径。监视资本主义主要由 Google 等大型科技公司主导，它包括数据监视、地理监视和预期治理。作为一种手段，监视资本主义隐藏于企业垄断和政府控制中，其核心是将个人数据商品化，以牟利为目的。以监视资本主义的视角来看，元宇宙的本质是利用技术官僚、算法和自动化特性将权力的逻辑从制度控制转移到了数据监视上，这在很大程度上是与民主的衰落联系在一起的，因此需要我们对元宇宙乌托邦潜在的风险后果做出判断。

首先，不可见的排斥是元宇宙乌托邦无法回避的状况。受传统权力格局的影响，技术的文化偏向问题依然显著，新冠疫情突发再次将数字鸿沟问题拉回公众视野。当人们感慨还可以居家办公、云端上课时，全球仍有 37 亿人无法接入互联网，即使是在美国这样的发达国家，也有 2 100 万人（占美国人口 6%）被隔离在网络之外。[①] 换言之，目前人类社会并未完全进入互联互通的信息社会，最基础的技术接入问题依旧是导致社会不公的主要因素。对于这些持续被技术边缘化的群体而言，一个自由、平等、共创的元宇宙犹如天方夜谭。当然，这还只是互联网社会遗留给元宇宙的最基本的数字排斥问题。当元宇宙的脱域模式使用户生产内容直接演变为用户共创内容后，创造力、想象力等个人才能上的差异还会产生令人意想不到的鸿沟。元宇宙社会需要现实中的人创造一个区别于现实世界的全新的数字化身，以此保证元宇宙在更大程度上独立且平行于现实世界。[②] 这赋予了个体极大

---

① 参见 Douglas Broom:“数字鸿沟：疫情中的另一种隔离”，李想编译，2020 年 4 月 29 日，https://icsf.cuc.edu.cn/2020/0917/c5607a173085/page.htm。

② 参见王兢一等:“想象的可供性：人与元宇宙场景关系的分析与反思”，《新闻与写作》2022 年第 4 期。

的自主性，当人们按照自己的意愿对其数字化身的相貌、身形、角色等进行定义时，个体不再局限于固定的模板或素材。这意味着善于创新、技术熟稔的Z世代能够率先占据身份优势、社交优势等，成为元宇宙的中坚力量，而对于想象力有限、活跃度不足的普通用户则形成了一种显在压力，这将导致新的社会公平问题产生。

其次，元宇宙会将数据规训深深烙印于置身其中的每一个人身上。无论是互联网社会还是未来的元宇宙社会，数据始终是最重要的资源。数据收集是否足够完整、分析是否足够透彻，对于个体在虚拟世界的生活质量起着决定性的作用。在元宇宙构建的深度脱域的世界里，要想达到逼真的自我复刻效果，连个人不经意的神经活动都得被大数据记录下来。平台组织通过其生态系统应用底层技术的本质，侵入性地获取大量关于用户个人身体、历史、档案、身份、思想、偏好、交互、交易及其他数据。元宇宙从现实世界收集的数据为用户提供浸入式体验，通过连接用户身上的传感器（例如跟踪他们头部运动的陀螺仪）可以真实地控制他们的化身。元宇宙所收集到的生物特征数据将人们最私密的心理层面置于危险之中。与生物特征数据类似，用户与其他虚拟角色的任何社交互动（例如对话、反应）所固有的元数据也会对用户构成隐私风险，而这些信息对平台跟踪和规范用户的行为非常有利。总之，规模庞大的数据、盘根错节的信息混杂在云端，个人隐私的暴露程度将远远超出我们当前的认知程度。无论是人们愿意接受的还是被迫接受的，人们觉察到的还是未曾觉察的，虚拟技术的无孔不入都在将更为尖锐的数字民主和隐私问题抛向每一个朝着元宇宙奔跑的人。

再次，标榜能超越现实社会的元宇宙会使我们陷入分裂的趣缘群体。互联网社会中，因共同的兴趣爱好聚合而成的趣缘群体形成了多元文化共生的状态。而元宇宙作为一个具有可视性、协同性、持久性和互操作性特征的3D虚拟信息空间，将向人们提供一个更易实现共识性传播的即时、共享的社会语境。[①] 更进一步说，元宇宙将进一步弱化传统血缘、地域关系的纽带作用，每个个体都将有可能发展出不止一个“小元宇宙”。然而，其中存在着一个“共识悖论”，即当人们达成共识、身份认同变得更容易时，也就更容易形成一个相对固定封闭的圈层。2021年11月，尤尔根·哈贝马斯（Jürgen Habermas）在《关于政治公共领域新一轮结构转型的思考和假说》一文中，结合数字媒体的发展提出了对公共领域的新认识。他认为，智能媒体平台在沟通方式上平等，在发布内容上不受限制的特点反而使得交往走向碎片化，形成了一个个屏蔽不同声音的小圈子，公共领域范围开始缩小，不再具备以往的包容性，只去吸收同质的声音来维持认同。[②] 毫无疑问，随着实时、共享的元宇宙数字空间的到来，公共领域空间将进一步被压缩。个体对于自己“小元宇宙”之外的世界和问题愈发缺少敏锐的感知，不认为有必要去了解和做出改变，信息流向变得越来越集中，个体借此形成的经验与其他人和整个社会之间也越来越难以相融，这将可能导致更为复杂和严重的社会认同后果。

最后，深度脱域的元宇宙带给人们的生活体验，可能是被消解的生命意义。作为人类的下一代数字化生存空间，元宇宙社会资源无限、条件便利，能高度满足人们的猎奇心理和交往需求。在元宇宙赋能之下，个体不断创建新的数字化身，塑造新的角色，随意开启或终结自己的“虚拟人生”，生命即成为一串可以随时改写的数据。在有

---

① 参见胡泳、刘纯懿：“元宇宙作为媒介：传播的‘复得’与‘复失’”，《新闻界》2022年第1期。

② Habermas, J., *Überlegungen und Hypothesen zu einem erneuten Strukturwandel der politischen Öffentlichkeit*, Baden-Baden: Nomos, 2021, p. 470.

限的生命长度里，元宇宙里的人们普遍可以利用数字化身发展更多不同的生命体验，以延展现实生活或弥补现实世界的遗憾，以至于有人认为，"'元宇宙'彰显、实践了个体生命价值，促进了人的自由全面发展，是一种有效的'终极关怀'"①。但从另一个角度来看，无限可能的选择最终将导致对机会的滥用，以及对每一次经验价值的轻视。当人们的日常生活演变为在不同"小元宇宙"体验之间无限制地横跳，就必然存在生命有限与体验无限的冲突，引发生命价值被吞噬的后果。②在虚拟世界中频繁跨界这种充满奇幻色彩的生命体验让人沉迷，但久而久之，人们可能会对真实世界感到陌生和排斥，甚至难以辨别虚幻与真实，也不会意识到虚拟世界的活动并不具有经验实在性。而本体论意义上的人终归要回到现实世界中，若继续以毫无节制、游戏人生的态度面对真实生活，生命在"质"不在"量"的意义也将被彻底消解。

元宇宙作为技术乌托邦主义者眼中的当代巅峰之作，天然被赋予了超验性的特征。在由充满潜能的人工智能、XR、数字孪生、区块链等数字技术支撑构建的超验元宇宙前，现实世界仿佛变得一无是处，但事实并非如此。在自然界中，微观世界往往反映着宏观世界，例如在物理领域，原子结构反映了星系的形成；在精神领域，佛教信仰认为人是宇宙本身的小反射；而在异位空间中，看似不相容、不相关的空间往往在一个共享空间中共存。在元宇宙中也会经常出现来源于现实的镜像世界，例如Microsoft的飞行模拟器游戏就是现实的真实镜像，从精确的卫星信息详细描述地形和建筑、到现实世界的空中交通管制、再到实时天气系统等，都在数字领域内被重建，供玩家互动。

① 吕鹏："'元宇宙'技术：促进人的自由全面发展"，《产业经济评论》2022年第1期。
② 参见杜骏飞："数字交往论（2）：元宇宙，分身与认识论"，《新闻界》2022年第1期。

这种真实空间的虚拟表现短暂地存在于数字空间中，但仍然充满了与用户身份、历史和关系有关的地方性构建。因此，元宇宙空间覆盖在人们所感知的真实世界之上。

像许多由技术驱动的变革过程一样，到目前为止，我们与元宇宙互动的网络空间都是本地化的，最初是存储在物理服务器中，现在是进入了一个模糊而朦胧的云空间中。随着这个空间的成长和发展，元宇宙将不断进化和迭代，但一旦数字尘埃散去，我们所知道和体验的线上生活仍将存在，只不过不再是元宇宙的外部门户，而是它的物理扩展。从这个角度来看，元宇宙身份就变成了一种假体、一种应对人类生存之严酷的“逃避”机制，以及一种后人类状态的预兆。作为后人类思维的先驱者，杰伦·拉尼尔（Jaron Lanier）曾经设想虚拟现实是一个我们可以逃避到其中的独立世界、一种控制论的极权主义文化、一种新的宗教。[①]但越来越明显的是，元宇宙使我们所在的现实与数字沉浸式体验叠加在一起。

因此，无论元宇宙给人类的实践自由度带来多大提升，元宇宙都不可能成为另一个独立自主的世界。那些虚拟平台是元宇宙的公众面孔，但它们也只是深度分层技术聚合的一种形式，如果我们冷静观之，会发现元宇宙其实是衡量现实世界的尺度。在看待元宇宙与现实世界的关系的问题上，之所以会出现两种截然不同的判断，按照印度学者阿玛蒂亚·森（Amartya Sen）的解释，与人们“身在何处”有关，即人们所处的位置会对所作的判断产生潜在影响。他建议道：“我们一方面可以通过合理地选择比较对象，而不是先验主义的乌托邦理想，来尽可能地避免位置产生的局限对我们判断的影响，另一方面通

① 参见杰伦·拉尼尔：《你不是个玩意儿：这些被互联网奴役的人们》，葛仲君译，中信出版社 2011 年版。

过开放的中立性，来最大限度地拓宽我们的视野。”[①] 面对元宇宙，我们同样需要秉持开放且审慎的态度，摆脱沉浸式体验的束缚，不因陷入它所营造的理想社会而否定当下，而是理性审视现实世界与虚拟世界的关系。

理性审视意味着不追逐既定目标的工具性价值，而是对目标本身进行全面的思索。当前，人们对人工智能技术的认识和探索已经趋于成熟，但假使雷·库兹韦尔（Ray Kurzweil）的奇点时刻真的得以实现，那也必须以人类智慧与人工智能的结合作为基础。[②] 同理，将元宇宙设定为一个深度脱域的、平行于现实世界的社会存在，不仅是一种技术乌托邦，也是历史虚无主义的体现。需知虚拟世界的活动须臾离不开来自现实世界的操控，元宇宙也不可能成为人类为躲避现实困境而建造的诺亚方舟。战争、犯罪、恐怖主义、种族及性别歧视、经济危机、数字鸿沟、疾病、自然灾难等各种人类顽疾和苦难依旧会反复上演，它们有的会以各种方式投映于虚拟世界，有的会直接摧毁虚拟世界，使人们重新跌落现实中。元宇宙可以让我们与思念的人以数字化身的方式惊喜重逢，但也能轻易创造出比现实更惨烈的灾祸。由此，本文提出，“理性审思，归望现实”才是建构元宇宙社会的坚实根基。未来的元宇宙社会，不仅是游戏玩家的天堂，是数字化身的虚拟家园，是以太坊 NFT 市场的金融领地……它还需要承载修复现实世界种种裂痕的使命。

事实上，元宇宙社会与现实社会之间实为“似而不是”的关系。一方面，元宇宙必须创造大量全新事物为这个虚拟世界赋予意义；另

---

① 阿玛蒂亚·森:《正义的理念》，王磊、李航译，中国人民大学出版社 2012 年版，第 4 页。

② 参见程承坪:“人工智能：工具或主体？——兼论人工智能奇点”,《上海师范大学学报》(哲学社会科学版) 2021 第 6 期。

一方面，元宇宙只有达到对现实世界的逼真复刻，才能确保人们愿意进入这一世界。所以在现实世界与元宇宙之间，不可能存在绝对的历史的断裂，元宇宙社会的建设也不可能脱离现实环境的发展。换言之，假使元宇宙成功抹杀了真实世界，使之贬值，那么元宇宙也不可能成为一个事事如人所愿的完美世界，因为它无法避免作为建造者的人和打造环境的技术把现实中的种种弊端带向虚拟世界，比如资本入场盲目扩张、权力集中制约等。此外，依靠虚拟技术建成的社会秩序也会带来各种新问题，比如虚拟隐私侵犯、虚拟犯罪、科技巨头的虚拟帝国霸权等。作为对远未成型的元宇宙社会畅想之余的冷思考，这些“虚拟问题”也许并不是那么显而易见，也不是那么紧迫必需，但它们会是未来元宇宙社会治理的重大议题，也是呼之欲出的未来新世界的一部分，需要被认识与研究。多一些现实关怀，少一些科技泡沫，共同致力于实现元宇宙与现实世界的相互守望，唯有如此，元宇宙的未来才真实可感且值得期待。

从 20 世纪 60 年代发展至今，技术乌托邦一直表现出强大的生命力，元宇宙的技术浪潮也再次点燃了人们对一个能够摆脱现实束缚、实现一切梦想的乌托邦世界的憧憬。然而，我们也应抱有对技术乌托邦一以贯之的批判态度。当今时代，技术迭代的频率越来越快，但财富的全球不平等现象同马克思所处时代相比，不但未发生实质性改变，甚有愈演愈烈之势。而技术不是现代社会问题的替罪羊，也不会成为解决这些问题的灵丹妙药，元宇宙建设方案概莫能外。人类一直在与技术共同发展，元宇宙技术带来的是机遇与风险并存、社会文明繁荣与衰败共在的双重可能。

在人类历史上，乌托邦和反乌托邦十有八九都会遭遇失败，因为前者高估了人类对自由的渴望，后者则低估了人们改良社会的力量。元宇宙是一个生机盎然的虚拟世界，同时也是一个由科技公司的数字货币驱动的虚拟世界，它会加剧权力不平等和财富不平等，产生算法偏见和新的数字排斥，因此元宇宙必然蕴藏了反乌托邦的潜力。但是在找到完善的替代方案之前，对元宇宙的任何激进的反抗都是无谓的。迎接元宇宙，既需要我们弘扬真正的乌托邦精神，保持对未来的热爱，也需要我们保持对其技术乌托邦本质的清醒认识，注重将社会效益和道德责任嵌入元宇宙的发展中，并让每个必要的成员（开发人员、监管人员、用户、内容创造者等）共同参与元宇宙的设计和实现。唯有如此，我们才不会毁于我们所热爱的东西。①

第四节　算法传播变革社会的风险之维

在 20 世纪 40 年代，德国思想家西奥多·阿多诺认为选择超市里的肥皂跟选择美国总统候选人没有区别。他指的是商业和政治广告使公民没有空间对自己的选择进行批判性的思考，无论是在私人领域还是在公共领域皆是如此。阿多诺看到了大众媒介时代为受众安排了一个标准化的世界和一系列刻板的思维定式，剥夺了人们在商业模式之外进行思考和选择的可能性。如今，70 多年过去了，智能媒体迭代并没有改变这个现实，所不同的是算法侵入媒介生态系统，对人类主体的干预达到了前所未有的水平。与此同时，算法嵌入也使新的传播形态在知识观、价值体系和主体性等维度面临无法规避的风险。

① 参见尼尔·波兹曼：《娱乐至死》，章艳、吴燕莛译，广西师范大学出版社 2011 年版，第 2 页。

（一）算法传播的知识风险

算法传播中的知识来源于用户个人日常生活、习惯、行为、偏好、社会关系等形成的复杂知识网络，其中不可避免地夹杂了大量个性化观点，带有偏见的数据也成为算法的源代码，因此建立在用户行为数据上的算法选择和解决问题的模型极有可能加剧实际传播中的不平等。例如搜索引擎的算法会根据用户过去的在线行为数据，对类似的知识进行优先排序，并据此预测用户将来点击平台提供的任何文章的可能性。用户的搜索痕迹被算法作为其喜欢、思考和关心的一种表达而生成个性化知识，并被标记为思想、情感、价值观、信仰等个体状况。在宣称产生知识的过程中，算法通过精准投放，消除了人类实际处境的不确定性和流动性，也产生了一个清晰的关于我们需要的是什么知识的结论。这种基于个体特定需求的知识描述充满了主观性、碎片性、临时性特征，与认识论谱系中的知识应该具有客观性、一致性、确定性内涵相比较，其知识生产的驱动力就变得不那么高尚了，因为它已经完全与资本的逐利性混杂在一起，知识的灵韵也消失殆尽。

研究者认为："大数据是推动信息资本主义的引擎，它们使一种日益占主导地位的个体知识形式成为可能。"[①] 而当个体知识、意识形态和偏见化约为数据，并在知识生产上获得了合法性地位后，就能够有效规避传统知识生产的制度性制约和伦理制约，规避对知识传统溯源、知识的正当性检验，以及它们产生何种影响等根本性问题的追索。算法传播下的知识生产，与认识论谱系中的知识生产相比，其风险在于：首先，用户在自由获取信息、消费和娱乐的

---

① See Mosco, V., *La nube: Big Data em um Mundoturbulento*, Barcelona: Biblioteca Buridán, 2014, p. 12.

同时所产生的数据是未经选择的，用户也无法参与算法自动化选择的过程，这使知识的合法性存疑；其次，算法传播携带的知识权力，会对智能媒体中个人和群体的选择和行动产生干扰，这使算法传播成为知识规训的新手段。算法强化了一种越来越精确并且无处不在的知识传播机制，它不断挖掘用户有意义的数据，预测和控制他们的行为。算法对用户进行监控和分类，用户的活动一直被计算设备干预，这将导致无所不在的数据剥削，也使知识生产与商业操作的系统性结合变得更加激进。一个算法监控的大数据知识时代即将到来，知识也将越来越多地由搜索引擎等互联网技术定义。

（二）算法传播的后人类转向

一直以来人们都被技术导致传播变革的主张和争议所包围，而算法的降临使传播的裂变更为彻底。奇点假说认为：一段极其迅速的技术发展时期将会使人类的独特性被取代，产生一种功能性的后人类主义。我们或将算法视为人类传播的奇点，这是媒介技术进步呈指数加速的时刻。在这个时刻，机器学习系统将发展自我改进的能力，设计出越来越智能的传播系统。与此同时，算法也打破了传统上认为技术只是扩展人类创造力的发明或是帮助人类表达意图的工具的认识，一定程度上，算法的出现已经形成独立运作的微妙的新权力，它减少了人类的主体性行为，使人类自我掌控的能动性被削弱。而“传播即服务”的格局也将传播窄化为精准营销，消除人类传播与交流的价值意蕴，这在一定程度上诠释了传播的后人类转向的趋势。

传统人类中心主义意味着人类拥有“独特的品质”，它强调人是唯一能够探索和认识世界的主体，因此也是唯一的真正的道德义务主体。[①] 与此观点相反，后人类主义将人类从优越的位置上驱离，并挑战人类与其环境之间的任何二元论关系，认为人类无法清晰而鲜明地区分自己与环境。事实上，在智能时代，如果没有算法身份，个体识别和维护也将变得难以维系。[②] 在算法传播中，个体仅仅是数据生态系统中的一个占位符，这印证了哈佛大学法学教授劳伦斯·莱西格（Lawrence Lessig）的经典格言——“代码就是法律”，它诱使人们更多地倾向于此时此地的体验，而不去考虑那些使我们目前的满足感最大化的东西是否真实，这是以真正后人类的方式推动人们走向预设的政治选择。“社会现实从未被给予，而是通过算法系统产生和实现”[③]，这便是算法传播最大的价值风险。事实上，这种价值风险也应该被看作是双向的，从掌握算法的组织机构来说，他们被限制在对目标受众的算法分析基础上做出决策，算法预测限制了决策者的选择环境。因此，尽管算法传播是基于人类行为和情感计算的精细化传播行为，但它是机械的，是商业主义的，它合法化了社交媒体的把关角色，用户兴趣变得比内容质量或社会意义更重要；它违背了人类传播的主体性诉求，最终将导致算法背后的权力机构及其用户都失去创造价值的主动权。人类传播的多元价值将在数据聚合中被扁平化，而传播的后人类转向也将成为无可回避的后果。

---

① See Ferrante, A. & Sartori, D., “From Anthropocentrism to Post-humanism in the Educational Debate”, *Relations*, vol. 14, no. 1 (2016), pp. 175–194.

② See Pötzsch, H., “Archives and Identity in the Context of Social Media and Algorithmic Analytics: Towards an Understanding of I Archive and Predictive Retention”, *New Media & Society*, vol. 20, no. 4 (2018), pp. 3304–3322.

③ Bucher, T., *If... then: Algorithmic Power and Politics*, Oxford: Oxford University Press, 2018, p. 221.

（三）算法传播的主体性陷阱

算法传播所产生的主体性陷阱首先表现在算法锚定的“我”本质上是将人类的情境化、偶然性和内在杂乱性具体化；此外，算法传播通过意识思维的过滤来框定人们的感知世界，其塑造的同一性实质是利用用户的价值观或信仰的结果。例如，在微目标传播中，个体过去的在线行为被用来塑造其未来的行为，而将用户限制在过去的狭窄边界内，使个人决策产生于下意识的、被动的行为，而不是活跃的、有意识的思考。这就产生了一种“选择悖论”，即用户的选择越多，就越容易依赖简单易用的个性化工具进行重复选择。诚然，算法传播也能引入新事物，诱使用户接触其他类型的信息、产品和服务的形式，但这一切是由商业原则驱动的。这使算法传播也可以被理解为追求极致市场细分的营销活动，每个用户都成为一个独特的市场。

算法是大数据经济的核心，是互联网资本运作的核心，拥有算法的企业不仅收集数据来操纵人们作为消费者的行为，同时也在取代人们作为生产者的身份，例如 Uber 使用司机数据为自动驾驶汽车制作算法，Google 使用人们在网上做的翻译来更新 Google 翻译，等等。算法取代人成为传播主体往往隐藏了不容忽视的伦理问题。早在 20 世纪 80 年代，当电视主宰娱乐产业时，加拿大媒介批判学者达拉斯·斯迈斯（Dallas Smythe）就把大众媒介传播描述为将“免费的午餐”提供给观众，以吸引他们成为资本主义经济的劳动者和消费者。在看电视时，观众不仅得到娱乐，他们还学会了买什么、如何装饰他们的房子、做什么饭，等等。今天，算法成了智能媒体中广告的新缔造者，在搜索、点击中，人们学会了渴望在线商品和服务，期待信息随时出现在自己的指尖，但往往忘记了他们自己也是一种商品，其在线痕迹都由算法根据其广告潜力进行分类和重组。

算法传播帮助过滤传播过程中的噪音，看起来是为用户创造更好的在线体验，同时在算法选择之余，为用户保留了交往、阅读或购买的其他选择。与此同时，在算法传播中，算法看起来仅仅是我们生活的辅助器：它忠实地为我们服务，是记录和计算的科学工具，这两种感觉都消除了我们对在线细节被永久记录的担忧。但算法在捕捉数据的同时，也在同步殖民人的思想和身体空间，悄然完成替代主体化的过程。例如人们会通过算法程序来管理自己的健康，根据他人的数据综合表现来校准自己的身体模型，但同时也泄露了自己的身体数据。在不断交换数据、产生传播的过程中，算法构成和塑造了用户身体，也意味着用户将从一个做出选择的主体，转变为一个被排序和被选择的客体。算法代替人们做出各种选择，实则是在挑战人类在传播活动中理解复杂规则以及做出决策的能力，忽略了意义形成过程的复杂性。而在越来越智能的社会现状下，被算法包围的人们处于从属地位，已经无法选择全身而退。

考虑到当下的寡头互联网科技公司扮演着全球数十亿用户的终极守门人的角色，它们提供个性化的智能体验，它们对人们的了解甚至超过了人们对自己的了解，这导致其某种程度上成为用户意志的延伸，但极少有个人或群体能够控制这种影响渗透的过程。将算法委托给这些功能和目标均不透明的互联网商业实体，实为另一种风险。然而，如果算法传播营造的简单享乐、哗众取宠、自恋、同质化循环等致人上瘾，那么用户是否愿意跳出黑箱，主动做出改变？研究人员描述了个体做出决策的两个主要认知系统，一个是自动系统（automatic system），一个是反射系统（reflective system）。前者是高效的、快速的、很大程度上是无意识的，而且容易出现系统性错误；而后者则是一种缓慢的、需要努力的、受控的思维方式。[①] 如果自动系统占据优势，所形成的有限理性会影响人们如何评估未来事件发生的可能性，以及体察到他们个人的偏见和弱点是否被利用。反过来，当反射系统占据优势，帮助人们了解到自己的弱点时，劝诱的效果就会减弱。因此，强化反射系统的认知模式，培养批判性思维，对于生活在智媒时代的人来说是极为重要的。

出于风险控制的考虑，一些学者主张对社交媒体进行改革，例如建设完全非营利性的公共服务互联网。为了维持公平竞争，也有研究者提出向大型平台公司征税，然后将所得收入投入非商业性的社交媒体上。[②] 还有的方案是设计以公共服务为目的的算法，创造为个人提供编码算法的可能性。麻省理工学院媒体实验室项目 Gobo Social 就是一个设计探索性算法工具的实例，他们设计了一个带有滑块的社交媒体新闻聚合器，用户可以通过控制它来过滤信息，其中包括从政治取向（左、右、中），到严肃性、性别和其他可以过滤信息的参数的程度，这个项目初步展示了对用户友好的算法传播的样貌。不过，现有的大部分观点认为消费者数据保护和反垄断监管等现有法律框架更适用于约束算法，平台应该进行自我监管，事实上，相关软法也在一定程度上促进了平台的自我规制。当然，所有这些措施都有其自身的局限性，但它们代表了朝着可持续的控制算法传播风险的建设性方向迈进的积极力量。然而，目前各国都还没有充分的证据来证明这些提议在实践中是合理的，这条路也仍然存在着巨大的社会和技术障碍。

---

① See Thaler, R. H. & Sunstein, C. R., *Nudge: Improving Decisions about Health, Wealth, and Happiness*, London: Penguin, 2009, p. 146.

② See Fuchs, C. & Marisol, S., “The Political Economy of Capitalist and Alternative Social Media”, in Atton, C. (ed.), *The Routledge Companion to Alternative and Community Media*, London: Routledge, 2015, pp. 165–175.

在宏观治理无法取得富有实效的治理成果之下，我们提出让个人和群体能够有意识地影响算法，甚至学习建立自己的算法，并在任何我们需要的时候改变算法。然而，并不是所有的用户都有建立自己的算法的知识，实现这个目标的前提首先就是向用户和公共机构开放主流社交媒体的算法黑箱，接下来的工作是对用户进行算法素养（algorithmic literacy）的培养，学会识别黑箱，从而跳出黑箱。我们可以把算法素养定义为过滤机制和设计选择功能的基本知识的掌握，以及对它们对个体的影响的了解，这可以通过对可视化工具和人机界面的定期更新来培养。目前，国外的相关项目已经完成了部分实验，例如进行浏览器扩展①、设计交互式滑块（如Gobo Social），或向用户显示他们的过滤气泡并帮助“戳破”它们。②当然，算法素养需要与数字和媒体素养齐头并进。另一个重要的工作是保持算法传播中内容的中立性，这意味着平台对内容应是处于不可知状态的，数据呈现出的应该是能够返回到机器可读的、未过滤的、按时间顺序排序的数据，然后客户端将接收这些数据，并通过算法进行过滤和先验化。这样在客户端进行数据过滤，就可以确保平台实现有效中立，最终，除了用户个人，不会有人知道哪些内容受到了监视以及持续了多长时间。这种中立性还有助于防止设计上的欺骗，并最终培养出算法中立性，确保知识无偏见地自由传播。

为了确保上述工作的顺利进行，通过用户授权的算法审计必须得到支持和鼓励，因为它是保证过滤机制和数据之间分离的基础。从本质上说，所有影响用户信息行为和选择的基本算法设计都需要经过协

① See Reviglio, U., “Improving User Experience by Browser Extensions: A New Role of Public Service Media?”, in El Yacoubi, S., Bagnoli, F. & Pacini, G. (eds.), *Internet Science*. INSCI 2019. Lecture Notes in *Computer Science*, vol. 11938, 2019, pp. 257–271.

② See Nagulendra, S. & Vassileva, J., “Providing Awareness, Explanation and Control of Personalized Filtering in a Social Networking Site”, *Information Systems Frontiers*, vol. 18, no. 1 (2016), pp. 145–158.

商、统一和调整。由于当前普遍使用神经网络的算法会不断更新它们的内部状态，导致完成数据的分析审计几乎不可能，因此如果能够以一个简单的计算系统作为基准，那么因算法缺乏可解释性而造成的风险就可以避免。另外，保留生成内容的元数据也给予了一个提高数据质量而不是数量的机会。例如，为了不受比较量化的影响（比如对点赞和分享数量的相关性分析），可以在算法设计中隐藏相应指标。事实上，社交互动的量化和最大化会创造一种绩效文化（culture of performance），这种文化与个人的幸福感往往是呈负相关的。[①] 另外，开发可用来评估算法产生的信息体验的自然度量也是培养算法素养、确保算法中立的一个关键问题。例如，用户使用图片、视频、文本的占比，在平台上花费的时间，点击的帖子的数量，或者被消耗的资源等，这些信息应该被收集起来并反馈给用户，以增强用户的主体意识。

除此之外，控制算法传播的风险还需要解决用户信息自决权的问题。特别是帮助用户实现信息汲取平衡的能力，同时确保提供一系列可行的算法自审查扩展工具。[②] 一方面，给予用户接收信息的权利可以培养新闻消费者建立对个性化推荐的多样性法则的合理期待；另一方面，给予用户信息探索的权利也可以帮助用户增加与信息的偶然相遇以及减少潜在的过滤气泡和回音室。而这些是可以通过提高信息的可发现性和可覆盖性来实现的，例如可以提前设定算法进行信息过滤的准确性和多样性标准。在具体的实践中，需要对算法输出进行更多的交互式控制，例如鼓励用户使用主题类别、根据源和关键字导航信

---

① See Verduyn, P., et al., “Do Social Network Sites Enhance or Undermine Subjective Well-being? A Critical Review”, *Social Issues and Policy Review*, vol. 11, no. 1 (2017), pp. 274–302.

② See Delacroix, S. & Veale, M., “Smart Technologies and Oursense of Self: Going beyond Epistemic Counter-profiling”, in Hildebrandt, M. & O’Hara, K. (eds.), *Life and the Law in the Eraof Data-driven Agency*, Cheltenham: Edward Elgar Publishing, 2020, pp. 80–99.

息的过滤器，以此增强信息的可发现性。研究者甚至主张，社会必须要求平台互联网公司探索和启用对同一个人进行数据处理和建模的替代性方法，① 以此扩大用户的信息自决权。

当然，上述建议还需要得到进一步讨论，因为它们可能会产生潜在的意外后果，我们虽难以对其精准地系统地评估，但仍然需要指出一些可能的问题。例如，如果我们想象算法的自由开放明天就会发生，那么我们不难推测，由技术娴熟的工程师组成的技术官僚团体会宣称自己的算法是最好的，然而他们可能只是重新提出一套形式不同、本质一样的算法控制机制。而这种情况与参与者不平等的自由市场并没有什么不同，它会以牺牲潜在的新兴竞争对手为代价，导致当前的主流平台愈加合法化。此外，这种鼓励算法自由市场的方法可能会催生出一种错误的信号，即一种算法可以比另一种算法更好，而从绝对意义上讲，完美的算法是不存在的，我们每个人都有不同的优先事项、兴趣和时间可用性，因此，拟合算法可以不是永久性的。

针对上述潜在的问题所必须提前统一的认识在于：向用户开放算法黑箱，以及对算法自然度量的改进设计应是基本的要求，应该被想象成在食品行业强制实施的法规（申报过敏原、成分、卡路里等），而协商这些参数和设计思路也应该需要全球网络机构的共同努力或支持。某种程度而言，智媒时代算法传播的风险控制是一种政治挑战，解决方案不能仅仅是技术上的，学术界和公共服务机构也应该主动为算法风险控制负责，对此，最重要的准备就是全民普及智能媒体素养和算法素养。

曾有研究者警告："人们普遍都有一种潜在的严重危险，即他们都

① See Hildebrandt, M., "Privacy as Protection of the Incomputable Self: From Agnostic to Agonistic Machine Learning", *Theoretical Inquiries in Law*, vol. 20, no. 1 (2019), pp. 83–121.

有可能重蹈覆辙，并随时准备重蹈覆辙，从而奴役自己和他人。”就算再给他们机会，让其重塑自我的长期价值，但这可能很快也会成为过去时代的遗物。[①]这让我们担忧，即使人们对媒介化风险的认知达成了普遍共识，也看到了算法传播形态强化了传播的脚本化和自动化，不仅没能过滤掉信息垃圾，还封闭了人们的世界观发展……但每个人都有留下来的理由：微信是人们打发闲暇的方式；微博是人们的新闻来源；在抖音上，人们可以观看“光怪陆离”的表演；等等。在大量讨论中，也有一种声音在反思：社交媒体其实正在成为现实的替罪羊，如“Facebook 的问题不只是 Facebook，也是我们自己”。[②]我们在其中流露出思想上的束缚、精神上的堕落、政治上的愤怒，还有虚荣、无知、轻信、欺诈、仇恨……而这些也集中映照出我们的社会和我们自己的问题。同样，算法传播不在于它直接创造了消极因素，而是让一些业已存在的消极因素的表达更容易。

然而，不管我们作为个体是否真的在追求享乐主义（这种观点认为所有人类行为的最终动机是对快乐的渴望、对痛苦的避免），我们都要回答一个根本性问题：面对算法传播，在积极的个人影响与消极的社会影响并存的情况下，我们应该怎么做？当下，传播行为不可避免地与人工智能元素共融共生，也不可避免地遭遇新媒介逻辑的侵蚀而发生异变。然而，就像媒介理论家道格拉斯·鲁什科夫（Douglas Rushkoff）在他的新书《人类团队》中所说：“我们没有办法回到前数

---

① Solove, D. J., “Speech, Privacy and Reputation on the Internet”, in Nussbaum, M. & Levmore, S.(eds.), *The Offensive Internet: Speech, Privaly, and Reputation*, Cambridge: Harvard University Press, 2011, p. 16.

② Lupton, D., “The Commodification of Patient Opinion: The Digital Patient Experience Economy in the Age of Big Data”, *Sociology of Health & Illness*, vol. 36, no. 6 (2014), pp. 856–869.

字时代，我们不能回去，我们必须闯过去。”[①] 面对传播新世代的风险，如果我们想要改变精心设计的、不平等的算法传播之境，就需要对监视技术和流程的算法设计者进行监督，需要对谁在资助算法设计、谁将其商业化、谁在利用它塑造我们的世界等问题有一个更清晰的认识，与此同时，学习建立自己的算法。至少，抵制数据文化工业的倾覆、重组传播的秩序与价值，是我们与算法共存的同时，需要付出巨大努力建设和维持的认识论底线。

① Rushkoff, D., *Team Human*, New York: W. W. Norton & Company, 2019, p. 8.

第二章

算法传播与社会重构

第一节　算法媒介对社会的重构

社会结构是对个体产生制约的外部环境，是相对稳定的社会形态，在此环境下社会主体的实践与认知模式也较为稳固。算法传播所建构起的媒介环境是在媒介化程度日益加深的社会中成为人们感知外部世界的重要路径，它重构了大众传播与社群传播形态所塑造的旧媒介环境，并使自身与现实环境不断融合进而消弭界限。在媒介化研究学者安德烈亚斯·赫普等人看来，当下人们的生活情境都被媒介穿透，被媒介构建起新的交往情境，媒介通过占有（appropriation）或驯化（domestication）等以技术为基础的交往活动，对于文化生活不同方面，产生了长期的、不断增强的相互渗透作用（interpenetration）。[①] 算法形塑的环境与原有社会结构交织与互嵌，并形成了新的社会结构，产生了新的社会场景，在实践中形塑起新的认知与行为模式。

（一）算法媒介深化场景适配

对于移动时代的媒体来说，场景成了继内容、形式、社交之后在

① Hepp, A. & Krotz, F., "What 'Effect' do Media Have? Mediatization and Process of Social-Cultural Change", ICA Conference, 2007.

传播中需要考虑的另一种核心要素。[①] 知名记者罗伯特·斯考伯（Robert Scoble）等人最早将“场景”这个词语用于传播领域，他们提出五大技术造就了场景时代，其中就包括大数据。场景传播的实质就是特定情境下的个性化传播和精准服务。个性化场景的服务得益于大数据的计算与分析，“基于算法的场景传播可以在更深层次上对用户需求进行洞察、分析与推荐，以实现对用户需求的全方位把握。同时，算法扩大了场景传播的范围”[②]。在算法技术的运用下，个体所处的场景被量化与重构。构成场景的基本要素包括：空间与环境、用户实时状态、用户生活惯性、社交氛围。当人们到一个新的空间与环境中，移动设备中的定位系统会自动定位，平台内的算法系统会根据定位推荐本地的各种信息，告知用户周边方方面面的情况，建构起用户对周围环境的感知，从而引导用户行动。算法的介入不仅关注了此时此地用户的位置对于用户的意义，还能基于对用户的个性化分析为他们打造未来的需求。

然而只有对空间与位置的把握是不够的，当下用户对场景体验的需求越来越高，媒介只有与在地环境特征更好地结合才能洞察和预测用户需求。例如传感器能够对用户的实时状态有精确的把握，但空间位置只有与实时状态的结合才能进一步满足用户需求。周围环境隐含着丰富的信息，但能引起用户兴趣的信息是有限的。而通过对于用户实时状态的测量，平台算法能够不断强化用户对感兴趣的信息环境认知，让用户在暗示下会迫切地想要占有。这种场景是可以建构的，算法为用户建构起这样的需求场景，从而在无形中驱使用户做出相应行

---

① 参见彭兰：“场景：移动时代媒体的新要素”，《新闻记者》2015 年第 3 期。

② 喻国明、韩婷：“算法型信息分发：技术原理、机制创新与未来发展”，《新闻爱好者》2018 年第 4 期。

动。因此可以说，算法的本质即实现供需双方的连接匹配，而场景分析的最终目标也是要提供特定场景下的适配信息或者服务。

当下，人变成了新的渠道，成为这个时代最大的场景，算法创造了一个基于用户共同体验的参照体系，通过对大量用户数据的分析，能够得到在某一特定场景下用户的共性需求以及行为特征，并将个性化场景与共性化场景相结合。例如在大众点评平台中不仅会基于用户定位推送周边的相关信息，还会向用户推送其他用户在该场景下所做出的决策与评价以形成参考供目标用户选择。“氛围感”成为现在时髦的词，这体现出当下人们对于“感受与体验”的重视，即形式大于内容。保罗·莱文森（Paul Levinson）曾提出人性化趋势的媒介进化理论，他描述了媒介技术的发展趋势就是越来越契合人的需求，以及便于用该媒介技术进行信息交流。我们看到，现在的传感器等技术能够通过对环境的感知生成对周围环境的具体数据，通过算法推送展示在用户面前，全方位满足人的感官愉悦需求。算法技术的嵌入改变了对周围环境的呈现方式，同时将人性中的非理性因素例如欲望、本能、直觉等不断激发与放大，建构起让用户欲罢不能的场景。

（二）算法媒介重塑认知与行为模式

人们生活在被算法包裹的媒介环境之下，通过算法的推荐进而建立起对周围事物的认知，导致从自我塑造到对群体氛围或社会公共舆论的感知都依赖算法。算法作为一种价值体系，影响了人们对事物重要性的判断与排序。美国社会学家大卫·理斯曼（David Riesman）在其著作《孤独的人群》中划分了三种社会性格，分别是传统导向、内在导向和他人导向的社会性格类型。其中，“他人导向性格的标志是通过群体和媒介监控周围环境的导向，核心特征是个体针对人群和媒介拓展网络的、高度发展的敏感性”[①]。算法嵌入在各大互联网应用中，逐渐构建起新的媒介环境，而不同用户所感知到的媒介环境是不同的。由算法分配并聚集而成的隐性社群逐渐成为个体的参照，为个体建构生活方式，人们根据这种媒介环境所呈现出的生活形态打造生活方式。同一个社群的人们共享这种生活方式，在这个过程之中，他人导向的社会性格成为个人的主导性格，人们表面上是在追求对个人生活的“自我支配”，而实际上是潜移默化地受到算法构建媒介环境的影响，个人的思维认知、态度以及行动都因之不断变化。

法国哲学家皮埃尔·布尔迪厄提出的“惯习”概念被视为社会性格概念的延续，而惯习的形成很大程度上是通过人与当代社会的互动得以塑造的。施蒂格·夏瓦继而又提出“惯习媒介化”概念，他指出，“惯习在当代世界中无处不在的监控下得以再生产”[②]。我们看到，当社会互动都逐渐依托算法为核心的智能媒体展开时，新的惯习会逐被算法塑造出来，因此，我们不妨进一步提出“惯习算法化”。算法通过对数据的分析实现了对人的监控，算法的持有者即平台方基于特定利益向用户推荐内容，并将之包装成一种生活方式，用户媒介消费的过程也是培养其全新生活惯习的过程。在算法推荐机制下，不同个体的生活方式联系在一起，形成了自我身份认同和品味标榜，以此形成社会区隔的再生产与更新。例如电商平台“小红书”以“标记我的生活”为口号，小红书在构建用户画像之后，为用户推荐相关笔记，用户之间彼此参照，相互模仿，根据笔记中的内容在生活中践行，从而形成新的惯习。由此，我们不难发现算法正在将品味“社会化”，

① 大卫·理斯曼等:《孤独的人群》，王崑等译，南京大学出版社 2003 年版，第 146—147 页。

② 施蒂格·夏瓦:《文化与社会的媒介化》，刘君等译，复旦大学出版社 2018 年版，第 23 页。

即基于特定人群的利益为其他人建构起一套生活方式和价值体系，随之而来的相关的消费行为也受制于算法所提供的特定产品，建立起不同群体表征自我身份的新的区隔。在这过程之中，群体之间逐渐共享同一种生活方式，算法在其中逐渐成为生活方式标准的建构者和倡导者，建构不同群体的生活方式与生活形态，从而影响不同群体的生活规范与行为实践，对个体与群体的惯习进行再生产。

当媒介化生存成为常态，我们会更加关注虚拟的存在。我们无法看到算法，也无法实实在在地感知到它，但这种无形的技术物确实渗透至生活的方方面面，并且具备对社会和文化的形塑力量。当一切都变得“可计算”和“可量化”，我们还如何能保持对于这个世界的探索欲与好奇心，不断开阔眼界和视野？当我们的认知方式和行为反应都基于算法时，我们又如何能根据人的主体性做出判断和决策？

在算法传播这种新型传播形态之下，我们需要意识到人的主体性地位或许并不是稳固的。那么人与自己所创造出的“物”应该如何共存？我们日渐从自己编织的关系网络过渡到由算法建构的技术网络之中，我们是否已经做好准备应对这样的变化？在社会媒介化程度越来越高的当下，如何在算法缠绕的网络中保持人的自主性与独立性？这都是值得我们深思的问题。未来，以算法为代表的媒介技术还会继续渗透到人类生产与生活空间，由此引起更多社会文化变迁，当人类的社会和文化属性受制于技术的自然和机械属性时，我们再无法将技术物视为客体，而必须审视其主体性地位，并以后人类视角重新认识人类自身。

（三）算法神话重组社会话语

围绕算法媒介有许多神话般的话语，这些话语或多或少是全球性的，并且无论这些神话是否符合算法媒介及其基础设施的真实运作方式，都具有令人难以置信的影响力。曾经的广播和电视是主要大众媒介时，围绕它们的神话是“保持”社会“团结”必须依赖电子媒介的中心化。它假设一个社会的一切中心都在大众媒体中表现出来。在算法跃升为媒介的时代，遂成为“一个自然集体的神话，其范式在于我们如何在平台上聚集”。[①] 这种神话将个人定位为权力的决定性参与者和社会进程的基础，我们在网上建立全新的社会模式以及新的集体。虽然这些平台归大型科技公司所有，并且基于从用户数据中创收的商业模式，但算法神话以技术的解放力量的形象掩盖了资本主义本质。

算法的神话承诺还在于，大量数据将为社会世界提供重新焕发活力的途径，并使其分析历史与当下以及对未来的预测都在不求助于理论的情况下实现。研究者克里斯·安德森（Chris Anderson）于2008年在技术杂志《连线》（*Wired*）上发表了一篇文章，鉴于云中巨大的数据存储容量以及基于算法分析大数据的新可能性，安德森假设了“理论的终结”：“海量数据和应用数学取代了所有其他工具可能会受到的从语言学到社会学的所有人类行为理论的影响”。对科学模型和解释的信念已死，“相关性就足够了”。[②] 根据算法神话，获得了某人的地址和收入的信息就足以预测其犯罪的概率，诸如此类，通过相关性预测可能的未来，并做出政治和社会决策。对于这些大数据和算法及其据称拥有的力量的陈述，虽然存在大量学术批评，不过作为一种话语，算法神话仍然具有深远的影响。毕竟算法为我们提供了一种进入社会世界的新途径，并为我们提供了对社会过程如何发生的更深入

① Couldry, N., “The Myth of ‘Us’: Digital Networks, Political Change and the Production of Collectivity”, *Information, Communication & Society*, vol. 18 (2014), pp. 608-626.

② Anderson, C., “The End of Theory: The Data Deluge Makes the Scientific Method Obsolete”. Available at: https://www.wired.com/2008/06/pb-theory/.

的了解。算法鼓励企业和国家机构对大数据的分析进行大量投资，大量的咨询公司将使用智能算法分析出的指标作为一种做出更好决策的工具。

算法神话在定义数字社会的过程中发挥了相当大的作用，它们在不同的尺度上延续了媒介中心的神话，也形成了一个深度媒介化社会的神话。它们使科技公司的跨社会共识合法化，反过来又使它们获得了一系列国家支持，包括税收减免和研究资金资助。在一定程度上，这些神话想象了一个全球技术发展的消失点，创造了一个跨社会的媒体技术变革方向。前文已说明，深度媒介化的一个基本特征是数字基础设施不仅存在于社会表征中，而且深植于社会结构中。互联网，尤其是物联网和云计算，“连接”了各种集体和组织的媒体集合，并与媒体集合属于哪种社会形态无关。这导致了一种新的全球性关联，其中数字基础设施及其底层算法成为全球化的塑造力量，在制度和物质上影响了政治、经济、文化和社会的各个方面。

这些数字基础设施平台都是基于直接供需的理念，并无需提供额外的生产资料。这与控制论假设相呼应，即当人们自组织并直接交互时，就会找到“最佳解决方案”。Amazon、Google、腾讯、抖音等平台就是通过算法实施市场流程的代表，是基于文化和社会不同分层的“自组织”。这样的平台可以在人类共存的最多样化社会形态中产生塑造力量，这一力量以数字基础设施为前提，使总体制度化和物化成为可能。所有这些平台都在不同程度上依赖于移动互联网的可访问性。智能手机作为一种设备，可以通过无处不在的应用程序访问这些服务，这些平台的存在显然与当前深度媒介化的趋势有关，它们支持了基础设施的发展，也是深度媒介化的商业受益者。在这里，“重构”一词具有全新的含义，“重构”并不完全是市场创新，更深层次的“重构”在于对数字媒体和总体数字基础设施的使用所产生的截然不同的社会形象的基本塑造。

（四）算法媒介重构社会组织的三个场域

本部分提出的公共舆论、新闻生产和家庭传播作为现有社会组织重构的场域显然是一个非常有限的选择，但这样的选择解决了与媒介化研究三个最相关的语境：舆论变化的动态、组织变化的动态、社区变化的动态。首先来看新的媒介形式在深度媒介化中发挥的作用。就惯常所涉及的媒介而言，主要指的是新闻媒体组织，作为“守门人”，媒体组织为编辑室外的个体提供了参与社会议题讨论的机会。随着平台的深入发展，产生公共舆论的媒介群体发生了根本性的变化，成熟的新闻出版商的在线和移动版本出现了，Facebook、Twitter 这样的商业平台成为新闻消费的新接入点。何塞·范·迪克回顾了平台在这一转型过程中所扮演的角色，将这一过程描述为“新闻平台化”。[①] 平台化的最初步骤是从搜索引擎成为在线新闻的关键访问点开始，当中所呈现的新闻文章是从其原始媒介渠道中提取出来的，此后便迅速发展成为一个独立的产品。例如 Apple、Google 和 YaHoo 新闻等新闻聚合商进一步加强了对单一发布实体的关注，它们在网站或应用程序中通过算法编译来自不同来源的新闻。

在美国，Facebook 和 Google 是迄今为止最重要的新闻网站，随着年轻读者开始转向在线访问新闻，广告也跟着转向这两家以及更多的数字平台，导致区域新闻提供商面临巨大的财务压力，许多出版社不得不关闭或合并。此外，随着在线平台的出现，新闻组织的守

① 参见何塞·范·迪克、托马斯·普尔、马丁·德·瓦尔：《平台社会：互联世界中的公共价值》，孟韬译，东北财经大学出版社 2023 年版。

门人角色被剥夺，普通民众能够以更直接的方式参与公共话题的讨论。而本书要重点谈论的，是在产生公共舆论的媒介群体中崭露头角的由算法控制的社交机器人。事实证明，在社交媒体平台上开展机器人工作是一项并不困难的任务，因为机器人的一切指令都是根据对在线数据的分析处理提供的。2016 年机器人流量报告报告称，共有 51.8% 的在线流量是由机器人产生的。但大部分机器人不是为直接与人互动而设计的，还包括为搜索引擎收集数据而设计的机器人。因此，真正在公共辩论中“活跃”的社交机器人数量比预料的要少得多。

有研究者在分析 2016 年 9 月 16 日至 10 月 21 日美国大选期间大约 280 万用户生成的超过 2 000 万条推文时发现 15% 的推文是社交机器人所为，“最重要的是，它们负责大约 380 万条推文，几乎占总对话的 19%”。研究者得出的结论是，“机器人系统地产生了更多积极的内容来支持候选人”，以及“机器人在传播网络中变得越来越重要”。[①] 这项研究也表明，随着社交机器人的加入，公共舆论变得更加两极分化，错误信息的传播也增加了。不过这项研究不过只是关注机器人在在线政治辩论中所扮演角色的众多研究之一。研究者还发现，通过简单地查看它们的活动来识别哪些 Twitter 帐户是机器人、哪些是常规帐户并非易事，因为识别的指标包括无地理定位的推文、大量地转发以及倾向于发布没有原始来源链接的新闻等。另外，社交机器人的确切数量和不同类型机器人之间的比率因数据生成和分析的方法不同而有很大差异。正如一篇研究文章中所述，“由于缺乏在给定平台上获取具有代表性的机器人和人类样本的方法，因此必须谨慎解释对社交机

① See Bessi, A. & Ferrara, E., “Social Bots Distort the 2016 U.S. Presidential Election Online Discussion”. Available at: https://firstmonday. org/article/vie w/7090/5653.

器人普及率的任何估计”。[1]换句话说，在现有研究的基础上，还不太可能确切地知道有多少机器人参与了公共舆论生产。

大多数关于社交机器人的研究都提到了 Twitter，因为该平台的机器人比较容易创建，而且 Twitter 允许相当程度的数据访问。但产生公共舆论的媒介群体并不仅仅是社交媒介平台，电视媒体、印刷报纸等仍然占有一席之地。如果人们想就公共舆论形态转变进行深入研究，就必须将社交机器人置于媒介整体不断变化的动态中。本书前一章的研究也表明，不断变化的媒介群体涌现了新的算法传播样态。未来舆论研究的任务是准确描述这些样态是什么样的，以及从长远来看会出现什么样的新公共舆论模式。

重构社会组织的第二个例子是新闻组织中的新闻生产转变。同样可以从机器人开始分析，特别是那些在算法新闻领域工作的机器人。当然，我们也必须在新闻生产长期变化的更广泛背景下考虑这个问题。传统上，对新闻制作实践的研究主要集中在新闻编辑室。随着在线新闻业开始改变记者的整体新闻生产实践，人们对围绕这些技术所带来的问题产生了更广泛的兴趣。新闻业创新与新媒体技术发展的相关性也成为媒体组织必须面对的问题，并且已作为降低成本和实施新的新闻生产管理的一部分。随着算法技术在新闻生产中的普及，以新闻编辑室为核心的研究变得越来越跟不上媒介实践的发展。鉴于算法的自动化编辑组织形式已经出现，新技术明显挑战了新闻编辑室物理站点中新闻工作的集中化特性。新闻生产大大超越了新闻编辑室的地理边界，开始转向“后工业化”的工作模式。

随着新闻生产的行动者发生了根本性的变化，新闻生产的转型

---

① Lazer, D. M. J., et al., “The Science of Fake News”, *Science,* vol. 359, no. 6380(2018), pp. 1094–1096.

也已经从多个角度展开，这一转型从记者开始成为媒介行业的灵活劳动力开始。由于传统编辑部裁员和离职人数增加，记者的工作状况随着媒介变革的进程发生变化。以往专注于个人技能的记者也必须适应不断变化的算法媒介环境。随着用于分析可视化大型数据集工具的出现，机器人记者和数据分析师成为专业新闻制作环境的新成员，新型生产模式已经出现。除了新闻编辑室，数据公司的重要性也越来越显现。所有这些变化也印证了新闻实践领域更具反思性的话语：人们对新闻是什么的理解已经发生了变化。在这种新闻生产形态全面转变的背景下，算法新闻也成为重点的研究对象。

表面上看，算法机器人是用于算法新闻任务的软件工具，在此之前，新闻生产的任务一直是由人类执行的。如果人们孤立地看待算法机器人，或仅仅将其视为人工编辑的替代品，那么将无法理解它们的变革潜力。事实上它们现成已经为整个新闻生产的一部分，完全依靠自动化文本生产的算法新闻已经充分证明了算法机器人是新闻实践中的重要行动者。对于算法新闻，不能简单地认为其只是应用程序的结果，将这些应用程序进行情境化和个性化处理已经成为新闻生产的题中之义。如果仔细研究结构化新闻生产项目中的算法机器人，可以发现它们在很大程度上是与新闻实践纠缠在一起的。这些机器人的工作基于记者将事件和叙述输入“故事数据库”的平台，接下来的新闻故事完全以结构化数据显现出来，可为自动写作工具生成关于新闻事件的叙述。除了要提供可以通过现有传感器自动访问的内容或采用数据库条目形式的内容（例如体育赛事、股市交易或地震信息），记者还需要设计叙事脚本并维护数据库。从这个角度人们也能发现算法新闻生产与传统新闻实践的差异。

我们可以在算法新闻的工作实例中证实这一点。2019 年 5 月 1 日的《洛杉矶时报》有一期凶杀案报道，最初的策划方案是以记者写博客的形式记录洛杉矶地区的这起凶杀案，并将之作为该报对这一起案件的详细报道的附录，但最后编辑室决定在算法机器人的帮助下实现这个计划。[①]机器人会根据相关数据自动编写一个简短的博客文本，并将有关凶杀案的信息添加到交互式地图中。除了这些机器人生成的自动化文档之外，真人记者在机器人帮助下所写的有关凶杀案的较长新闻报道也放在了博客中。研究者展示了这在多大程度上印证了《洛杉矶时报》新闻生产的总体转型。算法机器人实践是新闻生产转型的重要组成部分，在这一实践中，机器人可以自动收集和处理来自互联网的内容。这种自动化报道嵌入对该主题的深度报道中，记者可以根据这些信息进行更深入的发现并展开调查。新闻报道实践的变化与整个编辑部的变化密切相关，在这个过程中，算法机器人和拥有编程专业知识的成员成为核心团队的一部分，这也表明新闻组织文化正在发生革命性的技术创新转变。

第三个重构社会组织的例子是家庭传播。家庭与媒介的关系研究已有悠久传统。对家庭媒介使用的研究普遍倡导减少孤立地调查个别媒介的使用，而是关注家庭的媒介整体。相关研究普遍认为，媒介在家庭生活的建设中发挥着重要作用，特别是在性别角色和权力关系方面，电视媒介的力量举足轻重。当下数字媒介的传播也激发了该领域的新研究。虽然数字媒介被家庭广泛使用，但这并没有导致家庭媒介使用的混乱，现有媒介实践依然存在惯性。研究者认为，电脑和电子游戏一方面会导致家庭世代之间的隔阂，另一方面又可以成为建立新代际关系的资源。

---

① See “This Script was also the Basis for the Work Bot Used for the Documentation of Earthquakes Described in Chapter 3”. Available at: https://homicide.latimes.com.

随着 Facebook 等平台的普及，一些研究关注的是算法媒介在多大程度上可以被父母用来维系家庭关系，例如父母会在社交平台上与孩子成为“朋友”并深入了解他们的在线活动。除此之外，算法媒介及其基础设施还支持家庭生活的新形式，这一点在研究者对跨国家庭的研究中得到了明确的体现。西方研究者发现，在当今的媒介环境中，异地或跨国家庭可以创造最适合家庭联络需求的特定媒介配置。例如父母通过使用电话、电子邮件或短信来帮助孩子完成日常学业，通过观察孩子的在线活动来实施对孩子生活纪律性的监视。对于孩子来说，因算法媒介形式形成的新亲子关系使他们必须以新的方式向父母表达自己，当然他们也会通过算法来避免与父母在线上接触。在这种通过算法媒介组织起来的新型家庭关系中，即使分散在不同的空间和时间中，也完全有可能维持正常的家庭关系。

另外像 Amazon Echo 和 Google Home 等嵌入式人工伴侣也可以成为家庭媒介群的一部分。对美国早期采用者的市场研究表明，Amazon 的 Echo 拥有超过 80% 的市场用户中，大约 50% 的用户会在厨房使用该设备，33% 的用户在客厅使用该设备。超过 50% 的应用包括设置计时器、播放歌曲、阅读新闻、查看时间、讲笑话等。这些结果在研究者关于使用 Alexa 的研究中也得到证实，他们发现最常见的使用是快速信息搜索（天气、事实、新闻）、娱乐（播放音乐、讲笑话）和控制家用电器设备。[①]Echo 的使用似乎主要发生在适应家庭互动的空间中，家庭主要内容是协助家庭聊天或提供访问其他媒介内容（如音乐或新闻）的渠道。一些研究还讨论了支撑设备的基础设施、数据的集中存储以及在家中连续记录交互的相关可能性。当家庭

① Lopatovska, I., et al., “Talk to Me: Exploring User Interactions with the Amazon Alexa”, *Journal of Librarianship and Information Science*, vol. 51, no. 4(2019), pp. 984-997.

被 Amazon 和 Google 提供的算法智能机器渗透时，变得“智能”的家庭将在多大程度上或以何种方式发生变化，还需要进一步深入研究。

本书对公共舆论、新闻生产和家庭传播变化的讨论不仅仅是针对一种新媒介的诞生的探讨，以及对于大数据、算法及其基础设施如何融入媒介等问题的研究。此外，本书关注的不是简单的变化影响，而是复杂的相互作用，即媒介化和社会实践相互纠缠、一起转变。上述三例表明，如果想要了解与算法媒介相关的社会组织重构，就必须关注与其他元素变化过程的关系，而不是寻找简单的因果关系。通过分析，我们也能够更严格地理解递归转变的含义，在三种情况下，对算法媒介的占用都支持了媒介环境的变化趋势，即通过将算法媒介用于公共舆论、新闻生产和家庭传播的意愿来实现媒介的分化。因此，算法媒介环境下的社会组织重构的趋势不是被动的，相反，它们指的是各种人类社会行为的自觉转变。

（五）算法媒介与社会群体的重塑

激进的观察者们曾预言，也许就在不远的未来，所有社会关系都将变为网络形式的，人们不再是静态群体和社区的一部分，而是嵌入代表着“新社会操作系统”的开放网络中。从今天的情形来看，很明显并不是每一个社会关系都变成了网络形式，或者网络主导了我们的关系。可以确定的是，如上文所例举的关于社会组织重构的普遍趋势确实与互联网思维也有一定相似之处。不过，可能还需要更具体的语言来描述这些趋势，而不是简单地将它们称为平台化。有研究者提出平台集体的概念，平台集体是围绕数字平台分组的用户集体形态，意味着用户在这些平台上留下的数字痕迹被算法处理并将他们分组到不同的集体中。算法按照人们的喜好对他们进行分类，在淘宝在线商店或 Amazon 等平台上，算法根据之前的在线购买的数据计算得出用户的品味偏好，然后将之作为用户进一步购买或聆听建议的标准。这些平台是在人们使用在线媒介的实践中产生的，它们基于共同的框架，并由平台调解成特定的行动者群体。然而，构成这些集体基础的个人用户通常不了解集体的整体性，也不会形成一个共享的“我们”。这些集体是算法处理的结果，它们是通过递归的过程形成的。这些集体的形成基于购买选择所代表的连续的数据流，集体形成沿着该数据流发生。

一旦人们接受了平台集体的存在，我们之前讨论的监视资本主义和数据殖民主义就会以不同的方式出现。例如，滴滴应用程序通过处理移动数据，为公司观察驾驶员工作实践提供了可量化的渠道。司机受到算法评级系统的监控（并且可能因擅自停用而被剥夺工作），也受到临时性工作承诺的控制。平台集体是一个孤立的工人集体，仅由一个平台组成——一个没有社区化的集体。平台集体的一个核心特征是，社会不平等是在平台集体之中酝酿并通过它们产生的。由于平台的司机在很大程度上是由于特殊情况而无法从事其他职业的人，因此，该平台还可能通过其算法评级系统复制社会排斥，由此，我们可以在这里看到另一种形式的“自动化不平等”，这是数据处理的一个常见特征，平台集体的塑造也同样充满权力关系和社会排斥。然而，一旦平台集体的参与者认识到自己与群体中其他成员的相对位置，也会触发一系列反自动化的抵抗行动。例如，滴滴司机也会与其他平台的司机聚集在在线论坛上，聊他们在利用平台算法规则方面的经验，分享反平台规训的方法。

此外，在算法媒介影响数字化社会行动方面，包括英国脱欧运动、阿拉伯之春、西班牙抗议活动和美国的占领华尔街活动等，都不约而同体现了从社会集体性向社会个体性的总体转变。研究者发现，个人与政治的接触更多地成为“个人希望、生活方式和不满的表达”，[①] 而不是以结构性变革为目标的参与，如传统的工会行动等。政治参与的个性化与通过使用数字平台（Facebook、Twitter、YouTube、Messenger 等）新方式组织抗议活动的机制相匹配，其中，行动是根据社会群体身份、成员资格或意识形态组织的。例如，抗议者会通过收集算法的模因，提供跨平台传播的可视化图像。因此，以此进行广泛动员的起点是个体与他人在平台共享已经内化或个性化的想法、计划、图像和资源。这种“分享”发生在各种平台上，但它也是传统媒介报道的主题，可能会进一步强化对抗议活动的参与度。

不过，数字化行动和线下集体行动也可以以混合形式发生，这两种行动都基于不同的政治抗议形式。数字化行动不太固定，由于拥有更灵活的行动者群体，因此能够迅速整合不同的人。线下集体行动以正式组织牵头，其行动者群体通常以工会或其他非政府组织等正式成员为主。数字化行动和线下集体行动之间的关系已成为数字媒介和社会运动研究的主题，这也表明更稳定的共享政治身份也可能在数字化行动中实现。同时，基于数字化行动的个性化实践通过在线辩论来表达，这些行动者群体比传统抗议组织开展的活动要丰富且灵活得多。

毋庸置疑，我们正在经历一种新的社会形态转变，它源于算法媒介的形成，以及全球化的数字基础设施和数据处理的兴起。而社会组织重构的内涵，无论是指家庭社区、媒介组织或社会运动的重构，这

① Bennett, W. L. & Segerberg, A., “The Logic of Connective Action: Digital Media and the Personalization of Contentious Politics”, *Information, Communication & Society*, vol. 15, no. 5 (2012), pp. 739–768.

个过程中都存在递归循环的含义，即不断生成数据，而这反过来又为算法媒介及其数字基础设施的进一步发展奠定基础。在这个过程中，现有的趋势将伴随所受到的质疑进一步发展。算法媒介触发的社会重构当然不是自动的，因为这个过程的责任完全在于人类，然而，这必定会是一个稳定且将持续深化的过程。

第二节 算法传播的社会议题建构

在算法传播时代，诸多平台将算法作为内容分发方式，算法的角色如同大众媒体时代的新闻编辑，成为新时代的“数字把关人”，控制着内容的流通，是内容创作者与用户间的全新“中介”。在算法主导内容分发的平台上，用户的重要性被无限放大，内容制作者也逐渐被算法“驯化”。在议题的选择、制作与传播策略等方面，内容制作者遵守算法推荐的内在逻辑，被算法推荐的可能性成为他们首要的考虑，并逐渐形成了以算法为依据的选择性议题建构。算法平台的所有者常以“技术中立”作为借口，声称算法并不具备价值观，以此来寻求权力的正当性。但是我们必须要认清，选择性议题建构其实质是一种权力让渡，即内容制作者将选择议题的主导权让渡给了算法，而算法通过选择性议题建构着社会现实，形塑着我们对社会现实的认知，甚至重构现实世界。

算法推荐内嵌于智能手机中的各种应用程序中，例如微信，它可以显示你每一个朋友的每一个活动，以及你喜欢的页面上的所有活动，相反，大多数人每天在他们的动态消息中看到的帖子还不到这些活动记录的十分之一，这就是算法推荐的力量。该社交媒体程序使用了超过 15 万个不同的参数来预测你想看到什么、你最可能关注什么，以及你不太感兴趣的东西。算法过滤新闻和信息的影响，以及算法对公共信息的影响，已经引起了学术界和政策制定者的相当大的关注。人们对算法推荐的担忧主要集中在三个方面。首先，算法推荐为“过滤气泡”或“回音室”铺平了道路。由于算法试图“优化”你看到的内容，你永远不会看到反对的观点。其次，算法被利益集团操纵，会审查或过滤特定内容。最后，算法被利用操纵动态消息的能力可能会对公众行为产生重大影响。而这一切都处于乌托邦主义和反乌托邦主义之间，这取决于用户是否理解算法是如何工作的。

简单地说，算法是一系列步骤，一种算法可能会在这个序列中对特定步骤的权重比其他步骤更大，算法传播的结果就是用户的头条新闻推荐、Google 搜索结果或抖音选择的短视频。算法是由人制定的，并根据制定者认为重要的标准做出判断。虽然每个结果可能会因输入而不同，但塑造 Google 搜索算法的神秘软件会根据人类已经做出的决定选择性地做出机器判断。而出于竞争的原因，普通用户永远不会知道是什么产生了 Google 搜索结果。这就是为什么算法有时被称为黑盒子，因为数据输入算法中，我们却无法了解结果从何而来。但即使算法是一个黑盒子，我们也应该了解算法对新闻的选择与新闻机构一直以来为用户提供的新闻有何不同。主流新闻媒体的新闻生产同样也是一个外人无法完全了解的神秘过程。每天看报纸或电视新闻的时候，你不知道哪些新闻被隐蔽了、为什么某些新闻被选中了。你不知道记者所问的问题会导致故事的角度发生偏转，你也不知道故事本可以朝着什么方向发展。换句话说，从现代新闻时代开始，对世界新闻和信息的选择就一直是一个黑箱。那么，当算法为我们选择新闻和社会信息时，为什么会让人忧心忡忡呢？

部分原因在于，使用各种应用程序中储存的大量数据来获取新闻消费趋势的信息，比询问记者决定哪些内容成为新闻要容易得多。算法推荐新闻没有必要对用户进行更多了解，只需要使用数据挖掘技术来梳理现有的可用内容。算法是否制造了一个过滤气泡？相关研究的结论不尽相同。Facebook 科研人员发表在《科学》杂志上的研究认为，除了大多数 Facebook 的党派用户（约占美国 Facebook 用户的 4%）外，在普通用户身上不存在过滤气泡。纽约大学学者在 Twitter 上的研究发现，在突发新闻事件中，尽管政治讨论通常发生在具有相同政治意识形态的人之间，但全国性的对话形式与政治观点无关。不过，《华尔街日报》创建了一个互动平台，突出了保守派和自由派媒体的新闻动态。只要快速浏览一下这个平台就会发现，不同政治观点的用户仅能够看到他们认同的新闻，而不是他们不认同的新闻。

如果确实存在一个公允的算法，即使大数据知道用户的政治信仰，也应该让用户在非推荐的页面上停留的时间更长。撇开应用程序不谈，从历史上看，媒体的使用模式表明，帮助人们选择阅读能够证实他们现有观点并不是算法的首创，换句话说，“回音室”早在算法出现之前就存在了。在美国，党派之间聚焦于 Facebook 算法的争论很激烈，保守派对 Facebook 发起反击，认为其算法压制了右翼政治信息，他们认为 Facebook 算法推荐是有偏见的。该社交媒体在某些方面有更直接的用户干预，例如用户可以在提要顶部找到的趋势主题栏，而这些主题是由人决定的。前 Facebook 员工承认，他们经常将“有关右翼 CPAC 集会、米特·罗姆尼、兰德·保罗和其他保守话题的报道”屏蔽在该网站的趋势板块外，“即使它们是该网站用户的自然趋势”。Facebook 董事长、首席执行官兼联合创始人马克·扎克伯格也承认，保守派从 Facebook 获益颇多，特朗普的朋友比任何其他总统候选人都多，福克斯从 Facebook 中获得的流量比任何其他新闻媒体都多。

2014年，Facebook的研究人员在学术期刊上发表了一项研究，他们承认故意操纵用户的动态消息，以显示或多或少的积极情绪。因为他们发现，当负面信息被展示给人们时，人们更有可能发布自己的负面信息，反之亦然。这项研究引起了相当大的争议，Facebook用户没有同意，至少没有直接同意他们的新闻动态被用作研究的一部分。研究结果非常明确，网上的情绪传染是真实存在的。更进一步说，Facebook显然故意让人们感到悲伤或快乐。还有大量证据表明，Facebook可以改变人们的行为。在2010年中期选举期间，Facebook创建了一个"我投票了"的徽章，用户可以通过投票获得这个徽章。正是因为这条信息，有34万多人出来投票。这可能会在选举中产生重大影响。[①]

自第二次世界大战以来，人们一直在研究媒体对行为的影响，但我们可能只会看到对重大突发事件和政治、体育等头条新闻的相关研究。事实上，影响行为的不仅是算法媒体，而是所有形式的媒体。时下，以算法为主要内容分发方式的平台主要分为三类：第一类是以Google、百度为代表的搜索平台；第二类是以微信为代表的社交平台；第三类是以今日头条、一点资讯为代表的内容聚合平台。在对选择性议题建构进行进一步分析之前，我们需要对三类平台上的内容生产者进行界定，明确是谁在进行议题建构。在分析"巨量算数"发布的《2019年今日头条内容价值报告》后，我们可以将内容制作者明确为以下群体：首先是国家机构、新闻机构入驻平台的官方账号，如国内的新华社、《人民日报》在今日头条上开设的头条号，它们往往拥有较强的技术与资本实力；其次是构成平台主体的自媒体，这些自媒体层

---

① Boland, B., "Organic Reach on Facebook: Your Questions Answer". Available at: https://www.facebook.com/business/news/Organic-Resch-on-Facebook.

级分化严重，底部的自媒体往往是单打独斗，而中部与头部的自媒体则是与 MCN 机构合作进行内容生产；最后则是企业设置的官方账号，此类账号一般将平台作为营销、宣传的阵地。

（一）算法媒体的可见性逻辑

可见性是传播学的核心概念之一。"算法媒体的中介权力结构包括对信息的优化（推荐排序）、分类、关联和过滤等系列的决策过程，这种决策过程形成了算法媒体的可见性生产机制。"[①] 内容的可见性对于内容制作者来说是极端重要的，它意味着对用户注意力的获得，是其流量与收益的根本。如在百度平台中，搜索结果的排序就代表了可见性的高低，搜索结果的前三项往往可以占据 50% 以上的流量。

平台以平等、开放、共享等特性聚集了大量创作者与用户，"通过版权协议的签订，自身并不生产新闻的平台完成对传统新闻机构的收编，赢得了传播主动权，成了新的行业参与者"[②]。此类平台媒体以其技术优势，用算法取代了传统新闻行业的编辑一职，算法根据用户兴趣进行内容分发，成为平台上内容的"把关人"。算法作为连接内容与用户之间的桥梁，能够决定一条内容是否有价值、是否展现给用户。在内容聚合平台中，理论上用户可以无限制地"翻页"，或是通过关键词搜索来找寻自己想看的内容，但是根据企鹅智库最新发布的《内容生态再次进化：数字内容产业趋势报告（2020—2021）》显示：用户使用公域流量（首页、平台推荐等）进行内容消费的占比达到了

① 罗昕："算法媒体的生产逻辑与治理机制"，《人民论坛》（学术前沿）2018 年第 24 期。

② Kleis, N. R. & Ganter, S. A., "Dealing with Digital Intermediaries: A Case Study of the Relations between Publishers and Platforms", *New Media & Society*, vol. 20, no. 4 (2018), pp. 1600-1617.

73%，是流量的第一渠道。[①]可见算法推荐成为内容可见性的决定性因素。

算法依据内容质量、用户偏好、商业需求、平台利益等不同指标，将符合条件的内容筛选进入内容供给池，再根据用户画像推送给用户，为每一位用户打造专属的如尼古拉斯·尼葛洛庞帝《数字化生存》里描绘的“我的日报”。通过这个链条层层筛选，最终呈现在APP浏览界面的内容才获得了可见性。以今日头条为例，用户通过浏览推荐或其他板块的页面来获取信息，而当该页没有用户感兴趣的内容时，用户会采取下拉页面顶部的方式来刷新内容。在这个过程中，除去推荐页固定置顶的两条重要新闻外，其他的内容都是根据算法的逻辑进行推荐，内容排列的先后顺序都是对其进行的等级划分。根据今日头条2019年的数据报告显示，2019年平台上的头条创作者共发布了4.5亿条内容，[②]但是对用户而言，并不是这4.5亿条内容都被用户接收，用户只能关注到呈现在APP浏览界面的那部分。而微信则是上线了信息流广告（News Feeds），在这个功能区内，算法会依照用户习惯以及内容本身进行权重排序（包括内容供应商推动的内容、亲友动态以及分享），所有内容都会以图片为主题进行展示，以期给用户带来“个性化报纸”的体验，并以此来控制可见性。

当下，平台上自媒体、入驻媒体的官方账号等之间的竞争，其本质都是对可见性的争夺。但是，当算法掌控信息流通的渠道，内容产生者为了获得用户的注意力，就需保证内容得到算法“青睐”、进入算法推荐的“内容池”，在这个过程中，内容生产者逐渐被算法“驯

① 参见“内容生态再次进化：2020—2021年数字内容产业趋势报告”，2021年12月9日，http://www.199it.com/archives/1166462.html。

② “2019年今日头条数据报告”，2020年1月7日，https://mp.weisin.qq.com/s/GmD7dqy3PncueCiv4nbbaQ。

化”。[①] 内容的重要性被是否符合算法的口味取代，对内容生产者而言，选择算法所喜的内容成为内容生产者的不二选择。

（二）内容个性化转向

互联网经济的本质是“注意力经济”或“影响力经济”，捕捉用户稀缺的注意力是一切后续行动的前提，用户的重要性不言而喻。内容聚合平台是时下人们的主要信息来源，而用户是平台流量变现与商业的基础，也是内容生产者获得关注与收益的根基。此外，人们在互联网上的行为，包括点赞、评论和转发等，为算法识别我们提供了大量的原始材料。算法媒体依靠大数据、云计算与人工智能技术通过这些信息将用户信息化并将之生成为云端个体，以此进行内容分发，“以满足用户个性化体验为诉求的微目标传播脱颖而出，它遵循用户逻辑，传播的效果和价值均依靠个体用户体验进行评判”[②]。这些变化最终形成了算法传播时代的内容个性化转向，用户不再是一个群体，而是细分为众多的个体，内容的生产不再是为了满足用户的共同兴趣，而是个体的个性化、小众化兴趣。

在传统媒体时代，报纸、杂志和新闻节目对它的用户呈现的都是千篇一律的模式，一个选题是否通过、是否出现在报纸上，往往由新闻编辑断定，在这个过程中用户的兴趣需求很少被提及，大多是通过记者、编辑的角度去替用户思考、决定；迈入算法传播时代，用户的概念被不断放大，用户接收到的信息则是“千人千面”，从过去的“人找信息”变成“信息找人”。新闻的公共性价值逐渐被用户体验和个性特色取代，用户掌握了对新闻、内容的部分决定权，传统媒体时

① 转引自罗昕：“算法媒体的生产逻辑与治理机制”，《人民论坛》（学术前沿）2018年第24期。

② 全燕：“智媒时代算法传播的形态建构与风险控制”，《南京社会科学》2020年第11期。

代的议题选择标准不再适用。

内容的流通过程为“内容生产者→算法→用户”，用户贯穿起点与终点，不仅是内容的呈现对象与内容生产者的收益来源，同时也是算法内容分发的逻辑基础，迎合用户成为主流。现今，内容生产者在选择议题进行创作时会迎合用户，分析用户是否会对这个议题感兴趣，用户的兴趣成为当下议题选择的标准。抖音 APP 上部分视频创作者的一些作品的议题来源是粉丝的私信或者评论，如抖音博主“涂罗伊”，其视频的主要内容就是对时下流行的影视角色或明星进行模仿，而她作品的议题大多是以粉丝私信或者评论中呼声高低为标准的进行选择。此外，一些头部创作者也会与一些 MCN 机构签约，通过机构对用户的兴趣习惯等各种数据进行分析，以此来确定选题。

首先是关键词、标签式内容生成模式。在内容的具体生产过程中，内容生产者顺应算法的工作原理，采取关键词、标签式的内容生成模式。在算法主导的内容聚合平台上，内容产品的主题、分类、标签、关键词往往就是它的“地址信息”，而算法推荐的本质就是通过内容的“地址信息”与云端的“用户画像”实现内容与用户的精准匹配。以最简单的文字类型的内容为例，依据算法的工作原理，平台在接收到文章之后，算法会将内容分解为字、词等语料，通过对这些语料分析出文章的关键词、热词和所属话题领域，再通过这些特征分发给目标用户。内容生产过程中，内容生产者通过在标题中加上文章的关键词、文章主体中刻意增加关键词出现的频率等操作让内容更容易被算法识别。内容的关键词一般具有相关性与热度两个维度，前者是与用户的匹配程度，涉及“用户画像”的刻画问题，内容生产者通过分析用户数据确定何种议题用户会感兴趣；后者在一些大的推荐系统，尤其是用户“冷启动”（即用户初次来到该平台，因数据过少无法进行个性化推荐）时特别有效，当内容生产者在制作内容时无法确定议题，可以通过查询平台热搜榜上的话题确定议题，并以此为关键词进行内容创作。但是，现实中也存在“做号党”通过复制的方式胡乱堆砌热点话题来组成文章的现象，这样的文章也会被算法识别并推荐，但是其后果是降低内容供给的质量，占据其他优质内容被推荐的机会。

算法推荐是基于云端储存的用户画像，而用户画像最主要的组成部分是用户兴趣标签，它的形成分为显性和隐性两个层面。显性层面是用户自我定制，如用户在初次登录该平台时会对自己感兴趣的内容板块进行选择；隐性层面则是通过用户一段时间的兴趣标签权重（行为权重、访问时长和衰减因子）累加，再经函数计算形成。“标签维度决定着内容在什么时间、以什么顺序出现在哪类用户眼前。在发布时为原创内容选择恰当的标签，是短期内提高单篇内容传播效果的最直接方法。”① 实践中，利用标签来提高传播效果的方法屡见不鲜，如浏览抖音时，某个作品的底部都会有类似于“# 乒乓球”的标识，点击它时会进入一个完全只有乒乓球内容的界面，这便是标签信息；在百家号上发布内容时，“号主”可以主动为内容添加 4 个标签；微信在 2013 年便推出了主题标签和主题标签搜寻的功能。标签信息可以为内容归类，同时也是一个“定位”信息，算法会以此为依据把内容推荐给拥有相同兴趣标签的用户。

其次是内容制作的 OGC 转向。OGC，即职业内容生产，指的是通过具有一定专业知识和专业背景的行业人士生产内容，并获得相应报酬。在以今日头条的内容聚合平台下，内容生产者大致可以

① 黄淼、黄佩：“算法驯化：个性化推荐平台的自媒体内容生产网络及其运作”，《新闻大学》2020 年第 1 期。

分为两类，分别是完全寄居于平台的创作者（如今日头条上的头条号），以及媒体入驻平台所开设的官方账号，其中也包括具有一定热度的自媒体。算法在媒体生产领域中的一个主要功能是“需求预测器”。[①]诸多内容生产者开始利用算法对用户数据进行分析，预测用户需求。

如今，平台方逐渐对内容制作者开放广告系统，如新浪微博的粉丝通和粉丝头条、腾讯的广点通、腾讯企鹅号和微信公众号的流量主业务等，这些系统帮助内容生产者获得目标受众的社会属性和使用行为数据，通过相似用户等功能以人找人，促进内容与用户兴趣的精准匹配。一些小型的自媒体缺乏相应的技术实力，便用这些系统来实现对目标用户的锁定，预测用户需求，制作用户感兴趣的内容。具有一定流量与粉丝基础的中部和头部创作者，会寻求 MCN 机构的帮助来实现专业化的转型。“所谓 MCN，即多频道网络（Multi-Channel Network），其作为内容生产者（网红）、平台方、广告方等之间的中介组织，通过将众多能力相对薄弱的内容生产者聚合起来建立频道，并帮助内容生产者更好地实现分发和商业价值变现。”[②]这些中部与头部的内容创作者虽然在内容生产上具有极大的优势，但是在内容选题、策划和分发等方面都有很大的不足，面对愈发激烈的竞争与平台的算法推荐机制，内容制作者亟须 MCN 机构专业化、系统化的指导。

根据克劳锐《2020 中国 MCN 行业发展研究白皮书》显示，2019 年我国 MCN 机构已经突破 20 000 家，近六成 MCN 机构营收规模达

---

① See Napoli, P. M., “Automated Media: An Institutional Theory Perspective on Algorithmic Media Production and Consumption”, *Communication Theory*, vol. 24, no. 3 (2014), pp. 340–360.

② 郭全中：“MCN 机构发展动因、现状、趋势与变现关键研究”，《新闻与写作》2020 年第 3 期。

到千万级。[1] 时下李佳琦、李子柒的背后就有美 ONE、微念科技等 MCN 机构的助力；而欧洲最大的 MCN 公司 Zoomin，它拥有 5 万个创意自媒体频道和 1.5 亿订阅者，每月吸引的浏览量高达 32 亿。MCN 机构会通过平台特点，在内容制作、运营、营销方面给予内容生产者支持。MCN 机构通过自建的数据库与 AI 技术，结合平台实时抓取热点，为内容制作者提供选题。同时分析平台的数据表现，及时调整运营。通过粉丝画像、互动数据的分析，挖掘粉丝的需求，如“宸帆”机构打造了一个“50+”的 AI 团队实时监测行业、竞品等相关信息，提供粉丝需求分析，并利用 AI 技术提供决策辅助。此外，平台方也会对 MCN 机构下的自媒体或者红人进行扶持，如美拍对头部达人从内容、流量、变现、运营等方面给予最大力度支持，对中部达人也会给予资源和渠道的额外支持。

而平台上的另一类内容生产者——媒体设置的官方号往往拥有雄厚的技术与资金实力，他们能独立确定契合平台与用户的议题进行制作，再投放在平台上。BuzzFeed 将新闻分发到如 YouTube、微信、Twitter 等平台，达到了每月 50 亿流量。它给予自己的标签是“数据驱动内容创作”，它的 Looker 数据管理平台，可以允许用户同时查看多个平台的数据，并开发了 20 多种内部工具来协助员工使用这个数据库。数据库得以让编辑时刻关注当下热点，了解产品的传播效果，及时调整工作方向。此外，BuzzFeed 还利用多个机器学习模型来实现自动化，如 Scoial Mission Control 可以自动确定一项内容放在微信的哪些页面上可以达到推广目的，另一款模型通过收集的历史数据，辅之以启发式和逻辑回归，可以用来预测有可能成为其他语言爆款的文

① 参见“2020 中国 MCN 行业发展研究白皮书”，2020 年 5 月 8 日，https://mp.weixin.qq.com/s/4zNpsxDeS3PL3eezn-NVOQ。

章类型。[①]

前文提及，选择性议题建构的一个成因是内容的个性化转向，议题的选择标准相对于过去增加了对用户因素的衡量，不再只专注于用户共同兴趣和议题的公共性。基于这一角度，选择性议题建构实质上极大地满足了用户个性化、小众化的信息需求。平台媒体在设计之初就被赋予了让人“上瘾”的特质，其目的就是让用户尽可能长时间停留在平台中，而算法成为实现这一切的关键点。平台媒体上，内容创作者始终迎合用户，按照用户的兴趣标签选择议题进行建构，并通过算法推荐与用户进行精准匹配。但是接受算法推荐，就是在不自觉地接受平台及其资本逻辑的规训。算法成为用户信息获取方面的主导者，用户沉溺于算法的投喂之中，对接收的内容深信不疑，因为算法推荐的内容永远与用户的兴趣相符，而用户所需要做的仅仅是滑动手指刷新页面。对于算法的过度依赖会造成人本能的隐抑，“使减少了能动性却增长了惰性的被装备的健全人与被装备的残疾人几乎完全一样”[②]，用户在主动获取信息方面的能动性逐渐丧失，成为被动、机械接收信息的机械人。

此外，这种基于用户兴趣的选择性议题建构也使得用户在满足个性化需求的过程中受到符号暴力。符号暴力就是在一个社会行动者本身合谋的基础上施加在他身上的暴力，其特点是“被支配者的自愿接受和配合”，是一种“温和的暴力”。[③] 选择性议题建构满足用户的个

① 参见“如何解放编辑的双手？智能化流程助 BuzzFeed 抵达目标受众”，2018 年 10 月 25 日，https://www.huxiu.com/article/268510. html。

② 刘千才、张淑华：“从工具依赖到本能隐抑：智媒时代的‘反向驯化’现象”，《新闻爱好者》2018 年第 4 期。

③ 毕芙蓉：“文化资本与符号暴力：论布迪厄的知识社会学”，《理论探讨》2015 年第 1 期。

人兴趣，使得用户长时间浸淫于算法平台，在算法与内容生产者的合力作用下，平台通过推荐大量同质化的内容培养着用户的惯习，并通过这些惯习逐渐改变用户的心智结构，而用户却难以觉察自己在这个场域中是被支配的。算法在“技术中立”的外衣下将符合自己价值观的内容灌输给用户，用户并没有对算法的合理性进行质疑，反而在这种无意识的状态下顺从于算法，并否认这是一种暴力。

算法通过可见性逻辑完成了对内容创作者的“驯化”，崛起成为一种全新的传播权力，成为平台中的“话事人”。布尔迪厄的知识社会学认为：符号位于社会结构和心智结构之间，把既定的社会结构内化成为个人的心智结构，同时形成个人新的心智结构，实现对社会结构的重建；[①] 只要获得了对符号的掌控权，便能通过对符号的重新编译来建构现实世界。我们将布尔迪厄的理论引申到算法传播的领域，便可以发现，在算法平台这个场域中，算法拥有对符号的绝对话语权。而选择性议题建构就是算法在议题选择、具体建构等层面对内容生产者加以限制，支配内容生产者按照算法的逻辑规则对符号进行任意的建构，最终影响我们的社会现实。

时下，各类内容聚合平台成为人们获取信息的主要渠道，而算法横亘于社会现实与用户之间，成为全新的“编码者”。算法将选择性议题建构的社会现实传递给用户，重新形塑用户对现实世界的认知，最终通过用户反作用于真正的现实世界。其中包含了两层对社会现实的建构。第一层是作用于用户认知层面的社会现实建构，算法通过内容生产者重新对符号进行组合编码，并通过对可见性的掌控筛选哪些

① 毕芙蓉：“文化资本与符号暴力：论布迪厄的知识社会学”，《理论探讨》2015 年第 1 期。

内容之于用户可见或不可见，扭曲真正的社会现实，在平台这个场域中形成只符合算法个体意志的“拟态环境”，用户在译码的过程中接受算法所建构的“社会现实”，并将其内化成一种个人的全新的心智结构。而第二层的社会现实建构是对现实世界的塑造，当用户以其全新的心智结构在现实世界中进行实践活动时，算法便通过用户重新建构了现实世界。

传统媒体时代，传统新闻媒体也发挥着建构现实的作用，但是它们在百年的实践中发展出了一套完善的新闻道德体系，这种体系的存在维稳着社会秩序。而算法平台的本质是商业公司，建立于商业逻辑之上，其目标是追求利润的最大化。这类平台在设计之初就被赋予了“上瘾”的特质，它们的目的就是让用户尽可能停留在平台中，以获得更多的商业利益，为此不惜推送低俗、色情和暴力等内容。事后平台的所有者又以自己是技术公司而不是媒体公司为由，来逃避人类道德观念的束缚与法律的制裁。而立足于算法之上的选择性议题建构本身就是刨除人类最基本的道德观念后，对现实世界的一种片面化、偏激化的概括，即便是完全按照程序运行算法，也会造成一些隐蔽的负面影响。尼曼新闻实验室（Nieman Lab）发表的一篇文章显示，YouTube 的算法有推荐宣扬阴谋论等极端主义观点的倾向，这不但会辜负大众对一个健康的媒介信息流的期待，甚至会对整个民主观念产生影响。[①] 如果仅仅是依靠算法来决定我们对现实世界的认知，其结果只是增大了现实世界的不确定性。

美国互联网观察家伊莱·帕里泽（Eli Pariser）在《过滤泡：互联网对我们的隐秘操纵》（*The Fliter Bubble:What the Internet is Hiding*

① See Marcini, F., Daldrup, T. & Pant, R., “Acing the Algorithmic Beat, Journalism’s next Frontier”. Available at: https://www.niemanlab.org/2019/02/acing-the-algorithmic-beat-journalisms-next-frontier/.

From You）一书中提及：从人工编辑的新闻转化到由算法过滤器来推荐的新闻，相当于是用一个具有明确的、经过充分辩论的意识体系，来交换了一个缺乏道德感的体系。而算法主导下的选择性议题建构就是完全以冰冷的代码来取代过去坚守着新闻专业主义的人工编辑，人为制造的代码最终决定着人类的认知视野，掌控对这个世界的解释权。用算法决定这个世界注定是充满偏激与短见的，它所主导的选择性议题永远无法客观而准确地概括这个世界。时代的步伐永远是向前迈进，技术只会愈发强大，同则不继，未来的媒介也必然不能只是算法的独裁，而应是在人机协同、人机共生中共同建构我们对现实世界的认知。

第三节　算法修辞的媒介社会实践

英国科幻小说家克拉克在他的一部科幻小说中提出了后来被称为“克拉克第三定律”（Clarke’s Third Law）的观点：“任何足够先进的技术都无法与魔法区分开来。”它形象地描述了人们对于未知和难以理解的事物的感受，是科技领域中一句著名的格言。进入 21 世纪第二个十年后，算法作为实现人工智能飞跃的关键技术之一，几乎成为计算机科学领域“魔法”的代名词。但如果人们将算法看作是指导计算机执行特定任务的语言方案，会发现它的种种“魔法”都可以被归为一种带有修辞意味的媒介实践。一方面，算法媒介通过机器语言和符号产生影响和传递意义，改变用户的看法和态度；另一方面，其隐藏的自动化、自组织能力强大且富有创意，能够执行非常精准的大数据操作（关联、分类、排序、推荐等），从而决定语言的可说与不可说、内容的可见与不可见，成为当前人类状况背后的无形驱动力，其影响伴随着深远的后果。这提醒人们必须开始关注算法媒介实践中的修辞问题。

英国学者尼克·库尔德利在他著名的文章“Theorising Media as Practice”中批评了传统的媒介研究忽视了媒介对社会关系、身份和意义的塑造作用，并提出了一种新方法论——媒介即实践（Media as Practice），这一范式旨在揭示媒介是如何参与社会实践和构建社会关系的。[①]将此范式置于对算法媒介的审视，并结合算法在参与平台社会关系创建中的种种修辞表征，我们提出了一种新的媒介实践形态——算法修辞（Algorithmic Rhetoric），并将其界定为通过运用计算机程序和算法中的语言符号、表达方式、逻辑结构等技术手段，对用户进行信息的塑造和影响，以实现特定沟通目的和社会效应。算法修辞作为媒介实践范式下的一种人文探究，不仅为解密算法“魔法”提供修辞学视角，还可被视为数字人文（Digital Humanities）的空间拓展。借助算法修辞的新兴学术视野，本书尝试证明，在媒介化时代，数字人文倡导的科学技术与人文传统的结合，不只意味着人文学科的数字化转型，还体现在对数字技术批判性人文工作的开拓。

（一）算法修辞特性及其概念化建构

从最广泛的意义上说，算法是指一组实现特定任务的程序性指令，这些指令会导致特定的结果，打个通俗的比方，它就好比烤面包的配方、通往目的地的线路等，可以无限重复，直到达到预期的结果。当然，大数相乘、进位、标记小数点等算术过程也是算法，一切数学函数都是算法形式的基础。在从古老的石碑时代向微芯片时代演

---

① See Couldry, N., Theorising media as practice, *Social Semiotics*, vol. 14, no. 2(2004), pp. 115–132.

进的过程中，算法逐步实现自动化，历史上斐波那契（Fibonacci）、莱布尼茨（Leibniz）、高斯（Gauss）、帕斯卡尔（Pascal）、布尔（Boole）、图灵（Turing）等人也都在推动算法自动化方面发挥了重要作用。今天，自动化算法已经可以不受人为干预，可自主执行的设定使它们能够成为算法的指令和规则，这意味着算法可以根据输入数据的变化和计算结果的反馈，自主调整执行路径和参数、优化学习模型，以新的算法规则实现更准确的数据分类和预测。通俗地说，算法不再只是一套烤面包的配方，它们已经可以自主完成烤面包的工作了。

如果说早期算法看上去更像是一种语法，那么自动化的出现使算法超越了执行程序的工具性角色，成为一种独立的意义构建方式，开始具备说服性意味，并对人们的社会、文化、政治和经济生活施加媒介化影响。换句话说，算法修辞特性与算法的自动化与媒介化过程密不可分。作为平台的组织者，算法媒介能够以不同方式和不同目的与数据、机器和人类接触，具有修辞上的强大力量。例如搜索引擎算法引导人们找到它们认为相关或重要的信息，这种自动化操作方式潜在地圈定了人们的知识范围。为了让用户相信搜索的结果是最好的、最真实的或最重要的，搜索引擎算法隐晦地进行了修辞处理，在与用户的互动中以媒介化方式影响对方的选择和认知，从而改变了他们的行为和偏好。当然，搜索引擎算法只是说明算法修辞特性的一个例子，但其实所有算法在修辞上的表现都差不多，它们既不是绝对正确的，也不是完全公正的，而是由相当具体的知识标准驱动的，这些标准可能从根本上界定人们的知识、社会和物质世界的各个领域中什么是有效的、什么是重要的、什么是有意义的。

算法修辞特性不仅体现在算法自动化、媒介化过程中，作为运用计算消除不确定性的指令序列，算法本身即是一套计算机符号修辞系统，也就是说，算法修辞特性还体现在其作为计算媒介的深层结构中。由于算法是用来解决特定类型问题的，它涉及对问题的诠释，需要考虑多种可能性并选择最优解决方案，选择的过程就是计算机语言说服的过程，是算法在解决应用场景中各种不确定性的一种媒介实践。例如无人驾驶汽车中的算法会说服车内乘客相信其行驶路径可靠并符合交通规则，汽车能够自动准确地感知环境，避免危险和误判等。更具颠覆性的例子是全球军事工业的算法化趋势。算法指令能够让无人机在没有人为干预的情况下自行决定是否与敌方交战。例如无人机导弹自动攻击目标的决策方案就来源于控制算法对目标、天气、地形、环境等因素的自主判断，即以逻辑推理、模式识别、目标分类、调用递归等一系列计算语言修辞来表征战争的物理特性。也正如人们所呈现的，算法修辞特性深刻嵌入算法媒介与人类世界的互动中，在媒介实践语境下，修辞是算法的固有特性。

对算法修辞的概念化建构始于相关研究者对计算机科学与修辞学交叉领域的关注。2002 年，美国学者卡洛・斯特利（Karl Stolley）在其文章中探讨了编程语言和修辞学的联系。[①]2009 年，文化研究学者诺亚・沃德里普–弗鲁因（Noah Wardrip-Fruin）提出："随着人们与由软件驱动的设备互动越来越频繁，今天的写作不再仅仅表现为书本中的单词序列或电影中的蒙太奇剪接，而是越来越多地呈现为计算机系统的编程规则。"[②] 美国新媒体学者杰伊・戴维・博尔特（Jay David Bolter）在 2012 年的 ACM 技术与教育会议上发表了题为"计算机科

---

① Stolley, K., *No, Really: Learn to Program,* Paper Presented at the Annual Meeting of the Conference on College Composition and Communication, 2012, pp. 21–24.

② See Wardrip-Fruin, N., *Expressive Processing: Digital Fictions, Computer Games, and Software Studies*, Cambridge: The MIT Press, 2009.

学教育的新挑战：所有的编程都是阅读和写作”的演讲，强调编程不仅是一种技术，更是一种交流的方式。[①]另一位美国数字人文学者马克·马里诺（Mark Marino）创造了“关键代码研究”（Critical Code Study），他运用阐释学方法研究计算机代码、程序结构和文档，以此探究代码背后的文化、社会和政治问题。[②]加拿大的数字人文学家杰夫·罗斯（Geoffrey Rockwell）建立了文化地图（Cultural Mapping）的概念，提出利用计算机编程语言来构建文化符号和意义的映射。[③]

在相关研究中与算法修辞最为接近的，是2007年美国数字媒体理论家伊恩·博戈斯特（Ian Bogost）在其数字媒介批评中提出的“程序修辞”（Procedural Rhetoric）概念。博戈斯特认为：“需要一种程序修辞理论对人们每天遇到的软件系统做出相应的判断，以观察其说服和表达的目标是什么。”[④]他在研究电子游戏的过程中发现，程序的修辞性体现在表达特定价值观和主题的游戏机制、编码规则和流程等设计元素如何影响玩家的态度和行为上。由于编程本身是在符号领域中进行知识创造的活动，因此“程序修辞就是一种通过程序和算法来传达论证和说服力的方式”。[⑤]此后的一些研究发展了博戈斯特的程序修辞概念，例如将其与精神分析方法研究游戏中的数字文化，以及结合

① Bolter, J. D., *The New Challenge of Computer Science Education: All Programming is Multimedia,* Speech presented at the 2012 ACM Technical Symposium on Computer Science Education, 2012, p.10.

② Marino, M., “Critical Code Studies”, *Electronic Book Review*, vol. 4 (2006).

③ Rockwell, G., “Cultural Mapping: A New Method for Knowledge Organization”, *Annual Review of the Canadian Association for Information Science,* 2003, (1), pp. 1–10.

④ Bogost, I., *Persuasive Games: The Expressive Power of videogames*, Cambridge: The MIT Press, 2007, p. 29.

⑤ Ibid., p.3.

该理论探索适合健康传播的游戏机制等。[①] 虽然研究者们感兴趣的是各种电子游戏中程序修辞的表现和影响，并不是算法修辞本身，但他们关于程序修辞的基本主张对于算法修辞的概念化建构具有重要启迪价值。

如果说程序修辞侧重于如何在计算机领域实现文本的修辞效果，如何将人类的修辞技巧和表达风格转化为计算机可读的形式，那么算法修辞更关注在数字化平台上如何通过算法来优化和增强言语事件的效果，以及如何将算法融入人类修辞活动中。算法修辞作为一个概念出现，是在 2014 出版的名为《数字修辞学与全球素养：网络世界中的通信模式和数字实践》的著作中。这本书探讨了修辞学如何适应全球网络世界的不断变化的通信模式和数字实践。当中提到传播学学者和修辞学学者在很大程度上都忽视了对算法修辞的关注，这种忽视不能以算法既不具有传播性也不具有修辞性为理由进行辩护，作者认为应该更多地把算法看作是一种数字修辞形式。[②] 此外，《数字恶魔：增强现实的算法修辞学》中也出现了算法修辞一词。文章研究了增强现实技术如何通过算法修辞来影响人们的观念和实践，并指出增强现实技术中的算法不仅仅是技术的一个组成部分，还在如何呈现信息和创造用户体验方面起着重要作用。[③]

本书再次提出算法修辞，并不止于为算法再造一个修辞学的定

---

① Matheson, C., “Procedural Rhetoric Beyond Persuasion: First Strike and the Compulsion to Repeat”, *Games and Culture*, vol. 10, no. 3(2015), pp. 463–480; Joly, K & Mark, D. J., “Digital Games and the Communication of Health Problems: A Review of Games Against the Concept of Procedural Rhetoric”, *Game*, vol. 8, no. 4(2018), pp. 301–319.

② Verhulsdonck, G., & Limbu, M., *Digital Rhetoric and Global Literacies: Communication Modes and Digital Practices in the Networked World* London: Routledge, 2014, p.201.

③ Crider, J., Greene, J. & Morey, S., “Digital daimons: Algorithmic Rhetorics of Augmented Reality”, *Computers and Composition*, vol. 60, no. 1(2020), pp.1–17.

义，也不仅是专注于机器语言修辞的某一方面，而是将算法修辞放置在计算媒介实践的语境中讨论。根据亚里士多德、肯尼斯·伯克（Kenneth Burke）、韦恩·C. 布斯（Wayne C. Booth）、理查德·韦弗（Richard Weaver）等人对修辞的经典定义，修辞与影响力的发挥有关，它可以说服，可以帮助识别。用特里·法雷尔（Terry Farrell）的话说，修辞能“使事物变得重要”（making things matter），能塑造社会关注的焦点，并最终影响人们的观点和态度。[①] 从这个意义上说，理解算法修辞的过程，就是揭示算法作为媒介如何通过让某些规则发挥作用并影响选择从而导致特定事物变得重要的过程。在这个过程中，算法筛选、排列和优化信息，并将其呈现给用户，从而影响用户的选择和决策。算法运用的规则和策略可以来自其内部的逻辑和代码指令，也可以源自算法在与用户的交互中接受到的意义符号。因此，人们希望开发出一个相对完整的分析框架，对算法修辞进行全面的刻画，借此批判性地解读算法作为计算媒介对数字化社会的影响。

（二）算法修辞的三层分析框架

从表面上看，作为媒介实践的算法修辞就是设计数学指令和编写代码，而真正发挥修辞作用的却是这些编程操作化背后所体现出的价值论和行为学立场。用博戈斯特的话说，“一些看似没有表现力、缺乏符号操作的计算过程，实际上可能构成了更高层次的表达”。[②] 为了进一步讨论算法如何产生并实现修辞效应，本书尝试以元算法修辞（Meta-algorithmic Rhetoric）、中层算法修辞（Meso-algorithmic Rhetoric）

---

① Farrell, T., “The Weight of Rhetoric: Studies in Cultural Delirium”, *Philosophy and Rhetoric*, vol. 41, no. 4(2008), pp. 467–487.

② Bogost, I., *Persuasive Games: The expressive power of videogames*. Cambridge: The MIT Press, 2007, p. 29.

和微算法修辞（Mesa-algorithmic Rhetoric）作为一个由外及里的分析框架，将算法媒介的修辞学批评逐步引向深入。其中，元算法修辞关注算法媒介本身如何获得强大的力量，讨论的是宏观修辞层的问题；中层算法修辞针对的问题是算法媒介在多大程度上影响了人们的世界，是有关算法修辞本体层面的问题；微算法修辞指向算法修辞在具体实例中的影响和含义，它关注的是微观修辞层问题。三层构架同时存在，相互交融、包围并渗透在算法媒介实践中。

1. 元算法修辞

元算法修辞与算法媒介在修辞上的具体表现无直接关联，它不聚焦算法能做什么、预测什么、发现什么的问题，而是批判性地思考算法如何以及为什么在社会和文化中变得如此普遍。从语篇的角度来看，元算法修辞发生在“大话语”（discourse with a big “D”）层面。大话语是“得到社会承认的语言与非语言材料使用结合体，不仅涉及人与语言，而且涉及争论、价值观、事物、社会机构象征意义以及与争论有关思维方法等”。[①] 作为“大话语”系统，算法渗透到整个政治经济、文化政策、意识形态以及更普遍的科学范式中，在全球化思维中拥有无形且强大的影响力。

例如在鼓励自由市场竞争的全球化金融经济中，算法就提供了一种无可争议的优势，它基于对巨大数据存储的解释，使自动化交易的执行速度比其他交易更快。从元算法修辞层面来看，算法以速度、一致性、可重复性和量化的逻辑可信性等思维模式改造市场竞争机制，有力证明算法决策是当代金融市场中更好、更具竞争力的可行操作方式。元算法修辞不仅影响人们的制度，自上而下改变人们的世界观，

---

① 杨信彰：“Charles C.Fries 的语言交际理论与信号语法”，《外国语》（上海外国语大学学报）2000 年第 1 期。

它也在从下至上渗透到本地语境中，在日常生活中塑造影响力。当算法为全球的通讯社写新闻，当算法帮助飞行员驾驶飞机，当算法向人们推荐喜欢的电影或书籍，当算法从预测天气到计算政变概率……当人们让算法做几乎所有事情时，无论人们是惊叹它们的无穷可能性，还是选择默许它们的存在，人们都为维持算法影响力的元修辞做出了贡献。

社会学者曼纽尔·卡斯特曾经从技术全球化的角度提出，不是每件事或每个人都是全球化的，但构建地球的全球网络影响着每件事和每个人。[①] 元算法修辞让人们思考算法这一技术媒介是如何"构建地球"，从而影响每一件事和每一个人。同时，元话语修辞视角也回应了曾经困扰柏拉图的问题。柏拉图通过撰写《高尔吉亚》批判了修辞术，对柏拉图来说，修辞是一场骗局，它以欺骗为目的，并不能通向普遍真理或知识。[②] 而元算法修辞同样击碎了算法的修辞滤镜，揭示算法在被用来调解全球网络的各种经验时，总体上已经被赋予真理创造者地位这一媒介现实。通过元算法修辞的分析视野，人们将重新思考算法语境下什么是真理、什么只是对真理的操纵。

2. 中层算法修辞

与元算法修辞针对的是算法如何在整个社会中获得优势和信任不同，中观算法修辞涉及将算法媒介视为一种认知上可行的修辞学研究对象，这一层次的分析致力于解释算法修辞作为有效知识主张的来由。与古希腊修辞传统相比，算法修辞无疑是一个巨大的进化，因为前者毕竟基于口语文化，没有任何自动化迹象，也没有以计算

---

① 曼纽尔·卡斯特：《网络社会：跨文化的视角》，周凯译，社会科学文献出版社 2009 年版，第 80 页。

② 参见施特劳斯：《修辞、政治与哲学——柏拉图〈高尔吉亚〉讲疏（1963 年）》，李致远译，华东师范大学出版社 2017 年版。

机为媒介的交流。但即使是作为当代最先进技术的算法，其在修辞上的表现也并没有因为科技加持而背离传统，反而更接近柏拉图的古典辩证法。

柏拉图在《理想国》中将辩证法引为一种思维方法和工具，可以帮助人们对修辞进行评估和判断。他强调向对话者提问，得到的回答引出随后的相关问题，然后是更多的答案以及更多基于这些答案的问题，经过充分的交流和讨论，问题将被引向一个特定的期望结果。[①]与此类似，中层算法修辞反映的也是如何通过提出问题来提供数据、最终得出结论的过程，只不过算法设计者将辩证法操作化为一套程序，实现了人机交互的自动化和循环往复。表面上看，算法接收输入数据，通过筛选机制的决策树将其转化为输出结果，但算法的诀窍在于有策略地提出问题，它会对接收到的数据进行一系列假设，其中已经暗含了如何将答案转化为可操作的行为或知识的方法，这里的修辞操作非常明显。

从理论上讲，只要筛选机制保持不变，完全相同的输入每次都会产生相同的输出。但是随着输入数据的变化，代码规则的值也会发生变化，这个变化有时相当大。由于算法产生的结果都是预先确定的，这就需要以特定的方式引导时刻处在变化中的数据，以确保结果可控。而特定方式的引导由算法指令和规则执行，并隐藏在普遍的技术过程中。算法指令和规则内含丰富的修辞策略，已经优先考虑了哪些因素是重要的、是可以有效地重复以获得相似结果的，它们的执行类似柏拉图的逻辑和语言辩证法，是以问题为起点，通过充分的人机交互来推导结论的理性计算过程。这一技术伪装完美掩盖了算法修辞

① 参见柏拉图:《理想国》，顾寿光译，岳麓书社 2010 年版。

本体，也正如卡罗琳·R. 米勒（Carolyn R. Miller）指出的，“修辞通常隐匿，以免被暴露为诡计而变得无效”。[①] 人们提出中观算法修辞研究，就是希望揭示算法修辞的媒介实践是如何伪装在普遍的技术过程之中。

3. 微算法修辞

作为第三层次的微算法修辞，主要用于识别代码或编程语言中执行具体修辞行为的水平，它涉及具体修辞策略，是算法媒介实践最直接的呈现。公元前 50 年左右，古罗马的西塞罗在他的修辞学专著《论演说家》中提出，修辞学通过五项要素来实现有效演讲，分别是“布局”（arrangement）、“记忆”（memory）、“风格”（style）、“发现”（invention）和“表达”（delivery）。[②] 大约 150 年后，修辞学家昆体良（Quintillian）详细阐述了这五项要素，[③] 为至少持续到中世纪的修辞学教育奠定了基础。这五项要素也为人们提供了一种思考微算法修辞作用的方式，为揭示微算法修辞背后的动机和逻辑提供分析路径。

大多数算法有严格的商业保护，不受公众监督，在没有接触到揭示算法优先级方案和程序技术特性的情况下，讨论微算法修辞策略似乎是不可能的，但事实并非如此。在人们使用平台媒体的过程中，通过五项要素的视角关注人与自动化流程的互动，仍然可以发现算法媒介在影响着个人对特定问题或价值观的看法。Amazon 2022 年推出的用于用户推荐排序的 A10 算法是一个很好的例子。A10 算法会通过观

---

① Miller, C. R., “Should We Name the Tools”, in Ackerman, J., & Coogan, D. (eds.), *The Public Work of Rhetoric: Citizen-scholars and Civic Engagement*, Columbia: University of South Carolina Press, 2010, pp. 19–38.

② 西塞罗：《西塞罗全集 · 修辞学卷》，王晓朝译，人民出版社 2007 年版，第 4 页。

③ Quintilian, *Institutio Oratoria: Books I-III*, Butler, H. E., (trans)., Cambridge: Harvard University Press, 1980, pp. 98–102.

察买家过往浏览习惯和购买习惯来决定展示哪些搜索结果，也就是说，此算法会优先展示当前买家最容易下单的那个产品，而不是卖家极力推销的产品。

基于五项修辞要素，我们首先将这种排序视为一种修辞的“布局”，只不过这种布局是通过自动化的动态输出结果决定的，而不是通过静态模板决定的。其次，“记忆”的修辞要素体现在 A10 算法需要知道和记住的输入，以便达到特定的结果，例如记住按照特定方式排名商品或将某个商品放在另一个商品之前。当用户被问及某个商品是否有用时，他们的回答提供给算法需要记住、统计和考虑的数据，这些数据决定了用于给商品排名的修辞“风格”。接下来，排名会把一些商品和评论者设置成比其他商品和评论者拥有更高的级别，这种行为表明 Amazon 试图设计一种特定的商品评价方式，也就是“发现”这个修辞要素的应用。最后，A10 算法隐含地“表达”了某些商品的评价方式比其他评价方式具有更高的可见度。例如评论的长度、评论的有用性、评论者总共评论的商品数量，以及评论者在该网站上撰写评论的时间长短等。

通过对 Amazon 排名算法中五项修辞要素的审查，可以看出微算法修辞是在代码或编程语言层面进行，在具体的文本生成、信息分类、推荐系统、情感分析等方面发挥作用，并通过改变学习策略、增加探索程度、调整奖励函数等方式来使说服效果最大化。算法会影响用户处理信息的方式和思考方式，进而影响他们的判断和决策，也会根据用户的兴趣、历史行为等因素对信息进行个性化定制，进而影响用户对信息的接受和偏好。而用户的反馈也会被算法感知，进而对后续的信息推荐、排序等方面产生影响，由此形成一个反馈循环的过程。算法修辞的三层分析框架进一步说明人们与算法媒介的互动比人们通常意识到的更深入，也更频繁。体察不同层次的算法修辞也有助于发现算法媒介实践背后的历史和社会背景以及塑造公共话语的权力动态。

（二）在算法修辞中拓展数字人文空间

我们将算法纳入人文研究视野，讨论算法在修辞情境中的媒介实践，借助算法修辞的三层分析框架认清算法在修辞上的作用，这一研究取径既是数字媒体学者凯西·戴维森（Cathy N. Davidson）所倡导的“算法思维”[①]的有机构成，也是数字人文领域中值得拓展的空间。关于后者，也是本文接下来重点探讨的问题。数字人文是人文学科向数字化转型的一种重要尝试，同时也是计算机科学和人文学科交叉融合的一种创新实践，它倡导打破陈旧的人文科学与自然科学之间知识文化划分，在近年受到越来越多的关注。讨论数字人文常常遇到的问题是如何全方位定义这个领域，通常情况下，数字人文更加关注如何利用数字技术和计算机工具来支持人文学科研究，这与“人文计算”（Humanities Computing）领域有大量交集。但反过来将数字技术纳入人文研究视野，并将其扩展为数字人文有机组成的则较为少见。换句话说，数字人文倡导的跨学科交叉融合，大部分还停留在方法融合上，并未走向知识论层面的融合。这也导致在现有数字人文框架内讨论算法修辞，并不是一件理所当然的事，需要人们突破当前数字人文的认识论壁垒，建立更广阔的技术与人文的对话空间。

这一对话需要建立在技术与人文实现知识互融的可能性上。众所周知，算法所属显式学科是数学、计算机科学和工程学，而修辞学隶属人文学科。国际修辞学协会前主席詹姆斯·奥恩（James Aune）曾

---

① Davidson, C. N., “A Fourth ‘R’for 21st Century Literacy”, *The Washington Post*, 2012.

戏言，大多数修辞学家皆是因数学“恐惧症”才成了修辞学家。[①]这也在一定程度上印证了一些修辞学家不具备足够的自然科学知识和方法，以至于不足以自信地开展与技术相关的研究的事实。但正如本文尝试证明的那样，知识与方法的障碍可能会阻止人们研究算法干预人类世界的修辞术，但这些障碍并没有大到足以让人们忽视这一重要的研究面向。这是因为当代人文学科研究都需要回应法国科学哲学家布鲁诺·拉图尔在《我们从未现代过》一书中阐述的现代性问题。[②]在拉图尔的思想中，自然和文化之间的绝对分离塑造了现代社会，因此他更倾向于考虑当代科学在解决传统的人文主义问题方面的价值。而人们以算法修辞为抓手，尝试确立数字人文领域的算法批评范式，就是希望能在计算机符号行为和人文主义探索之间建立有效联结。

符号行为曾是人类本体论的主要证据，也就是说，人类之所以独特，是因为其具有符号行为这一本体特征。传统修辞学研究也一直围绕人类主体展开，大量关注人类的符号行为，尽管也会关注一些非人类语言，但总体认为非人类语言隶属于人类并最终为人类所用。而法国哲学家甘丹·梅亚苏（Quentin Meillassoux）从主张存在一个超越主体的客观世界出发，质疑了基于主体的观念和先验知识的哲学传统，认为它限制了人们对于存在的认识，其显在缺陷就是失去了实践的重要维度。[③]这一“超越现实主义”（speculative realism）立场启示人们，修辞的法则和规律并非必然存在于人类语言中。从物质实践论出发，构成数字软件的算法代码经过改述、选择、截断、转换等计算

---

① Aune, J. A., *Rhetoric and Math Anxiety*, Thousand Oaks: Sage, 1995, p. 1.

② 参见布鲁诺·拉图尔《我们从未现代过》，余晓岚、林文源、许全义译，群学出版有限公司 2021 年版。

③ 甘丹·梅亚苏:《有限性之后：论偶然性的必然性》，吴燕译，河南大学出版社 2018 年版，第 16—20 页。

机符号行为，同样可以形成一套修辞模式。而作为新型媒介实践的算法修辞研究，就是以肯定技术语言独立于人类语言同时又和人类语言相互融合为逻辑起点的。这为数字人文研究提供了一个以人文主义目的探究数字技术从而判断其影响特定修辞情境表达可能性的机会，同时也让研究者们能够从批判性地接受算法代码编译器作为与人类一样的修辞者角色，到进一步认识到算法语言中的价值观和假设会随着人与算法媒介之间的关系实践而不断发展和变化。

近些年来，算法人文问题已经引起了一些数字人文学者的关注，他们发现，算法绝不是中立工具，也不是单纯中介，它们正在获得或已经处于社会动力网络和系统中的显著地位。尤其是在社交媒体平台背景下，算法作为媒介在塑造话语的过程中扮演着积极的角色，它们既是语言事件的贡献者，也是创造意义的实践者。数字人文学者史蒂芬·拉姆齐（Stephen Ramsay）在这方面有较为深入的认知。他曾指出，人们谈论算法通常是“谈论无误的过程和无可辩驳的答案”。[①] 换句话说，算法被严格地限制在参数黑匣子中，因此它完全符合偏好客观、可量化数据的科学文化认知。但是决定算法性质的选择是无穷无尽的，这些选择是修辞的，属于人文学科的定性知识范畴。拉姆齐因此主张算法批评（Algorithmic Criticism）应该考虑到算法的修辞含义。他希望学者们可以理解到，研究算法应该“从无可辩驳的限制中解放出来，探索能够在‘指示性’的限制范围之外科学运作的可能性”。[②]

紧随其后的一些数字人文学者也在不同层面呼吁将修辞方法引入数字人文研究中。研究者南希·R. 约翰逊（Nathan Johnson）呼吁人

---

① Ramsay, S., *Reading Machines: Toward an Algorithmic Criticism*, Urbana: University of Illinois Press, 2011, p. 18.

② Ibid.

们关注信息基础设施，声称“研究基础设施分类、标准、协议和算法的修辞是理解现代修辞学的重要组成部分”。① 俄罗斯文化学者列夫·马诺维奇（Lev Manovich）认为，表征是新媒体的一个关键术语。他说，新媒体“以某种方式表征 / 构建物理现实的某些特征，牺牲其他特征，已经成为众多的世界观体系之一”。② 英国数字人文学者大卫·M. 贝里（David M. Berry）也谈到，要深刻理解新媒体逻辑，必须在计算机代码中引入人文主义方法。③ 美国数字人文学者杰夫·赖斯（Jeff Rice）指出，“解释学经常支配着数字人文学的学术研究，但如果将代码层面抽象出来，这种解释就是不完整的甚至是无用的”。④ 总体来看，相关呼吁也成为一个有价值的启发式，支持算法研究与修辞研究在数字人文领域形成碰撞，产生技术与人文互融的新知识格局。

沿着理论先行者的脚步，我们进一步提出，确定算法修辞在数字人文学中的合法性地位，是理解算法如何为说服性目的而工作的关键。算法修辞所具有的超越现代主义中技术与文化分野的实践特性，是对数字人文主义的反向延展，也是对物质实践论的呼应，即人类在本质上并不特殊，而是与其他非人类对象开放地参与到一个包含了自然、技术和文化融合的环境中。算法修辞需要运用计算机科学中的统计和数据结构等知识，同时还要结合对媒介文本的修辞结构、语言规则和文化背景等的分析和解读。它关注算法在数字化社会中的应用

① Johnson, N. R., “Information Infrastructure as Rhetoric: Tools for Analysis”, *Poroi*, vol. 8, no.1(2012), pp. 1–3.

② 列夫·马诺维奇:《新媒体语言》，车琳译，贵州人民出版社，2020 年版，第 15—16 页。

③ 大卫·M. 贝里、安德斯·费格约德:《数字人文：数字时代的知识与批判》，王晓光译，东北财经大学出版社 2019 年版，第 17 页。

④ Rice, J., “Occupying the Digital Humanities”, *College English*, vol. 78, no. 5(2016), pp. 360–378.

和影响，不仅探讨实现算法的编程语言风格和结构如何影响和传达意义，也研究算法作为计算媒介与人类语言沟通的共性和差异等问题。通过对算法修辞的研究，人们尝试再一次证明：技术并不是独立于意识形态和修辞干预，而是越来越多地与它们相伴相生。而算法修辞不仅能够成为数字修辞学的新发展，同时也可延伸为数字人文学未来研究新取径，以人文学科的理论和方法深化人们对于媒介化社会的批判性理解。

修辞是一种强有力的工具，可以描述和框定当前的局势，所以修辞分析家们常说，当代的修辞就是明天的共识；而算法能消除不确定性，确保未来是当前事物状态的延续，某种程度而言，算法是人们社会的镜像。从这个角度来看，算法和修辞都具有保守性，它们的运作方式都是基于过去发生的事实，对未来的预测也是尝试重复已经发生过的事情。2018 年，Amazon 放弃了一个 AI 招聘机器人，因为尽管该机器算法最初是用来减少无意识偏见，但它却依然系统性地给女性求职者普遍较低的评分。[①] 而偏见之所以能够扎根在技术系统中，是因为算法已经完全学习了社会关系和制度中的结构性性别歧视，并形成了延续性的、稳定的修辞操作。这提醒人们，对算法修辞的分析不仅是对计算语言的研究，更是一种对算法文化的深入解读和理解。

尽管算法使用基于规则的计算结构，按照“如果……那么”的格式设计指令，但机器学习遵循的路径并没有被明确编程，它的自组织能力使它遵循的是自下而上的逻辑，而不是自上而下的规则。人们能否想象出由神经网络产生的 AI 修辞表达会是什么样子？不管怎样，有一点可以肯定的是，算法完全可以预测未来哪些形式的机器修辞策

① Benjamin, R., *Race after Technology: Abolitionist Tools for the New Jim Code*, Cambridge: The Polity Press，2019, p. 73.

略会更加突出有效，这些预测性分析在日趋强大的软件程序中发挥作用，广泛分布在医疗、教育、司法、金融等社会机构中，说服和影响人类采取行动。因此，对于那些希望将算法修辞发展为修辞批评的新方法，并对于揭示不同媒介实践如何塑造人们的世界感兴趣的学者来说，工作才刚刚开始。

第四节 算法选择与算法偏见形成

如将算法修辞的影响继续延伸，会发现由于越来越多的算法被赋予执行或制定人们日常实践的功能，导致将选择权委托给算法的实践本身也正在成为一种日常实践。在这个委托过程中，日常的数据（动作、关系和对象）被翻译、框定和重新配置。算法告诉人们应该关注什么，代替人们过滤和管理在网上看到的东西，算法也会再定义人类的记忆选择。例如算法可以识别人们度假照片中的情绪，据此帮人们选择最适宜的旅游路线等。随着进一步研究开发，算法揭示发生在生物过程和技术过程之间的转移以及多层交换的复杂关系的能力也会更加突出。

算法能够将项目、行动和过程转化为可计算和可延展性的单元或数据点，在某种意义上将所有对象、行动和关系渲染为等价的，而不管实际的内容或背景如何。反过来，算法本身的设计和操作又会与更广泛的环境交互，并被赋予价值、意义和关系等内涵。与此同时，技术与环境交互又是不分类型的，时间、身体、交易、性偏好、种族、地点和空间都会被转化为数据，在一个或多个技术系统中进行操作和存储。例如，量化自我和自我跟踪运动的增长使得通过可穿戴技术确定、跟踪、捕捉人类活动的各个方面，包括个人生物和健康数据等，都会经过算法设备搜集、分析然后反馈给各种监测服务提供商和其他一些相关方，这足以说明包括日常生活在内的一些事务都可能被算法化。这些简化的操作能够捕获和操纵生物特征和行动过程的数据，而这种对单一数据或单位的简化还只是算法化过程的一个方面。算法利用这种简化还在定义、描述和塑造人机关系。这些人机关系由算法的架构师根据特定的需求来设计，由此带来的人类日常生活选择的委托以及随之而来的商品化遂形成了算法重构社会生活的重要路径。

当日常生活越来越多地由算法选择代为表达出来时，当所有的一切都可简化为可延展的、离散的，但可组合的单元时，将会如何影响算法选择和人们看待和理解环境和彼此之间的关系？而这也引发了如何在科技化的日常生活中将代理和权力等问题概念化的问题。算法选择是一个算法在广泛的政治、社会和文化环境中设计和实现的动态过程，因此它们处于不断的变化中。人们既不能忽视算法选择的行为，也不能忽视它们带来的后果。将日常选择权委托给技术流程，需要将复杂的行动分解并压缩为一系列步骤和数据决策点，因此可以说算法选择体现并概括了一种日益加剧的原子化和碎片化趋势，这种趋势与强调日常生活量化的计算主义产生了广泛的共鸣。算法，以及将人类行为委托给算法的过程，都成为量化社会的一部分。

而当大型科技企业拥有决定性的技术技能和数据资源时，其算法选择的后果是深远的。以 Google 为例，作为一家拥有全球知名度的庞大的跨国科技公司，Google 提供的产品和服务清单很长，而且还在持续不断扩充中。由于各种在线系统、人力和技术用户广泛参与的结果，Google 能够从这些平台上获取越来越多的数据，以及拥有不用向其企业系统以外的人公开的方式聚合、组合、操作和处理这些数据的技术能力和权力。为了实现利润最大化，Google 需要实现一系列目标，例如确保可行且有吸引力的消费产品（如 Google Research、Google Maps、Gmail、YouTube、Android、GooglePlay 等），促进并提供有吸引力的行业产品（数据分析、定向广告、应用购买和分发平台等），并在此过程中产生资本增长和获得源源不断的收入。这意味着需要设计和制定大量算法来满足不同的需求和功能，而这些需求又需要整合反馈和迭代过程，以适应算法运行所依据的环境。

Google 的首席经济学家哈尔·瓦里安（Hal Varian）曾公开披露，Google 在其用户身上持续进行实验，试图识别什么可能驱动用户行为的变化、信息发现和显示方式的变化等因素，而在线环境就是一个理想的测试站点，可以根据流量、网络跟踪器（cookie）、用户名、地理区域等分配处理和控制组。Google 每年在搜索和广告方面进行大约 1 万个实验，任何时候都有大约 1 000 个实验在运行，这也即是说，当你访问 Google 时，你就是在配合同时进行几十个实验。[①]Google 的熊猫、企鹅和蜂鸟算法的周期性更新都是很有代表性的例子，即为了鼓励某些结果而改变优先级技术。基于从日常活动中收集的大型数据集的算法选择与排序，以及对这些数据集进行测试或实验的能力，Google 等科技公司具备了塑造、指导和反映结果和行为的可能性，也因此被赋予了巨大的权力，使其产品从根本上与用户的日常生活交织在一起。

然而，这些可能性也提出了这样的问题，即人们如何将算法本身的委托代理概念化，以及人们如何分析和定位自己在日常生活中的位置。例如，搜索引擎了解人们的喜好和欲望，它们日夜无休止地为用户连接潜在搜索的信息。随着算法越来越多地了解人们的搜索活动，搜索和定向广告也变得更加有效，这使得算法选择能更精准地捕捉搜索者的喜好特征，并使搜索者的喜好和偏向由算法驱动调整和循环。由于人们在日常生活中对平台的依赖和参与程度日益加深，并延伸到积极接纳其他对象（如物联网、无人驾驶汽车或机器人）的参与，人机关系和日常实践的算法变得司空见惯，这虽不起眼，但值得我们密切关注。

① Varian, H. R., *Beyond Big Data*, Presented at the NABE Annual Meeting SanFranciso, 2013, p. 73.

哈尔·瓦里安就认为，这是一种不加批判的接受行为，因为人们很难根据这种人机亲密互动推断出明显的日常生活被数据监控的状况。当下，这种自动授权和预测的持续扩张正在变得越来越常态化，甚至成为社会运行的基础。例如Apple的Siri和Microsoft的Cortana等个人助理的增加和个人助理功能的不断扩充，试图将用户、设备、软件和算法之间的边界彻底打通，这些媒介实践也说明算法程序设计趋向于对更广泛、更复杂的数据集进行分析、操作和预测，而这些数据集是通过用户日常实践的在线迁移实现的。那些隐藏在屏幕后面的，从日常用户使用行为中拆解出来的具体用户实践，以及机器学习的可能性和多种算法的交互，它们选择什么和不选择什么等，都是不透明的。因此，算法媒介实践掩盖了所涉及的强大利益背景，由此产生的风险后果也是显而易见的，那就是我们所说的算法偏见。它可能是内部编程的结果，也可能是算法与其他社会系统互动的结果。

人们看到，推荐系统会利用算法来识别和呈现基于用户偏好的在线实践，例如，如果用户对一本关于投资的书感兴趣，那么很可能也会有其他用户对这个主题感兴趣，Amazon网站会根据共同关联兴趣的假设来为用户选择特定的购买。这个假设被转换到系统中，向对投资感兴趣的用户展示其他用户的搜索或购买结果，这些书在系统的元数据中可能有类似的搜索词，会假定共同的兴趣会导致购买的可能性增加。然而推荐系统对用户和用户兴趣之间的关系或关联的推断，可能会转化为令人不安或意想不到的结果。例如有研究者发现，GooglePlay Store会根据推荐结果和用户位置推断出性犯罪者与搜索应用之间的联系。[①] 具体来说，通过将应用程序连接到一个由标签链接

---

① McKelvey, F., “Algorithmic Media Needs Democratic Methods: Why Publics Matter”, *Canadian Journal of Communication,* vol. 39, no. 4(2014), pp. 597–614.

的在线商店网站上，相关的应用程序就会形成一个关联，但这种联系可能会造成非常严重的伤害，例如可能会在性侵犯者和同性恋者之间得出直接的关联性推论。

生成这类结果的算法和编程增加了人们对某些算法选择结果产生联想的可能性，因此，算法选择在社会和政治上都存在重大隐患。虽然算法并不会根据特定社会或政治判断明确区分其所分析和操纵的数据，但算法选择的过程往往无法适应一些细微差别是缺乏语境，算法处理复杂的、社会嵌入式的数据分析时就会发生偏差。此外，算法设计者也不愿意接受外界的审查，因为这种审查可能会让一些基础假设受到质疑。这会导致在社会、文化和政治系统中，用户日常实践的委托和算法选择的结合不可避免地导致偏见的产生。

早在 1996 年，弗里德曼（Friedman）和尼森鲍姆（Nissenbaumt）对当时计算机系统中明显存在的偏见进行了分类。[①] 他们认为，有些偏见可能是无害的，也可能是有害的，或者两者兼而有之。同样，偏见可能是有意的，也可能是无意的。弗里德曼和尼森鲍姆以旅游航空公司经营者的名单为例证明了这种偏见。他们注意到航空公司经营者在屏幕上的排列方式，无论是按字母顺序还是按首选供应商排序，都会对旅行社使用或提及哪些航空公司产生影响。由于代理更有可能参考那些在首页列出的运营商，这意味着有关订购标准的决定会使一些航空公司受益，而使另一些公司处于不利地位。这与 Google 搜索结果的做法和结果并没有什么不同，因为 Google 用户也很少会在搜索结果的第一页或第二页之后的列表中进行选择。

而在与算法和社交媒体相关的研究中，研究者也注意到 Facebook

---

① Friedman, B. & Nissenbaum, H., "Bias in Computer Systems", *ACM Transactions on Information Systems*, vol. 14, no. 3(1996), pp. 330–347.

算法在为用户的新闻 Feed 排序时，会优先考虑帖子的流行程度或特定类型的内容。此外，Twitter 使用的算法也会将广告收益作为重要的排名依据优先考虑，这些选择和行动表明了特定的偏见在算法选择过程中会产生特定的权力实践。[①] 弗里德曼和尼森鲍姆由此认为算法偏见首先来自社会制度、实践和态度；其次来自技术限制和计算机工具去文本化的特点；最后，算法随机生成人类生物构造的形式化，这也会导致在用户和系统设计之间是存在不匹配的问题的。

关于算法偏见的概念化问题，郭小平等指出，算法偏见是指算法程序在信息生产、整合与推送等过程中偏离客观中立的价值立场，进而影响到公众对信息的认知体验和决策。[②] 许向东等也专门定义了算法偏见，认为其指的是在看似客观中立的算法程序的研发中，其实带有研发人员的偏见、歧视等，或者所采用的数据带有偏见或歧视。[③] 汪靖 2021 年在《探索与争鸣》期刊上撰文《从人类偏见到算法偏见：偏见是否可以被消除》，指出算法会制造偏见，即使训练数据集不具备偏见，机器学习算法也有可能通过自我学习制造偏见。[④] 学者们尽管表述各异，但共识则是：算法偏见的本质是人工智能时代社会偏见的一种体现。

偏见的产生和实施来源于通过将数据编码成各种关系和行为的各种系统。例如，Twitter 趋势分析强化了算法中嵌入的技术和新兴偏见，这些偏见重视特定类型的活动。研究者就注意到 Twitter 主题依据给定的某些价值标准在列表中被优先排序的过程，以及 Amazon 在过

---

① Bozdag, E., "Bias in Algorithmic Filtering and Personalization", *Ethics and Information Technology*, vol. 15 (2013), pp. 209–227.

② 郭小平、秦艺轩："解构智能传播的数据神话：算法偏见的成因与风险治理路径"，《现代传播》(中国传媒大学学报) 2019 年第 9 期。

③ 许向东、王怡溪："智能传播中算法偏见的成因、影响与对策"，《国际新闻界》2020 年第 10 期。

④ 汪靖："从人类偏见到算法偏见：偏见是否可以被消除"，《探索与争鸣》2021 年第 3 期。

滤过程中的内容分类显示可能携带的社会偏见。[①]不过许多试图了解算法偏见与日常生活的交叉和影响方式的研究人员所面临的挑战是，当许多算法的起源、结果、指令和实施不接受审查并且是多向的时候，应该如何理解种种偏见的起源。这不仅是因为许多算法的专有性质、多样性和复杂性、它们嵌入的众多在线流程以及它们悄无声息的计算方式，而且还因为许多人在处理复杂的数学和技术系统时缺乏一定的技术素养。

《连线》杂志的创始执行编辑、《全球评论》的前出版商凯文·凯利（Kevin Kelly）就认为："技术的本质存在偏见，它使事物向某些方向倾斜。"[②]我们看到，算法依靠机器学习之类的人工智能技术对用户的个人数据（包括收入、学历、性别、年龄、民族、宗教等）进行分析，进而生成自动化决策，当决策无法保证公平、道德、一视同仁，就会引发算法偏见。随着人们对计算机、移动设备和自治系统的依赖愈发加深，算法偏见也逐渐成为一个日常化的问题。而算法运行过程中产生的偏见现象，其本质就是社会偏见在智能传播时代的映射。算法偏见中除了将现实世界的社会偏见以数字化形式呈现之外，算法本身独有的机器学习偏见也逐渐显现，其中包括侵害社会公众的人格平等权、隐私权，并对数据安全形成威胁甚至破坏，从而导致社会危害现象的发生。可以说，算法偏见是社会偏见的新形态，也是媒介偏见在人工智能时代的"升级版"。

---

① Gillespie, T., "Can an Algorithm be Wrong? Twitter trends, the Spectre of Censorship, and Our Faith in the Algorithms Around Us", *Culture Digitally*, 2011.

② Kelly, K., *The Inevitable: Understanding the 12 Technological Forces that Will Shape Our Future,* New York: Viking, 2016, p. 3.

第三章
算法传播中的内容生产

第一节 算法作为内容生产的语义坐标

在以移动终端为中心的智能传播时代，人类的所有信息行为都会以数据形式被存储下来，海量的用户信息为算法深度学习提供了样本数据，也为传播活动创造了新的机遇。算法传播从内容生产、渠道组织、信息传递方式等方面都彻底颠覆了传统的传播模式，它以算法为纲，依据用户关键词生成定制化内容，在进行精准推送的同时记录用户的反馈数据，并据此调整后续的内容生成，从而形成了信息收集、内容生成、精准推送、效果追踪、内容调控的传播闭环。其中，关键词、内容生成建构了算法传播的整体框架。

当前算法传播的研究主要集中在以下几个方面：一是算法的内容生成①，二是算法的内容分发②，三是算法传播的效果③，四是算法对叙事方式与出版的模式创新④。在上述研究中，算法传播的整个过程

---

① 参见罗昕："算法媒体的生产逻辑与治理机制"，《人民论坛》（学术前沿）2018 年第 24 期；陈昌凤、师文："智能算法运用于新闻策展的技术逻辑与伦理风险"，《新闻界》2019 年第 1 期；刘冰："新闻策展：从内容整合展示到智能算法应用"，《中国出版》2019 年第 22 期；彭兰："增强与克制：智媒时代的新生产力"，《湖南师范大学社会科学学报》2019 年第 4 期；等等。

② 参见王茜："打开算法分发的'黑箱'：基于今日头条新闻推送的量化研究"，《新闻记者》2017 年第 9 期；喻国明、曲慧："'信息茧房'的误读与算法推送的必要：兼论

被拆解成了多个部分，然而事实上，算法自主形成了一个完整的传播网络，在这个网络中，算法不再只是充当技术中介，而是成为超级传播者，它依靠关键词分析和自动化内容生成，独立完成了以往需要传播组织内部分工协同的多项工作，而受众也演变为用户，作为一个个网络节点嵌入其中，并始终处于受控状态。

为了更深刻地洞察算法重组传播格局的动力机制和后果影响，本书需要从整体上对算法传播的构成和本质加以把握。关键词选取和内容生成的效度是算法传播取得合法性地位的关键，而对关键词、内容生成的源流进行考证，并分析它们如何被纳入智能化传播体系，可以清晰观察算法重组传播的过程、逻辑及发展现状，由此进一步探查算法传播如何嵌入用户行为，以及算法带来传播格局的裂变是如何改变社会现实的。

关键词作为节点化的用户数据，是算法传播发生的基础。关键词最初作为一个历史学的名词被提出，用来概括语言和文化的意义。早在20世纪初，德国便开启了使用关键词的历史，其研究集中在社会与知识史上起着重要角色的词汇字典上，被称为“关于捕捉短语的研究”（Schlagwort forschung）和“概念的历史”（Begriffsges-

---

（接上页）内容分发中社会伦理困境的解决之道”，《新疆师范大学学报》（哲学社会科学版）2020年第1期；王斌、李宛真：“如何戳破‘过滤气泡’算法推送新闻中的认知窄化及其规避”，《新闻与写作》2018年第9期；杨保军、杜辉：“智能新闻：伦理风险·伦理主体·伦理原则”，《西北师大学报》（社会科学版）2019年第1期；林爱珺、刘运红：“智能新闻信息分发中的算法偏见与伦理规制”，《新闻大学》2020年第1期；等等。

③ 参见聂静虹、宋甲子：“泛化与偏见：算法推荐与健康知识环境的构建研究——以今日头条为例”，《新闻与传播研究》2020年第9期；范红霞、叶君浩：“基于算法主导下的议程设置功能反思”，《当代传播》2018年第4期；张志安：“人工智能对新闻舆论及意识形态工作的影响”，《人民论坛》（学术前沿）2018年第8期；等等。

④ 参见刘银娣：“从经验到算法：人工智能驱动的出版模式创新研究”，《科技与出版》2018年第2期；王思：“智能化时代新闻媒体特点与生产模式创新”，《学习与实践》2019年第1期；等等。

chichte)。[①]1935年，英国语言学家J. R. 弗斯(J. R. Firth)提出，社会学上重要的词可以被称为焦点或者关键词。[②]法国语言研究中也有一段很长的关键词研究历史。20世纪50年代，法国词典学家乔治·马托雷(Georges Matoré)讨论了关键词(mots clés)[③]，并认为词汇学是一门社会学学科。20世纪60年代，米歇尔·福柯延续了这一传统，他也有自己偏好的关键词，例如劳动、监狱、疯癫等。[④]1976年，雷蒙·威廉斯(Raymond Henry Williams)出版《关键词：文化与社会的词汇》(*Keywords: Avocabulary of Culture and Society*)一书，通过聚焦工业、民主、阶级、艺术和文化这5个领域的关键词，对整个社会的变迁进行概括。1996年，英国语言学家约翰·麦克哈迪·辛克莱(John McHardy Sinclair)继而提出，关键词可以长期用来作为意义单位的集合，他认为语料库提供了一个强有力的交际行为模型。[⑤]

除在历史学、语言学、文化学、社会学等领域获得关注外，关键词同时也是计算科学领域的常见概念，有着较为清晰的应用历程。1959年，英国伦敦大学语言学家夸克(Quirk)建立了英国口语和书面语的"英语用法调查"(The Survey of English Usage，简称SEU)语料库，标志着语料库向计算机化发展，并成为关键词检索的元数据库。1961年，以美国的费朗西斯(N. Francis)与捷克斯洛伐克的库塞拉(H. Kucera)

---

① See Kosellckim, R. & Dipper, C., "Begrifgschichte, Sozilgeschicht, Begriffene Geschicht", *Neue Politische Literatur*, vol. 43, no. 1 (1998).

② See Widdowson, H., "J. R. Firth, 1957, Papers in Linguistics 1934–51", *International Journal of Applied Linguistics*, vol. 17, no. 3 (2007).

③ See Levisen, L., *Cultural Semantics and Social Cognition: A Case Study on the Danish Universe of Meaning*, Germany: Walter de Gruyter, 2012.

④ See Bondi, M. & Scott, M., *Keyness in Texts (Studies in Corpuslinguistics)*, Amsterdam: John Benjamins Publishing Company, 2010.

⑤ See Stubbs, M. & Trier, U., "The Search for Units of Meaning: A Tribute to John McHardy Sinclair (14 June 1933–13 March 2007)", *Applied Linguistics*, vol. 30, no. 1 (2007).

为代表的语言学家和计算机专家在美国的布朗大学合作，一起建立了世界上最早的机读语料库，即布朗语料库（Brown Corpus）。语料库中的文本分为标注文本与未标注文本，可以根据关键词进行检索，语料库作为存放语言材料的数据库被用于自然语言处理当中。英国语言学家麦克·斯科特（Mike Scott）在1996年开发出Word Smith Tools软件，这款软件使用算法程序，根据词语出现的频率来确定关键词。20世纪90年代，计算机搜索引擎的出现使关键词成为一个高频使用的词语，并频繁出现在网络搜索的工具栏、新闻标题、学术研究的规范格式、图书馆编目索引、计算机情报检索等处。用户在搜索框中输入关键词检索内容，算法依靠强大的计算能力与分析能力就能将搜索页面呈现出来的内容按照从高到低的权重进行排列。

除搜索引擎、语义库之外，关键词也在其他方面使用，例如，当用户在浏览网页、社交媒体、购物APP等界面时，算法会对用户的浏览足迹进行记录，并建立一个用户个人的数据库，紧接着对用户的数据进行分析与文本化处理，最后基于用户自身的信息、网络行为及历史足迹筛选出专属于用户的关键词。关键词的选择受到了用户行为频次的影响，当用户多次搜索或者浏览同一类型的内容，算法便会生成相对应的用户关键词。同时，关键词也受到用户差异化网络行为的影响，当用户检索、浏览与以往不同的内容时，算法会生成新的关键词。关键词将用户网络足迹进行总结概括，用户足迹即从一个持续性的行为变成了由一个个关键词组成的节点。

在互联网发展早期，关键词主要运用于门户网站的目录分类及搜索引擎中。用户可以在门户网站分类目录中选取符合自身需求的子目录，并在相对应的子目录中获取自己想要的内容。例如，在以Google、百度为代表的搜索引擎中，用户可以通过搜索关键词获得想要的信息，早期的关键词也能满足用户并不算大的信息需求。随着大数据时代的来临，用户被大量冗余信息围绕，与此同时，基于内容的过滤方式与基于喜好的协同过滤方式也应运而生，两种技术集合形成了算法推荐系统，算法推荐系统以用户自身关键词标签作为信息半径，结合用户的信息与浏览足迹，挑选并推送满足用户个性化需求的信息。

我们发现，算法时代的关键词生成经过了两次编码、解码的过程。首先，算法将用户足迹进行解码生成原始字节，再对其进行编码生成用户数据，并储存在用户信息库当中。随后算法进行二次编码，将数据进行筛选，剔除多余用户信息后进行编码，生成关键词。关键词的生成，是为了实现内容的有效传播，但“选择性认知”会削弱传播的信度。这是因为关键词是由用户信息、网络足迹、心理等多种元素构成，其底层算法逻辑是用户的偏好集合，而这种单一性、同质性的逻辑结构与多元化的信息需求相悖。关键词的偏好性逻辑使算法能够帮助用户在日益复杂的媒体环境中导航，这种自动导航为算法平台注入了用户流量，从而使关键词成为算法平台的一个商业驱动力。由此可见，关键词代表着用户单方面的人格偏好，是对用户偏向中性、厌恶性的数据进行后置排序与剔除之后的单向人格叙述。

经过解码、编码而形成的关键词包含了能指与所指两个方面。“在传播符号中，一个能指的形式可以有多个所指的意义，一个所指的意义也可以有多个能指的实体与之对应。”①但是在关键词中，其能指与所指均为单一语义，在社会语境与情感表现中都表现为单一性偏好。虽然关键词在用户不同使用情景下代表不同的含义，但是算法的线性思维无法区分这些不同的含义，这导致用户从一个立体的形象被压缩成了一个个承载用户足迹的节点化关键词。用户根据特定关键词

① 余志鸿:《符号：传播的游戏规则》，上海交通大学出版社 2003 年版，第 75 页。

在社交网络中形成趣缘、地缘社群，例如微博中的超话便是使用关键词将具有同一偏好或处于同一地区的人群聚集在一起，形成社群，而这些社群中又形成了以关键词为中心的私域流量。例如，快手以主播关键词作为中心进行私域流量聚集，与关键词相关联的用户被引流进入这个流量域中，并被整合到了一起，形成用户间交往的场景，增强了圈子的互动性。我们看到，今天的关键词不仅可以作为标签将相同属性的用户连接起来，也可以为内容生成提供路径。由此，一张内容生成的网络被关键词建构起来。

基于关键词的内容生成是算法传播主体的构成，而内容生成的内涵也经历了从网络传播到智能化传播的演变过程。Web 1.0 时代曾打破了信息的单向传播，网民的内容生成主要集中在门户网站、论坛等领域，例如天涯、猫扑等论坛的存在就形成了初期的社群传播，但彼时的内容生成仅限于网民间的发帖互动。Web 2.0 时代以社交传播为主，微信、微博等社交媒体崛起，这一时期用户之间的互动空前活跃，用户内容生成作为一个新名词被提出。与此同时，这个时期的用户从 Web 1.0 的偏向于“读”变成了 Web 2.0 的偏向于“写”，个性化内容得以彰显。Web 3.0 是一个强调智能化的精准传播时代，关键词不仅可以作为搜索引擎、推送程序的文本，也为算法的内容生成提供了语义连接点。这一时期，用户的网络数据被算法收集分析，算法依据其人口特征、网络行为习惯、浏览内容等因素生成节点化的关键词，并将同类的具有联系的关键词连接起来形成语义网（Semantic Web）。

语义网这个概念在 1988 年被万维网的发明者蒂姆·博纳斯-李（Tim Berners-Lee）提出，研究者将其定义为以 Web 数据为基础，以机器可以理解和处理的方式进行链接所形成的语义网络。[①] 语义网起

① 参见王晓伟等：“符号学视角下语义网定义及其理论框架的再认识”，《现代情报》2017 年第 8 期。

到了将关键词连接起来的作用，并为算法的内容生成提供了基础。首先，语义网为内容生成提供了方向，智媒时代强调的是个性化的内容生成，用户关键词被语义网聚合起来，形成一张囊括用户所有特性的网络，算法根据不同用户的关键词聚合网络，制定不同的内容生成策略；其次，语义网也为内容生成提供了素材，自 Web 2.0 时代开始，活跃的专业机构、自媒体会就同一件事情提供不同视角的观点，算法根据对事件不同视角的观点进行语义概括并生成关键词组，通过语义网勾连的关键词组能够协助勾勒出细节更加丰满的内容素材。

切实的内容生成还要取决于由关键词组成的用户画像。一方面，算法通过爬虫技术、网络日志、平台数据库收集等技术将用户网络数据完整、全面地记录下来；另一方面，通过物联网传感器（例如智能手环、智能眼镜等设备），算法也能够对现实活动领域的数据进行采集，并将其与用户网络数据相整合，形成“线上 + 线下”活动领域的融合数据。算法经过对用户活动领域数据的分析，挖掘出具有价值的用户画像，以此来进行算法内容生成。依靠用户的个人网络数据、社交半径、时空情景生成极具个人特色、迎合个人喜好的定制化内容。但是，用户的阅读喜好和习惯并不十分稳定，算法需要根据用户不同时期的数据变化预测出其需求的转变，以提高内容生成的精准度。内容的定制化使得一些用户感兴趣的、喜欢的边缘性长尾内容的重要性得到了提升，用户的小众化需求也能得到满足，与此同时，用户的社会化内容需求也得到呼应。在社会性议题中，语义网同样对用户数据进行关键词标注，附加语义并进行连接，算法则根据语义网推测出实时的热点话题，如微博热搜榜便是依靠语义网所标注的关键词集合起来的。另外，社会性议题的内容生成也是一种分众化的内容生成模式，算法会根据用户的人口特征、行为特征、分布规律、趣缘特征、心理取向等方面的数据标注关键词，并形成语义网，进行社会性内容的生产。

宾夕法尼亚大学教授瓦茨（Watts）和康奈尔大学教授斯特罗加兹（Strogatz）在关于网络结构与知识扩散的开拓性研究中提出了“小世界网络”的概念，并总结出两个特点：一方面是它的本地互动性强、网络聚合程度高；另一方面是它也兼具了随机网络的特点，交往的范围广，节点之间平均路径较短。[①]我们不妨假设，用户身处的就是一个由关键词构成的“小世界网络”中，数据可以符号化为具有确定性的关键词，并通过语义网与随机的社会化内容的关键词连接起来，而算法的内容就成了个性化内容与社会化内容的交织。这种基于不同属性关键词语义进行内容生成的方式被称为“语义描述”（semantic description），它具有结构化的特点，即使用具体的框架，生成主题鲜明的内容。算法将能够表述内容主题的关键词放在标题与简介中，使用户能够直接根据这两者判断出内容主旨。与此同时，算法通常也会将与用户数据相对应的关键词展示出来，以此来吸引用户的点击、浏览。因此，算法的内容生成总体上呈现出标题、简介吸引人，内容模板化的特点。算法可以大批量地生成与用户喜好相对应的内容，这种“语义描述”的内容生成方式也会使得“内容农场”（content farm）滋长。

在2006年初，美国Demand Media公司共同创建人罗森·布拉特（Rosen Blatt）和肖恩·科洛（Shawn Colo）提出了一种新型创业公司的想法，后来这种新型公司被人们称为“内容农场”，这个创意具体的操作是基于对最流行的网络搜索查询的分析，快速、廉价地创建文章和视频。[②]内容农场嵌入搜索引擎之中，指以垃圾内容吸引用户点

---

① See Watts, D. J. & Strogatz, H. S., “Collective Dynamics of ‘Small-world’ Networks”, *Nature*, vol. 393 (1998).

② See Wallenstein, A. & Spangler, T., “The Rise and Fall of a Content Farm”, *Variety*, vol. 322, no. 6 (2003).

击的网站以及账号。这些网站的经营者通过爬虫技术确定各大互联网平台的热点关键词，然后给撰稿人提供选题，撰稿人需要根据不同的选题快速产出内容。例如台湾 Buzzhand 网站，写手在该网站上发表内容后依靠浏览量获取收益。为了赚取流量、将收益最大化，写手按照每日热点生成大量吸睛但低俗的内容，并以标题关键词与界面图片吸引用户点击。随着客户端的普及，内容农场形式发生了变化，即由平台账号对内容农场网站进行转载，例如 Facebook 上的“每日健康”账号就是对内容农场网站进行转载，并配上夸张的标题、图片、视频，以迎合时下的社会热点。

而智能化算法技术使内容农场的内容生产跨入实时化、自动化阶段，它能够根据各个平台的热点抓取关键词进行内容生成，例如算法可以快速生成与热点事件发酵时不一样的内容，并通过标题、简介等形式伪装成事件的最新进展，吸引用户的眼球。算法极大地提高了内容农场的生产效率，经营者不再需要雇佣写手进行内容写作，而是直接使用算法进行内容生成，这种不顾内容真实性及质量的批量生产逻辑使虚假、垃圾内容大量存在，一旦用户信以为真，便有可能导致谣言的传播。2017 年 4 月 29 日，台湾“COCO 大马”网站使用算法抓取食品健康方面的关键词“洗肾”，并以此发布文章《黑心阳春面导致台湾人洗肾》，该文章引起用户大量讨论。COCOHK、健康新视界、每日健康等网站随后发布相关内容。同时文章通过账号在 Facebook、Twitter 等平台被转载，COCO 大马利用搜索引擎优化技术（Search Engine Optimization）提高该内容在各大网站以及客户端的搜索排名，引发轰动。该文章是算法的内容农场网站为了获取浏览量而生成的虚假内容，用户在未认清事实真相时产生了第三人效果，抱着“宁可信其有、不可信其无”的心态转载内容，进一步加剧谣言扩散。由此可见，算法在内容农场上的应用会加剧谣言发生与快速传播的可能性，在社会性事件刚发生、真相并不确凿的情况下，算法通过抓取各类虚假的信息，以此类数据生成虚假内容。用户接触到大量虚假信息，会产生恐慌心理，进而有可能催发谣言，而算法根据发酵过的谣言进行二次生成，一个谣言生成的闭环系统就形成了。

算法由于无法直接控制用户的行为，所以需要生成符合用户喜好的内容以吸引用户点击、浏览，因此标题、内容简介及配图等信息便很重要。算法擅长识别文本与图片，能够生成与用户喜好相对应的内容。但算法在理解对话这种偏向于逻辑性的内容上仍然存在很大的不足，所生成的内容也会存在逻辑上的欠缺。此外，算法的内容生成是完全依靠自然语言理性所进行的活动，缺少了人的感性意识，但随着“情绪识别”算法被百度、Amazon、Microsoft、IBM 等公司研发的深入研究，算法已经可以根据用户的面部表情判断其心情，并以此来调整后续程序的运行。我们有理由预测，未来的算法内容生成将会集高效、准确、客观、感性等特点于一体，从而实现对个人更加精准而全面的信息控制。

第二节 算法传播模式中的信息控制

算法以关键词生成内容，依靠语义网将内容连接起来，并通过关键词将用户与内容相连接，形成一个全新的传播格局。其中，算法集数据收集、内容生成、信息推送、效果反馈、算法调整于一身，帮助形成了一个传播闭环。因此可以说，“算法传播，指的是以大数据为基础，经由智能媒体，依靠算法技术驱动的传播，它是在传播社会学意义上整体发生异变的一种传播形态，它的传播对象、传播内容、传播方式、传播效果等均被纳入可计算的框架内，形成全新的传播模式”[①]。而算法传播依靠互联网存在，并随互联网嵌入社会网络之中，因此也成为社会重新媒介化的关键力量。

算法传播是一个依靠数据驱动的自动化过程，它一改传统传播组织的科层制结构，由算法独立承担传播中的多重组织角色。我们看到，算法不仅是传播者，还是把关人、生产者、中介、渠道、反馈者等，这使算法传播脱离了人工干预，完全实现了传播的实时、高效与精准。算法传播同时也是一个动态变化的过程，数据的反馈使得整个传播过程一直处在循环的修正之中，为的是更好地迎合用户的喜好，塑造一个被用户接纳的现实世界，而用户的认知受到算法的影响，用户的行为习惯亦在每天的算法推荐内容阅读中养成。这也使我们熟悉的传播模式已经不再适用这种新传播形态，因此，本研究依据信息随算法流通的路线，绘制了一个反映智能化传播规律的算法传播模式。

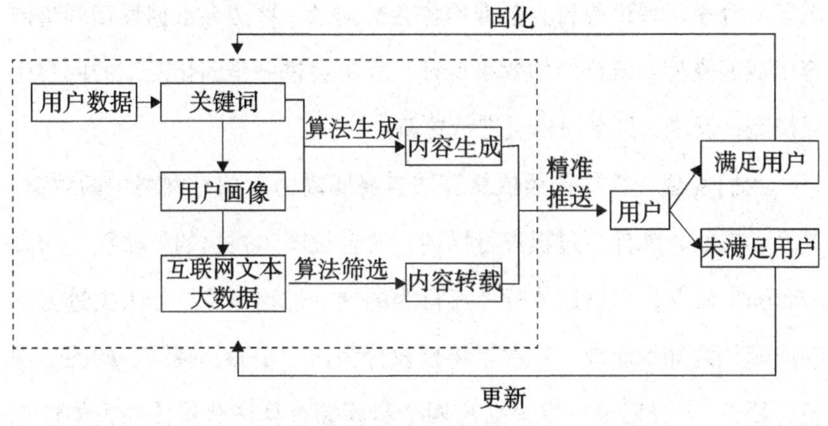

图 3-1 算法传播模式图

如图所示，为了保证传播过程的稳定性，消除不确定性，算法“统率”了整个传播过程，其中关键词、内容生成在算法逻辑下根据

① 全燕：“智媒时代算法传播的形态建构与风险控制”，《南京社会科学》2020 年第 11 期。

特定的数据形成；精准推送依据内容关键词与用户关键词之间的匹配度；用户反馈为下一次算法传播过程提供调整指令……可以说，算法传播以关键词和内容生成为基础构建了一个稳定的信息控制模式。信息控制的实质在于对数据的控制，通过信息控制，用户被分解成了由关键词组成的节点网络，算法依据关键词语义进行内容生成与推送。与此同时，算法实时监测用户的动态，用户的反馈又将作用于新关键词的生成，帮助算法学习对后续传播过程进行调教，至此，一个智能化的传播闭环出现了。

另外，从图中可以看到，算法根据用户数据生成关键词，并以此为本进行内容生成与推送，所依据的是用户与互联网文本之间的匹配度，若文本标题、内容关键词与用户喜好匹配度较高，就会被算法标记推送，反之，则会失去算法可见性。用户在接收到不同内容后的反应可能会发生区分，即需求得到满足或者未得到满足，这期间用户的浏览、分享、评论等行为数据均将会被记录。算法会根据反馈调整内容生成的模型，若反馈的效果良好，算法会进一步固化既定的内容生成模型，反之，则会对模型进行更新。

我们发现，算法传播依靠算法自身驱动力对信息网络中的对象、关系、属性、事件、过程进行描述，符合拉图尔提出的“授权”（delegation）概念，即算法执行上述行为的这一过程不需要与人类进行互动或额外的知识获取。拉图尔将授权分为四个步骤：翻译、构图、黑箱、授权。[①]我们也可以根据这四个步骤探查算法获得传播主体性地位的过程。第一个步骤——翻译，即用户为了达到某个目的使用技术的过程，如当用户想要作一首诗但又无法独立完成时，他可以将具体的

① See Latour, B., *Reassembling the Social: An Introduction to Actor-network-Theory*, Oxford: Oxford University Press, 2005.

主题输入给微软小冰，微软小冰随即借助算法生成特定主题的诗句，不过结果不一定会让用户满意。也就是说，当技术参与到用户的目标行动中来时，最初的目标可能会被改变，这个阶段取决于用户对技术的使用。若是多个用户与多种技术相互配合进行活动，便需要第二个步骤——构图，即不同的人与不同的技术合作负责不同的任务，构成一个完整的行动过程，这个阶段属于用户与技术的融合。当技术变成产品时，便会出现第三个步骤——黑箱，例如当算法被应用到今日头条当中时，搜索引擎上所有的行动者会形成一个复杂的网络，这里的行动者即人类、技术、观念等主体。在这个由复杂的网络构成的黑箱中，用户与算法之间的联合生产变得完全不透明。换句话说，用户与算法之间的主客体关系开始模糊化，“授权”开始发生。在算法传播的过程中，随着算法技术在数据收集与分析、内容生成、内容推送、效果反馈上的发展与成熟，能够依靠自身进行稳定、完整的信息传播，传播过程中的不确定性消失，从而获得了“授权”，即技术本身能够完全接管向用户传递信息的任务，这个时期的算法技术就完成了从客体到主体的转换。而人的主体性也在算法技术获得授权的过程中逐渐消逝。

众所周知，传统的传播模式会受到传播过程中的“噪音”的影响，传播效果也随之发生改变，但是算法传播是一个传播的闭环，整个传播过程的不确定性被排除，这也使传播效果更趋稳定。然而，没有噪音的介入，算法控制空前加剧。算法传播的可计算性、可控性会使人的行为模式简单化，并按照其预设好的内容流动的逻辑进行行动与反馈，算法以此来影响、控制、改变用户的认知、态度、行为，而用户沉浸在算法传播的拟态环境下，也将逐渐被算法驯化。很少有人会关注整个算法传播的运行逻辑，这是因为算法对用户的个性化培养会大幅度削弱用户对其“黑箱”的质疑，这导致算法偏见很多时候并无法被人识别。例如，多伦多大学研究人员德波拉·拉吉（Deborah Raji）与麻省理工学院研究人员乔伊·布兰维尼（Joy Buolamwini）在对 Amazon 图片识别系统 Rekognition 进行研究后指出，该系统在对肤色较深的女性性别进行检测时，其错误率比检测肤色较浅的男性性别时高得多，而且这些人很可能会因检测结果错误更多受到执法人员的搜查。[①]可见，当算法的技术控制增强时，自身带有的偏见性的识别后果会导致对某些用户的压迫与歧视，造成用户之间的不平等。

算法传播依靠的是可量化的数据。可量化的数据的完整度以及质量决定了内容生成的质量。换句话说，用户的数据越完备，所生成的内容就越有质量，也更能达到理想的传播效果。而这些数据绝大部分来源于互联网公司。媒体研究者尼克·库尔德利（Nick Couldry）就将 Google、Amazon、Facebook、百度、阿里巴巴等称为社会量化部门（social quantification sector），它们保存用户每天的日常社会行为数据，记录用户的每一次网络点击，并将之转化为可量化的数据。[②]能够生产出更多优质数据的用户普遍拥有更先进的移动设备，也会更加主动参与到网络事务当中，并有更加宽广的用户足迹地图。但还有一部分用户媒介素养不足，他们产生的数据的数量及质量无法与产生优质数据的用户对等，因此，二者之间的数字鸿沟就将持续扩大，甚至在算法传播所构成的拟态环境中形成“数字阶级”（digital class）。也即，用户会被算法依据其提供数据的数量、质量进行划分，产生

---

① Buolamwini, J., “Response: Racial and Gender Bias in Amazon Rekognition—Commercial AI System for Analyzing Face”. Available at: https://medium.com/@Joy.Buolamwini/response-racial-and-gender-bias-in-amazon-rekognition-commercial-ai-system-for-analyzing-faces-a289222eeced. 2019-1-25/2021-1-19.

② 参见常江、田浩：“尼克·库尔德利：数据殖民主义是殖民主义的最新阶段——马克思主义与数字文化批判”，《新闻界》2020 年第 2 期。

“优质数据”的用户处于更高阶级，产生“劣质数据”的用户处于较低阶级，处于更高阶级的用户会获得更加充足与高质量的内容，而处于较低阶级的用户则面临被垃圾信息、虚假信息所包围的可能，他们也很难从这种信息茧房中挣脱出来。而算法传播所形成的数字阶级在很大程度上也是对现实世界阶级的固化。

除了形成数字鸿沟、数字阶级，算法传播还容易导致人们产生算法依赖乃至“算法成瘾”。这表现在算法传播能够通过精准推送信息来实现对用户点击行为的控制，并影响用户对于具体事件的态度、观点。一方面，算法通过内置的许多“先验假设”和“限制参数”来为用户的生活提供便利，帮助其做出决策，以达到控制的效果；[①]另一方面，算法还会根据用户的经验数据进行参数设置，以用户的喜好作为参照设定可以推送与不可推送内容之间的界限，算法推送采取的是“瀑布流”的模式，即当用户阅读完一则内容后，紧接着会为用户生成下一则内容，使其逐渐产生媒介依存症。这是因为算法作为“技术多巴胺”，会使用户在饮用“科技瘾品”——自动化生成内容——的过程中得到满足。而为了获得更多的满足感，用户会持续浏览内容，并在此过程中无意识地产生积极反馈，持续为算法的深度学习“饲喂”数据，用户的行为就这样在无形中被算法操控。而当用户感觉到在算法平台中可以获得满足感与快乐，且获得这些感受的时间由自己控制，他们在算法平台上逗留的时间和频率也会大大增加，这被称为“变率强化”（variable ratio reinforcement）。[②]在这种机制的作用下，用户的注意力被算法平台吸引，耗费过多精力于网络世界，却

① 参见孙萍、刘瑞生：“算法革命：传播空间与话语关系的重构”，《社会科学战线》2018年第10期。

② 参见“被算法量产的‘沉迷’”，2018年4月12日，https://mp.weixin.qq.com/s/oj-3uTDYsSpEgkUMjspzROQ。

难以从中抽离，而算法平台中固化的内容又会强化用户的单一性思维，用户的思考也随之减少。

在算法传播过程中，用户越依赖算法，算法的学习能力就会越强，而通过被算法“调教”，用户受控程度也会越深。当算法根据用户停留时长、评论、转发分享等形式的反馈判定用户需求被满足时，带有用户喜好的内容被重复收集，原有用户画像被进一步固化，算法的生成内容会越偏好这一方向；而当算法判断用户需求未被满足时，算法就会对原有的关键词进行重新排序，并根据用户最新数据更新关键词，修改用户画像并调整内容生成的策略与方向。由此可见，算法传播自动化生成与反馈相互作用、彼此影响，整个传播过程处于实时更新的循环链当中，随着用户数据的变化，算法能够智能化地改变传播的各个环节，迎合用户需求。这里值得强调的一点是，由于算法与用户之间的互动是通过中介数据进行，所以算法得到的反馈并非完全为用户需求是否得到满足的真实反映，也有可能只是用户在内容界面的行为信息，这也就是说用户行为数据经过语义描述所表达的意义并不一定符合用户内心真正想要表达的含义。但这并不妨碍算法继续学习，只要用户持续产生数据，传播内容和传播效果就会无限接近个性化传播的最优状态。

媒介学者马歇尔·麦克卢汉在《理解媒介——论人的延伸》中曾提出了“内爆”（implosion）的概念，他认为，电力技术的应用加速了媒介的发展，塑造了“内爆”的环境，打破机械时代的时空距离。此后社会学学者让·鲍德里亚（Jean Baudrillard）发展了这个概念，他眼中的“内爆”可以消除虚拟与现实之间的界限。在如今的算法传播时代，现实与虚拟的界限被打破，算法制造的信息符号是许多人赖以认识世界的主要手段，通过虚拟的信息符号，算法可以建构一个“仿真”

的虚拟世界，进而产生鲍德里亚所说的“超真实”的幻境。这种拟态环境使用户具有身临其境的感受，产生心理满足感，并影响自身行为。但正如鲍德里亚所担心的，“当媒介在人与社会之间、人与人之间把任何互动通通内爆为一个平面，内爆为一个单向度的时空现实之际，整个社会交往和社会价值都被瓦解了”。[①]某种程度而言，算法传播正依靠其无远弗届的网络建立了一个“内爆”的社会：一方面，用户在算法传播所建造的拟态环境中成为数据的提供者以及被算法“饲喂”的个体，并被算法所推送的偏好性内容“麻痹”；另一方面，用户被算法困在依靠自己网络数据所建立起来的超级全景监狱中，他在网络中的交往行动被潜移默化地受到了算法控制，而在超级全景监狱的凝视中，用户的价值观也逐渐被算法形塑。

算法传播模式使人在传播活动中全面退让并将传播的权力交给了智能算法，这虽能使人们从大数据中获得局部解放，但这种退让也将人的主体性转移给了算法。用户在与算法的对话过程中，话语权会随之降低，这也是算法传播可以通过信息传播控制社会的一个重要原因。可以显见的是，整个传播模式并非按照人的思维进行运作，而是依靠代码中内嵌的逻辑，形成以个性化为中心的传播格局，并在闭环式的运行中逐步窄化、私域化、商业化。受高度个性化的算法传播影响，现实社会无疑也将面临共识分裂、阶层固化的风险。

就算法传播的现状来看，关键词、内容生成都是依靠从网络数据中概括出来的语义运行，而包含在数据中的个人与社会情绪、心理、属性、关系等，并无法轻易通过语义表述的层面被筛选过滤，然而解决这个矛盾似乎只是时间问题。2005年，美国未来学家雷·库兹韦尔在其著作《奇点临近》中做出预测，科学技术的发展将在2045年迎

① 郭军、戴阿宝：“文化研究关键词之二”，《读书》2006年第2期。

来“奇点”。[①] 当奇点真正来临时，人工智能将超过人类，用户的数据就能够完全被算法所理解。也许就在不久的未来，算法不再需要像现在一样，必须通过分析在线数据预测现实世界的变动，而是能够基于未经加工与转述的原始数据，精确生成关键词与内容，整个算法传播模式也不再局限于满足用户偏好的逻辑，而是能够根据用户所处的场景进行实时调整。到那时，算法传播实现了与真实世界传播的无缝契合，或将形成能够真正满足人们需求的传播形态。

第三节　算法加速逻辑中的内容生产

2021 年 2 月 2 日，抖音向北京知识产权法院正式提交诉状，起诉腾讯涉嫌垄断，限制用户分享来自抖音的内容，限制抖音通过微信等平台进行引流和内容分销，这是国内首例发生在互联网平台之间的反垄断诉讼。试想，腾讯如果允许用户在微信等平台中查看抖音的内容或者直接跳转到抖音，一条分享内容似乎并不足以占据用户的太多时长。而腾讯真正在意的，是抖音的算法让用户进入时间漩涡，用户沉溺其中，时间感知度下降，停留在抖音中的时间延长。而借助算法，抖音不仅抢占了用户有限的时间，还争夺了腾讯所掌控的内容生态空间。

这起诉讼案让我们看到，抖音背后的字节跳动依靠着其核心驱动力算法，拥有了与互联网巨头腾讯对抗的资本。双方通过建设自身的内容平台，觊觎着互联网世界中内容生态的掌控权，他们所争夺的是内容与文化生产、分销、消费以及再生产的媒介场域。不只是字节跳

① 参见雷·库兹韦尔：《奇点临近：2045，当计算机智能超越人类》，李庆诚等译，机械工业出版社 2013 年版。

动和腾讯，所有大型互联网平台为了攫取对于内容生态的绝对操控，都需要形成具有排他性的自循环、自进化的内容生态系统，也就是尼克拉斯·卢曼（Niklas Luhmann）所指的“自我生产”，即系统中的要素、操作、结构、边界等等都是由系统自己生产出来的。[①] 而平台内容生态系统的操作网络来自于算法。这个过程中，算法是如何介入平台的内容分销中并占领用户时间的？算法又是如何对内容生态进行重组，从而使得平台获得巨大的竞争优势，不断扩张并形成垄断效应的？而算法传播建立的内容生态格局对人产生了哪些影响？我们又该如何在这种内容生态之中理解和体验生活世界？

随着平台成为数字生活的基础设施，人们已经习惯于游走在各大平台之中，从一个平台界面切换到另一个平台界面，对于各平台的生存法则都了如指掌，同时也将时间贡献给了平台。这也不断促使各大平台把提升内容分销效率作为自身的竞争优势，而能够高效匹配内容与用户的算法可以极大地缩短内容分销过程，压缩内容分销渠道，从而加速内容流通。在算法的操控下，内容的加速流通让用户卷入时间漩涡之中，现实的时间在网络世界中重置。

（一）算法加速平台内容分销

在一个高度饱和且不稳定的内容市场中，平台开发者越来越倚重推荐、排名等面向终端用户的算法来预测需求，以及自动化分销文化产品的过程。[②] 对于内容平台来说，哪个平台能够将内容更加有效地传递给用户，哪个平台就能够在市场竞争中获胜。负责高效、精准对

---

① 参见秦明瑞：“系统的逻辑：卢曼理论中几个核心概念的演变”，《社会科学辑刊》2018 年第 5 期。

② 参见全燕：“算法驱策下平台文化生产的资本逻辑与价值危机”，《现代传播》（中国传媒大学学报）2021 年第 3 期。

接内容供需双方的算法能够担此重任，完成内容价值的传递，因此也成为平台获利的法宝。过去的内容传播经过层层人工把关，需要耗费很高的沟通成本以及决策时间，加之内容发行者与渠道分销商的对接与利益协调，以及分销商与消费者达成交易等过程也都延长了商品价值实现的时间，导致内容分发的效率并不高。同时，为了使得流通范围更加广泛，分销的渠道还在扩张和延长，经过层层分销之后，利润也在不断压缩。当下，算法省去了这些沟通与决策环节，以“直销”的方式占领了消费者的内容池。算法在不断加速内容的生产、流通与消费的过程中，也获得了对内容分销的统领地位。在这当中，平台运营者固然能通过人工审查来介入内容生态，但人工审查意味着内容分发时间延长，其效率远远比不上算法，平台系统只有高效运转才能贴合互联网资本的逐利性，这也造成平台对算法的依赖程度在加深，因为其利益的获取速度与算法的加速呈正相关。

由平台开发的算法蕴含着平台的价值观与准则，必然也契合平台的利益。经过精心设计的算法能够协助内容生产者、消费者以及广告商实现在线对接，并根据各方需求进行内容的分销。过去需要人来参与的沟通、协商与决策环节被省略，转而由算法直接统合。掺杂着复杂社会关系与各方利益的内容产品经过算法重新调配，实现了生产、分配、流通以及消费过程的加速。这种加速意味着平台在单位时间内能输出更多的内容，继而内容商品也就能更快地进入市场。一方面，算法将所联结的各利益相关者编织成庞大的多边市场关系网络，产生跨边的网络外部效应，即某一边用户的效用也受到另一边用户数量的影响。[①] 例如，依靠哔哩哔哩分享学习经验的用户增加，也会吸引需

① 参见阳镇：“平台型企业社会责任：边界、治理与评价”，《经济学家》2018 年第 5 期。

要该经验的用户加入哔哩哔哩中，从而带入更多、更快的内容商品消费。另一方面，在这个市场关系网络之中，内容生产者会根据算法的推荐规则与逻辑来调整和设定标题、关键词标签以及具体内容，从而使得再生产的内容贴合算法喜好，获取算法的关注。算法会根据平台的价值观与利益进行内容的选择、加工与分销，消除内容生产者与消费者之间的层层壁垒，缩短供销链，加速内容流通，从而解决内容供应库存积压的问题。可见，在算法主导的平台化分销模式中，算法完全能够自我维持以及自我演化，而经过数据“喂养”与深度学习的算法也不只是充当技术中介的角色，或者新型社会信息传播渠道，而是在一定程度上获得传播的控制权，同步挑战了过去由人独占的传播主体地位，[①] 成为平台中新兴的重要传播者。

（二）算法加速逻辑嵌入内容时间结构

德国社会批判理论家哈特穆特·罗萨提出了“社会加速”的概念。在他看来，“速度已经是主流的社会规范，并且在现代社会当中已经‘自然化’了”。[②] 科技加速、社会变迁加速和生活步调加速是现代社会的三种加速类型，其中，运输、传播沟通与生产等方面的科技加速意味着能用极快的速度完成相应的任务。对照算法加速平台内容分销的状况，可以发现作为智能科技典范的算法不仅极大提升了平台内容分销的效率，而且其内生的加速意识形态“使得对变迁本身的追求成为社会变迁的动力”。[③] 这种加速逻辑嵌入内容时间结构中，使内容原本蕴含的时间秩序被解构，在算法的调度下形成了新的时间秩序。

---

① 参见全燕、李庆：“作为行动者的算法：重塑传播形态与嵌入社会结构”，《陕西师范大学学报》（哲学社会科学版）2021 年第 4 期。

② 哈特穆特·罗萨：《新异化的诞生：社会加速批判理论大纲》，郑作彧译，上海人民出版社 2018 年版，第 77 页。

③ 张磊：“社会减速与媒介时间性”，《全球传媒学刊》2020 年第 2 期。

罗萨认为，加速背后的实质是时间问题，时间结构被加速逻辑所支配。算法具备自我学习的内在驱动力，也在改变用户对内容的体验时间。[①]我们看到，在算法传播的场域之中，内容在算法的高效调度之下被重新剪切和拼贴，原有内容本身所具备的时间属性被抹去。例如，在微博用户主页的智能排序中，内容不再是按照更新时间排序，而是算法依据与用户兴趣的程度、用户与发博者的亲密度、微博本身热度等参数，对本次刷新的未读微博进行重新排序。算法通过对用户关注首页内容排序的操控，将平台的商业利益镶嵌其中。而为了在算法设置的排序中突围，广告商等会向平台购买“曝光度”，以保证出现在序列的前面。

算法逐渐统筹网络空间中的时间秩序，不仅体现在对更新的内容进行时间重置，还体现在对既有的内容进行调度，延缓“旧”的内容被淹没的速度。例如，在小红书中，数月甚至几年前所生产的内容也会得到算法的推荐，而用户在浏览时常常会误认为这些内容反映的是当下的情况。在快速的生活节奏中，新兴事物的生命周期非常短暂，算法却能够将这些“快消品”式的内容自动纳入内容池之中，内容发布的时间以及内容中蕴含的时效性都被算法解构，重新按照算法主导的时间逻辑进行编排。然而，过去几个月的内容所提供的体验可能时过境迁，已经不符合实际情况，也就导致用户所看到的算法推荐内容与实际情况会出现相当程度的偏离。

可见，算法应用能够解决用户有限的停留时长与海量内容之间的矛盾，实现人与内容的快速、精准对接，它使内容传播速度和效率都在提升。速度提升意味着内容将持续不断地更新，内容也只有

---

① See Bucher, T., “The Right-Time Web: Theorizing the Kairologic of Algorithmic Media”, *New Media & Society*, vol. 22, no. 9 (2019).

不断变化才能让用户有新鲜感，愿意停留在平台。因此，算法带来的传播加速，并没有帮助人们省下更多时间，而是通过改变内容发布的时间以及延缓“旧”内容被淹没的速度，延长用户在平台中驻留的时间。就像罗萨感慨的一样，“尽管科技加速令人如此赞叹”，但“时间仍然越来越匮乏”。[①] 而算法也在介入内容分销与延长用户驻留时间的基础上进一步加强对内容的操控，这为内容环境整体发生嬗变埋下伏笔。

算法主导的平台内容分销提升了内容匹配效率，在此基础之上进一步统筹起人们在互联网世界中的时空秩序，让人们流连于算法所分销的内容之中。人们驻留在网络世界的时间越长，算法所能追踪的用户偏好信息就越多，就能为不同的用户建造起不同的内容环境。这种内容环境具有动态性和可塑性，能针对用户需求和行为进行具有适应性的变化。[②] 过去人们几乎不可能要求身处的内容环境跟随自己的想法和需求而变化，而如今，算法不仅能根据人们的意愿改造内容生态，还能通过传播特定内容塑造人们的意愿。

艾瑞咨询发布的《2020 年中国移动互联网内容生态洞察报告》指出，飞轮效应使得移动互联网内容生态运转更加高效，内容生产、消费以及变现等全链条互为正向激励，加速的变现效率成为生产与分发提效的原驱力。[③] 这里的飞轮效应指的是刚开始推动飞轮时需要花费很大力气，但当速度触达了某一临界点时，飞轮会具备很大的动量与动能，轻快地旋转起来，并且越转越快，而导致飞轮效应发生的正是

---

① 哈特穆特 · 罗萨:《新异化的诞生：社会加速批判理论大纲》，郑作彧译，上海人民出版社 2018 年版，第 28 页。

② 参见张志安、黄桔琳：“传播学视角下互联网平台可供性研究及启示”，《新闻与写作》2020 年第 10 期。

③ 参见“2020 年中国移动互联网内容生态洞察报告”，2020 年 6 月 22 日，http://report.iresearch.cn/report_pdf.aspx?id=3593。

算法传播。从前文的分析中可以发现，过去的内容生态更新与运转的速度是相当缓慢的，耗费大量的人力与时间，而受算法支配的传播链条使内容生态运转加速，并触及内容环境彻底转变的临界点。这是因为算法内驱下的内容生态的流转速度与更新周期急速运转，必然带来更多新的内容生产。内容生产者要不断提供新鲜的内容来适应算法操纵时间的机制，而提供新鲜的内容意味着其生产方针、生产模式等都在为“如何能够被算法感知并推荐”的目的而运行着。由此，算法已经与生产者、内容一起，成为内容生态中的核心要素，在算法传播的影响下，平台内容生态也形成重组态势。

算法传播重组内容生态的过程首先表现为激励用户进行内容生产。算法激励用户进行内容生产的方式多种多样，例如，哔哩哔哩的“Up 主创作激励计划”实行创作与收益直接挂钩，参与该计划的 Up 主所投稿的视频达到 1 000 播放量时，就会产生相应的创作收益，而收益的衡量标准是从内容的流行度、观众的喜爱度以及内容的垂直度等方面进行综合计算，包括对视频的长短、点赞、投币、评论以及弹幕等数据的考量。根据这些数据，算法再判断哪些用户对该内容感兴趣、有需求，进而将视频推荐至相应用户的首页。

其次，算法传播能够将用户的关系网络纳入平台内容生态之中。平台环境作为一个整体，为不同类型用户创造连接，也让内部用户与平台外部用户产生关联。以抖音流量分发机制为例，MCN 帮助博主在抖音平台“引流”一般有两种途径：一是在评论区“@”自己的好友，二是将短视频私信转发给好友，这两种途径反映出算法引流的重要评判标准是视频所延展出的社交关系网络。用户的社交关系是重要的推荐权衡指标，更多的用户与平台产生互动就会产生更多的内容，以此形成内容生态的循环。算法传播能够让更多用户产生关联，通过用户自身的关系网络传播内容，实现更多的流量收割，助力平台呈现出“赢者通吃”的姿态，实现了“让更多的用户拥有更多的用户”的加速循环，并产生内容垄断倾向。

算法传播完成了对内容生态中生产环节的重组后，旋即介入内容消费与变现环节。随着越来越多的用户加入平台，用户的概念也被扩展，它既包括消费者意义上的用户，也包括广告商、商家等等。平台对不同的用户群体提供不同的内容与服务，与不同用户群体进行对接与协商，而算法作为平台代理主导了这一过程。以为用户提供消费信息的服务类应用大众点评为例，对于商家而言，是否能登上算法排序页面以及获得消费者点评的数量及其评价的好坏直接决定经营效益。对于消费者而言，算法在不断自我学习中理解人的自然语言，根据消费者点评的内容、时效性、点评类型以及点评者的专业度等进行综合计算并排序，这也成为消费者决策的重要参考标准。不管是商家还是用户，都在顺应算法逻辑进行相应的决策与行动，而用户进行内容消费的过程就是广告商、服务提供商内容变现的过程。在此过程中，精细化、情感化的内容营销与智能化、人格化的广告形式都离不开算法对特定消费者偏好的精准计算以及对购买决策的预测。至此，算法传播通过对内容的生产、消费与变现环节的深度干预完成了对平台内容环境的重组。

第四节　算法传播中建设性新闻的“可为”

平台内容环境的重组后果转嫁到传统新闻行业的新闻生产，导致后者受到巨大挑战。在基于算法的平台化传播环境下，用户思维、流量思维、算法思维决定了新闻的议题、内容、导向、可见性等方面，人们获取信息的渠道也越来越倾向于从专业媒体机构转向各种咨询类App、自媒体和社交圈子，客观上导致传统新闻遭遇冷落，带有更强的观点预设和情感导向的营销文和自媒体爆料受到追捧。

由平台开发的算法蕴含着浓厚的商业价值观，经过算法选择过的新闻，其公共性价值式微，更易引发偏见和非理性舆论。如何重建新闻的公共价值体系，使新闻重新成为日常社会文化与公民政治的连接桥梁，是算法传播时代赋予新闻理论家和新闻实践者的重大课题。在探索的过程中，除了问责算法技术本身，还需要从专业媒体和记者本身出发，思考如何抵制算法偏见，在以客观性为核心的专业主义和以追逐流量为核心的商业主义的平衡中重建新闻业的职业声誉。

我们认为，建设性新闻作为一种崭新的新闻哲学观，它的价值内核和原则能够提供一种有效的方法论策略，有助于专业媒体在履行民主社会的公共性角色过程中与算法机器抗衡，遏制算法对新闻本质的侵蚀。从实践层面来看，在中国，广大的县级融媒体中心在建设性新闻实践中大有可为，并极有可能成为活跃在算法传播时代中进行建设性新闻生产的新兴力量。在算法传播时代，算法为智能媒体的“大洗牌”提供了可能性，其强大的计算、排名、分类、关联和过滤能力，使其在新闻策展、新闻生产、新闻选择偏好、新闻个性化推荐等方面起到关键性的作用。算法作为平台分销者，依靠对用户偏好的把握，将新闻与个人进行精准对接，极大带动了新闻的更新流转，新闻成为“快消品”。算法传播所制造的过滤泡和信息茧房，也导致了用户对新闻内容的选择性接受，以及对相关立场观点的选择性扩散。在算法的“怂恿”下，观点很容易走到事实的前面，新闻客观性标准开始瓦解，网络平台遂成为人们积累并释放偏见、情绪的场所。而社交网络中假新闻泛滥，两极分化加剧，理性协商难成气候，公共议程难以建立等种种现实的存在，也揭示出算法主导的平台传播生态并没有印证网络民主政治的假设。

在平台环境下，传统媒体与新媒体融合，用户、流量、算法是平台化生存的三大法则，因此，传统媒体转型一方面要顺应以用户为中心的理念，吸引流量，重视算法可见性制度，从另一方面来看，专业新闻机构和从业者也需要在算法洪流中承担起社会责任，在新闻现实的建构中发挥积极的作用。我们认为，来源于积极心理学知识的建设性理念，即以解决方案为导向的框架，倡导包容性和多样性，鼓励良好的关系、意义和成就等，能够从整体上改善算法偏见，提升算法传播中新闻的公共性价值。从积极心理学的角度来看，发现并找到正确的事物，比仅仅消除错误的事物的价值要大得多，而积极情绪和良好的社会互动也有助于帮助人们摆脱对抗、愤怒、焦虑、抑郁等不良情绪，通过积极地想象、赞美、培育等方式，协同建设一个更完整、更完善的世界。以积极的世界观发现新闻、生产新闻，就能够在报道中建立积极的新闻价值观，以富有成效的、全面的新闻报道说服公众，同时保持新闻的核心功能，这将有助于增加公众的福祉。

建设性理念体现了建设性新闻的倡导者们希望超越新闻反映世界的传统惯例，即从只关注问题和冲突的面向，转向从积极的角度选择新闻的报道角度和报道方法。例如，传统新闻观认为，只有客观报道才能反映出我们所面对的现实，记者则是作为超然的观察者和监督者存在。在这种模式下，新闻的主要目的是传播信息、控制权力和追究机构责任，在具体操作中，记者和公众之间也存在着一定的距离。但瑞典统计学家汉斯·罗斯林（Hans Rosling）在 2015 年参加一场电视辩论时，就对秉持传统新闻观的报道做出批评。他认为，与过去相比，上学的孩子更多了，死于营养不良的人更少了，更多的家庭用上了电，但这些发展从未成为新闻头条，也没有被记者关注。罗斯林说，他提供的资料都是基于国际货币基金组织和联合国的数据，这完全能够证实新闻媒体未能准确地报道世界，因此可以说他们违反了新闻的基本伦理价值。他同时劝告受众，任何想了解真实世界的人，都不应该期待从新闻媒体获得消极的认知。

反过来，如果我们能从建设性理念出发来理解新闻报道的价值，为了不让新闻的消极影响误导人们的判断、意见和决定，记者应该突破刻板成见，致力于挖掘新闻的建设性元素，使其能够创造积极的世界观和价值观。采用建设性理念并不是回避矛盾和冲突，而是将关注的重点放在如何改善和做得更好。例如在前述反映人类生存和发展的问题时，新闻记者可以减少描述世界时带有的偏见，增加鼓舞人心的成就展示，倡导更多的积极情绪（如希望和乐观），减少消极情绪（如恐惧和愤怒）。

用建设性理念重新思考新闻业的方式，也有助于我们思考如何解决算法传播环境下公共性缺失的问题。我们看到，人类记者惯常使用的重要选择标准——冲突与否定——在今天仍然是算法选择新闻的重要标准。这是因为算法塑造议程的方式更像是一种心理学上的“格式塔”，是算法在经过数据“饲喂”与深度学习之后，针对用户信息偏好设计的结果。我们会发现，大量来自公众号和微博账号的观点帖，尤其是涉及教育和医疗等牵动社会敏感神经的内容，非常擅长于挖掘情感价值元素，而且往往预设了偏见，很容易被算法纳入内容池。在经算法推荐并经社交网络扩散后所形成的舆论，与其说是公共意见的显现，不如说是带有社会偏见的个人观点或群体观点的放大。在 2021 年成都第四十九中学生跳楼事件中，出事学生的母亲的微博发帖，在经过 MCN 机构的运作后迅速登上热搜，顺利进入算法的可见性视野，甫一开始就将网络舆论引向偏激的轨道，产生大量非理性的、破坏性的、非制度化的解读。最后是校方还原了监控原貌，舆情才得以迅速平息。从这起事件发展的前半程来看，不能不说算法传播在一定程度上助长了网络非理性情绪的蔓延，致使传播的公共性价值大打折扣。

而算法传播的公共性困境迫切需要引入建设性理念加以改善。在算法传播时代，零和博弈经常发生在新闻的商业性与公共性之间，追求商业性，公共性就会流失；强调公共性，商业价值就会受损。符合平台利益的算法推荐新闻会更加凸显商业性的目的，拉动新闻作为快消品成为人们情感消费的一部分，而新闻的公共性价值在于帮助人们在群体、社会、文化和政治网络中正确导航，是非利益驱动的一种观念形态，因而很难引起算法的“重视”。那么，当传播的目的与价值发生冲突的时候，我们需要借助来自建设性理念的平衡作用，改善算法推荐下的新闻生态。我们可将建设性理念理解为一个动态行进的过程，一个去极化的过程，而不是一个静态理想的状态。也就是说，通过对建设性理念的引入，逐渐化解零和博弈，能够为当前算法传播生态中的流量思维与公共导向之间的博弈提供一个价值平衡点，既能够按照不同用户的生活方式有针对性地开展新闻内容的生产和流通，同时也能够驱动新闻生产更多地遵循社会利益和共同的文化价值观。

（一）算法传播中建设性新闻的可为

建设性新闻作为诞生在欧洲的新新闻话语，发展至今，其概念还没有得以完全明确，不同阶段、不同倾向的倡导者会有不同的叫法，例如建设性新闻（constructive journalism）、积极新闻（positive journalism）、和平新闻（peace journalism）、公共新闻（public journalism）、慢新闻（slow journalism）、方案新闻（solutions journalism），等等，而正是这样一种概念的多义性和包容性，建设性新闻实践也成为颇具适应性和生命力的新闻改革路径。在平台化的算法传播时代，建设性新闻的发展何以可能？除了在建设性理念层进行阐释之外，研究建设性新闻如何转化为平台公共实践的可能性，并探索其在算法传播环境中的可为性就显得尤为必要。在此，我们尝试将算法传播背景下建设性新闻实践的核心要素具体化为三个维度，分别是：多样性、参与性和建设性，并提供一个概念框架，旨在分析算法传播时代的建设性新闻发展如何可能，并将产生何种意义和后果。

一项受众研究在调查人们对新闻价值评估偏好的结果显示，总体而言，人们最看重来源多样、视角多样的新闻，也就是能够提供多样性解释，以及包括参与故事的人的观点的新闻，其次才是能提供深度解读的新闻。[①] 而平台景观满足了用户对新闻的多样性需求。一方面，平台用户在一天之中可以随时查看算法推荐的新闻，以保持对新闻的关注度，这使得新闻深刻融入到人们的日常生活中，用户的阅读惯习也因此变得多样化；另一方面，新闻这个概念曾经只适用于专业机构遵循专业主义方针生产的特定文本类型，现在还会被用于指代平台中不同渠道、不同生产主体、不同类型的信息。在新闻多义、形态多样的平台环境下，除了悉心体察算法传播所建构的平台内容生态的变化之外，专业新闻工作者还需要在创新专业新闻的多样性和包容性上下功夫，也就是说让更多积极的声音和观点出现在新闻中，以此缓解平台景观对新闻媒体作为社会整合者的功能性削弱现象。

一直以来，建设性新闻的倡导者在探索新闻概念多样性的同时，也希望能拓展新闻实践的适应性和应用范围。建设性新闻运动虽始于

---

① Boczkowski, P. J. & Mitchelstein, E., "*The Gap between the Media and the Public*", in Peters, C. & Broersma, M. (eds), Rethinking Journalism Again: Societal Role and Public Relevance in a Digital Age, New York: Routledge, 2017, pp. 175–187.

欧洲，但其建设目标并不局限于西方，对倡导者来说，建设的过程中还需要考虑媒体与记者所处国家的经济、文化和政治背景的多样性问题，因为在一种制度背景下对建设性新闻的理解，放置在另一种制度背景下未必适用。例如在一种政治文化下，积极导向的报道可能被贴上主观报道的标签，而在另一种政治文化下，此类新闻可能会被概念化为正面报道。因此，将建设性新闻中以公共性为导向、以解决问题为导向、以切实行动为导向、以面向未来为导向等多维度话语置于多样性的背景之中是非常重要的。当前平台环境下，专业新闻机构已经无法形成信源垄断和渠道垄断，与算法传播下鱼龙混杂的、通常带观点预设的自媒体新闻相比，建设性新闻的优势在于其能够秉持多样性中的公共性原则和包容性原则，能够帮助人们认识到新闻可以有多个核心功能，也可以有多重解释世界的方式，由此也能够表现出更为多元的社会洞察力。这也是人们沉浸在个性化信息消费的同时，依然能够感觉到专业媒体在努力将新闻与富有成效的公民社会的建设联系起来的重要认识来源。

参与是民主制度的基本理念，传统上的公众参与是依靠大众媒体、政党、团体等强有力地制度化组织起来的。随着社交媒体的崛起，公众参与逐渐从政治机构、团体组织的掌控中脱离出来，变得日常生活化。在人人都是记者的时代，专业记者本身同样可以通过新闻来表达其作为公民的社会参与。而参与性本身作为建设性新闻平台实践的重要元素，与网络参与式文化也是不谋而合的。

同样是以用户为中心，在算法推荐新闻开始代替人们决定什么是重要的新闻内容的时候，建设性新闻能够超越算法逻辑，在负责选择问题、来源和角度之余，致力于鼓舞人们对问题采取行动，为人们创造积极和富有成效的方式参与并尝试解决他们从新闻中发现的问题，发挥积极的社会动员功能。在实际情况中，人们的参与通常是集中在新闻评论区，以留言的方式参与讨论。然而这里面除了需要提防有算法机器人传播“噪音”，影响真实的公众表达以外，还有一些带有极端情绪的用户评论也会干扰阅读者的判断，放大新闻的消极影响。这说明仅仅依靠开辟新闻评论区，还不足以体现参与的价值。而对于重视共同创造的建设性新闻实践者来说，提供给公众以共同参与创作的积极体验是很重要的。建设性新闻的倡导者会投入更多的精力与公众建立关系，积极干预并鼓励人们采取行动，提供解决方案，为新闻的正向进程做出贡献。

荷兰新闻众筹网站 De Correspondent 就是一个专注于建设性新闻实践的代表性平台，其将网站定义为允许公民为新闻项目或产品做出贡献的媒体，以此独立于传统新闻媒体制度化的结构和专业惯例。这家网站的内容管理致力于实践记者与公众共同创作的过程，他们把一部分内容生产的主动权给了用户，把它变成了一个知识分享的社交网络。在 2016 年欧洲移民危机达到顶峰时，该网站希望撰写一批基调积极的、去极化的新闻报道，能够为如何应对危机提供建议。为此，网站发起了一个项目，邀请用户志愿者参与到一个难民项目中来。在这个项目中，志愿者像朋友一样关心、关注难民在荷兰的生活。志愿者和难民受邀与 De Correspondent 的用户即时分享他们的故事，并在这个过程中提供积极的建议。可以预期，当人们切实体验到建设性新闻的公共性导向和面向未来的行动导向后，他们的公民意识会随之增强，趋向于以积极的心态参与社会问题的解决，以此激发社会改革。

在西方，人们普遍认为水门事件和五角大楼文件事件塑造了现代新闻业的“黄金时代”，尤其是水门事件以后，批评性报道备受关注，调查性报道成为新闻的王牌类型。然而由于传统新闻业过多地关注负面新闻，造成了一种社会上不信任的气氛，导致公众越来越远离重要的社会问题，失去变革的信心，传统新闻业的整体声誉随之下降。而平台技术和算法传播的崛起所形成的媒体环境成为另类新闻的实验平台，它进一步加剧两级分化的后果也让人们借此反思新闻到底应该是什么，新闻应该做什么。在这种背景下，人们对利用更具建设性的方法重新思考新闻业产生了越来越大的兴趣。

建设性新闻的兴起打破了专注于负面焦点的新闻惯例，转而使用建设性元素，将包含了事实发展、背景以及解决方案等多样性要素作为更准确、更吸引人的新闻报道。记者的独立性和批判性立场并未改变，但批评并不意味着愤世嫉俗，也不意味着只关注问题，而是还能够致力于为改变现状而有所作为，并留下行动的印记。建设性新闻运动的重要推动者——丹麦记者凯瑟琳·格尔登斯德（Cathrine Gyldensted）——在她的作品《从镜子到推动者》中有过生动思考。在序言中，格尔登斯特德区分了记者推动世界前进的两种工具：大棒和胡萝卜。她指出，从历史上看，新闻通过举起大棒，揭露生活的黑暗面，迫使当权者无法袖手旁观，从而在监督社会方面发挥了正向作用。但是，如果能增加一些胡萝卜，让记者扮演一个更加积极的和参与的角色，多发现人物或事件中鼓舞人心的一面，推动社会进步的效果会更好。①

这启示我们，记者并无需在陈述事实和积极提出并推动解决方案之间做出非此即彼的选择，讲述世界上正在发生的事情和宣传某种解决方案或行动路线也并不是水火不相容的。打破新闻业固有的自然化和静态观念，积极尝试新闻创新的边界，本身就是建设性元素的体

① Gyldensted, C., *From Mirrors to Movers: Five Elements of Positive Psychology in Constructive Journalism,* Loveland: Group Publishing, 2015, pp. 175-181.

现。在算法传播环境下，用户可以把自己感兴趣的内容或观点通过平台分享添加到新闻中去，再度进行个性化的设置，如此一来极大扩展了新闻的内涵和外延，社会极化的可能性加剧。而建设性新闻实践则是一个持续去极化的过程，它的目的不是取代传统的新闻实践，而是补充它们，既包括发现问题，也包括促进解决问题，由此提供一个更完整、更平衡的面向未来的报道，并以此对抗算法世界中的偏见、仇恨和非理性视界。

（二）县级融媒体中心的建设性实践

来自欧洲的建设性新闻理念与中国主流媒体一以贯之的新闻报道方针有诸多相通之处，关于中国建设性新闻的实践样本，研究者们通常选择对以“民生新闻”“暖新闻”“电视问政”等为代表的传统媒体的新闻栏目加以分析。在媒介融合态势下，新闻的建设性实践也需要顺应市场融合、需求融合的变化，探索平台化发展的可行性路径。始于2018年的县级融媒体中心建设在面向融合化、平台化、产业化发展的同时，也在探索面向县域公众的新闻传播改革，在共享共创的理念下，努力创新建设性新闻的中国实践话语。

在中国，最广大的县级融媒体中心都建在了国内四、五线城市，其用户有明显的地域性。在各大互联网公司纷纷下沉争抢这部分地域的用户资源时，我们看到的是短视频、直播平台中出现的用户下沉现象。“小镇青年”“银发一族”等成为趣味内容生产的一支生力军，他们当中的一部分或者谙熟平台游戏规则，或者经过MCN机构的运作，成为算法推荐的“宠儿”。而与此形成鲜明对比的是大量县域内的本地新闻故事和社区实践，因为无法在平台环境中占据内容优势，往往处于被算法“遗忘的角落”，县域百姓对县域议题的关注很难得到超级平台算法的“垂青”。而扎根基层的县级融媒体中心能够打破一二线城市议题在平台公共话题所占据的垄断地位，切实承担起被算法忽视的地方新闻业复兴的责任，贴近地方、贴近群众，融入建设性元素，在县域公共领域的建构中发挥积极的作用。

吉尔登斯德认为，建设性新闻的目标是赋予公众权力，促进和激励公民解决他们遇到的问题。[①] 而扎根基层、直接面对基层百姓的县级融媒体中心记者，能够很好地实践这一目标。在着力打造服务型媒体平台的方针指引下，融媒体中心记者的工作是弥合他们在基层中看到的分歧，帮助基础群众克服沟通障碍，让那些没有被倾听的人发出声音，让那些被算法忽视的基层社会事务受到关注。县域新闻与流量新闻相比，议题的显著性弱、冲突性弱、影响力弱，但贴近性强、包容性强、可建设性强。因此，与权威媒体需要承担的喉舌责任相比，县域新闻报道往往与更广泛的公益行为相联系，记者的活动也更像是提供一种公共服务。他们能够深入到社区、街道、村舍等社会机体的毛细血管，提供最符合县域百姓信息消费习惯的产品及服务，在发现问题的同时也鼓舞成就，激励基层社会的进步。例如，广西“环江融媒”新闻客户端就发展出以沟通社区为导向的新闻，通过与社区建立更紧密的联系和对话来加强新闻媒体与公众之间的信任。他们以开展网络直播的方式，与当地社区群众共同设置新闻议程，使网络社群与真实社区连接起来，扩大社区和记者之间、社区不同成员之间对话的可能性，让社区里的人更紧密地联系在一起，共同议事，增进团结，让社区变得更美好。

在西方，建设性新闻的实践者们通常会表现出一种职业自反，他

---

① Gyldensted, C., *From Mirrors to Movers: Five Elements of Positive Psychology in Constructive Journalism*, Loveland: Group Publishing, 2015, pp. 175–181.

们会重新想象新闻及其社会角色的定位，欧洲建设性新闻运动领军者海格拉普（Ulrik Haagcrup）就表达了对只用一只眼睛看世界的新闻报道的批评，他认为好的新闻是用双眼来观察世界的。[①] 另外，他们认为“客观”和“主观”、“中立”和“参与”、“超然”和“积极”等通常被认为是截然对立的价值观念，也都需要重新调试各自边界。例如，积极新闻观的支持者会强调所谓“积极中立”的必要性，即新闻固然是中立的，它“不偏袒任何特定的对象”，但它也可以“积极主动地选择相信，在不损害公共立场的前提下呈现出积极正面的报道倾向”。[②] 另外，记者虽然是“公正的参与者”，“对细节保持中立”，但需要“远远超出超然状态，去关心是否会有针对问题的解决方案”。[③]

尽管西方的实践者一直在积极发展和推广建设性理念，希望将看似不相容或矛盾的价值观并行，将其理论化后赢得普遍认同，但至少从目前来看，西方的建设性新闻似乎更多地还是作为一种话语，一项运动存在，而不是一套成熟、连贯和可识别的实践。而如果从建设性的视角来看，我国的县级融媒体中心的建设与发展，则更可以看作是对媒体角色、媒介功能定位转变的务实探索。按照县级融媒体中心的目标定位，它“绝不仅仅是单纯的媒体机构，更不仅仅是独立分散的、功能单一的媒体机构，而是集结了现代传播、政务服务、社区信息以及智慧城市等诸多功能，真正成为当地治理能力大幅度提升的核心平台”。[④] 让媒体承担起县域治理的职责，既体现出媒体发展“去

---

① Haagerup, U., *Constructive News: Why Negativity Destroys the Media and Democracy and How to Improve Journalism of Tomorrow*, New York: InnoVatio Publishing AG, 2014, p. 111.

② Rosen J., *Getting the Connections Right*, New York: The Twentieth Century Fund Press, 1996, p. 13.

③ Merritt D., *Public Journalism and Public Life*, Mahwah: Lawrence Erlbaum Associates, 1995, p. 113.

④ 郭全中：“县级融媒体中心建设的进展、难点与对策”，《新闻爱好者》2019 年第 7 期。

媒介化”的思维，同时也是“再媒介化”的举措。按照党中央提出的“加强和创新社会治理，推进社会治理精细化，构建全民共建共享的社会治理格局”这一要求，县级融媒体中心正是实现“社会治理精细化”的重要抓手。而提供公众可以采取行动的视角或资源，帮助公众实际共同参与和共同创造，这是建设性新闻运动所设想的公共项目可持续发展的核心，恰好也与县级融媒体中心建设的基层社会治理基本思路一致，即在融媒体逻辑里形成协同共治关系，动员基层社会各群体共建共治。①

县级融媒体中心嵌入基层社会治理体系，是指依靠“融媒+”全功能综合业务平台来优化基层公共服务，吸纳用户群体，掌握基础数据，形成县域内多元主体的关系互动构架与信息交互空间。然而更为重要的，是利用以融媒体中心为内核的向多领域多行业扩散的优质资源池，助力打造县域内多元主体的公众议事平台和公共传播空间，也就是说，不仅把服务延伸到基层，同时也把问题在基层解决。危机始于青萍之末，在超级平台的辐射下，县域的空间边界迅速瓦解，借力算法传播，从地方性事件或问题演变成为一场辐射全国的重大舆情，往往就在转瞬之间。而县级融媒体中心作为最基层的治理微平台，能够第一时间回应公众诉求，利用融合优势，协调各方资源，为各种问题的解决组织力量讨论，并提供方案，同时展开建设性的舆论引导，积极力争将县域内的大小问题都解决在萌芽之中。因此，县级融媒体中心不仅仅是一个县域综治维稳系统，同时还可以“成为本地社会舆论的‘蓄水池’和极端情绪的‘泄洪坝’，从而能深入源头来打通‘两个舆论场’。在各融媒体中心或者

---

① 罗昕、蔡雨婷：“县级融媒体创新基层社会治理的模式构建”，《新闻与写作》2020 年第 3 期。

上下级媒体单位之间，又能存在信息流动与舆论引导的合力，保证主流声音的‘同步’与‘同调’”。[①]

除了在问题发生的时候积极应对，进行建设性的舆论引导，“县级融媒体中心还可以开展建设性的舆论监督，提出中肯的意见，使得地县级的直接问政常态化”。[②]具体而言，就是以群众为主体评估政府政策的有效性，并提出对相关部门机构的建设性意见。例如衡水武邑融媒体中心组织的“融媒体一线问政”活动，采取干部和群众直接问政的形式，围绕县域内文明城市创建、重大项目建设、民生实事进展、群众身边难事等中心工作，每月开展1—2次问政，每次选择1个方面事项作为问政主题。“掌上武邑”App还会针对问政后的结果设立“民生解答”栏目，将整改情况向社会公开。此外，德州宁津融媒体中心的“阳光问政”、长兴传媒集团的“直击问政”、昆明盘龙融媒体中心的“指尖问政”等，都是利用全媒体平台进行基层舆论监督，并取得较大影响的生动案例。县级融媒体中心的建设性实践，也让我们看到了主流媒体新闻逆算法的可为。

建设性新闻的兴起源于对传统西方新闻惯例和目标的怀疑，它承袭了积极新闻、和平新闻等相关要素，并发展成为一种理念，它提倡改变新闻价值观、功能、责任，通过发展有助于改善偏见的建设性元素来创新新闻实践，并希望为新闻文化的创新做出贡献。虽然从建设性新闻诞生开始，它就被视为一个新闻专业主义的反叛者遭到抨击，虽然建设性新闻的倡导者们也在反复重申，建设性新闻不是用来替代、而是用来补充新闻的传统规范和形式，但不可否认的是，建设性

① 张诚、朱天、齐向楠：“作为县域治理枢纽的县级融媒体中心建设刍议——基于对A市的实地研究”，《新闻界》2018年第12期。

② 蒋锐、俞虹：“作为公共服务平台的县级融媒体中心：一种基层治理的视角”，《现代传播》2021年第2期。

新闻无疑回应了新闻如何有助于改善社会，如何更好地成就人类自身的问题。

在算法铸就的流量王国里，人们很容易置身于一个后真相的海洋和细节的浓雾里，此时，如果我们的主流新闻文化失去对什么是积极的、什么是无偏见的、什么是值得感动的、什么是对人类未来有益等内涵的追求，那么我们所面临的，极可能是在社会系统的持续“熵增”中堕入价值虚无的世界。因此，在算法传播时代，建设性理念和建设性新闻的发展可谓恰逢其时，无论中西方，建设性新闻的探索都不应停留在理论争辩和实验性行动上，而应着眼于普遍性实践，在建设世界的格局中建设新闻的现在与未来。

算法传播与政治传播

第四章

算法传播与政治的不确定性

第一节　算法传播与算法政治

2016年，西方各种“黑天鹅”政治事件相继发生，拉开了“后真相”“后秩序”时代的序幕。政治局势重新洗牌，算法开始从幕后走向前台，从纯粹数学技术渐渐变成一种政治手段，影响、指导、塑造、控制当今时代人们的行为和社会治理。“算法研究”也不再局限于数学和计算机科学，而是吸引了越来越多的人文主义者和社会科学家们将注意力从算法的功能或工具性的作用，转移到算法技术设计对现实建构的作用上来。研究者认识到算法技术是一种强大的“合理化力量”，它培养我们阅读和理解新闻的习惯，几乎能决定我们的政治取向和思考方式，最终给用户洗脑，把用户塑造成集团或机构需要的某一种人。用户日常生活大部分被算法或代码占据，这些算法或代码隐含地在后台运行，不动声色地进行“社会排序”。[①] 这多少带有价值选择，而这些选择标准是由构建并实施它们的人或隐或明地制定的。久而久之，这些价值标准进入我们的大脑，成为我们的价值观和意识形态。这是一种正在成为现实的社会图景，一种新型政治样态呼之欲

---

① See Lyon, D., *Surveillance as Social Sorting: Privacy, Risk and Automated Discrimination*, London: Routledge, 2003.

出，西方学界称之为“算法政治”，即由代码、编程、计算等语言方式形成关于世界的政治表述。而算法政治的形成有赖于算法传播的推波助澜。

当下算法技术已经被广泛应用于政治、经济、文化领域，充分融入了人们的现实生活。借助互联网、物联网平台，社会机构已运用算法将新闻服务、健康服务、消费选择甚至选民政治进行全数据、全信息的整合与设计。算法已迅速渗透到人类生活的每一个角落，这一现状已远远超越了早期大数据统计、建模分析的意义和价值。然而，技术进步使得“破窗效应”成为现实，其发展有可能超过规则完善的速度，提前将技术理性带来的社会问题暴露在世人面前。人类正渐渐陷入算法之网，并在可预见的未来世界中被算法操控。这一点却不为人们所警觉，因此，针对算法的反思迫切需要提上议事日程。携带政治目的的算法传播以“靶向推送”“精准投放”“针对性修辞”等构成的话语体系，带来了始料未及的后果。那就是精准形塑某种个性化文化趣味和政治取向，从而使之背离社会公共性政治建设，以个人或部分人的社会关切取代全社会的整体关切，以个人或部分人的意志取代全社会的共同意志，“算法政治”由此导向了“黑政治”。典型案例是2016年美国总统竞选中希拉里·克林顿和唐纳德·特朗普的竞选团队都被指认依靠了高度保密的算法；而Facebook甚至被认为是造成英国脱欧和美国2016年大选结果的罪魁祸首。原因是算法的所谓“过滤泡沫”功能将内容与用户的口味和偏好进行统一，以增加持相同政治观点的选民的参与度。算法传播以其科学和技术合法性外衣巧妙规避了民主监督，即使是玩了“后真相”套路，法律也依然奈何不得，这正是其吊诡之处！当下的算法传播成功挡住了各种有关其背离公共性的社会质疑，使人们一度忽视其背后的风险。毫无疑问，算法传播的政治风险是技术理性快速发展带来的现代性恶果，揭开算法传播的本质，重视其风险对社会的破坏以建立应对的制衡机制成为当务之急。为此开展对算法传播与公共责任的讨论大有必要。

算法是技术，在美国著名政治学家和技术哲学家兰登·温纳（Langdon Winner）眼中，“技术本质上是政治性的，不可避免地与制度化的权力和权威模式相联系。当恩格斯把纺纱工厂的机器描述得比任何资本家更为专制的时候，现代技术强烈地塑造了政治生活的观点得到了印证”①。算法在长期运作过程中，也形成了一套行之有效的规则，并逐渐走向制度化。算法在代码、编程、计算、模型等环节都嵌入政治设计。被算法设计的政治，是一种程序化的政治，话语被编入了程序，接下来的工作就是精准投放和针对性修辞了。算法从而成为一个社会和政治问题，它不仅涉及所有与网络连接的人，而且还再塑造了国家与公民的关系。进一步而言，算法政治不仅关乎递归函数的逻辑与组织形式，还关乎算法是如何在不同或相互关联的范围内产生新的权力关系和政治形式的。

通常在计算科学的视野下，算法是计算过程的抽象形式化描述，并被理解为计算引擎在变量之间做出决策以产生单个输出。然而，这种理解仅仅关注了算法产生的结果，它掩盖了对算法运行、生成和修改的政治空间的更复杂的解读。美国学者塔尔顿·吉莱斯皮（Tarleton Gillespie）在《算法的相关性》一书中写道：“我们需要对计算出来的公众的逻辑进行审查，密切关注在何处以及在何种方式下，将算法引入人类知识实践中可能会产生的政治影响。”② 这一观点有助于帮助我

---

① Winner, L., “Do Artifacts Have Politics?”, *Daedalus*, vol. 109, no. 1 (1980), pp. 121–136.

② Gillespie, T., “The Relevance of Algorithms”, in Gillespie, T., Boczkowski, P. & Foot, K. (eds.), *In Media Technologies*, Cambridge: The MIT Press, 2013, pp. 167–193.

们绘制算法逻辑与政治的关系。算法根据其自身的模式逻辑，强势生成一种有序易读的社会政治形态。它从诞生之日起就被赋予了“减熵”的任务，即法国当代哲学家布鲁诺·拉图尔所说的要解决不确定性争论，就需将社会重组为一个共同世界（common world）的任务。[①]

然而，在算法政治的环境中，算法的技术理性并不追求单纯的目的，而是把科学合理性、社会合意性整合到技术原理的可行性和技术规范的有效性中，既追求功效又内含目的，这是一种扎根于人类物质需求及人对自然界永恒依赖的实践理性和技术精神。算法体现出的技术理性反映出围绕客观性建立某种社会秩序的特点。在它依据不可见的评估标准对知识进行选择时，人们看到的只有一个结果，即与人们的偏好和以往的数据行为相匹配的精心策划的选择。因此，可以说算法建立在科学和计算的基础之上，并被一个价值体系最终都能够加以计算的乌托邦社会召唤。然而，根据法兰克福学派的观点，技术理性造成的异化后果也非常严重。当下算法技术实践理性对功效的追求，就是对人的精神领域的操控，它远胜于对一般商业行为的操控。算法通过对人的精神领域的操控，久而久之能获得一种权力。算法具有了这种隐性权力后，进入政治活动的公共空间，就自然形成特殊的霸权，在参与政治传播的过程中就能助力政治活动的一方形成话语霸权。

那么在充满政治与权力意味的背景下诞生的算法传播的本质是什么？根据法国哲学家米歇尔·福柯关于现代社会如何依赖治理主体的研究，[②]本书首先假定知识意志和权力意愿是人们进行自我行为和看待他人行为的两个方面，人们不是将算法传播视为一种简单的呈现方

---

① See Latour, B., *Reassembling the Social: An Introduction to Actor-Network Theory*, Oxford: Oxford University Press, 2005.

② See Foucault, M. (ed.), *Security, Territory, Population: Lectures at the Collège de France*, Basingstoke: Palgrave Macmillan, 2007, pp. 1977–1978.

式，而是将其当作一个能够行使权力的对象。第二个假定来自法国哲学家皮埃尔·布尔迪厄关于知识场域构成权力场域的研究，[①] 我们假定算法传播是一种社会的、政治的实践，它不仅是数据对象（数据生产者）的代理，而且其本身也是数据的主体行为（参与驱动数据的生成），我们的问题因此转向算法政治传播的社会实践和社会治理。算法传播的行为产生各种形式的专业知识、解释、概念和方法，共同作用于权力和知识领域。算法传播也参与了布尔迪厄设想的包括文化、经济、社会和象征资本在内的不同形式的资本估值的斗争。[②] 正是通过这些不同形式的资本积累，算法的相对地位才得以在政治领域内建立起来。但与此同时，算法传播通过自动化判断和自动化实践生产专业知识的方式也遭到越来越多的质疑。当人们已习惯于通过搜索引擎、社交媒体和聚合器获取信息，通过 Google 的 Now、Microsoft 的 Cortana、Apple 的 Siri 等服务实现精细化个人定制时，我们不禁要问：这些深度依赖大数据算法的精准传播嵌入的到底是专家判断和规范性假设，还是投资人或政治操控者的决策和目标性假设？显然，这一切都在算法黑匣子内，远离人类的观察。

当下人们能够观察与感受到的，是算法传播日渐演进为一种政治行为，也同时成为社会控制手段；算法传播作为一套规则，也同时演变为一种制度。本书尝试以政治学中的新制度主义的分析范式来分析作为制度的算法传播。新制度主义理论将制度基础看作是政治的基本特征，强调制度无所不在的特质，认为一切政治行为都发生在一定

① See Bourdieu, P., “Social Space and Symbolic Power”, *Sociological Theory*, vol. 7, no. 1 (1988), pp. 14–25.

② See Bigo, D., “The Transnational Field of Computerised Exchange of Information in Police Matters and Its European Guilds”, in Kauppi, N. & Madsen, M. R. (eds.), *Transnational Power Elites: The Social and Global Structuration of the EU*, London: Routledge, 2013, pp. 155–182.

的制度背景之下。制度即规则，规则是计算认为符合某种利益的结果，美国传媒学者菲利普·南波利（Philip Napoli）与迈克·阿纳里（Mike Ananny）都注意到新制度主义理论在重新解释算法上具有的理论意义。南波利的"算法即制度"①和阿纳里的"算法组合"②的概念都试图理解算法传播是如何定义新的组织情境的。二者的理论都将算法传播理解为制度化机制，即关注算法传播如何使组织和个人之间构建更广泛的系统关系。延续二者的观点，我们将算法传播和数据驱动实践看作互联网领域内的制度化组织。制度视角将算法定义为制度，那么算法传播即是一套既限制互联网活动又为互联网活动创造新空间的规则和惯例。算法传播在制度化的过程中作为一种合法化的机制，反映了更广泛的宏观结构社会过程，其本质更类似于官僚机制或治理机制，而不是智能系统。

算法传播建立起来一套制度，有点类似于马克斯·韦伯提到的官僚制。算法最终要控制一切，不仅控制人，还控制媒介和内容，一切都被纳入算法系统。就像官僚制一样，算法传播也经常被用于限制决策系统，在大规模和复杂的系统中，在许多个人、行业和组织之间同时协调多方的主观决策，行使治理的职责。韦伯眼中的官僚制使社会合理化，它将人们困在一个结构有序的秩序（或称为"铁笼子"）中，无可逃避成为现实。这里的"铁笼子"概念对于描述算法传播的影响也是有借鉴意义的，算法传播日益主导地位，正如官僚主义在社会机构工作中扮演重要角色。在这个过程中，算法传播如"铁笼子"一般决定了在给定的环境中运行的所有其他组织和个人。存在于这个世界

① See Napoli, P. M., "An Institutional Theory Perspective on Algorithmic Media Production and Consumption", *Communication Theory*, vol. 24, no. 3 (2014), pp. 340–360.

② See Ananny, M., "Toward an Ethics of Algorithms: Convening, Observation, Probability, and Timeliness", *Science, Technology & Human Values*, vol. 24, no. 9 (2015), pp. 94–117.

意味着人类被结构化到数据生产、收集和分析的算法技术和治理系统中，而这几乎是当今人们互联网生活的全部。

算法传播建立在大数据建模分析基础之上，对用户个体、用户群体的行为画像较为精确。因而对于数据操控者来说，用户的习惯、兴趣、爱好一切尽在掌握。算法传播要进行深层次操作，为用户营造一个特殊的政治拟态环境。早在20世纪20年代，美国著名政论家沃尔特·李普曼（Walter Lippmann）就在其《公众舆论》一书中，论及拟态环境问题，并首次使用“pseudo-environment”一词来进行表述。拟态环境有如下特点：一方面，拟态环境不是现实环境“镜子式”的摹写，不是“真”的客观环境，或多或少与现实环境存在偏离；另一方面，拟态环境并非与现实环境完全割裂，而是以现实环境为原始蓝本建构的符号化环境。李普曼认为，“在社会生活的层面，所谓人对他的环境的调整不过是通过虚拟的媒介进行的”，“只要我们认定了图景是真实的，我们就会把它当成环境本身”。“虚构的范围无所不至，从彻底的幻觉到科学家彻底自觉地使用图标模型，或者他为了解决特定问题而决心使计算结果精确到无关紧要的（小数点后）10位数以上。一部著作也许有着几乎无懈可击的精确度，而只要重视这种精确度，虚构就不会造成误导。”[①] 人们的“主观现实”是在他们对客观现实的认识的基础上形成的，而这种认识在很大程度上需要经过媒体搭建的“象征性现实”的中介。

经过这种中介后形成的“主观现实”，已经不可能是对客观现实的真实反映，而是产生了一定的偏移，成为一种“拟态”的现实。从本体论来看，事实真相并不能直接向我们敞开，我们总是要在一定的关系中来理解我们与真相的关系，而并非真相直接在我们面前呈现。

---

① 沃尔特·李普曼：《公众舆论》，阎克文、江红译，上海人民出版社2002年版，第13页。

人们从媒体上接受的所谓真相，永远是经过一定的结构程序处理的再现事实，大众传播时代，职业传播者会依据传播伦理规则和专业主义精神进行“加工”，“加工”后的真相某种程度上与现实保持密切的关系。然而，传播伦理提醒我们，即使“有图有真相”，这种再现真实也仍然与客观真实存在距离。大数据的出现，对传统真相概念形成了冲击，让人产生错觉，似乎可以将数据与客观等同。在传统实证研究那里，数字具有权威性，可以帮助人们穿越表象抵达真相。而随着统计与数字建模被广泛认知，人们发现，在各国政治生活中，所谓的“民调”常常运用数字的客观性来粉饰各派的立场，以至于客观的数字成为一种装饰物。算法不同数据结果也不同，数据呈现的结论也不同。

显然，大数据和算法技术建构的拟态环境，与大众传播时代的拟态环境迥然不同，它是一种特殊的“拟态环境”，具有强大的劝服能力，能提供大数据挖掘、分析、可视化，定制式精准投放、个性化推送等等服务，构成了一个全新的“楚门的世界”。

算法营造的政治拟态环境甚至远超“楚门的世界”。首先，算法膜拜易导致算法迷思（myth）。当下社会大众对传统的新闻信息传播模式存在“抵抗式”阅读倾向，一是因为传播内容贴近性存在局限，二是因为传播个性化内容缺乏。算法传播满足了受众对个性化内容的需求，受众主体因满足于个性化信息而膜拜算法传播，久而久之在受众心目中形成算法传播迷思。这也是网民对算法政治信息“深信不疑”的心理基础。

其次，算法传播精确塑造“认同”。算法的运作包括了排序、搜索、图处理和字符串处理。这些精细化的工作为政治传播提供了目标“锁定”和“武器”准备。它涵盖了目标受众的形貌分析和个性化信息设计。受众在网络空间接触到自己喜欢的信息，由此佐证、强化自己的见解，巩固自己对事件的看法并形成“认同”。对于从众和缺乏反思精神的网民来说，塑造“认同”尤其有效。算法为个体营造了一个封闭的信息环境，在这一拟态环境中个体会产生错觉，认为满世界都持和他相同的观点。

再次，算法塑造网民的政治偏执型人格。以政治为目的的算法传播，通常提供的都是同一类信息，支持什么、反对什么泾渭分明。多元化信息在算法设计过程中被筛除了，偏听偏信就容易导致偏执型人格，即顽固地认同某种观念。例如，美国“铁锈区”蓝领工人固执地认同特朗普关于外来移民抢走美国人饭碗的说法，这跟社交媒体大量精准推送相关言论有很大的关系。算法政治中的这种高度精密的微目标操作通常通过大数据和机器学习来影响人们的情绪。针对不同选民，预测他们对不同论点的敏感性，进而推送不同的信息。比如，被害妄想症收到的广告充斥着恐惧情绪，有保守倾向的人收到的是基于传统和社群立场的广告。

算法营造了一种高度可信的逼真环境，因为算法依据的数据本身就是最具说服力的资源，高度拟人化的仿真信息也构筑了各个信任环节，人们在不经意间看到“正是我需要的”“跟我观点一致”的信息，用户黏性就这样形成了。对传统媒体的不信任、对社交媒体的高度信任，这一切的基础是选民的实时数据，包括他们在社交媒体上的行为、他们的消费模式，以及相互之间的关系。他们的互联网足迹被用来建立个人专属的行为和心理特征档案。

第二节 算法传播与公共性背离

在大众传播时代，点对面的传播模式充分体现了公共性特征。与其他学科一样，公共性也是新闻学与政治传播学的核心概念，它体现的是一种伦理规范和价值原则，其基本内涵包括三个维度——公益性、公正性和公开性。公益性指公共利益的实现是公共政策的首要原则和最终归宿；公正性则意味着社会公共服务和公共产品的提供应本着公平的原则，确保分配的公正合理，防止歧视性的不平等；公开性强调的是公共政策的开放性和透明度。具体来说，对于公共政策公共性的考察主要从主体、目标、管理对象、手段、结果等几个方面入手。在尤尔根·哈贝马斯看来，公共性本身表现为一个独立的领域，即公共领域。他认为，本来意义上的公共性是一种民主原则，每个人都有机会平等表达个人信念、意见，当这些个人意见通过公众批判变成公众舆论时，公共性才能实现。[①] 换言之，公共性并非某种事物与生俱来的属性，只有当公众在公共领域中就普遍利益问题进行公开、平等和理性的协商，形成公共舆论时，公共性才能实现。大众传播时代，虽然其公共性也时常遭到左派知识分子的诟病，但在议题呈现时至少在程序上还是体现了公共性要求。但是算法时代则完全不同，其议题的建构是个体化的，新闻信息生产是非公共性的，从用户角度讲，也只是体现了部分共同性，而非公共性。

算法传播潜藏的隐忧，并不仅仅在技术本身，还在于通过传感、大规模数据存储和在商业框架内进行的算法处理，被无形中赋予权力，自下而上的数字控制可能将对信息传播的公共性产生威胁。我们知道，在大多数情况下，机器学习的决策过程不能被翻译成人类的推理。从这个意义上说，算法是非理性的，它们产生了一种与更广泛的权力体系相关联的数字文化力量，其面临的风险就在于逐渐放弃了文

---

① 参见尤尔根·哈贝马斯:《公共领域的结构转型》，曹卫东等译，学林出版社 1999 年版，第 252 页。

化的公共性。尽管不能忽视人们在生成原始数据时扮演的角色，然而所谓“群体智慧”在更多时候更像是一个替身、一个占位符。算法传播正日益成为一种私人的、排他的、有利可图的事务。这就是为什么在我们的时代，算法在越来越多的领域正上升为决定性力量；为什么像 Amazon、Google、Facebook、百度这样不断设计创造着尖端智能算法的公司正在迅速发展，并控制着全球互联网信息的当下与可预见的未来。尽管这些掌握了最先进算法技术的互联网公司标榜自己是平民论者，是新文化、新生活的倡导者，但这并不能掩盖算法传播对公众的种种危害。

算法传播模式还有可能推进去疆界化进程，并带来社会在离散的国家背景和媒体系统中发生进一步分离的风险，背离全球治理的公共性目标，产生有害的民主后果。[①] 有人预言，机器学习的统计回归将成为社会政治退化的引擎，就像在殖民主义时代兴起的伪科学一样，经历虚假繁荣后不堪一击。全体用户大数据被集团或机构占有，在利益最大化原则指导下，机构或集团在掌控私人信息方面逐渐获得了权力，渐渐放弃现实建构中的公共利益目标和社会责任，自然形成新的社会不平等。数据库经常处于全球化公司的独家控制之下，这一事实导致了算法现实生产中的数字不平等的新形式，有限的透明性也导致了对算法问责的挑战。因此，在目前的形势下，算法选择主要以传达消费型意识形态和加强商业化趋势作为主导价值。算法被视为现有商业化趋势和消费型意识形态的放大器，而不是新社会趋势的创造者。从公共政策的角度来看，如果将这种主要旨在促进个人利润最大化的私有算法形式合法化，将会对社会公共性造成潜在的极为负面的后果。

① See Mancini, P., “Media Fragmentation, Party System, and Democracy”, *International Journal of Press/Politics*, vol. 18, no. 1 (2013), pp. 43–60.

如果说，背离公共性是算法传播时代的总体特点，那么，伴随着这一特点而来的主体被支配则是更大的风险。虽然跨国公司或财团在数据库建设上获得权力，但现阶段他们并不急于表现出对政治的浓厚兴趣，而常常掩盖其意图，所以通常会把自己定位为平台，目的是突出他们的中介作用，以使自己免受自上而下的监管或用户投诉。作为中介的算法推动了市场的平台化，改变了权力结构，人们越来越多地利用基于算法选择的应用程序分配注意力，而算法对现实构建起作用，就是一种通过选择或省略信息标记的隐性控制。算法实践的开始，本质上是一种话语实践的开始，更是从规训性社会向控制性社会转型的开始。吉尔·德勒兹（Gilles Deleuze）与托尼·内格里（Toni Negri）在1990年春的对话中根据历史发展提出权力的三种划分，即统治权、惩戒权和“信息传播的控制权”，德勒兹认为第三种权力显然已经变成一种占主导地位的、霸权的权力形式。“控制的社会正在取代惩戒的社会。‘控制’一词是伯勒用来指新魔鬼的，福柯认为此词指明了我们最近的未来。”[①] 德勒兹认为威廉·伯勒第一个使用了“控制”这个术语以描述一种新式的权力，现代的禁闭制度及其封闭性原则正在被打破，日益被新式开放的、互相联系的、灵活的网状式系统取代，自然就会出现与之相适应的新制度形式。算法传播的逐渐普及，标志着新制度形式的到来。只是大公司和大资本机构并没有瞬间扯下遮羞布而已，但这只是一个时间问题。

在算法传播中最常见的要素是数据库，数字化个体描述、内容个性化设计、精准投送这些构成了数字主义时期话语实践和交往行动的形式。主体不是在漫长的话语规训中被改造的，而是在虚拟互动中迅速被控制的。媒介研究学者马克·波斯特（Mark Poster）认为：“数

① 吉尔·德勒兹：《哲学与权力的谈判：德勒兹论谈录》，刘汉全译，商务印书馆2000年版，第204页。

据库首先是话语，因为它们导致了一种主体构建。它们是一种书写形式，一种铭写符号痕迹的形式，它把书写的基本原则延伸成延异（différance），使该原则改变了它必然的终结认识并疏远、区分和宕延了这种认识。”“数据库是纯书写的话语，直接增强其所有人 / 使用人的权力。”[①] 算法运用数据库进行的话语纯书写，其政治化进程的加快正引发广泛的数据库焦虑，它取消了公私界限，已经超越了福柯所说的“全景式监狱”，成为波斯特所说的“超级全景监狱”，权力“毛细血管式的”规训延伸触及整个社会空间，“超级全景监狱这个完美的书写机器把各主体构建为处于他们具有意识形态确定性的统一体的非中心位置”。[②]

从公共性流失到主体被支配和操控，这是网络空间隐而不彰的风险。个性化、商业化作为算法现实建构的重要特征，意味着更分裂的意识形态和更少的经验共享，导致社会凝聚力下降，人们在更受控制的个体意义上，失去更多的自由。个性化内容塑造个性化人格，然而这个具有个性化人格的个体，却是一个缺少主体性的个体，或者是一个阿尔都塞所说的“被召唤”主体。可以预见，未来个体被操控、被洗脑、被扭曲的情形会呈现为一种常态。除此之外，在影响深远的算法效果的背后，目前已被识别的风险包括舆论操纵、偏见固化、透明度低、隐私暴露、知识产权争议和民主威胁等，这些都将是对人的基本权利和自由的威胁，更是对人类未来发展的挑战。

在人类科技史上，从没有一种技术像算法这样给人类带来如此广泛而深入的影响，并以最直接的方式构建人们的生活方式，形塑人们的大脑。算法技术变革给人们带来便捷的同时，也改变着人们的思维

① 马克·波斯特：《第二媒介时代》，范静哗译，南京大学出版社 2001 年版，第 120 页。
② 同上书，第 122 页。

方式，可以说，社会生活的进程都直接受到算法“形塑”。算法塑造了个人的现实建构，即个人意识，进而影响了社会的文化、知识、规范和价值观，即集体意识，从而塑造了数字化社会的社会秩序。而建立在促进个人利益最大化基础上的算法传播促进了自由化、私有化和数字化引发的现有用户分化和个性化趋势。一方面，这种个性化传播塑造的政治拟态环境，尤其是在受到利益集团和发达资本的霸权控制时，有加剧政治分裂和认同对立的风险；另一方面，算法传播呈现的是单一的世界观，精准传播与精准塑造是算法传播的一体两面，本质上是对人的主体自由的威胁，易导致人的“异化”风险。马尔库塞（Herbert Marcuse）担心文化工业导致“单向度的人”，在算法时代这种风险将进一步加大。

当前，数字化产业的崛起正成为全球产业变革的核心内容，算法参与的数字产业革命给消费社会注入了一剂强心针，催化了一种新经济形式。数据和数据之间的关联创造产生了与单一数据迥异的价值，这种新的增量价值，取决于主体对它的需求。算法时代的新闻生产基于数据和数据之间的关联，其中既有负关联也有正关联，既有单向关联也有多项关联，任何一种关联都因为主体对它的不同定义而产生不同的结论。基于大数据算法的新世界观、价值观的产生即将成为现实。当人工智能与数字算法结合起来，机器人对人类信息行为的侦测和控制即将成为现实。那么，那些站在机器人和算法技术背后的人，无论怀着的是商业动机还是政治动机，都是对现行社会秩序的一种实实在在的威胁。

随着数字实用主义的泛滥，用户精神世界被殖民现象的出现在所难免。用户精神世界防线被攻破肇始于个体信息数字化行为被挖掘、分析、描述和画像，这只是个体精神被殖民的第一步，而当后真相政治传播成为常态，高度逼真的仿真信息长期被精准投送后，用户会被改造成为不由自主的个体。认清数字规训的实质，就要从捍卫数字化行为主权开始做起，强调算法传播的伦理体系建设，这某种意义上就是数字时代的启蒙运动。

如前所述，算法传播为用户营造的拟态环境是一种“仿真”环境，但击穿算法这一仿拟真相的过程并不容易。从形而下的角度思考，为控制算法传播给人带来的异化风险，本研究需要从传播公共性建构角度入手，对算法传播造成的拟态环境施以改造。算法传播存在两个隐藏的风险属性：第一是算法的不透明性，第二是个性化传播。这两个属性导致了算法传播的核心障碍，分别体现在传播的真实性和公平性两个维度上。真实性维度的障碍表现为基于算法辅助的信息选择不透明可能导致隐性偏见；公平性维度的障碍涵盖了算法系统下对人的主体性剥夺所产生的伦理和法律问题。因此我们需要在这两个维度上进行防范算法传播风险的思考。

一方面，从提高算法传播内容真实性的维度来看，因算法传播过程自动化、不透明、不可回溯，用户始终处于被动接受状态，只有代码编写者才是算法世界隐形的规则制定者，他们决定了互联网的默认设置是什么、是否会保障隐私、允许匿名的程度如何、用户访问将在多大程度上获得保障，等等。例如，Google 的排名算法经常因其偏见而受到批评，该搜索引擎的议程设置一直被指责使种族主义和其他刻板印象永久化。[①] 因此开放代码（包括软件和硬件）是维护传播内容真实性的题中应有之义。因为缺乏开放性意味着编码者很难周全地考

---

① See Baker, P. & Potts, A., "'Why Do White People Have Thin Lips?' Google and the Perpetuation of Stereotypes via Auto-complete Search Forms", *Critical Discourse Studies*, vol. 10, no. 2 (2013), pp. 187–204.

虑到算法设计的不良后果，用户也无法有效获知算法是否遮蔽或有意识地筛选信息，甚至推送假新闻。因此算法设计应该更加开放并以公共价值和公众利益为中心。

鉴于公开代码、增强透明度属于算法传播的实际操作规范性问题，我们还需要进一步对算法设计系统做出切实引导。首先是理解算法系统是如何工作的，如通过实时视频流服务跟踪编码过程，以了解系统如何开发，特别是关注机器学习系统如何开发最终用于决策系统的规则。其次需要绘制算法传播对象的各利益相关者对算法系统的理解图谱，特别注意用户、社会组织、平台运营商、数据库公司、政府监管部门等各方对算法系统工作需求和理解的差异，在平衡各家利益的基础上有限公开代码，开发设计用于公共政策和公共目标的搜索引擎。

另一方面，从提高算法传播公平性的维度来看，还需要减轻算法传播受到的外部控制，其中包括政治和商业的控制，这时法律的介入起到关键作用。大数据资本市场依靠算法增强用户黏性，使用何种算法既可能是权力政治集团的诉求，也可能是全球化商业利益考量的结果，而算法的“技术无意识”又是其逃避伦理追问和法律问责的借口。同时，算法个性化传播的“一站式”传播效果，也在很大程度上使操纵者免于被用户怀疑让自己处于被监控和被利用的状态。因此，为了维护用户的主体意识和安全意识，我们需要弄清楚算法传播过程中的法律盲点，发挥法律在算法传播中的监管作用。一方面，需要了解算法系统引发的法律问题的涵盖面，例如分析现有代码并根据这些代码的“技术性”或“合法性”对可能产生的错误进行分类，以此识别是与设计本身的缺陷相关，还是与设计者的选择有关。另一方面，算法的监管法律体系也需要不断完善。例如可以利用现有监管制度方面的经验，收集和跟踪环境信息，并对算法机构如何应对监管进行详细研究。

算法将结构化数据转换成叙述性文本并进行个性化推荐，这个过程看起来几乎没有人为干预，但算法的人机交互体现在代码设计和关键数据分拣环节，因此程序设计者和软件工程师就成为算法后果的第一责任人。他们的伦理意识和法律观念直接影响算法决策的价值和导向。他们如果缺乏对算法伦理含义的认识，以及未能将法律法规执行在技术实践中，就将严重掣肘算法传播的发展。因此算法领域的程序员、政治决策者的伦理修养和法律意识，包括公众的算法素养都是关键因素。与此相关，还需要对政治和大数据研究的语言进行分析，考察伦理问题如何在算法代理中得到反映，以及大数据决策的个性化传播如何可能反映政治偏见等问题。

算法崇拜是传播领域基于科学主义、实用哲学的一种新型集体无意识。随着监视技术的普及和物联网的发展，我们正在创建一个庞大的、相互连接的数据收集网络。这个网络产生体量惊人的数据集，并实时更新。没有人能够在没有帮助的情况下理解这些数据，因此，挖掘、解析、排序和配置这些数据很大程度上依赖于算法。通常情况下，处理大数据的算法系统由设计师和工程师维护和调整，然后为全球化公司和政府决策治理部门所利用。然而如今越来越多的政府机构和企业开始将治理和决策权外包给基于算法的决策系统，技术乌托邦主义者甚至梦想创造一种“主算法”，能够在不需要人工输入或控制的情况下学习和适应任何决策情况。[①]

毋庸讳言，算法的社会控制以及在现实建构中的作用，的确将使它们成为未来社会秩序的重要维护力量和制衡因素。包括互联网

---

① See Domingos, P., *The Master Algorithm: How the Quest for Ultimate Machine Learning Will Remake Our World*, New York: Basic Books, 2015.

治理在内的全球治理需要算法来连接个体和社会，并通过协调个人之间的行动和合作来实现共同目标。[①]一般来说，社会秩序是建立在共同的社会现实基础之上的，无论是客观现实（如政府管理）、象征现实（如媒体内容），还是主观现实（如个人喜好），这些都来自真实或象征性的互动。集中建立在算法选择基础上的制度化服务既有助于建立客观和主观的现实结构，也有助于实现符号化现实。当下社会现实中的治理规则也越来越多地通过算法选择来形成和建立。不管我们喜欢与否，算法及算法传播都越来越多地被用于推动、引导、控制、操纵和约束人类行为。其中有些是有益的，有些却充满风险。为了确保前者多于后者，应该确保以有效和合法的方式设计和运行算法传播系统，同时确保它在履行程序公平、公开和公正的基础上，成为实现政策目标的有效手段。

第三节　算法传播与政治极化

政治极化（political polarization）在西方民主政治研究中是一个核心关键词，指的是政治态度上的极端意识形态分歧。极化作为一种状态，描述了就某一问题、政策、立场与特定党派或意识形态分歧方形成对立的最大程度。[②]2016 年美国总统大选和英国脱欧全民公决，包括其他西方多国同时出现的多元民粹政治的兴起，使得对政治极化现象的讨论再一次受到广泛关注。接二连三的政治“黑天鹅”事件一

① See Hechter, M. & Horne, C. (eds.), *Theories of Social Order*, Stanford: Stanford University Press, 2003.

② See DiMaggio, J. & Powell, W., “The Iron Cage Revisited: Institutional Isomorphism and Collective Rationality in Organizational Fields”, *American Sociological Review*, vol. 48, no. 2 (1983), pp. 147-160.

再表明当今西方主要国家在政治上分歧更大，社会团体在思想上相互对立更明显。人们越来越倾向于聚集到成员与自己志同道合并且往往是半孤立的同质群体中，这些群体在很多情况下都会转移到政治领域的更极端方面。

随着全球政治越来越多地被两极化立场标记，一个日趋凸显的问题是存在于政治极化与社交网络之间的马克斯·韦伯意义上的选择性亲和关系（elective affinity）。这二者并非互为因果，但是会相互影响和改变。社交网络和政治极化之间的这种匹配来自算法传播为政治极化提供的合适渠道。从更深一层次来看，这种伙伴关系还需要从意识形态的角度来理解。在西方，当快速的网络技术发展与深刻的经济危机同时发生，动摇新自由主义秩序合法性的时候，带有民粹性质的极化政治叙事就会与社交网络联系在一起。一方面，社交网络被设计成普通人可以表达自我的平台，为民粹主义运动提供了一个合适的场所；另一方面，算法架构的“过滤泡沫”效应能让心怀不满的个体找到彼此并形成网络群体，这些群体为网络政治极化和网络民粹主义的滋长提供了激进的支持。

如果要捕捉西方网络政治极化潮流的逻辑本质，并探究当前算法背景下政治极化的表现形式，我们首先需要超越在主流评论家中普遍流行的对政治极化的简化理解。政治学家通常区分两种政治极化：精英极化（elite polarization）和大众极化（popular polarization）。精英极化指的是政治精英的两极分化，比如政党组织者和民选官员的两极分化；而大众极化指的是选民和公众的两极分化。但在社交网络算法传播的背景之下，这种简单划分已然不能涵盖政治极化的新动态、新现象、新表征。与传统政治极化中双方纲领性议题和立场的对立有所不同，社交网络上的政治极化带有明显的网络群体极化的特征，实质是网络“暴民”对现实政治的越界与反叛。一方面，主导社交网络的高度个人主义导致了网民原子化，非常有利于民粹主义运动集中融合网络人群中的原子化个体；另一方面，智能算法帮助西方带有民粹色彩的政治候选人通过过滤泡沫制造并加剧意识形态的两极分化，促进互联网民粹模因的传播，促使具有单边极化色彩的虚假新闻扩散，使网络政治极化带有了民粹主义和民族主义色彩。散布在社交网络中的有各种不满情绪的原子化个体被算法重新捏合成为一个新的政治团体，一个具有民粹倾向的网络极群，并被现实中的党派斗争、政治竞选、极端化民族民主运动等裹挟，呈现出新的极化表征。

西方网络政治极化的首要表征是互联网的种族民粹主义被编入算法程序，并迅速推动了白人至上主义、仇外言论、激进主义等思想在西方世界的传播。社交网络和算法传播为近两年西方各国左右两翼民粹主义运动或黑马候选人利用，煽动起一个又一个始自网络、波及世界政坛的极化政治风潮。以美国为例，在历史学家雷福德·洛根（Rayford Logan）眼中，吉姆·克劳法案（Jim Crow Laws）中的种族隔离制度使1877年至1920年的美国种族关系降至冰点，而我们看到的近年来美国社交网络极化势力的兴起，则很可能意味着美国种族关系第二次降至冰点的开始。CNN时事评论员范·琼斯就将2016年美国大选称为“白人对抗”（Whitelash），他认为这才是白人选民真正的政治反弹。不过这次的不同之处在于“白人对抗”在算法上被放大、被加速，并通过社交网络传播，掀起了世界各地的其他有政治极化倾向的网络民族主义运动风潮。

新马克思主义者厄尼斯特·拉克劳（Ernesto Laclau）认为民粹主义是一种政治逻辑，它涉及整个政治共同体对共同的敌人，特别是对政治精英的反抗。[①] 这种统一的诉求可以根据某一特定运动的政治倾向而采取不同的形式。例如，在民粹主义右翼，它倾向于采取高度排外的形式，从而使人民反对移民、少数民族和宗教少数派；在左翼民粹主义阵营中，人民的团结是通过反对不道德的特权而建立起来的，而这种特权是由贪婪的银行家、流氓企业家和被指控剥削普通民众的腐败政客体现出来的。[②] 这两种民粹主义逻辑都在社交网络上找到了一个有利的空间。我们可从近两年西方政治选举中代表民粹势力的候选人来看，除了善于操纵社交网络、代表白人利益的美国共和党领导人唐纳德·特朗普之外，还有推动投票脱欧的英国独立党前领导人奈杰尔·法拉格、法国极右翼"国民阵线"领袖马丽娜·勒庞、意大利右翼五星运动党党首狄马欧、美国民主社会主义左翼领袖伯尼·桑德斯（Bernie Sanders）、西班牙左翼公民政党"我们能党"（Podemos）的领导人巴勃罗·伊格莱西亚斯·图里翁（Pablo Monuel Iglesia Turrión）以及英国工党激进左翼领袖杰里米·科尔宾（Jeremy Corbyn）等人，这些或"左"或"右"的多元民粹政治领袖都在各自国家的大选期间，在社交网络上有着令人印象深刻的表现。

与各国政治领袖的极端政治主张相对应，社交网络的平民政治极化同样也爆发出不可小觑的破坏力。"另类右翼"（Alt-Right）就是一种主要在互联网上宣传极端保守观点的平民极化政治运动。近年来美国另类右翼势力的崛起既是经历了几个世纪的种族主义的延续，也是一个由算法驱动的新兴政治传播体系的一部分。2017 年夏末的一个晚上，数百名极右翼者聚集在弗吉尼亚州的夏诺茨维尔，借用 Tiki 火

---

① See Laclau, E., *On Populist Reason*, London: Verso, 2005, p. 30.

② See Gerbaudo, P. & Screti, F., "Reclaiming Popular Sovereignty: The Vision of the State in the Discourse of Podemos and the Movimento 5 Stelle", *Javnost: The Public*, vol. 22, no. 4 (2017), pp. 320–335.

炬之例为美国南北战争时期的南方联盟总司令罗伯特·李（Robert Lee）的雕像（此雕像被认为是奴隶制、白人至上主义的象征）辩护。这一集会被称为“团结右翼”的集会，主要是在网上组织的。夏洛茨维尔事件也被认为是美国白人民族主义极化运动通过算法传播实现线下行动的开始。夏洛茨维尔集会后，特朗普重复着白人民族主义者的言论，并为美国建国奴隶主的雕像辩护。这当然不是首位在白宫椭圆形办公室公开宣扬白人至上主义的在任总统，但这是白人至上的极端意识形态第一次通过搜索引擎和社交网络平台的算法传播，使互联网成为美国另类右翼势力集结的策源地。其实早在2008年，社交网络平台及其算法就开始改变白人民族主义者使用网络的方式。算法为那些寻求种族主义观念认同，并企图将新人拉拢到种族主义群体的人提供搜索结果，例如Google算法就可以将种族主义网站和其他社区精准投放到相应人群中以确认和发展他们的共同仇恨。算法加速了美国白人至上主义意识形态的传播，就像“青蛙佩佩”（Pepe the Frog）这样的在美国总统大选期间遭到右翼团体滥用的卡通人物形象，它的模因一度从4chan或Reddit等非主流网站流向主流新闻网站，通过算法技术被挪移、放大、扩散，最终成为网络极化政治话语的替身。

算法加速种族主义或民粹主义在网络上的泛滥，导致了民粹政治、情感政治成为西方网络政治极化的又一个表征。民粹政治在西方社交网络的崛起，对新自由主义秩序和全球化都构成了极大挑战。不同的政治派别追求的是完全不同的社会愿景，却似乎具有共同的特征：反对建制派，反对新自由主义意识形态的关键原则，以及代表普通人的政治主张。民粹政治的基础在于算法鼓励下个人主义文化极端盛行，并令人惊讶地成了网络政治极化的口号和武器。① PageRank 是 Google 用于标识网页的等级 / 重要性的一种方法，是网页排名的算法，也曾是 Google 发家致富的法宝。Google 的工程师们利用这一“民主”，集合数亿人在 Google 上搜索产生的大量数据来支持它的算法。这一切使得算法文化听起来似乎是个人主义和民主公共文化的最终成就，然而正如美国《连线》杂志在 2010 年解释的那样，PageRank 被认为是将极端个人主义纳入搜索引擎的一种方式，即由数百万人的民主决定了在网络上链接什么，这恰是形成网络民粹政治的土壤。

情感政治源自网络中算法对网民情感的捕捉和预测，算法主导的情感控制极有可能促成社会控制手段的突变。目前社会理论仍在寻找足够恰当的词汇来描述当下的这一进程。研究者们尝试使用“认知资本主义”（cognitive capitalism）②、“情绪资本主义”（emotional capitalism）③、“交际资本主义”（communicative capitalism）④ 和“情感资本主义”（affective capitalism）⑤ 等来描述算法影响情感的能力如何转化为资产、商品、服务和管理等。情感政治就是算法影响下出现在社交网络中令人瞩目的政治现象。在网络的世界里，意义和表征不再是政治仅有的主要领域，身体、感觉、情感也成为政治观点不可简化的核心。在政治表达异常活跃的社交网络中，算法技术的精准投放使人们接触到相异观点的几率严重下降，尽管基于事实的理性分析对每个人

---

① See Nagle, A., *Kill All Normies: Online Culture Wars from 4Chan and Tumblr to Trump and the Alt-Right*, Alresford: Zero Books, 2017, p. 112.

② See Braidotti, R., *The Posthuman*, Cambridge: Polity Press, 2013, p. 67.

③ See Illousz, E., *Cold Intimacies: The Making of Emotional Capitalism*, Cambridge: Polity Press, 2007, pp. 234–240.

④ See Dean, J., “Affective Networks”, *Media Tropes*, vol. 2, no. 2 (2010), pp. 19–44.

⑤ See Karppi, T., et al., “Affective Capitalism: Investments and Investigations”, *Ephemera: Theory & Politics in Organization*, vol. 16, no. 9 (2016), pp. 1–13.

都有吸引力，但人们依然寻求支持他们情感世界观的东西，而这完全不利于团结一个有分歧的社会。

在一个数字化的环境中，算法作为一种精确地指导和约束注意力的方法，可以轻易操纵人们的情绪。算法引发意识形态导向的假新闻泛滥，导致了“真相游戏”（truth games），只在一定程度上产生意识形态的“过滤泡沫”，并没有准确而客观地报道事实，从而瓦解了政治的权威性和严肃性。[①] 如果进一步将算法操纵情感的手段直接运用在选民身上，就可以发现这种大数据算法驱动情感的极端化行为已经成为西方政治选举的另类煽动形式。情感政治的典型案例是美国特朗普的崛起。美国大选中的特朗普利用智能算法操控社交网络，在支持者中发起精心筹备的“让美国再次伟大”的反体制运动，最终实现了他打入最高权力阶层的目标。特朗普竞选团队利用美国白人工人阶级中存在的明显反建制情绪，基于社交网络所谓的反映许多潜在选民的视角，制造极端情绪化的政治对立与政治认同，创造了一场情感政治的选举奇观。他本人拒绝接受主流媒体的监督批评，利用公众对主流媒体的敌意，大肆推行他的“推特治国”方略。他的推文往往充满情绪煽动性，经常以充满情感色彩的感叹词结尾，比如“Sad!”“Very Sad!”“So Sad!”“Bad!”“Be Honest!”“I Will Fix It!”等，以唤起互联网人群的狂热，网罗了不少情感选票。

研究者认为，西方社交网络提供了一个让人有机会传播政治极化思想的场所，比如强调人民的主权、排外排异、攻击精英等，这些与网络的平民话语有天然的亲近性。[②] 并且，社交网络的交互功能和算

---

① See Harsin, J., “Regimes of Posttruth, Postpolitics, and Attention Economies”, *Communication, Culture & Critique*, vol. 46, no. 2 (2015), pp. 327–333.

② See Engesser, S., Ernst, N. & Esser, F., “Populism and Social Media: How Politicians Spread a Fragmented Ideology”, *Information, Communication & Society*, vol. 20, no. 7 (2017), pp. 1109–1126.

法架构中的非正式投票系统也提供了一种手段，进一步推动极化的公民意见。[①] 例如，具有民粹主义运动性质的意大利五星运动和西班牙“我们可以”运动都利用社交网络和算法传播，提出了自下而上的恢复人民主权的极端政治诉求，但上述研究仍未对社交网络，特别是对算法传播与政治极化之间密切关系的缘由做出令人信服的解释。事实上，这一选择性亲和关系乍一看似乎确实难以有合乎逻辑的解释。首先，民粹、群体极化一直被认为是落后社会和极端社会的典型特征，例如美国的土地民粹主义和拉丁美洲的城市民粹主义等，相反，社交网络和算法技术是先进的高科技社会的象征，从而使它们与民粹、极化之间的亲和关系并不协调。其次，社交网络通常被视为高度个人主义的表现平台，算法推荐也是高度自动化的精准传播，因此更符合新自由主义及互联网精神对个人自主性和自发性的崇拜，而不是导向政治极化的社群主义精神。但我们深入分析会发现，当代民粹主义和政治极化是一个动荡时代的产物，一方面，资本主义深刻的经济危机影响着大部分人口，使他们的生活条件显著恶化；另一方面，快速的高度颠覆性的技术创新重新定义了人们交流的方式和工作生活的组织方式。尤其是社交网络的崛起和算法传播的盛行，一方面冲击了主流媒体的权威地位，另一方面为个人尤其是先前被边缘化的选民提供了表达渠道。这两种趋势的结合为网络政治极化情绪提供了一个出口，吸引了大量有政治不满情绪的网民（同时也是选民）。

（一）主流媒体信誉下降与社交网络崛起，为网络政治极化提供土壤

如果说社交网络为政治极化提供了一条合适的渠道，那么社交

---

① See Gerbaudo, P., “Populism 2.0”, in Trottier, D. & Fuchs, C. (eds.), *Social Media, Politics and the State: Protests, Revolutions, Riots, Crime and Policing in the Age of Facebook, Twitter and YouTube*, New York: Routledge, 2014, pp. 67–87.

网络就应该成为人们反对主流新闻媒体的武器。Web 2.0 的实现使社交网络成为普通人直接表达自己并选择性接触信息的平台，从而绕开传统媒体和记者以及所有其他“不必要的调解者”（unnecessary mediators）。[①] 但这个叙述显然是有问题的，因为不仅社交网络在总体上是一个商业化网络，而且在西方，社交网络已经被 Google 和 Facebook 等庞大的资本主义公司迅速控制，他们利润驱动的议程其实与普通民众的利益并无关联。然而不可否认的是，社交网络在平民中的崇高声誉确实需要与西方主流新闻媒体受到的批评相结合来理解。自经济危机以来，美国主流新闻媒体经历了相当程度的信任下降。根据皮尤研究中心的数据，只有 18% 的美国人对主流新闻机构还持有相当信任感。虽然主流媒体对攻击其权威性的反击是谴责这种行为乃政治非理性和民粹主义的表现，但现实是公众对老牌媒体的反感源于他们在预测 2008 年全球金融危机时的失败，这一事件让主流媒体扮演了“不吠的看门狗”（the watchdog that didn't bark）的角色。[②] 越来越多的普通人开始认为主流媒体是超级富豪和他们的政治盟友的代理人，而不能代表公众的真实需求和利益。意大利马克思主义者安东尼奥·葛兰西（Antonio Gramsci）曾用“权威危机”（crisis of authority）来描述在两次世界大战期间教会和其他传统机构的合法性丧失。今天，主流媒体也正在面临这样的“权威危机”。

这种对主流媒体的不信任，在很大程度上解释了为什么主流媒体面对来自唐纳德·特朗普和杰里米·科尔宾（英国工党激进左翼领

---

① See Nagle, A., *Kill All Normies: Online Culture Wars from 4Chan and Tumblr to Trump and the Alt-Right*, Alresford: Zero Books, 2017, pp. 56–62.

② See Starkman, D., *The Watchdog that Didn't Bark: The Financial Crisis and the Disappearance of Investigative Journalism*, New York: Columbia University Press, 2014, pp. 213–219.

袖）等政客的猛烈抨击时往往显得无所适从，反而让这些攻击行为为政客赢得了英勇的、反建制的、特立独行的名声。此外，它还解释了为什么特朗普如此轻易地将舆论对他利用假新闻网站的指控，转移到谴责主流媒体如 CNN 就是假新闻的代言人。基于“主流媒体不希望你知道真相”的说辞，社交网络中的极化行为往往表现为攻击主流媒体倡导的政治正确和专家权威。英国脱欧倡导者迈克尔·戈夫（Michael Gove）曾公开表示，英国人在电视辩论中“厌倦了听取专家的意见”，更愿意通过社交网络寻找持另类观点的同伴和群体。当然更经常被抨击的不是所谓专业知识，而是过去 30 年主导世界政治的自由市场意识形态，即“新自由主义学说”。

（二）算法传播促成网络极群的聚合，形成政治极化的基础

网络政治极化气候的形成归根结底与网络极化人群的聚合有密切关联，算法传播在其中起到了重要的作用。社交网络时代网络人群的政治和社会话语实现惊人的复兴，研究者发现在线极化群体的形式多种多样，例如“众包”（crowd-sourcing）、“众筹”（crowd-funding）或“群体智慧”（wisdom of crowds）等，[①] 而这些群体的形成是由社交网络的算法和其综合能力促成的。

首先，算法的“过滤泡沫”效应能够将用户的注意力集中在符合其兴趣的内容上。算法会将用户置于一个个“泡沫”中，他或她只会看到与以前的消费或搜索行为相匹配的信息。这些算法的目标和功能能够针对不同个体，使他们对某些项目的访问比其他项目更容易实现。这种“关注过滤”有可能促进公众舆论的两极分化，因为它控制了用户对符合其现有意识形态立场内容的注意力，同时将用户与其他

① See Surowiecki, J., *The Wisdom of Crowds*, New York: Anchor, 2005, pp. 99–105.

观点隔离开来。这种“过滤泡沫”效应的系统性政治影响令人担忧，它们可能加剧政治的两极分化。从形成政治极化的基础来看，过滤泡沫可以起到人群动员的作用，有利于形成网络极化人群。

算法传播的另一个促成网络极化人群形成的因素是所谓的“网络效应”，它有使高度连接的节点变得更加紧密的趋势。例如时间轴算法可以立即推荐流行内容，这些文章在发表后几秒钟或几分钟内就能吸引大量关注。Facebook 的管理员库伦纳·哈立德（Kullena Khaled）说这在 2011 年的埃及革命中起到了关键作用，他认为这种影响导致了一种“暴民”倾向，更多的目光将会转向耸人听闻的内容。[①] 这也许可以解释为什么特朗普通过他的个人推特帐户的宣传就能成功吸引大量的公众关注——算法技术往往能将公众的视线从更严肃更客观的内容中转移出去。

应该说，研究者描述的社交网络的极化倾向并不一定会导致耸人听闻的后果，但可以为渐进的政治极化目的服务。社交媒体算法中固有的焦点和聚合机制为民粹主义运动聚合网络上高度分化的原子人提供了一种合适的工具。正如英国政治理论家厄尼斯特托·拉克劳指出的，民粹主义运动利用“空洞的能指”（empty signifier），允许在单个平台和活动中融合不同的需求。[②] 他们试图克服网络人群阶级和身份分散的劣势，让人们意识到他们其实拥有共同的利益和共同的敌人。算法能够使正常信息与带极化内容的信息获得不成比例的可见度，而后者可以使民粹主义模因实现病毒式传播，数以百万的有不满情绪（或者被剥夺了共同的组织联系）的个人因此聚集在一起，成为网络的极化人群，使政治的单边极化趋势愈演愈烈。

---

① See Gardels, N., “Wael Ghonim: We have a Duty to Use Our Social Media Power to Speak the Truth”, *The World Post*, vol. 32, no. 6 (2016), pp. 43.

② See Laclau, E., *On Populist Reason*, London: Verso, 2005, pp. 251–255.

（三）算法的个性化定制导致选择性曝光，便于组织化的政治操纵

2017 年美国某机构关于算法策略针对社交网络服务影响的研究设计了一项实验，该实验的目的是检测可定制技术下的系统驱动与用户驱动这二者在用户点击次数上是否有显著差异，以及探究花在阅读相同态度的政治文章上的时间，是否比花在阅读相悖态度的政治文章上的时间更长。经验结果表明，算法定制性技术在个人意识形态倾向方面上显著增加了选择性曝光。该研究的最终结论是：由于算法自动化和不显眼的操作，可定制技术在减少与避免人们面对挑战性信息产生认知失调方面特别有效。与此同时，结论显示系统驱动的可定制性（例如 Facebook 信息流的算法）对用户信息选择性接触的影响，比用户自我驱动更强。[①] 显然算法的个性化定制带来的选择性曝光即是一种便于组织化操纵的引发意识形态两极分化的技术方式。

英国作家乔治・蒙博（George Monbiot）曾在《卫报》撰文揭露一家名为剑桥分析公司（Cambridge Analytica ）的 机构利用算法操纵政治的做法，该公司部分股份为美国亿万富翁罗伯特· 默瑟（Robert Mercer）所持有。蒙博质疑这家公司利用背后财阀的力量，暗中操纵美国大选和英国公投，从脸书中挖掘数据，运用算法结合数据创建用户个人资料，预测人们的性格和政治倾向，然后根据他们的心理特征量身定制广告和带有极化色彩的假新闻并进行靶向投放。尽管蒙博披露此事的说法遭到该公司的极力否认，但英国隐私监管机构——信息专员办公室认为有足够的理由发起调查，而且正在这么做。由此可

---

① See Dylko, I., et al., “The Dark Side of Technology: An Experimental Investigation of the Influence of Customizability Technology on Online Political Selective Exposure”, *Computer in Human Behavior*, vol. 73, no. 11 (2017), pp. 181–190.

见，在西方普选制的环境中，尤其在政治权力和影响力不均衡的情况下（比如竞选筹资的多寡和媒体联盟的导向），假新闻、机器人水军、虚假的在线账户都会被算法创造出来以支持某种政治立场，网络政治的两极分化也就在这个过程中被生产、被激发。

由于选择性曝光，持不同的观点的人会在同质化群体天然正义的压制中迅速丧失话语权利，个人意见让位于群体思维。算法鼓动同质化群体的思维走向极端，甚至会使他们忽视足以证明他们的观点错误的事实，并在整体上呈现出"自我延续、自我加强的社会分化状态"。[①] 这不仅导致公众讨论的建设性变差，而且导致在一个社会中人们对自己的支持者持绝对正面的看法，对政治领域另一方的人持非常消极的看法。算法有效过滤人们的在线体验，识别人们的情感特征，将人们置于自身熟悉的回声室中，是造成两极分化的原因，也是假新闻日益增多的关键因素。假新闻以社交网络为集散地，甚至声称自身才有真实的新闻，以谣言或公然的谎言为内容物，故意传播不准确的消息。据研究，美国大选中大约 62% 的美国成年人选择从社交网络了解新闻，在这段时间里，最受欢迎的假新闻得到的算法推送远比主流媒体报道要多得多。其中网民在 Facebook 上分享的假新闻大多倾向于特朗普，共有 115 篇赞成特朗普的假新闻被共享 3 000 万次，41 篇赞成希拉里的文章只被共享了 760 万次。[②] 可见，算法导致的假新闻泛滥深刻影响了网络民主的走向，尤其是导向了民粹政治和极化政治。

政治极化与社交网络的选择性亲和关系表明，社交网络的底层

---

① See Bishop, B., *The Big Sort: Why the Clustering of Like-minded American is Tearing Us Apart*, New York: Mariner Books, 2008, pp. 36–40.

② Allcott, H. & Gentzkow M., "Social Media and Fake News in the 2016 Election", *Journal of Economic Perspectives*, vol. 14, no. 2 (2017), pp. 211–236.

叙事主导的价值取向与主流制度政治的主要特征（制度主义、形式理性、全球化等）背道而驰，社交网络因其平民底色，更倾向于支持那些毫不隐讳的民粹主义话语和政治极化运动，也更容易被民粹和极化政治团体利用。在这个过程中，算法传播利用数字文化中固有的对权威和精英文化的怀疑，为网络政治极化推波助澜。

在社交网络平台上，规避政治极化的风险需要我们从网络民主建设和算法干预的双重角度进行思考。网络民主建设是网络政治良性发展的必经之路，也是避免网络政治极化的有效途径。网络民主的突出特征是多元性、开放性和讨论性，网络民主建设必须顺应网络作为民主公共领域的这些典型特征。当代著名政治哲学家查特尔·墨菲（Chantal Mouffe）在接受《政治学》杂志采访时被问到如何界定民主，她回答："当我们承认每一个共识都可能是霸权的暂时结果时，我们就应该设想民主公共领域的性质，以期改变权力的运作方式。而这就是为什么一个多元民主的公共领域需要为不同意见和可以表现的制度留出空间的原因。它（民主公共领域）的生存取决于围绕明显多极立场形成的开放讨论，以及在多种选择之间进行选择的可能性。"① 墨菲的思想对我们的启示在于，当我们希望建设网络民主，规避网络政治极化的风险时，首先需要考虑如何将网络环境真正培育成多元民主的公共领域。用倡导多元民主论的美国政治理论家威廉·康诺利（William Connolly）的话来说，"我们需要促进尊重不同道德来源的多重选区的建立，这至少会提供在'真正的选择'之间进行选择的机会"。②

鉴于网络环境下的算法传播致力于个性化定制和目标用户的靶向投送，极容易忽视向用户提供多元选择的机会，当被网络民主主义

① Castle, D., "Hearts, Minds and Radical Democracy", *Red Pepper*, no. 1(1998).

② See Connolly, W., *Why I Am Not a Secularist*, Minneapolis: University of Minnesota Press, 1999, pp. 14–16.

和民粹主义利用后，也极易导向观点和态度的单边极化。如何改变这一现状？如果我们的算法设计能采用协商民主的范式，照顾到多元政治主体的话语表达，那么它就会假定网络政治是一个具有理性辩论能力和新兴共识立场的辩证统一体。这样的设计逻辑强调算法决策的制定应始终是一场比赛，一场从通常对立的角度进行选择的比赛。作为一种技术竞争的精神存在，算法应该承担永久的争论，并且承认争论并不会导向极化。我们不妨从具体设计的角度重新思考这个问题：如何展示算法竞争的复杂性？一种方式可以是采用维基百科的“查看历史”的模式，在这个模式下，即使删除了内容之后，后台对内容价值的争论也仍然可见。我们设想在 Google、Facebook、Twitter 等平台上，在政治立场、态度、观点方面出现分歧的地方也可以采用这种方式。这至少提供了一条基于自由选择的不同途径，而不是重回令人失望的算法导向单一意识形态的困境。以此类推，为了有效避免假新闻的问题，我们还可以考虑“引入随机的新闻故事，并确保用户接触到高质量的信息，这将是一种简单且健康的社交媒体平台的算法调整”。①

更进一步来看，如果假定一种新的算法设计给我们提供了新的知识逻辑，那么就要考虑这种知识逻辑背后呈现的价值观。不同的算法设计是不同利益群体的代理，很多时候必须在冲突的数据对象之间进行选择，也就是对价值观进行取舍。避免极化就必须认识到不同观点和对立价值观的作用，就需要接受研究者所谓的“共同的游戏规则”。同时必须明白算法从根本上说是制度治理和互联网知识生产的参与者，算法的设计需要民主正当化其过程，如采取以利益相关者的

① See Howard, P., *Is Social Media Killing Democracy?*, Oxford: Oxford Internet Institute, 2016, pp. 178—182.

参与形式开放源代码，民主化算法的设计过程或公共认证等。[①] 而提高算法和数据的透明度或可审核性的努力是基于这样的假设：获取源代码，哪怕是获取用于培训机器学习模型的数据源代码，都可以辅助我们了解在系统中是否存在政治偏见。[②] 虽然描述算法的每一个流程、条件、资格和例外情况等问题不太可能被公众全部理解，但通过形式公正的方式揭示算法是如何工作的，也就能在一定程度上印证"揭示信息处理实践的方式对引导个人做出政治选择是具有重要意义的"。[③]

美国批判社会学家丹尼尔·贝尔（Daniel Bell）等人曾在 20 世纪 60 年代判断，西方世界传统的意识形态分裂正在消退，政治的两极分化将会结束，市民政治学可能会取代意识形态政治学。但尔后的批评家们认为贝尔的"意识形态的终结论"带着历史的后见之明，更像是一种幻想，而不是现实。他们进一步论证后物质时代的到来使西方公众再度极化，刺激人们在环境问题、性别平等和生活方式选择等方面产生新的冲突。[④] 其导致的结果是"越来越不能容忍政治分歧，全国性共识更不可能；政治分化严重到如此程度，选举不再只是政治竞争，而是生活方式之间的艰难选择"。[⑤] 近两年内西方政坛的风云动荡也在证明政治极化的确没有消失，而且在社交网络的背景下呈现出新

---

① See Orwat, C., et al., "Software Als Institution Und Ihre Gestaltbarkeit", *Informatik Spektrum*, vol. 22, no. 6 (2010), pp. 626–633.

② See Diakopoulos, N., *Algorithmic Accountability Reporting: On the Investigation of Black Boxes*, New York: Columbia Journalism School, Tow Center for Digital Journalism, 2014, pp. 354–357.

③ See Nissenbaum, H., "From Preemption to Circumvention: If Technology Regulates, Why do We Need Regulation Andvice Versa", *Berkeley Technology Law Journal*, vol. 26, no. 7 (2011), pp. 1367–1386.

④ See Dalton, R. J., "Social Modernization and the End of Ideology Debate: Patterns of Ideological Polarization", *Japanese Journal of Political Science*, vol. 35, no. 7 (2006), pp. 1–22.

⑤ See Bishop, B., *The Big Sort: Why the Clustering of Like-minded America is Tearing Us Apart*, New York: Mariner Books, 2008, pp. 329–331.

的表现形态和生成原因。把握当下西方网络政治极化问题的实质，就需要将西方最新的民粹潮流与社交网络的算法传播走向结合起来考察，揭示算法冷机制背后人和政治的操控和选择。

本研究同时也注意到，西方主流政治阵营的领导者有时也会利用社交网络制造出一种进步的民粹形象以拉拢网民，从而导致像埃马纽埃尔·马克龙和马泰奥·伦齐这样具有精明头脑的“建制民粹主义者”的诞生。另外，西班牙“我们能党”倡导的左翼民粹主义主张解决不平等和腐败问题，英国工党领袖杰里米·科尔宾和美国左翼领袖伯尼·桑德斯也都有类似的民粹主张，他们或将在未来西方政治格局中占领上风。未来社交网络的算法选择是只会偏向特朗普这样的右翼民粹主义者，还是也会倾向于以解放人民姿态出现的左翼民粹主义者，笔者尚不得而知。但可以肯定的是，社交网络将依然是未来几年建制和反建制阵营之间极端化冲突的中心舞台。

然而，无论网络政治极化在社交网络上的表现形态如何变化，它带来的最大威胁始终在于其导致的网络群体政治联盟对多元民主的极大破坏。我们探究网络政治极化与社交网络算法传播之间的关系，进而提出通过干预算法传播达到控制网络政治极化的设想，也是试图开启西方网络政治传播研究的一个新面向。这条研究理路依然需要结合西方现实政治的发展和网络政治的变化，不断进行后续研究的开拓和深挖。

第四节　算法传播与后真相政治

按照美国文化学者道格拉斯·凯尔纳（Douglas Kellner）的界定，媒体奇观指“那些能体现当代社会基本价值观、引导个人适应现代生活方式、并将当代社会中的冲突和解决方式戏剧化的媒体文化现象”，[①] 那么当下我们身处的社交媒体本身已经成为一种奇观。社交媒体奇观具备奇观文化的基本特征，然而与充当流行文化组成部分的大众媒体奇观相比已经发生重大转变。一方面，社交媒体奇观不再只是主流媒体单向度的商业文化霸权的体现，而是政治组织、利益集团、网络公众等共同塑造数字流而形成的参与式、可传播、可流动、不确定性的网络政治奇景；另一方面，美国左派思想家斯蒂文·贝斯特（Steven Best）认为奇观是“去政治化的工具”，[②] 而社交媒体奇观却天然包含政治抗争与民粹话语的内核，其中格外引人注目的是算法传播、模因传播对社交媒体奇观生产所起的作用。我们看到，社交媒体中生机勃勃的网络亚文化和西方另类右翼文化的兴盛，无一例外突出了反理性、区域性和反全球化的后真相政治观。因此文化生产和实践的高度政治显著性，是当代社交媒体文化的重要症候，而附带了后真相意蕴的社交媒体政治奇观即是本文的研究对象。

后真相是一个自我意识强烈的划时代的变化性术语，英国学者菲利普·施莱辛格（Philip Schlesinger）2017 年在《华尔街日报》上撰文指出，后真相作为一种理念的兴起，与社交媒体的推波助澜密不可分，它“标志着公众领域的构成方式和社交媒体在政治领域的公众行为都发生了变化”。[③] 与此同时，后真相的标签和假新闻之间有着千丝万缕的联系，社交媒体上每天都有许多假新闻和缺乏来源的消息在流

① 道格拉斯·凯尔纳:《媒体奇观：当代美国社会文化透视》，史安斌译，清华大学出版社 2003 年版，第 2 页。

② 斯蒂文·贝斯特:《现代的商品化和商品化的现实：波德里亚、德波和后现代理论》，载道格拉斯·凯尔纳:《鲍德里亚：批判性的读本》，陈维振等译，江苏人民出版社 2005 年版，第 17 页。

③ See Schlesinger, P., “Book Review of John Nerone: *the Media and Public Life: a History*”, *Media, Culture & Society*, vol. 39, no. 4 (2017), pp. 603–606.

通，这也是社交媒体政治奇观的重要表现。在西方的社交媒体中，受算法操控或借助模因传播的政治奇观主要包括西方政坛的另类右翼逆袭奇观、模因传播的民粹政治奇观、算法制造的假新闻奇观，等等，其中蕴含了大量“真相游戏”、民主退步、政治极化等不确定风险。在中国，在众多新媒体技术奇观的背后，还包含了体现疏离、消解与抵抗的亚文化政治奇观，以及反主流、去中心化的后真相舆论奇观，它们共同生产了中国网络社会政治不信任的“噪音”，创造了社交网络舆论空间的中国式风险。[①] 因此社交媒体政治奇观已经不仅仅是文化工业和消费社会的产物，也不只是文化意义上的政治奇观，它是后真相政治的载体，已成为一种政治风险。我们对此展开研究，也不再囿于传统的文化祛魅和商业化诊断，而是在风险的语境下剖析数字技术是如何创造社交媒体政治奇观并产生后真相风险的。

数字技术创造文化奇观已为人们熟识，在 21 世纪初 PC 互联网时代，凯尔纳就已经看到数字化改变了文化的面貌，打造了新的奇观形式和技术文化新领域，互联网为抵抗政治的交互式奇观提供了平台。但当网络社会进入 Web 2.0 时代，尤其是进入大数据时代，数字媒体生态系统逐渐衍生出新的可传播奇观（spreadable spectacle）。它们是社交网络独特的政治奇观，关键特性在于在几乎没有主流媒体支持的情况下，它由各种利益群体和志同道合的网络公众共同定义、创造、扩大和维持，是新媒体技术和网络政治实践交集的结果，其形成受益于流变的、可搜索的数字化社交网络平台。可传播的政治奇观在网络社区中被有意识地扩散，不断生成变化，其中算法传播和模因传播在奇观生产中发挥了相当大的影响。

---

① 参见全燕、杨魁：“社交网络舆论空间的‘中国式风险’检视”，《现代传播》2018 年第 1 期。

研究者发现，在数字导向的媒体奇观中，“算法是一种指导和训练注意力的手段，它培养了人们专注于特定内容并取消对异己信息关注的习惯”。[①] 美国学者杰森·哈尔辛（Jayson Harsin）对此表示赞同，他认为这种大数据算法驱动的营销形式已经成为大型互联网公司的灵魂和社会控制的主要形式。[②] 算法远非人们想象的那样对现代媒体格局产生民主化影响，事实上算法形成的信息茧房常常被纳入由政治精英或商业集团控制的商品交换系统中。通过抓取用户生成的数据，或者从现有网站中筛选材料，算法使用有针对性的数据分析来帮助构建消费者的拟态环境，造成一种用户可以接触到各种一手新闻来源的印象，其实这些算法平台的所有者在塑造用户体验的过程中发挥着重要的控制作用。因此，认为互联网反映了后真相时代的民主空间是受到了误导，相反，在过滤这些新闻来源时使用算法预测数据会造成这样一种情况：用户的真实生活在无意中已经受到控制网络平台的利益集团的影响。在社交媒体平台中，传统媒体格局已经变得支离破碎，具有意识形态导向的假新闻激增，导致了公众热衷于在算法的“过滤气泡”内寻求和诉诸真相，“真相游戏”在一定程度上成为一种政治奇观。

在算法实现之后，传感器和记录工具几乎不需要人为干预，算法的脚本和命令的结果只有在精准部署之后才会为人所知，算法因此也成为真相的仲裁者，它的个性化传播导致个人的好恶和态度优先于事实的证据和逻辑。在以“雄辩胜于事实”为基本特征的网络舆论空间中，人气往往比客观事实更具吸引力，因此详细但冗长的调查报道与简短但有煽动性的评论相比并不占优势。算法技术操控下的舆论之

① See Beer, D., *Popular Culture and New Media: The Politics of Circulation*, Basingstoke: Palgrave Macmillan, 2013.

② See Harsin, J., “Regimes of Post Truth, Post Politics, and Attention Economies”, *Communication, Culture & Critique*, vol. 8, no. 2 (2015), pp. 327–333.

战、政党之争形成为一种社交媒体的政治奇观。

奥巴马不仅仅是美国第一位黑人总统，也是美国第一位社交媒体总统。奥巴马在 Facebook 和 YouTube 上以及在后来的 Twitter 和 Instagram 上都是非常受欢迎的人物，曾经吸引了数千万的追随者，成为风光无限的舆论领袖。他的惊人胜利为选举政治确立了新的规则，证明了政治家不再是过去那种枯燥、乏味、无趣的人物。相反，他们必须表现出能够让自己在社交媒体上不断脱颖而出的特质。奥巴马与社交媒体的“蜜月期”也创造了又一个的西方“选举奇观”。由此，奥巴马和他的同僚们错误地认为，社交媒体是年轻一代的地盘，是自由潮人的世界。然而，民主党人没有意识到社交媒体上另类右翼势力的崛起。从某种意义上说，在西方选举政治的世界里，我们已经看到了社交媒体政治奇观的逆转：昨天的另类反叛政治今天成为网络政治的主流，新一代的保守派已经成为新的“反叛者”。

2016 年大选中的特朗普不庄重的态度和绝对缺乏原则的表现，使他成为对抗自由派的完美工具。新一代的保守派与他们的自由派对手一样精通网络，谙熟组织化的社交媒体操纵方法，他们的政治理念是由对自由正统观念的强烈、永不满足的反抗驱动的。但与奥巴马时代不同的是，在特朗普竞选中起决定性作用的是算法驱动政治传播技术的创新，即高度精密的靶向目标操作，通过大数据算法和机器深度学习影响乃至控制用户的情绪。不同用户会收到不同信息，这一切都是依据算法捕捉到的用户实时数字行踪并为目标用户建立专属的行为和心理特征档案的结果。保守派利用算法传播对舆论实施大规模引导，使用诸如虚假账号、机器人水军、暗帖等手段在社交网站上进行因人而异、自我调整的舆论宣传，传播片面的甚至是虚假的政治信息，制造公众支持的仿真舆论，扭曲政治情绪，从而操控选民的投票行为。

人工智能和算法技术帮助以特朗普为代表的另类右翼成功逆袭，通过操控舆论创造了政治暗网奇观。有别于传统的选举奇观，政治暗网奇观不再是大张旗鼓的舆论劝服和煽动，而是算法策动的点对点的精确舆论制导和清洗，表面上悄无声息，实则暗流涌动，它是阴谋政治的体现。它让我们看到，在信息泛滥的网络现实中，散布恶意舆论和编造事实已经成为一种秘密武器，它唤起了人性中暗黑的一面。在Facebook和Twitter上，无数被水军和喷子蛊惑的网民成为右翼傀儡，阴谋论在算法的支持下登场，而真相和谎言之间不言而喻的区别，也已经不再具有政治动员的力量。

模因传播是近年来在社交媒体上出现的不可小觑的亚文化奇观。模因的概念由英国生物学家理查德·道金斯（Richard Dawkins）提出，被定义为“文化传播或模仿的单位”。[①] 数字技术将文化传播的范围拓展到网络，模因遂成为网上迅速传播并逐渐变化的内容单元，是参与性数字文化中的一种传播体裁、一种叙事方式，充满了话语性的目的。[②] 网络模因结合了文字、图像和视频，创造了一种比自然语言更有指向性和感染力的交流方式。例如韩国“鸟叔”《江南style》这一高适应性（fitness）的模因受到跨国境、跨文化群体的模仿、拼贴、混搭，成为全球共享的文化体验，这就是互联网模因传播的典型案例。[③] 这种体现了数字平台参与式文化的模因传播，在不断衍生变化中形成一种独特的网络亚文化奇观。通过模因，任何个体和群体都能够将自己的意图融入原有的图像或视频中，重新创作或“混搭”其

---

① 参见理查德·道金斯：《自私的基因》，卢允中等译，中信出版社2012年版，第217页。

② See Bradley, E. & Wiggins, G., “Memes as Genre: A Structurational Analysis of the Memescape”, *New Media & Society*, vol. 17, no. 11 (2014), pp. 49–55.

③ 参见周翔、程晓璇：“参与无界：互联网模因的适应性与跨文化传播”，《学术研究》2016年第9期。

原始内容，以产生具有不同意义的新内容。不断变幻的衍生体融入了不同文化和群体的创造性表达，也成为社交媒体上标志性的可传播奇观。

模因传播除了是新媒体技术支持下强势文化工业的产物以外，它在网民的政治参与中发挥的独特作用也不能忽视。在西方，政治组织和群体利用模因多变善变的特点，不断衍生出新意义进行传播，使其服务于特定意识形态目的，其中包括模因被另类右翼挪用而形成充满民粹色彩的政治奇观。2017 年，爱尔兰作家安吉拉·纳格尔（Angela Nagle）在她的新书《杀死所有正常人》（*Kill All Normies*）中详细记录了西方另类右翼的崛起。纳格尔观察到，另类右翼模因是由 4chan 网站的极客亚文化发展而来的，在 2016 年美国大选中大行其道的右翼政治模因“青蛙佩佩”就起源于 4chan。[①] 这个卡通角色来自漫画家马特·富里（Matt Furie）在 2005 年创作的漫画《男孩俱乐部》（*Boy's Club*），主人公就是这只青蛙，它是青蛙脸和人的身体的结合体。直到 2015 年，模因成为政治观点的流行表达方式，富里设计的这个角色才逐渐成为另类右翼竞相篡改、演绎的热门人物。青蛙佩佩在 Myspace、4chan 和其他在线平台上大受欢迎，迅速成为一个受欢迎的互联网模因。

在 2016 年美国总统选举周期中出现了大量的模因，但青蛙佩佩因为被另类右翼挪用而格外醒目。在选举期间，特朗普就曾转发了一段青蛙佩佩模因的视频，青蛙佩佩模因自称为白人民族主义者，宣称“你不能阻止特朗普”，并鼓励另类右翼继续支持青蛙佩佩。研究者发现，青蛙佩佩的影响力大是因为它是一种罕见的模因，对于那些可以巧妙转换模因语法和句法的人来说，能具备强烈文化吸引力的模因很

① See Nagle, A., *Kill All Normies: Online Culture Wars from 4chan and Tumblr to Trump and the Alt-Right*, Alresford: Zero Books, 2017.

少，而青蛙佩佩作为一种独特模式的功能视觉传播却很成功。[①]

按照凯尔纳的说法，媒体奇观是名人文化，它为受众提供了时尚、外形和人格的角色模型，青蛙佩佩的模因传播创造的就是一种罕见的卡通名人文化的政治奇观。另类右翼群体利用青蛙佩佩家喻户晓的形象，对其进行挪用、篡改、衍生，使其携带了反主流文化的美学价值，成为右翼亚文化的代言人。和算法传播的组织化运作一样，被政治组织利用的模因传播，其目的性和操纵性远远超过了普通亚文化传播呈现出的散漫状态。青蛙佩佩"模因化"（memeification）以后，被网络社区进一步传播，并被右翼团体作为特定的政治手段加以吸收利用，广泛传播种族主义、性别歧视、无政府主义、民粹主义思想。青蛙佩佩模因培养了在线右翼社区，这些社区又扩展到了 Facebook 和 Twitter 等主流社交媒体中，形成大规模的模因传播政治奇观，最终影响了白宫的政权交替。当青蛙佩佩的形象被用来分享政治观点时，其表现就是右翼政治话语的重要贡献者，也是在这一奇观生产的过程中，青蛙佩佩模因成为规避传统媒体和主流舆论、张扬民粹政治主张的关键推动者。

无论是算法操控的政治奇观，还是模因传播的政治奇观，均助长了一种由人类的偏执本能构成的极度情绪化的网络心理和社会环境，并显现出后真相的种种症候。在整个 20 世纪 90 年代，"后真相"这个术语都是以一种有限的方式被提及，其真正开始受到关注是在美国作家拉尔夫·凯斯（Ralph Keyes）2004 年出版《后真相时代：当代生活中的不诚实和欺骗》（*In The Post-Truth Era: Dishonesty and Deception in Contemporary Life*）之后。凯斯在书中指出，在真与假之间存

① See Applegate, M. & Cohen, J., "Communicating Diagrammatically: Mimesis, Visual Language & Commodification as Culture", *Cultural Politics*, vol. 13, no. 7 (2016), pp. 219–234.

在第三类模糊事实，而个人对现实的感知可以通过操纵和欺骗的方式来塑造。[①]凯斯关于后真相的主张在哈尔辛的“后真相制度”（regimes of post-truth）理论中得到了进一步的巩固。哈尔辛的这一概念建立在福柯的“真相制度”（regimes of truth）之上。哈尔辛认为，与福柯所说的由科学界、教育机构、政府、主流媒体等建构起来的真相制度不同的是，后真相时代的真相仲裁者是掌握了注意力市场的权力者，诉诸真相的各种行为者的目标似乎也都是为了占领感知和态度领域，他们会以一种使民主崩溃的方式绑架自由，诱导人们在所谓的“真相市场”上竞相参与生产和消费。

虽然哈尔辛对后真相的定义与奇观之间没有直接联系，但它与奇观概念的前身，由居伊·德波（Guy Debord）于1967年在法国情境主义国际的历史阶段发起的对“景观”的讨论有很多相似之处。德波认为，当代社会的主导性本质是景观，景观破坏了真实与虚假之间的界限，景观社会与社会的真实存在是对立的，“在被真正地颠倒的世界中，真实只是虚假的某个时刻”。[②]这与后真相时代的状况不谋而合。凯尔纳在此基础上提出的媒体奇观概念即是对德波的景观理论的呼应和具象化。当下社交媒体政治奇观之于后真相有着更紧密的联系，如果说“景观的在场是对社会本真存在的遮蔽”[③]，那么在社交媒体政治奇观的语境下，我们也完全可以发展出“后真相的在场是对社会本真存在的遮蔽”的结论。承载了后真相意蕴的奇观世界，不仅仅是供人们消费的声色犬马的世界，也是假新闻泛滥、真理缺席的世界，呈现出令人不安的后果。

① See Keyes, R., *The Post-Truth Era: Dishonesty and Deception in Contemporary Life,* New York: St Martin’s Press, 2004.

② 居伊·德波：《景观社会》，张新木译，南京大学出版社2017年版，第5页。

③ 张一兵：“颠倒再颠倒的景观世界：德波《景观社会》的文本学解读”，《南京大学学报》（哲学·人文科学·社会科学版）2006年第1期。

在捷克思想家瓦茨拉夫·哈维尔（Vaclav Havel）的道德政治战略依据的公理中，有一条最为典型：真理终将胜利，并将让我们获得自由。“活在真理中”这个信念对持不同政见的个人解放思想具有重要的政治意义。哈维尔对此的解释是，“活在真理中”是一种基于道德的政治策略。① 从最初意义上解读，“活在真理中”可能只是一种被动的抵抗形式，所需要的只是放弃以及拒绝参与谎言行动。这种对自己忠实的简单道德行为自动地获得了政治维度。但这种道德上的明晰性和纯洁性在今天的奇观世界中看来似乎是不识时务的，因为后真相时代的“噪音”和混乱让“活在真理中”在某种程度上成为一种奢望，真理缺席也成为后真相政治奇观的一大特征。

在现代性背景之下，传统科层制搭建的金字塔式的社会控制结构，以对获取和传播信息的垄断权，极大地推高了真理作为政治和道德货币的至高无上的价值。但在社交媒体环境下，传统的社会控制金字塔崩塌，真理不再具有集中于传统制度下的至高无上的政治权力，而是又回到了最初意义上，成为纯粹个体的选择。个体维度的道德和政治责任的多寡，在不断被重新诠释的后真相世界中，在对真理的理解和阐释中也许更能发挥作用。与此同时，后真相的凸显使后现代主义解构思想在当代社会以一种更极端的方式表现，人们对绝对真理不容置疑的拥护姿态开始动摇，怀疑的重心也从证据是否能够支持论证，转变为直指是否存在证据，即绝对客观和真理是否真正存在。社交媒体具备天然的后现代特征，其碎片化、流动化、去中心化的状态从根本上阻止了单一的、统一的真理观在网络中得以认同和传播。公共话语的真理逻辑在社交媒体的政治奇观中是不断被诠释重构的，当

---

① See Havel, V., “*Anatomy of Reticence*”, in Wilson, P. (ed), *Open Letters: Selected Prose*, London: Faber & Faber, 1991, pp. 291–322.

涉及传播的效度、吸引力的强弱和注意力市场的广度时，叙事形式的重要性甚至已经超过信息质量（真相或谎言）的重要性，从而导致了真理的最终缺席。

我们借用哈维尔的说法，带有后真相意蕴的奇观世界是一个庇护不在场、不思考、不关心、不求真理、不行动的世界。真理的缺席与人们的网络化生存如影随形，与空洞的、仪式化的意识形态不谋而合，是网络政治的一种极端化的生产和表达。当真理沦为政治修辞术，成为被反复诠释的对象后，我们必须面对的问题在于，后真相世界里的真理不再是统一恒定的，真理的标准因人而异，模糊性和多义性成为突出特点。在自由的网络世界，“公理”意义上的普遍真理难以获得，它本身已经成为个体追求自我存在的目标，而不再是一种有质量的政治和社会生活的手段。被社交媒体裹挟的当代社会的特点是传播的民主化和多元化，数字信息的滚滚洪流和复杂民意的不可通约性使真理成为网络政治的牺牲品，它往往来不及被检验，就被淹没在观点和态度的海洋里。从更深层次来看，无论是民主国家还是后极权国家，最终都成为消费社会的一部分，这意味着真理的缺席连同这个时代的技术文明危机，以及特定背景的社会道德危机，都可以被看作是全球化时代的社交媒体政治奇观的统一症候。

美国批判学者尼尔·波兹曼在他最具预言性的评论中写道：“应该说，嵌入在电视新闻节目的超现实框架中的是一种反传播理论，以一种抛弃逻辑、理性、顺序和矛盾规则的话语为特色。”[①] 这是因为波兹曼在 20 世纪 80 年代就观察到，美国人看电视新闻越多，他们对世界的误解就越多，这让波兹曼认为电视新闻传播的就是虚假信息。如果说我

---

① 尼尔·波兹曼：《娱乐至死》，章艳、吴燕莛译，广西师范大学出版社 2004 年版，第 97 页。

们将波兹曼的洞见放到今天充满后真相意味的奇观世界中，我们会发现这依然是一个携带着偏见的不真实的世界，最典型的特质就是假新闻泛滥。假新闻与后真相如影随形，在这个社交媒体取代电视成为实质上的新主流媒体的时代，假新闻问题也成为新的延续性问题。

由于社交媒体过度地宣扬其参与性本质，人们关于客观性的信念也在急剧下降，造成事实检查者面临着区分真相和谎言越来越徒劳的尴尬境地。我们所处的后真相时代越来越多地被一种后现代相对主义框定，这种相对主义是以牺牲“事实驱动新闻报道”作为代价的。在携带了政治之私和情绪宣泄的观点帖、态度帖的涤荡下，网民们对专业媒体的客观报道和权威定义逐渐失去兴趣，甚至产生怀疑和抵触情绪，这给假新闻传播造成可乘之机。如果假新闻生产是被有组织的操控，那么即便事实核查者证实了一个谎言，但已经有数以万计的谎言被组织化传播。“虚假信息瀑布”的流量之大、来势之猛、传播之准，使假新闻潮流变得无法阻挡，成为后真相政治奇观的显著症候。

在机器人和算法主导在线搜索的社交媒体时代，信息源的断裂以及在信息渠道上缺乏共同信任等问题的出现，使得记者和新闻机构如何报道数字时代的真相成为令研究者担忧的话题。哥伦比亚大学 2015 年的 Tow 数字新闻中心研究员在一份报告中指出，共享的新数字环境对传统新闻机构造成了相当大的、或许是无法克服的挑战，谎言比真相传播得更远。[①] 受算法个性化推荐的影响，社交媒体花费更多的时间和资源向目标群体投其所好，而不是去核实或揭穿病毒式传播的内容和网络谣言。可以肯定的是，不信任和假新闻在社交媒体上广泛扩散的问题与用户必须通过多个中间层才能到达信息源有密切关联。想

① See Silverman, C., “Lies, Damn Lies, and Viral Content: How News Websites Spread (and Debunk) Online Rumors, Unverified Claims, and Misinformation”. Available at: http://towcenter.org/wp-content/uploads/2015/02/ Lies Damn Lies Silver man Tow Center.

象一下，当你在微信上看到你的朋友正在分享今日头条上推送的某篇报摘，这条消息来源链上实际有四个环节——微信、朋友、今日头条、报纸——由此产生的对信息来源可靠性的模糊化，也提供了一种“虚假的安全感”，导致人们不太可能仔细辨别他们读到的信息的真伪。

不过仅仅教会人们如何从真相中辨别虚假信息，也只是一个更大问题的一小部分，社交媒体的用户还需要承担主观上传播假新闻的责任。宾夕法尼亚州立大学教授桑达尔（S. S. Sundar）在《新共和》（*New Republic*）杂志发表的一篇题为《假新闻诉求的心理原因》（There's Psychological Reason for the Appeal of Fake News）的文章，他以研究网络新闻消费心理学 20 多年的经验推断，社交网络中的新闻读者似乎并不真正关心“专业守门人”的重要性，这种放任自流的态度，加上难以辨别在线新闻来源，是许多人相信假新闻的根源。[①] 如果用户自身对消息来源不感兴趣，以及对朋友圈信息不加辨别的信任导致假新闻消费和共享的生态系统已经形成，那么媒介批评也已无法有效应对假新闻泛滥的问题。西方诸如 Facebook、Instagram、Twitter 和 Reddit，国内诸如百度、腾讯、阿里巴巴等这样的大型互联网公司为吸引更多用户，往往在很大程度上让把关人责任落在了网民的手里。当网民追求个人世界观和价值观的宣泄和共鸣时，他们会通过分享、点赞、转发得到志同道合的人群反馈，并不在乎是否在传播真相，这在很大程度上加速了掺在正常报道中的假新闻的扩散和泛滥。此外，当一个日益分崩离析的社会面临日益加剧的政治极化和经济不平等的压力时，指望网民能够以合作和负责任的态度从假新闻中甄别真相，似乎变成一个难以企及的主张。假新闻奇观中的“事实”蜕变

① See Sundar, S. S., “There's a Psychological Reason for the Appeal of Fake News”. Available at: https://newrepublic.com/article/2016/12/08/theres-psychological-reason-appeal-fake-news.

为社交网络中权力争夺的主要修辞武器之一，对媒体系统的信任度和民主制度的负面影响都是相当大的，风险也从中生发。

在西方的社交媒体上，后真相政治奇观的风险表现为近几年来“另类事实”（alternative fact）肆意传播，导致选举政治中的极右和民粹势力对西方民主制度造成威胁，社交媒体成为西方政治风险的助推阵地。右翼民粹运动不仅在美国借助社交媒体造势，在欧洲也是如此。近年来，欧洲右翼民粹主义运动激增，在法国，反移民的国民阵线（National Front）聚集了大批极右翼网络活动人士，他们试图在2017年让马林·勒庞上台。然而如果不借助社交媒体，国民阵线就会过于分散。社交媒体让原本孤立的仇外分子和右翼民粹主义者聚集在网上，建立一种极端民族主义的团结感。勒庞和她的网络支持者散布假消息，声称马克龙在巴哈马拥有一个秘密银行账户，此举导致马克龙被迫对勒庞提起诽谤诉讼。虽然马克龙最终以压倒性的优势赢得了选举，但很明显，制造假新闻并利用其进行网络钓鱼已经成为法国政治中的一个严重问题。[①] 在英国，反移民的英国独立党同样被证明拥有强大的社交媒体影响力。独立党前领导人奈杰尔·法拉奇（Nigel Farage）是该党的核心人物之一，他被指控长期以来一直在撒谎，谎言以假新闻的形式被独立党及其追随者在社交媒体上广泛传播，制造仿真舆论蒙蔽公众。这些谎言包括声称奥巴马“无法忍受英国”、欧盟委员会的行为违反民主同盟的初衷，等等。[②] 法拉奇的谎言通过算法传播被放大，帮助英国脱欧阵营在2016年赢得了议会投票，支持

---

① See Samuelm, H., “Emmanuel Macron Files Defamation Complaint Against Marine Le Pen Over Bahamas Account Allegation”. Available at: http://www.telegraph.co.uk/news/2017/05/04/emmanuel-macron-files-defamation-complaint-marine-le-pen-offshore/.

② See Taschm, B., “Some British Politicians Have a Skewed Idea of how the Top EU Officials Come to Power—Here is How It happens”. Available at: http://uk.businessinsider.com/is-the-eu-undemocratic-2016-8-3.

英国退出欧盟。与此同时，即使在一直对极右政治言论非常敏感的德国，近两年来也目睹了令人不安的右翼崛起。极右的德国新选择党的口号包括反对移民、反对难民、反对伊斯兰教和穆斯林，甚至表现出对德国纳粹历史的同情。法国网站 Gatestone 为德国社交媒体提供源源不断的假新闻，称非欧洲移民强奸德国妇女、移民将致命的传染病带入德国、移民团伙将德国的居民区变成“禁区”，等等。该网站还散布德国新选择党领导人比约恩·霍克（Björn Höcke）的右翼言论，此人曾批评柏林的大屠杀纪念馆让德国人的集体负罪感永久化。Gatestone 上流传的假新闻经常被德国博客转载并在社交媒体上传播。研究者也指出，尽管德国新选择党没有安格拉·默克尔（Angela Merkel）那样广受欢迎，但他们在社交媒体上拥有更多追随者，成为民主力量最危险的敌人。[①] 这些西方国家右翼势力的崛起靠的是生产后真相政治奇观，在这个不受真理、逻辑、证据和礼貌等共同标准约束的奇观空间里，他们将民粹模因和假新闻通过算法传播扩散，产生虚假民意，攻击建制派主张，破坏民主沟通的正常渠道，带来的是西方世界近几年异常活跃的民主异化和民粹回潮的风险。

Microsoft 研究院的首席研究员达纳·博伊德（Danah Boyd）在她最近的文章《回到部落主义》（Return to Tribalism）中写道：“我们正在通过两极化、不信任和自我隔离，摧毁民主国家的社会结构。”[②] 尽管存在研究视角的差异，但这位研究者多少也描述了中国化后真相政治奇观的风险状况。现阶段后真相奇观风险在中国社交媒体中的表

① See Fang, L., “Islamophobic U. S. Megadonor Fuels German Far-Right Party with Viral Fake News”. Available at: https://theintercept.com/2017/09/22/german-election-afd-gatestone-institute.

② See Boyd, D., “Did Media Literacy Backfire?”. Available at: https://points.datasociety.net/did-media-literacy-backfire-7418c084d88d.

现，是中国式舆论风险和政治不信任。后真相奇观的风险在中国的政治环境中有独特的内涵，它是搅动不良舆论的潜在动力，是对新闻客观性的挑衅，也是对政治不信任的强化。在中国的社交媒体中，后真相奇观在舆论、舆论控制、舆论反控制三者的不断博弈中生成放大，它带着自媒体议程设置的特征，围绕各种社会问题形成带有情绪指向性的舆论漩涡，充斥着各种戾气话语，风险无时无刻不存在于狂热反转的新闻周期、网络编辑妥协的商业模式和形形色色意识形态竞争的矩阵中。人们敏感于阶层冲突、社会不平等、制度缺失、法制不健全等转型期矛盾。在重大的网络舆情事件中，观点性和情绪导向性的帖子总是被网民竞相转发，消息来源隐匿不见，真相隐藏在情感的政治修辞中。由于理性在真相退场的网络空间中难觅踪迹，极易导向中国式网络民粹行动的蔓延，随处可见的嘲讽、谩骂、颠覆、消解、犬儒式卖弄和表演等，如同一出巨型的社交实验剧。在无数互骂背后，隐藏的是巨大的政治不信任风险。

中国社交媒体中的后真相奇观还呈现出一个特征：人们对问题的问责和对立场的选择，往往比对事件的事实判断和对证据的寻求显得更迫切。在各种网络“爆料”面前，人们已经没有耐心等待调查的水落石出，而是迫不及待地宣布自己的立场和态度。我们回溯 2018 年以来发生在中国社交媒体上几起重大舆情事件，长春长生生物假疫苗事件、MeToo 运动的中国风潮、滴滴顺风车命案，无一不是笼罩在后真相迷雾之中。官商勾结、公权侵害、互联网经济的野蛮生长，在三起事件中分别处于舆论问责的核心，此外还有资本市场黑幕、传统文化规训、城乡结构二元对立等复杂问题的归因，都层层嵌套在舆论发酵和真相的不断反转中。客观性全面撤退，带偏见的观点和有情绪导向的内容受到舆论追捧。人们纷纷追捧符合自我预设的观点帖、已有的价值观不断固化、协商性民主讨论难成气候，也是造成中国式舆论风险的重要因素。单一的事实已经不再具有令人信服的力量，然而当事实无法再为我们提供共识时，我们怎么还能谈论共识呢？当下由各种怀疑、争吵、诋毁、莫衷一是的态度和言论构成的网络舆论后真相奇观，正在侵蚀中国社会各领域的信任关系和公民的道德责任感，并逐渐发展为中国的政治不信任风险。

鉴于后真相奇观风险与假新闻息息相关，研究者认为遏制社交媒体中的假新闻传播有着降低后真相奇观风险的现实意义。因此有人呼吁从网民自身做起，积极承担起事实核查员的角色，如研究者韦恩·戴维斯（Wynne Davis）就提供了一系列建议，包括关注域名和URL、留意新闻故事中的引语、核实评论、反向图片搜索等。[①]这虽是一个有实践价值的倡导，但在一个浅阅读和流量为王的时代引导网民进行深度阅读的想法是不现实的。此外，也有研究者呼吁对数字媒体网站的资本结构进行改革，增加公共性内容建设投入，希望为社交媒体革新发展提供强有力的途径。[②]然而，它们离在现实中实施还有很长的路要走。

数字技术的急剧发展在一方面使网络用户分析和解构媒体文本、创建和产生信息以及参与对话的能力迅速增强；另一方面，大数据算法技术革命性改变了传播的方式、路径和效果，这给媒体奇观的转向提供了契机。如何在一个新的、可传播的媒体奇观时代对后真相风险做出有

① See Davis, W., “Fake News or Real? How to Self-Check the News and Get the Facts: All Tech Considered”. Available at: http://www.npr.org/sections/alltechconsidered/2016/12/05/503581220/fake-or-real-how-to-selfcheck-the-news-and-get-the-facts?utm_campaign=storyshare&utm_source=facebook. com&utm_mediumsocial.

② See Jarvis, J., “A Call for Cooperation Against Fake News”. Available at: https://medium.com/whither-news/a-call-for-cooperation-against-fake-news-d7d94bb6e0d4#.4it7h4tuh-2016-11-18.

价值的回应和反思，遂成为本研究的下一个追问的问题。本文认为首先有必要重新定位奇观文化的内涵。传统的奇观理论认为，奇观在诱导个人和集体认同时，也在以巨大的影响力界定我们的政治、社会和文化问题。但在社交网络环境下，媒体奇观已经从我们熟知的文化工业现象扩大到成为一种可传播的、不确定的政治风险状况。另外，传统文化研究的理论批判往往聚焦于文化工业制造大量商业与娱乐文化奇观等问题，但在大数据算法和模因传播大行其道的社交媒体时代，奇观不再仅仅是资本积累和消费文化霸权的象征，也不仅仅局限于政治、文化、人类意识的奇观化。更为重要的是，奇观本身成为新的政治样态和权力抵抗的形式，它不再是单向度媒体呈现的镜像式梦魇，而是成为笼罩在风险之维的参与式、可传播、不确定的政治隐喻，也是后真相政治的载体。因此我们认为单纯采取祛魅式的文化批评显然已不再足够，在揭示社交媒体政治奇观的特征之余，还应将奇观文化置于新媒体政治的风险传播框架之中，并深入发现其风险本质及意蕴。

笔者研究算法传播形成的社交媒体政治奇观及其独特的后真相风险，目的在于讨论如何利用数字媒体文化更好地推进社会启蒙，培养真正的公民品格，然而讨论远远没有结束。解决如何化解奇观的后真相风险、如何将社交媒体文化用于社会民主化等问题，依然任重道远。或许我们还是应当回到凯尔纳，呼应他 20 世纪 90 年代在媒体与文化政治学关系上的观点，并以此作为当下新媒体文化研究需要总体把握的方向，“我们媒体与技术社会的未来取决于我们以及下一代的人，希望他们将文化研究当作是一种社会批判、启蒙与变革的一种武器，而不仅仅是文化资本的另一种资源而已”①。

---

① 道格拉斯·凯尔纳:《媒体文化：介于现代与后现代之间的文化研究、认同性与政治》，丁宁译，商务印书馆 2004 年版，第 577 页。

第五章

算法传播与人机传播

第一节　算法机器与计算政体形成

自20世纪70年代以来，人们一直被信息和通信技术的发展影响政治的主张和争议包围，从1970年代、1980年代的“信息社会”到1990年代的“网络社会”，再到今天的“大数据时代”“算法时代”，这些主张和争议的焦点也在随着时间的推移而演变。当前，算法对政治的影响超越了此前阶段，从传播组织和分工到微目标操作或政治团体的运作，无所不包。Google前高管埃里克·施密特（Eric Emerson Schmidt）和贾里德·科恩（Jared Cohen）曾放言，“无处不在的算法帮助实现社会和政治未来的愿景，使全球连通持续前所未有的进步，同时，也促使国家和机构的权力集中重新分配，并将其转移给个人”。[①] 这无疑赋予了算法权力，乐观地预言了它正在促进划时代的政治和社会变革。不过算法的意义不只存在于程序运行过程中，决定算法的语言和接口的文件格式和软件同样是社会技术过程的结果。算法的运行并非以“中性”的数学价值为指导，而是复杂决策的产物，它们由商业、娱乐和政治代码

---

① See Schmidt, E. E. & Cohen, J., *The New Digital Age: Reshaping the Future of People, Nations and Business*, New York: Alfred A. Knopf, 2013.

构成。算法结果不仅在每一次推送中被重新概念化，而且还触发了社会和政治话语实践，也触发了“计算政体”的形成。

计算政体这一概念来源于美国政治学家菲利普·阿格耶文（Philip Agre），用以描述数字技术如何塑造和影响政治活动、社会互动以及权力分配。[①] 应当如何理解当下由算法触发的计算政体产生政治分歧和社会差异的过程？人们又该如何理解这种差异？首先需要明确的是，政治与算法之间的关系的特殊性是由算法的多种特征决定的。探索“政治与算法”就是研究政治行为和活动主体如何与算法形成相互建构、调节、传播的关系。依前文所述，算法已成为一个社会和政治问题，这不仅是因为它关系到任何与互联网相连的人，还因为它重塑了人们的社会关系、偏好，重塑了人们的权利与民主观，重塑了国家与公民之间的关系。算法所代表的一种新兴的工具性分类方法，不是基于诸如种族、教育甚至性格等概念，而是基于用户的过去行为及其所象征的内在特征的可定制组合与排序。这种排序塑造了用户个体的形象，使人们所归属的类别自然化。此外，由于算法使用的分类系统是不可见的，所以它们的策略也是不可见的。内容过滤泡沫的兴起和迅速消散是 Web2.0 的一个重要特征，它们在用户正反馈效应或社会强化的推动下迅速膨胀。从某种程度上来说，真实标准是由算法设计出来的，或者它已经被更具情感层面吸引力的内容所取代，因为这样的内容更有可能在点击、分享的竞争中“获胜”。例如新闻编辑室挖掘受众数据，创建内容公式，策略性地识别特定的叙事类别以匹配读者的个人兴趣和意识形态倾向。算法对用户偏好建模得越好，就越能准确地构建能够完全吸引用户注意力的推荐引擎。算法的情感动力和沟通潜

① See Agre, P., *Computation and Human Experience*, Cambridge: Cambridge University Press, 1997.

力建立个性化的宣传引擎，向用户提供让他们感觉良好的内容。如此，人们有理由将算法的扩散视为一个计算政体的崛起，它预示着经济、文化、政治等社会组织将发生划时代的转变。

随着计算机变得越来越无处不在和触手可及，计算空间已经开始变得更加可思考和有形。计算空间通过代码包裹着人们，人们不仅在逻辑上更接近它，在生活中和它也很亲密，例如放任算法机器分享自己最私人的记忆，人们也会接受从爱情到置业的算法指导。今天，当技术人员、研究人员和企业家谈论算法时，这种计算政体通常被合理化的修辞和软件设计的程序隐喻所掩盖。算法可能仅仅以数学的形式呈现，但当它们作为文化机器在运作时，当它们跨越了从预测到确定、从建模到重建社会结构的门槛时，它们也极大地压缩了人类的反思性空间。

2015 年初，博格斯特在《计算大教堂》中提到了人们与软件之间日益神秘的关系。博格斯特认为，人们已经陷入了一个用算法取代上帝的计算神权政体之中，人们与算法机器建立了一种基于信仰的关系，这些机器引导人们走过城市的街道，向人们推荐电影，并为人们提供搜索问题的答案。人们认为这些算法机器公正、简单、高效，但它们却是复杂的集合，涉及多种形式的资源和意识形态选择。算法机器把进步和计算效率变成了一种表现、一种在无所不知的代码背后掩盖真实决策和权衡的计算政体，这已经远远超过了计算机先驱艾伦·图灵甚至查尔斯·巴贝奇等人对机器的思考与推测。[①] 应该说博格斯特的“计算大教堂”是一个无处不在的隐喻，因为它提供了一种逻辑，一种上层建筑，帮助人们组织生活中的意义。当代计算系统执行的是相同的预处理，并将各领域知识统一成一个信息树，这一思想

① See Bogost, I., “The Cathedral of Computation”, *The Atlantic*, 2015.

建立在计算是一种可以简化从人类意识到宇宙本身的任何复杂系统的思想的基础之上。

图灵和他的数学家同事埃米尔·波斯特（Emil Post）在关于通用计算机器的设想中提到，通用计算机器是对思想世界的响应，而不是对事物的影响，这些机器所居住的地方就是人类的思想。这可以看作是阿格耶文在他的书中所提到的计算政体的思想雏形。也可以说，算法在计算作为普遍真理的神秘概念掩盖了其物质性现实。Facebook 宣称自身使命是赋予人们分享的能力，让世界更开放，也更紧密。这一立场嵌入了“美妙”的假设，比如它的社交图谱算法将赋予人们力量，它的专有平台将带来更多的透明度，这种透明继而带来自由，也许还能带来同理心。这些算法机器的统治不仅会改变世界，而且会使世界进化，它将为用户打开新的可能性，将商业收益和个人自由联系起来。这些变化不仅会影响物质领域，而且还会影响文化精神领域，但前提是人们要接受它的服务条款。

此外，人们还会看到，Google 代表的不止是一个科技公司，还是一个建立在 PageRank 算法上的全新世界观；Amazon 的具有变革性的算法不仅包括计算，还包括物流、外包、策略和销售超过传统书商（以及几乎所有消费产品的销售商）的方法；Twitter 开发了世界上最成功的社交算法，让人们相互联系……而这些只是强大的算法的几个例子。这些算法机器不断被更新和修改，以应对它们试图控制的、不断变化的数字空间。在很大程度上，人们生活在一个由算法实用主义者构建的计算政体里。

人们与算法机器的互动不断激发设计者完善算法系统回应和解决人类问题的方案，用传播学研究者塔尔顿·吉莱斯皮（Tarleton Gillespie）的话来说，为了适应算法系统，人们使用机器语言说话，使用标签使其更易于机器阅读，用搜索引擎的术语描述工作……算法系统表面上的透明度和中立性使许多人把它们视为公正决策的工具。然而，公众不知道的是计算政体可能正在根据数学规则和隐式假设重新诠释甚至抹去法律、道德和可感知的现实。

人类的偏见和价值观植根于计算政体发展的每一步。作为一种将符号逻辑付诸行动的计算容器，算法不仅仅用于管理记忆，还用于管理决策。许多人类工作领域，特别是技术研究领域的复杂性不断增加，加深了人们对计算系统的依赖，在许多情况下，科学实验本身已经成为有效计算的领域。认识到这些，我们就不能再把任何计算系统仅仅解释为计算工具了。可以说，计算政体的可计算性权力不仅影响人们对人类自身定位的认识，也影响人们对生物、文化和社会系统的理解。随着人们将更多的思考行为“外包”给算法系统，人们也将需要面对依赖于人们无法控制的算法政体的后果，要么成为算法机器的“仆人”，要么成为算法机器的“装配工”。

第二节　算法奇点与人机传播崛起

20 世纪 80 年代，出于对技术加速发展后果的忧思，一些哲学家、科学家和未来学者不约而同地提出了一种假说——到 21 世纪中叶左右，人工智能等颠覆性技术的加速发展，将会导致“奇点”降临。奇点源于“智能爆炸”（intelligence explosion），[①] 在这个过程中，基于机器学习的智能头脑进入自我完善的周期，在某种程度上创造了黑洞视

① Good, I., “Speculations Concerning the First Ultra Intelligent Machine”, in Alt, F. & Rubinoff, M. (eds.), *Advances in Computers*, vol. 6(1965), p. 102.

界，不再给人类干预留下空间，并最终超越人类智能，从根本上改变人类文明，甚至人类本身。

科学家们的“奇点假说”也启发了我们在智能传播的时代背景中对人类、技术、机器和传播关系的重新思考。我们看到，人工智能的发展及其在传媒行业的不断整合使人与机器（虚拟）智能体的互动越来越深入，算法的深度学习为机器提供了越来越强大的理解人并与人互动的能力，Amazon、Apple的社交机器人，美联社、路透社的自动化新闻等智能应用纷纷打破人机鸿沟，机器与人之间开始从无机的交互逐步迈向有机的共生。在这个迭代的过程中，机器（虚拟）智能体作为数字对话者，开始独立承担传播任务，产生社会行动，直至超越技术媒介的身份，成为传播中的关系主体。而当机器开始成为传播的逻辑起点时，随之而来的人机传播（human-machine communication）也创造出人类传播历程中的“奇点假说”。

奇点命题下的传播学研究也应是开创性的，需要研究者更多关注人类与被设计为传播者的机器之间的关系及其发展趋势问题，这些问题包括但不限于：来自机器学习的信息如何影响人的认知？当机器成为传播者时，人类和机器之间会产生怎样的意义创造？人们如何理解自己与虚拟智能体交互的状态？人类和机器的不断传播正在构建什么样的社会……这些都是机器智能时代的传播学研究无法回避的重大问题。鉴于这些问题已经不能为一个多世纪以来围绕人类传播特点形成的传播理论所充分解释，我们迫切需要创建一套基于技术的人机传播研究范式，以此作为对上述问题的系统化、学理化回应，并尝试从中探寻智能传播格局中的新原理、新规律。

在我们尝试将技术奇点与传播中人机关系的奇点相结合之前，首先需要了解奇点的前世今生，并澄清隐含其后的观点假设。黑格尔在

1807年所著的《精神现象学》一书中，最早阐明了历史正朝着某种超人类智慧的终点前进的观点，这可能是奇点主义思想的第一次呈现。1870年左右，英国作家塞缪尔·巴特勒（Samuel Butler）根据达尔文的思想发展了一套关于技术进化的理论，认为机器将很快进化成远优于人类的人工生命形式。进入20世纪以后，亨利·亚当斯（Henry Adams）用公式论证了某种"罪恶"将在2025年左右出现，这是一个非常接近现代奇点论者的预测。1958年，计算机之父冯·诺依曼在与同事书信讨论中认为，技术进步的不断加速似乎在让人类的历史逼近某个至关重要的节点。1970年，阿尔文（Alvin）和海蒂·托夫勒（Heidi Toffler）在他们享誉世界的著作《未来的冲击》（*Future Shock*）中也观察到了加速度和不连续性，认为技术正在朝着某种临界点的方向发展。随后的20世纪80年代，计算机技术的突飞猛进使研究者进一步加深对奇点探讨的兴趣。1983年，弗诺·文奇正式提出奇点的概念，并在1993年发表了一篇影响深远的文章《即将到来的技术奇点》（The Coming Technological Singularity）。2005年，随着Google机器训练领域的技术总监雷蒙德·库兹韦尔写作的《奇点临近》一书的热销及其同名电影的热映，奇点假说正式进入了普通公众的视野。库兹韦尔在书中通过对一系列事件的数学分析，预测到21世纪中叶将出现奇点，在奇点之后，全球进化的步伐将在长期内开始系统地放缓。他认为这种变化将是革命性的，并将构成人类历史结构的断裂。[①]

通过梳理哲学与科学层面对奇点的诠释，我们发现奇点并不仅与同名的数学概念有关，而更多地是与黑洞特有的逻辑和认识论上的不连续性有关。奇点作为一种隐喻，强调的是这样一种状况，即技术进化一

① See Kurzweil, R., *The Singularity is Near: When Humans Transcend Biology*, New York: Viking, 2005, p. 46.

旦超越了生物进化，可能会以全新的特征和行为出现，而这些特征和行为是无法从技术的进化史中预测出来的。从这个角度来看，奇点必然存在着多重解释性，或者说存在有多种奇点的可能性。我们认为，在传播领域同样也存在着特定的技术奇点，这一特定技术也会带来人机关系的奇点，而这个技术就是算法。在过去十年中，由人工智能和更复杂、更强大的软件支撑的算法技术，主导了更自主、更个性化、总体上也更人性化的传播形式，同时也重塑了传统二元对立的人机关系。

历史上，人类无论是面对工业革命中笨重的机器，还是面对自动化革命中更灵巧的机器，人与机器之间的本体论关系始终包含在一个更大的文化因素之中。在 20 世纪 70 年代，美国国家航空航天局指出，人（生物）和计算机（程序）之间有根本的存在论差异，“即使人们说的不是同一种语言，他们也可以在某种程度上相互传播（使用手势、面部表情等），因为他们有共同的生物结构和需求、共同的思维和行为模式，以及大量重叠的关于世界的知识储备。但机器和人类并不共享这些东西，大部分的传播责任落在了人类身上”。[①] 这一人机鸿沟不仅存在于工程学、计算机科学等领域，也作为一种主导性的文化观念存在于人类传播的本体论中。传统媒介观认为，机器（设备）是媒介或渠道，它可以是人们用来给人发短信的手机，也可以是浏览新闻的特定应用程序，但机器与人们如何理解世界和人类自己并没有关系，人机交互是一个无机的过程，除了信息交互之外，没有其他意义。但智能技术的进化形成了一种本质上截然不同的人与机器互动的局面。例如，手机不再仅仅是联系的工具，还是帮助人们完成任务的助手。同样，新闻应用程序也能学习人们的喜好，提供个

① National Aeronautics and Space Administration, *A Forecast of Space Technology 1980—2000* (No. NASA SP-387), 1976.

性化的内容，这些都得益于算法技术的深度学习能力。算法能独立生成内容，自主分发内容产品；它通过习得用户足迹的规律，形成个性化的推送法则；它形成的人工神经网络，能够拥有分享复杂概念的认知表征能力……算法嵌入的人机关系越来越少地需要人为设定，也越来越多地表现出自组织性、自适应性。

不难发现，虽然人与机器交互（比如早期的汽车导航系统等）早已有之，但彼时的人机关系仅限于机器对人类指令的“死记硬背”，机器既不会学习上下文信息，也不能主动走近用户、迎合用户、影响用户。进入算法时代后，人机关系取决于交互的频度和深度，以及输入程序中的数据的价值密度。只要条件具备，算法就能够根据人类网络数据进行自主学习，为用户主动提供个性化服务，并及时针对用户反应做出调整，可以说人和机器在特定情境下已经走向互融。有研究者提出，“要解决智能传播中人机融合问题首先要打破各种认知惯性，突破传统的时空关系，进而把人、机各自的感知图谱、知识图谱、态势图谱融合在一起思考”。[①] 按照这一思路，如果我们将机器看作是与人类“信息性关系进化的产物”，[②] 那么算法或将改写信息性关系中人类主导机器的历史，实现类似 20 世纪初世界第一位计算机程序员阿达·洛芙莱斯（Ada Lovelace）所设想的人机共生关系。而机器的主体化过程也是人工智能的社会化过程，算法作为建设人机共生社会的新兴力量，在自我完善的过程中似乎还远未抵达人工智能的阈值，因此在未来也极有可能从单一的技术奇点，跃升为人机关系的奇点。

算法深度学习的划时代意义及其创造的人机关系的奇点，打破了

---

① 刘伟：“智能传播时代的人机融合思考”，《人民论坛》（学术前沿）2018 年第 12 期下。

② 参见王天恩：“人工智能和关系存在论”，《江汉论坛》2020 年第 9 期。

既往人类主导的传播形态，并产生一系列颠覆性变革。我们看到，携带了算法的机器（虚拟）智能体自主完成的传播活动日益丰富：Amazon的语音助手Alexa会回应人类的个性化问题和请求；具身社交机器人Jibo能够研习人类的社交行为和情感并与其互动；机器人水军能够冒充人类的对话伙伴与真实用户交流；机器人记者能从原始数据中寻找故事，它们与人类记者写作的故事一起出现时难分伯仲……可以说，个性化的机器人和虚拟代理服务正在成为现实。其中，多模态、交互和多任务的算法技术不仅实现了个性化、精准化传播，极大增强了传播效果，还自动化了传播以及依赖于传播的社会过程。鉴于算法技术的进化，人和机器之间有了直接的信息流动，这意味着机器不再仅仅是我们与世界发生关系的中介和工具，还是与我们互动的另一个对象。而通过整合人工智能、神经网络、机器学习、传感器和生物组件，机器正在变得越来越像人类。在此情形下，传播的图像从人类面对彼此扩大到了人类面对机器，人机传播也逐渐发展成为一种独立的以技术为主体的传播类型，并成为人类传播历程中的"奇点假说"。

计算机科学家等预见的"奇点假说"几乎都包含了同一个假设：人工智能正在走向超级智能，有超常智慧的计算机终将超越人类本身。而人机传播之所以能够成为人类传播历程中的"奇点假说"，是因为以智能技术为主导的传播打破了人与机器之间的不可通约性，同时也撼动了人类传播的本体论根基。当算法技术已经可以将社交元素融入媒体工具（如虚拟语音助手和智能音箱）的界面中，直接与人类交流表达意义；当机器智能体充当翻译，帮助我们与使用另一种语言的人交流对话，而不仅仅是作为信息转译的媒介时，越来越智慧的人机传播实践显然已经难以用将技术视为媒介或环境的认知对其加以框定。因此，我们认为，人机传播作为人类传播历程中的"奇点假说”，指的是人机传播并非人类传播边界之内的任何一种传播类型的延续或变体，也不是当中涌现出的某种新形态，在人机传播中，机器是一个与人们互动的独特对象，人与机器之间的互动类似于人与人之间的传播，但更重要的是创造了人机共生的意义体系。人机传播几乎能够与人类传播并立，并正以类似生物进化的方式加速发展演进，或将成为未来主流的传播类型。北伊利诺伊大学传播系的安德里亚·古兹曼（Andrea Guzman）提出，传播不再是人类传播的同义词。在人机传播的语境下，这无疑是机器智能体正在突破人类传播本体藩篱的宣言。

鉴于人机传播实际上已经破坏了围绕人类中心主义发展起来的传播模式，那么独立于人类传播的人机传播在本质上会发生多大程度的变化？20世纪60年代，美国社会学家乔治·赫伯特·米德（George Herbert Mead）提出，传播不仅仅是一个信息交换的过程，它还是个体理解他们是谁和他们的社会角色的手段。正是通过传播，人们构建了彼此之间的关系，最终形成了社会。[①] 也就是说，传播是回答关于我们是谁、我们对于彼此是谁，以及我们如何创造现实的问题。如果我们将此看作是人类传播的本质，那么从人类传播到人机传播，传播最本质的变化在于传播的人性逐步被技性取代，前者是人类组织传播，型构了社会，后者是技术增强传播，自动化了社会过程。这种改变使机器突破人类主导传播的现实边界，充当起了传播者的角色。而从詹姆斯·凯瑞文化的视角[②] 出发，承担传播者角色的机器设备和程序也会在社会世界中占有一席之地，并被视为更大的社会结构的一部分，其不

① See Mead, G. H., “From the Standpoint of a Social Behaviorist”, in *Mind, Self & Society*, vol. 1, Chicago: The University of Chicago Press, 1967.

② 参见詹姆斯·W. 凯瑞:《作为文化的传播：媒介与社会》，丁未译，华夏出版社2005年版。

仅是具有能动的事物，而且是与人类相关的社会实体。有鉴于此，作为“奇点假说”的人机传播形态的建立，不仅立足于对机器能够模仿人类的传播行为并最终获得了与人类对等的传播主体地位的认识，更重要的是要体现人机传播形态所具有的独立于人类传播形态的且能够与其形成根本性差异的特质。如此，我们才能更好地理解人机传播是一种颠覆性的、跨越人类传播边界的传播类型。

在过去一个多世纪的传播学研究中，对于传播本身有诸种理论维度的解释，然而，一个重要的理论是，学者们将传播定义为人与人之间的互动。在将传播者概念化为人类、将中介角色分配给机器的过程中，经典传播研究已经划出坚实的本体论边界。而将传播研究集中在人类之间的信息交换及其意义创造的思考，也反映了人本主义的现代本体论思想。当前一些研究在解释新技术传播现象时，也依然倾向于用经典的人类传播理论加以关照，例如，以人际传播类比在人和强人工智能之间的互动关系[①]按照大众传播模式解释自动化新闻、数字新闻的生产和传播路径；[②]使用评判人类记者的标准来评估机器人记者及其生产的内容；[③]等等。这种在人类传播语境下开展的新技术传播研究确有实用主义的价值。然而正如美国中弗洛里达大学研究者帕特里克·史宾斯（Patric R. Spence）质疑的，人类传播法则是否应该成为解释新技术传播的“黄金标准”？这样做又是否会限制未来传播研究

① See Waddell, T. F., Zhang, B. & Sundar, S. S., “Human-Computer Interaction”, in Malden, R. M. E., et al. (eds.), *The International Encyclopedia of Interpersonal Communication,* Hoboken: Wiley-Blackwell, 2016.

② See Lewis, S. C., Sanders, A. K. & Carmody, C., “Libel by Algorithm? Automated Journalism and the Threat of Legal Liability”, *Journalism & Mass Communication Quarterly*, vol. 96, no. 1(2019).

③ See Graefe, A., et al., “Readers’ Perception of Computer-Generated News: Credibility, Expertise, and Readability”, *Journalism*, vol. 19, no. 5(2018), pp. 595–610.

发展的范围？[①]对此问题，我们认为，使用人类传播理论作为新技术传播研究的参照是必要的，但不要让现有的传播类型为新技术传播设定永久的边界，特别是以算法为代表的智能技术加持机器（虚拟）智能体后，人机传播实践已经大大超出了人类传播理论解释力所能承载的范围，也带来了一系列亟待思考的研究问题。

首先，以算法为代表的技术进化带动了文本和语音交互模式的进步，其中自然语言处理使人们可以直接与机器交流互动，实现语言和非语言社交线索的整合，算法嵌入各种机器设备和虚拟智能体中与我们直接对话。它熟知我们的喜好，并作为积极的参与者进入我们的社会世界。这一传播现实促使学者们思考：首先，技术具备主体性后对于个人、社会和传播研究意味着什么；其次，传播研究是关于关系的研究，虽然工程学学科、计算机学科也很重视技术与传播的联系，甚至传播学原理已经成为技术设计的一个有影响力的参考标准，但这些并不能提供对人与机器互动关系的理解，技术作为行动者的根本转变在现有的传播模式中也无法得到充分解释。因此，相关研究需要转移甚至超越人类传播语境，转而适应人机传播语境，同时建立关于人与机器传播的新研究框架。最后，从人机传播发展历程来看，试图从现有的人类传播研究中形成一个清晰的人机传播研究格局，会受到传播学学科特有的制度因素的阻碍。鉴于人机壁垒的客观存在，传播学现有的理论或方法都不能充分解释人与机器的传播。要解决这个问题，就需要排除业已存在的无法形成平等对话空间的制度性障碍，在人类传播领域之外创建人机传播的研究范式。

① See Spence, P. R., "Searching for Questions, Original Thoughts, or Advancing Theory: Human-Machine Communication", *Computers in Human Behavior*, vol. 90 (2019), pp. 285–287.

“人机传播”概念起源于计算机的人机交互（HMC）领域，直到最近几年才越来越多地被传播学者使用。正因如此，人机传播研究的突出特征在于其跨越了工程学、计算机科学、人工智能、人机工程学、信息科学等众多领域，与计算机支持的协同工作（CSCW）以及人机交互的发展密切相关。跨自然科学的视野对于全面审视人机传播实践，以及将人机传播研究范式发展成为一个富有生命力的知识家园也是很重要的。我们提出的奇点命题下的人机传播研究，是一个由多领域学者对话、多方向技术观察，结合社会科学、人文学科、自然科学的跨学科磋商，以及对人机传播现状的反思形成的多范式形态。我们看到，虽然传播学研究普遍集中在传播学与社会科学、人文学科之间的交叉领域，但传播的基础模型来源于工程学，即著名的香农-韦弗模式，而香农（C. E. Shannon）对该模型最初的解释就包括了人与机器之间的信息发送。[①] 因此，一些为早期传播理论提供支撑的文献都会将传播概念化为人类和机器之间的信息传递过程。从这个角度来看，人机传播并非新生事物。但与此同时，它又是崭新的研究领域，是在算法奇点重建人机关系的过程中形成的。

传播的目的是创造意义，人类传播就是人与人之间的意义创造，奇点命题下的人机传播也不仅仅是人与机器之间的信息传递，还是人与机器之间的意义创造。这是一个人类和机器都参与的过程，没有任何一方，传播都会停止。当然这并不是说，人类传播和由此产生的意义与人机传播及其产生的意义相同，人机传播研究的一个重要工作就是要将这两种传播范式的异同绘制出来。作为传播学的一个革命性研究领域，人机传播研究致力于在一个业已拥挤的传播学学科中以一套

---

① See Shannon, C. E., “A Mathematical Theory of Communication”, *The Bell System Technical Journal*, vol. 27, no. 3(1948), pp. 379–423, 623–656.

不同的哲学思想、理论和方法开辟新的知识空间，将机器从媒介角色中解放出来，将传播从基于人类本体的定义中解放出来。

人机传播研究最早可以追溯到20世纪中叶的人机交互研究，当时的工程师、计算机科学家和其他研究人员就在利用传播理念指导技术设计和机器界面的开发。他们会将各种交互技术问题视为传播的缺乏或中断，并转向传播学研究寻求答案，但很显然传播本身的概念和传播理论研究并不是他们关注的重点。在工程计算的语境下，传播与生俱来就带有控制论思想，传播是什么以及能做什么是不言自明的。利用传播原理改善人与机器交互的目的就是促进技术的使用。这种看法在人机交互领域非常普遍，它与将技术作为工具的主导文化密切相关，也是人机传播的早期理论雏形。人机传播关键性的理论发展集中在“计算机作为社会行动者”（CASA）这一理论框架的形成上，这是斯坦福大学传播学系的克利福德·纳斯（Clifford Nass）及其同事在20世纪90年代提出的有影响力的理论框架。[①] 根据该框架的说法，人们对待计算机就像对待人类自己一样，会无意识地将人类在人际交往中使用的社会规则应用到计算机上。此后，研究者扩展了该框架并启动了一个新范式：“媒介是社会行动者”（MASA），对作为社会行动者的媒介在场和社会影响进行了考察。[②] 作为人机传播研究有力的理论支撑，“计算机作为社会行动者”以及扩展后的“媒介是社会行动者”，在预测当前社交机器人和虚拟语音助手领域中人类态度和行为的直接、潜在模式方面发挥了巨大的理论支撑作用。

① See Nass, C., Steuer J. & Tauber, E. R., “Computers are Social Actors”, in Proceedings of SIGCHI ’94 Human Factors in Computing Systems, 1994.

② See Gambino, A., Fox, J. & Ratan, R. A., “Building a Stronger CASA: Extending the Computers are Social Actors Paradigm”, *Human-Machine Communication*, no. 1(2020), pp. 71–86.

在人机传播研究中，真正成为一种理论上的引爆点的，是在算法深度学习下机器进入传播者的角色这一经验事实。就像多米诺骨牌效应一样，将机器置于先前由人类占据的角色中，会对建立在人类是传播者这一核心假设之上的理论和实践元素的各方各面提出质疑，最重要的是，传播的本体受到了质疑。在崭新的人机传播理论话语中，传播的定义与对传播的本体论假设（假设传播是人类独有的过程）无关，相反，人机传播和人类传播一样，都能够创造意义，都属于传播的一种类型。①有鉴于此，人机传播的一个重要研究领域就是人类对机器或技术的感知、态度和行为的理论研究。人们在使用智能产品时难免与其对话，但无论是直接的还是间接的对话，个体与数字对话者（例如 Apple 的 Siri、Microsoft 的小冰、Amazon 的 Alexa 等）的交流显然无法等同于人与人的交流。这种对话具有许多约束和自动化的特征，所以还远不是类人的交流。但这种体验确实带领用户进入一种特别的交流模式和维度中，因此研究者会将数字对话者称为"准第二对话者"（quasi-second interlocutor）。又因为机器无法产生马克斯·韦伯所说的互惠而有意义的行为。因此，机器产生的行为是"准社会行为"（quasi-social action），人与机器人的关系即为"准人际关系"（quasi-interpersonal）。②然而，研究人员发现，人们虽然意识到算法代理或社交机器人是"第二对话者"，但依然会与它们交流并建立社会关系，并产生一定的与人类互动时相同的交流感和社会满足感。为了使这种人机关系发挥作用，人类也在调整自己的传播实践，以适应

① See Guzman, A. L., "What Is Human-Machine Communication, Anyway ?" in Andrea, L., G.(ed.), *Human-Machine Communication: Rethinking Communication, Technology, and Ourselves*, New York: Peter Lang Inc., 2018, pp. 1–28.

② See Höflich, J. R., "Relationships to Social Robots", *Intervalla: Platform for Intellectual Exchange*, Vol.1(2013), pp. 35–48.

机器人较不先进的传播技能。相关实证研究也证明，当人类逐渐接受人机交流状态后，就会促成了一个双重进程的产生：人类行为的自动化和机器行为的人性化。[①]

人机传播的另一个理论探索重点是如何理解人与机器的互动。在智能技术欠发达背景下的早期研究中，人与机器互动一直是由研究者的假设驱动的，如研究者选择了现有的人际互动社会理论为参照，进行了将一种媒体技术替代为原来属于人类的角色的实验，从而研究人们对媒体技术的反应以及采取的行为。[②]新近研究则更加关注人类与技术传播信息的过程和效果，通常也会以人类传播理论作为起点，然后调整和修正现有的理论以适应人机语境。例如，当社交机器人对人类进行舆论诱导时，人类互动中的说服信息是否以及在多大程度上是有效的。[③]除了对传播过程和效果的研究，学者们还在关注将传播机器整合到人类的社会世界中，对个人和社会意味着什么。例如，算法机器进入新闻故事写作过程中引发了社会再分工问题，[④]智能机器成为家庭领域和社会领域重要实体，在实现它们的功能时，也带来了人类和机器世界之间的意义生产。[⑤]此外，相关研究还追溯了人类和机器之间的信息交换以及由此建立的社会关系，并得到了一些关于人与数

---

① See Ho, A., Hancock, J. & Miner, A. S., "Psychological, Relational, and Emotional Effects of Self-Disclosure After Conversations with a Chatbot", *Journal of Communication*, vol. 68 (2018), pp. 712–733.

② See Reeves, B. & Nass, C. I., *The Media Equation*, Stanford: CSLI Publications, 1998, pp. 43–45.

③ See Lee, S. A. & Liang, Y., "Robotic Foot-in-the-Door: Using Sequential-Request Persuasive Strategies in Human-Robot Interaction", *Computers in Human Behavior*, Vol. 90(2019), pp. 351–356.

④ See Gunkel, D. J., "Ars Ex Machina: Rethinking Responsibility in the Age of Creative Machines", in Guzman, A. L. (ed.), *Human-Machine Communication: Rethinking Communication, Technology, and Ourselves*, New York: Peter Lang Inc., 2018, pp. 221–236.

⑤ See Fortunati, L., "Robotization and the Domestic Sphere", *New Media & Society*, vol. 6, no. 34 (2017), pp. 1–18.

字设备和应用程序互动的实证研究结果的支持。研究者发现，在不同环境中使用智能机器，能够以不同方式调解人类世界的关系。其中包括化身关系，机器隐身或虚拟以不引起注意，但是能赋予人类世界以重要的关系意义；解释关系，机器本身即代表了世界的某一个方面；背景关系，机器塑造了人类体验世界的环境；赛博人机关系，机器与人类融为一体；沉浸关系，技术形成了一个人机互动的环境；以及增强关系（技术调解并改变我们对世界的体验）。[①]

如果说上述理论建构更倾向于采用主流社会科学的方法来研究人机传播，那么来源于媒介技术学派和批判学派的媒介理论与文化研究则为人机传播提供了提出问题和分析问题的新方法。早期以英尼斯（Harold Adams Innis）、麦克卢汉、芒福德为代表的媒介理论家们就专注于媒介（包括其潜在的技术）的形式和功能的含义问题，梅罗维茨（Joshua Meyrowitz）对引入一种新媒介导致的社会变革尤其感兴趣。他认为，媒介理论与其说是一种理论，不如说它是研究媒介对行为影响的一个视角。[②]这些媒介理论都可以并且已经被用于人机传播中作为传播者的媒介研究。另外，文化、女性主义、技术哲学等领域的研究，也可以为人机传播提供研究技术、传播、人类自我和社会之间关系的新思路。不同于主流研究方法侧重于促进人们与机器的互动，这些学术领域拥有不同的研究目标和方法，尤其是以人文主义和批判思想见长的学术研究通常会质疑媒体技术（机器）潜在的信息含义。例如，詹姆斯·凯瑞就认为技术从一开始就完全是文化的，因此它是一种象征，代表了世界的运作方式，同时也迫使世界按照技术的表征方

① See Verbeek, P.-P., “Materializing Morality: Design Ethics and Technological Mediation Science”, *Technology & Human Values*, vol. 31 (2006), pp. 361–380.

② See Meyrowitz, J., “Media and Behavior—a Missing Link”, in McQuail, D. (ed.), *McQuail's Reader in Mass Communication Theory*, New York: SAGE Publications Inc., 2002, pp. 99–108.

式运作。[①] 这些不同的方法所共有的倾向是拒绝技术的中立性，并关注存在于机器内部的权力动力学，如人们如何将技术同化为自我，使自己变成了赛博人；[②] 算法不仅是支持搜索引擎的技术动力，也是编码和强化种族偏见的工具；[③] 等等。

通过梳理一般意义上的人机传播理论和方法建构，我们发现，要概括地回答“什么是人机传播”这个问题依然有些困难。因为从研究的方法类型和视角来看，人机传播的研究领域是广泛的，研究目标是包容的，它作为跨学科的桥梁，汇集了与技术传播有关的技性科学思维方式，同时又包含了社会科学和人文学科的复杂研究工作，因此并没有形成固定的研究路径，但人机传播的所有研究都在聚焦机器作为传播者的问题，以及人与机器之间意义构建的各个方面。笔者认为，人机传播的众多研究问题集中在如何更好地理解承担传播者角色的机器和程序更大的社会和文化含义，它包括人与机器传播的方式、人与机器之间的关系、人与机器传播对个人和社会的影响，以及由此产生的传播理论和方法的变化。因此，人机传播可以被理解为一个伞型研究，它涵盖了人机交互、人–机器人交互（HRI）、人–智能体交互（HAI）和计算机媒介传播（CMC）等理论的相关方面，但又与这些理论对技术变化的解释有着根本性不同，最直接的体现就是用“传播”（communication）代替“交互”（interaction），并以此作为传播学的学科标记。传播，即使是面对机器，也能塑造人类自我与社会——

---

① See Carey, J. W., “Technology as a Totem for Culture: On Americans’ Use of High Technology as a Model for Social Order”, *American Journalism*, vol. 7, no. 4 (1990), pp. 242–251.

② See Haraway, D., “A Cyborg Manifesto: Science, Technology and Socialist-Feminism in the Late Twentieth Century”, in Bell, D. & Kennedy, B. M. (eds.), *The Cybercultures Reader*, London: Routledge, 2000, pp. 291–324.

③ See Noble, S. U., *Algorithms of Oppression How Search Engines Reinforce Racism*, New York: New York University Press, 2018, pp. 112–115.

这是人机传播作为一门全新的传播学学科研究领域的正当性所在，也能激发相关学术共同体在该研究领域中继续开疆扩土，最终形成全新的传播学分析框架来容纳人与机器的互动以及意义创造。与此同时，“如何为人工智能的发展提供社会科学角度的建议，是人机传播领域义不容辞的责任”[①]。

我们都知道，宗教长期以来对人类的教化，在于诱导我们承认世界上有着某种比我们自身更伟大的存在，这往往反映了人类自身的希望和恐惧，而奇点正指向某种比我们更伟大的存在。库兹韦尔在《奇点临近》中曾预言，到21世纪中叶，我们已经完成了人类大脑的逆向工程，这将使我们能够创建非生物系统的智能匹配，它能超越人类大脑的复杂性，甚至超越人类的情商。[②]这种判断同样反映了人类的希望和恐惧。传播学之父威尔伯·施拉姆（Wilbur Schramm）在《人类传播的故事》一书的结尾，也思考了计算机对传播和社会的未知含义是什么。在谈到关于创造智能技术的努力时，施拉姆写道：“当我们到达这最后一个阶段时，我们就危险地接近了科幻小说的边界，即计算机与其说是机器，不如说是一个物种。”[③]这里的“最后一个阶段”与奇点类似。因此有悲观者云，当奇点到来时，“人类夸耀的自由意志，将越来越变成一个空洞的概念。那么世界的主宰就会变成人工智能和算法，而人类也就变成算法的奴隶”。[④]不过也有乐观者持不同的观点：人们普遍认为奇点之后机器人将接

---

① 牟怡、许坤：“什么是人机传播?：一个新兴传播学领域之国际视域考察”，《江淮论坛》2018年第2期。

② 参见雷·库兹韦尔：《奇点临近：2045，当计算机智能超越人类》，李庆诚等译，机械工业出版社2013年版，第83页。

③ Schramm, W., *The Story of Human Communication: Cave Painting to Microchip*, New York: Harper & Row, 1988, p. 125.

④ 高奇琦、李欢：“主奴辩证法与相互承认：试论人工智能战胜人类的可能性”，《理论探讨》2017年第6期。

管世界，但更有可能的是，人类将在机器人进步的同时也不断进步，随着新型自动化的出现，新种类的工作、新的领域、新的产业、新的社会变化将会出现。[①]简言之，人类的自我进化将是超越“奇点假说”的有生力量。

这后一种观点也启示我们，作为奇点，人机传播也许正处于人类传播系统迈向下一个传播元系统的过渡期。奇点之后的元传播将如何，我们不得而知，它有可能取决于生物进化与技术进化之间的速度博弈，但更有可能取决于在我们每一个被技术增强的身体里，是否还保留了我们固有的人性。在智能化时代，技术与其说是人体的延伸或附属物，还不如说是人体结构的整合、同化，因为人们的基因、身体、大脑、思想、经历、记忆，等等，都可能被技术重新绘制。在技术越来越深地融入我们的身体之时，如何定义人性将成为一个难题。某种程度上，通过身体定义人性已经不合时宜，因为“技术正在不断地侵入身体世界，正在持续地塑造新型身体”。[②]使我们还能够成为人的，是我们的情感能力，是我们更加懂得传播中的共情与移情——这才能使我们在人机传播中依然保持人的主体性尊严，同时，也是人类与奇点共舞，与人工智能共同进化的基础。

当然，无论如何，我们都不希望将人机传播置于未来小说、科幻电影的末日冥想中，从而使相关研究充满了浮夸的想象，脱离社会历史和科学语境，但人工智能和算法技术在传播中的应用或将重塑人类传播边界的问题，必须得到应有的重视。当我们与另一个人工的他者进行传播时，我们不仅要弄清楚他者是谁，还要弄清楚在这个社交机器的世界

---

① Potapov, A., “Technological Singularity: What Do We Really Know?”, *Information*, vol. 9, no. 82(2018), pp. 111-130.

② 孙玮：“交流者的身体：传播与在场——意识主体、身体-主体、智能主体的演变”，《国际新闻界》2018 年第 12 期。

里，我们是谁，想要成为谁。毫无疑问，人机传播是一个新兴的概念框架和基于经验的研究领域，在社交代理和算法逐渐成为人们的生活规范后，为传播而设计的机器（虚拟）智能体只会增加，并变得更加广泛可用。技术不是静态的，我们与技术的关系也不是固定的，我们与机器设备的互动以及通过这些互动而出现的社会过程都需要不断的协商。在这个过程中，需要更多的传播学学者加入人机传播研究的行列，提出新的见解、发现新的问题。到那时，重要的问题已不再是“什么是人机传播”，而是“人机传播将会变成什么样子”。

第三节　行动者网络中的人机传播

人机传播是一个研究人与机器（技术）传播的包容性学术社区，其倡导者之一——美国学者安德里亚·古斯曼（Andrea L. Guzman）认为，人机传播是一个包容了人文科学、社会科学、自然科学相关学术工作的伞形概念。[①] 突出的跨学科特性使其并未具备传播学分支学科的特征，而是更接近于一个传播学研究的子领域。值得注意的是，在本文已掌握的此领域中外文献中，关于人机传播作为独立科学研究分支的合法性来源始终阙如，抑或是已经成为研究者心中不言自明的默会知识，无需讨论。这也引出了人们的问题：作为多学科研究者自发形成的、相对松散的学术共同体，人机传播发展作为传播学研究子类的逻辑先在性是什么？换句话说，我们需要证明人机传播研究“因何可为”的问题。而这是不容回避的元问题，是人机传播框架下一切

① Guzman, A. L., “What is Human-Machine Communication, Anyway?” in *Human-Machine Communication: Rethinking Communication, Technology, and Ourselves*, London: Peter Lang, 2018, p. 8.

显性知识可立足的基石，也是人机传播能够在传播学研究中确立科学身份的依据。

回答这一问题的关键在于厘清人机关系，人机传播可行，其研究即可为。这需要摒弃似是而非的态度，从学理上解除人与机器之间的传播壁垒，建立二者的可沟通桥梁。理查德斯（Richards）等人在考察了 2011—2021 年发表在 28 种国际主流传播学期刊中的相关学术成果后发现，人机传播的研究进展与智能机器（技术）研发应用的进展基本同步。[①] 换句话说，这些研究问题都根植于真实的、正在展开的人机实践中，也促成了人机传播研究的兴起。这一结论的启示在于，如果人们立足传播的实践性，将人与机器均视为具有传播实践能力的行动者（agency），并认识到在传播实践中人类行动者和机器行动者深刻的相互构成关系，这将为解释人机传播的合法性来源问题提供强有力的支撑。因此，人们尝试将人机关系镶嵌于不断演进的传播实践活动中展开讨论。

在相关讨论中，被引用最多的是克利福德·纳斯（Clifford Nass）等人开创的计算机是社会行动者的范式（以下简称 CASA），其中的实验研究力图证明人类将计算机视为社会行动者，并最终会将其视为人类自己。[②] 美国学者马修·伦巴第（Matthew Lombard）随后扩展了 CASA，提出媒体是社会行动者范式（MASA）。[③] 此外，美国学者大卫·威斯曼

---

① Richards, R. J., Spence, P. R. & Edwards, C. C., "Human-Machine Communication Scholarship Trends: An Examination of Research From 2011 to 2021 in Communication Journals", *Human-Machine Communication*, vol.4, no.2 (2022), pp. 45–64.

② Nass, C., Steuer, J. & Tauber, E. R, "Computers are Social Actors", Proceedings of the SIGCHI Conference on Human Factors in Computing Systems, 1994, pp. 7–78.

③ Lombard, M. & Xu, K., "Social Responses to Media Technologies in the 21st Century: The Media Are Social Actors Paradigm", *Human-Machine Communication*, vol.2, no.1 (2021), pp. 29–55.

（David Westerman）等人借助马丁·布伯（Martin Buber）的对话理论，验证了人对机器人伴侣的人性化感知；[①] 申琦等发现人类会将人际交往中的刻板印象转移到社交机器人身上；[②] 何百双用“非对称社会互动感知理论”框架讨论人机共情的可能性等。[③] 与此类似，大量研究聚焦于拟人化情境下的具体人机实践，然而在更一般意义上的行动者实践本质及其生成的人机关系普遍特征，却是基于定性或定量方法的横断面研究所无法揭示的。

这说明我们还需要更有力的理论框架定义机器的本质与实践的本体，从而能更深入地诠释人机传播的发生过程。为此，人们选择重返科学实践观的代表人物布鲁诺·拉图尔的行动者网络理论视野中，将人与机器同置于广阔的行动者关系网络，在行动者的传播实践中重组人机关系并重新定位人机传播，借此为方兴未艾的人机传播研究奠定坚实的认识论基础。

（一）传播中的人-机本体论差异与挑战

我们通常将机器的本体理解是一种包含了多种技术形态的人工物。而本体论是由世界观决定的，由于人类是在塑造其思维和情感的文化框架中成长起来的，文化赋予人类存在以形态和实质，因此独立于文化之外的世界观并不存在。在以人类文化为中心的世界观里，人与机器之间被分割出泾渭分明的本体论边界，而构成这一边界的，是

---

① Westerman, D., Edwards, et al., “I-It, I-Thou, I-Robot: The Perceived Humanness of AI in Human-Machine Communication”, *Communication Studies*, vol.10, no.3(2020), pp. 1–16.

② 申琦、王璐瑜：“当机器人成为社会行动者：人际交互关系中的刻板印象”，《新闻与传播研究》2021 年第 2 期。

③ 何双百：“机器同伴：新型亲密关系下的人机共情现象思考”，《西南民族大学学报》（人文社会科学版）2021 年第 7 期。

人与机器之间的几个关键性差异。首先是关于二者起源的差异，虽然历史、文化、宗教、科学等研究角度对人类起源的看法各不相同，但对于机器起源的认知却高度一致——它们是由人类创造的。其次，作为一种人工物，机器被视为缺乏基本的人类特征——自主性，即拥有按照自己的意志行事的能力。它们只会按照人的指示执行操作。只有人类具有自我意识，能够意识到自己与周围世界的关系。再次是关于情感的差异，这也被视为人机鸿沟无法逾越的关键性证据——人类可以以社会文化、情感和精神的方式感知环境以及表达情感，而机器则不能。最后是对机器智力的争议，虽然人工智能技术的飞跃不断刷新人们对机器的认知，但机器智能的本质一直备受争议，人类大脑是否可以在机器中被重新创造的问题至今没有得到解决。

总体来看，机器和各种技术在目前的社会、道德、文化意义上都很难被视作与人类有本质上的共通性，这种主客二分、二元对立的人-机本体论差异也深深影响了传播学研究。从 19 世纪开始，传播的过程在文化上被视为人类经验的关键组成，[①] 在这一背景下，传播学研究也主要关注人与人之间的互动和意义生产。这一格局在很长时间里并没有受到挑战，因为它早已是传播学知识论者眼中“常规科学”的一部分。常规科学是托马斯·库恩（Thomas Kuhn）对既定和公认科学范式的描述，它在科学研究中占据了明显的理论和实践优势。[②] 鉴于人-机本质主义的分歧，传播学研究早期确立的规范是“传播必须发生在两个或更多的人之间”。[③] 机器被定位为人类彼此交换信息的工

---

① 参见约翰·杜翰姆·彼得斯:《对空言说：传播的观念史》，邓建国译，上海译文出版社 2017 年版，第 14—15 页。

② 参见托马斯·库恩:《科学革命的结构》，金吾伦、胡新和译，北京大学出版 2012 年版，第 40—41 页。

③ See Edwards, A., et al., “Communication is Transhuman”, in Tyma, A. & Edwards, A. (eds.), *Communication Is ... Perspectives on Theory*, San Diego: Cognella, 2019, pp. 47-66.

具，信息发送者和接收者是人类，编码器、解码器和信道是机器。这一认知框架得到了主流传播理论的支持，被接受为常规科学框架，并影响了一个多世纪以来的主流传播学研究。

然而，20 世纪计算机的引入挑战了长期以来关于机器在传播中的作用和功能的假设。与提供体力劳动辅助或替代的工业机械机器不同，计算机执行了曾经被认为是人类大脑独有的计算功能。从这个角度而言，计算机已经模糊了人与机器之间的本体论边界，成为重新认知机器本体的一个重要转折点。1950 年，在著名的图灵测试中，数学家艾伦·图灵大胆设想计算机既是人类彼此交换信息的媒介，又是与人类进行交流的直接参与者。1968 年，研究者 J. C. R. 利克里德（J. C. R. Licklider）和罗伯特·W. 泰勒（Robert W. Taylor）也提出了一种与当时主流认知完全不同的对计算机的理解。他们指出，设计计算机最初的目的是提供快速、自动的计算或数字处理服务，因此计算机被限制在数学、电气工程和计算机科学领域，但其实计算机不仅仅是一个计算器或数值处理器，它还建立了一种人际互动机制，是用户面对面交流的自然延伸。[①] 两位研究者将此形态称为“计算机辅助传播”（computer-aided communication），随后发展为“计算机中介化传播”（computer-mediated communication），并为更多的研究者接受。1978 年，美国研究者罗克珊·希尔茨（Starr Roxanne Hiltz）和默里·图洛夫（Murray Turoff）在一项研究中将计算机中介化传播正式定义为“一种新的增强的人类传播形式”。[②]

进入 21 世纪，计算机科学的分支——人工智能的崛起进一步冲

---

① See Licklider, J. C. R. & Taylor, R. W., “The Computer as a Communication Device”, *Science and Technology*, (1968), p. 40.

② See Hiltz, S. R. & Turoff, M., *The Networked Nation: Human Communication via Computer*, Upper Saddle River: Addison-Wesley Publishing Company, 1978, p. 132.

击了人机二元论。人工智能的飞跃式发展与神经网络和深度学习密不可分。神经网络是一种算法，它能模拟人类大脑中生物神经网络中的信息处理过程；深度学习是机器学习的一种方法，通过机器学习，人工智能可以进行自我学习和自我进化。神经网络和深度学习的实现使机器再现人类思想与行为的能力突飞猛进，也使著名的"图灵测试"对机器思考能力的预测进一步接近真实。当前，智能机器早已脱离了工程实验室和科技大厅的展示台，深入家庭、医院、学校、企业中，渗透进互联网平台社会里。我们在人工智能语境下所讨论的机器，也不再局限于经典的计算机和人形机器人，还包括无人机、传感器、执行器、效应器、可穿戴设备等新机器形态，以及语音助手、智能代理、社交机器人、应用程序、机器人记者、智能辅助技术等深入各大平台的虚拟智能体，它们广泛出现在人工智能与物联网、云计算、大数据分析、信息物理系统的整合领域，构成了人类生产、学习、生活的环境，也成为更多新型传播实践的有力推动者和重要参与者。有关平台流量的统计数据已经证明当前的在线传播已有 2/3 以上不是人与人（H2H）的传播，而是人与机器（H2M）以及机器与机器（M2M）之间的互动。智能环境下机器实践的迅猛发展进一步动摇了人类中心主义传统，这对于我们摆脱人-机本体论差异，以实践的观点重新审视传播中的人机关系有重要启示。

（二）人机重组下机器行动者的传播实践

对人-机本体论差异的反思也引发了人们对超越人与机器固有本质的新本体想象，设想出类似后人类（posthuman）、赛博格（cyborg）等人机融合的新形态。它们或是被技术改造过的高级智人，或是半机械半有机体的电子人。但这类新本体作为对超验之域的探寻，大部分还停留在人类冥想或特殊实验室中，至少从目前情况来看，突出的伦理问题使其具象化路径变得不可琢磨。如此，它们如何能形成对已经产生实际社会效应的人机关系本质的改变？而直面风起云涌的智能社会转型，人们更需要社会科学的视野和方法指导。因此，与其尝试修复人–机二元论鸿沟，不如搁置对人或机器绝对本质的争论，转而面向始终处在实践状态的物质性社会现实，在真实的社会场景中借助实践的自反性力量重新认识物质形态的机器，从而在人机实践中发展新的人机关系。

就在过去30多年中，从事社会物质实践研究的学者们一直在努力证明人类与社会物质网络的不可分离性：人类学学者阿尔君·阿帕杜莱（Arjun Appadurai）认为，物质具有社会生命，是社会化的事物，因此具有实践潜力；①芝加哥大学的卡琳·克诺·仙蒂娜（Karin Knorr Cetina）观察到现代社会越来越倾向于将物质作为自我、关系亲密、共享主体性和社会整合的来源；②法国学者拉图尔更是旗帜鲜明地指出，仅仅用社会来构建社会是不可能的，社会学家必须认识到物质作为社会互动的中介作用，因为“这是一条完全不同的能让人们‘超越’主体和客体之间矛盾的辩证法路径”。③这些研究也在鼓励人们站在与人本主义关注点完全不同的立场上，从物质实践的角度重新构想人机关系问题。

作为物质实践论和科学实践观的积极倡导者，拉图尔反对主客对立、社会与自然分离、人与非人二分，认为并没有单一的本体论架构

---

① Appadurai, A., *The Social Life of Things: Commodities in Cultural Perspective*, Cambridge: Cambridge University Press, 1986, p. 75.

② Cetina, K., “Sociality with Objects. Social Relations in Post Social Knowledge Societies”, *Theory, Culture & Society*, vol. 14, no. 4(1997), pp. 1–30.

③ 布鲁诺·拉图尔:《自然的政治：如何把科学带入民主》，麦永雄译，河南大学出版社2016版，第80页。

预先存在，从而让各种事物各安其位，所谓本体论架构不过是在众多行动者的实践轨迹中构成的。行动者网络理论强调，所有行动者都没有预先确定的本质，行动者都是在网络化过程中萌生的。[①] 这里的行动者，既包括人类行为者（actor），也包括非人类的物质（object）。拉图尔又以“超对称”（super symmetric）解释了不同行动者之间的关系，[②]“超对称”建立的是多重行动者聚集的民主机制，即在实践活动中，任何一方行动者都不拥有绝对的支配性地位。如果我们将传播看作是多重行动者的特定实践，并以行动者作为分析单元理解参与传播的机器，便不再纠结于机器这种非人类物质是否能够以主体形态与人类并立，而是将机器看作是与人类一样的构成传播网络的行动者。机器行动者并非外在于我们而存在，而是与我们一起同处于动态的传播实践过程中，这样也就没有了人-机之间主动与被动、主体与客体之分。

按照拉图尔的解释，具有能动性、能够通过制造差别改变事物状态是行动者的根本属性。但能动性并不等同于主动性，它不依赖于行动者的责任感、倾向性、积极性等主观意愿，而是由参与实践的行动者在相互作用中形成的，是行动者确保行动产生效果或结果的能力。从这个角度来看，进入行动者网络中的非人类行动者也可以具备能动性。不过在关于非人类行动者如何取得与人类行动者完全对称（对等）的地位，及其能动性到底如何实现的问题上，拉图尔并未给出具体解释，这也是行动者网络理论遭受争议的重要原因。[③] 不过在智能时代，机器的能动性建构不再只是质疑者所认为的一种修辞学策略，

---

① 参见布鲁诺·拉图尔：《我们从未现代过》，余晓岚等译，群学出版有限公司 2021 版，第 34—35 页。

② 参见布鲁诺·拉图尔：《科学在行动：怎样在社会中跟随科学家和工程师》，刘文旋、郑开译，东方出版社 2005 版，第 240—241 页。

③ 参见 D. 布鲁尔：“反拉图尔论”，张敦敏译，《世界哲学》2008 年第 3 期。

而是早已内化于重塑人机关系的各种机器实践中。当前的智能机器已经能够自主调节和人类的互动，拥有了感知能力、目标驱动能力、解决问题能力、协同工作能力。由于人类卓越的编程和设计，机器不断发展出越来越多的能动性，在与人的交互中，它们能够自主执行特定任务，如写作新闻、安排会议、筛选求职者，甚至为社会关系发展提出建议。也许在不远的未来，它们还将拥有更高层次的能动性，包括在自我意识和社会意识驱动下的自主实践能力等。

在传播实践中，机器行动者至少具备了三种能动性：施动力、互动性和影响力。施动力是指通过行动做出改变的能力，通常我们会将其看作人类的专属，但如果撇开人类中心主义文化的干预，会发现非人类的物质作为施动者对我们日常生活的干预比比皆是：人行横道会引导行人在机动车道上安全穿行；手表会提醒佩戴者每天的作息行程；体温计塑造了我们对健康和疾病的体验。在智能传播环境下，感受到具身机器行动者（例如智能手机、无人驾驶汽车和仿人机器人等）的施动力已不是困难的事，因为它们为人类提供了实实在在的人机互动体验，但非具身的技术系统同样具有隐形的施动力。大数据、5G、云计算、算法、区块链、VR 等技术物也是不容忽视的行动者，它们在不同的技术–传播–社会场景中流转，以催化、调配、部署人类行动的方式带来传播中物质世界的改变。在此过程中，机器（技术物）与人一样，都能进行信息生产和接收，并具备通过行动创造意义的能力。

机器行动者的第二种能动属性是互动的潜力，这种潜力依赖于机器行动者编码 / 解码的能力，从传播的角度来看，是机器具备成为信息源、接收者和反馈发起者的能力。例如智能语音助手 Siri 在与用户互动时，其产生、接收、反馈信息的方式已经接近于人类行为。Siri 是从美国国防部高级研究计划局（DARPA）的“认知助手学习和组织”（CALO）计划中衍生出来的，最初由斯坦福研究机构 SRI International 开发并商业化，于 2010 年卖给了 Apple 公司，成为 iOS 操作系统的一个不可或缺的组成部分。自然语言处理使 Siri 能够为用户提供对话式问答，充当智能个人助理和知识领航员的角色。尽管 Siri 还不是“强人工智能”意义上的智能机器人，但它完全能够作为一个聪明的、反应灵敏的准对话者与人类用户进行互动。承认机器具有互动的潜力，并不会削弱人类的能动性，只不过是更公平地考虑了人类和机器在合作创造意义时相互塑造的情形。

作为施动力和互动性的伴生物，影响力是机器行动者的第三种能动属性，即机器行动者在功能上对另一方产生影响的潜力。人类可以通过设计编程、改装机器，以及为机器学习提供数据材料等方式影响机器，反过来，机器也能影响人类。当家庭机器人、护理机器人、性爱机器人等进入消费市场后，它们就不再只是工具，还是能对人类个体产生显著影响的亲密同伴。亦有研究发现，携带了外化记忆或助记技术的机器对人类的文化实践具有转化性的心理和神经影响。[①] 机器会诱发人的情绪反应，当智能玩具被“折磨”时，人类会经历更多的生理唤醒；在产生被电脑“背叛”的感觉后，人类亦会表现出恶意行为。[②] 这些人类用户对机器的认知和情感反应都在证明机器行动者对人类越来越显著的影响力。目前，研究人员已经开始讨论机器感知道德关怀和存在意识的价值。无论这在技术上是否可行或者在伦理上是否可取，至少表明人们已经意识到机器是准对话者，具有潜在的对等心理，也需要承担对等的社会和道德后果。

---

① See Wertsch, J. V. & Roediger, H. L., “Collective Memory: Conceptual Foundations and Theoretical Approaches”, *Memory*, vol. 16, no. 5 (2008), pp. 318–326.

② See Rosenthal-von der Pütten, A. M., et al., “An Experimental Study on Emotional Reactions Towards a Robot”, *International Journal of Social Robotics*, vol. 5, no. 1 (2013), pp. 17–34.

在社交平台上，机器行动者的能动性得到更广阔的施展空间：用户数字画像为Google、Amazon、淘宝的机器学习算法提供了信息，这些算法技术反过来又为用户的日常事务提供服务；Meta甚至宣称让数十亿用户通过脑机接口，共同实现拥有完美数字化身的梦……与传统的人机交互相比，智能机器或技术物通过理解、推理、学习，实现了一种本质上不同的与人的交往方式，并作为积极的参与者和实践者进入人类的社会世界，与人类共享家庭、工作场所和社交空间，我们的现实世界也正在由人类和机器之间的连接与互动共同建造。2016年，芬兰一家名为Tieto的公司任命了智能机器人Alicia T.作为其一个业务部门的领导团队成员；IBM最新的Watson Talent也在人力资源流程中为员工和雇主提供帮助，并扮演多个关键角色……越来越多的机器实践表明，机器行动者在人机协同、传播互创方面有潜力发挥更多的能动性。尽管它们并不知道其行为背后的原因，但它们能够进行程序化的实践，在更大的结构中指导行动。机器行动者的缄默也并不妨碍其在传播领域的实践，无论是嵌入系统设备，还是借助算法在后台运行，机器都一直在行动。作为重要的实践者，它们在行动者汇集的人机传播网络中是无法被忽视的存在。

（三）在行动者网络中诠释人机传播

人机传播概念的提出会让人们下意识将其与人际传播进行比较，例如会认为人与机器之间至少需要统一符号体系、共享一套价值规范，这样才有可能产生有意义的交流，而不仅仅停留在信息交互层面。从生物学的角度来看，人与机器之间确实客观存在感知世界的鸿沟。例如，在人际对话中，人类大脑的可塑性和人类的同理心使他们彼此能够产生信息的循环和流动，并共同致力于建构某种意义，在此基础上，人类将感知判断转化为经验判断，而当另一方变成非人对话者时，一切都改变了。机器表达、发出、接收一个信息，并详细阐述该信息的能力要比人类低得多；同样，机器也没有同理心，它们能够模拟人类大脑的传播技能和社交技能，但无法产生与人类对话者的互惠行为。因此，在确定了传播中机器行动者的能动性之后，我们需要进一步思考的问题是，人机传播究竟何以可能，人-机行动者网络又如何建立。

针对上述问题，我们可以从现象学的相关阐释中寻找启示。与控制论、符号学、社会心理学等理论认为传播是一个依赖并加强传播双方相似性的过程有所不同，现象学传统将传播理解为对他者的体验，强调保持对传播双方之间差异性认知的重要性。从这个角度来看，传播并不完全等同于信息交换、分享观点或发挥说服力等，传播还具有开放交流姿态以及包容、尊重他者的内涵。[①] 现象学家唐·伊德（Don Ihde）提出的“他者关系”（alterity relation），就是从这一传统延伸出的一个认识人与技术之间关系的现象学框架。在这种关系中，人类将技术视为“准他者”（quasi-other），或者说是更具生产力和价值的“技术他者”（technological other），并主张“把技术的角色重新放回到生活世界的各个方面中”[②]。这样一来，技术就成为人类日常生活和社会结构的一部分，且具有引导人类行为和影响互动结果的能力。

这一现象学阐释强调人与技术物之间存在着超越本体差异的平等关系，这对我们以一种更开放的视野看待人与机器平等传播的问题有着重要的理论价值。依循技术现象学的思考，结合拉图尔的行动者网

---

① See Pinchevski, A., *By Way of Interruption: Levinas and the Ethics of Communication*, Pittsburgh: Duquesne University Press, 2005, p. 214.

② 唐·伊德：《技术与生活世界：从伊甸园到尘世》，韩连庆译，北京大学出版社 2012 年版，第 44 页。

络理论，我们把机器纳入传播的中心位置，把人机传播理解为将人与机器（技术）联结为一个传播网络的过程。人机传播即一系列人机行动，它囊括了机器行动者的自动化行为以及人类行动者有目的的谋划与实施。同时，人机传播也是一个关系网络，机器在与人类的关系联结中并不局限于展示机器的自动化机制、物理和技术特性，相反，从无人驾驶汽车为乘客选择最快或风景最美路线，到流媒体平台中短视频、音乐的算法个性化推送，机器行动者已经能够自主嵌入意义生产，并推动与人类的关系构建。一旦有了意义的创造，人机传播即为可能。

机器行动者的意义创造并不是假定机器能够或必须在与人类共享一套符号体系的前提下开展物质性实践，而是主张将意义的建构扩大为行动者对环境信号的响应，其中就包括机器行动者在大数据环境中学习，以及自组织、自适应进行信息处理，并在与人类互动过程中生产意义，以至产生传播。英国学者露西·萨奇曼（Lucy Suchman）在谈到人机界面接触时，就认为这是机器行动者通过特定的、动态的物质性实践所达成的一种人机共谋。[①] 遵循这一思路，如果我们把人与手机界面接触看作是在特定环境中建立起来的一种人机传播实践，那么人们的每一次触屏都是一次编码，而每一次的触觉反馈就是一次解码，触觉反馈由此成为一个有意义的机器原生信息，就如同一个人在被推动一下后会以发出“哎呦”一声作为回应一样。通过触觉反馈，智能手机承担了信息接收者和反馈者的角色，在接受信息和创建信息时，作为机器行动者的智能手机即在进行意义的解释与创造。

对机器行动者而言，意义就是特定性质的函数，机器创造意义

---

① See Suchman, L., *Human-machine Reconfigurations: Plans and Situated Actions*, London: Cambridge University Press, 2007, p. 245.

的方式、过程、内容与人类不尽相同，但并不比人为创造意义的价值少。例如，我们将无人驾驶汽车上路看作是机器行动者创造意义的过程，那么这种自主机器不仅仅作为人类乘客的工具在执行驾驶任务，还是一个传播网络中的复杂节点。无人驾驶汽车可将与它共享一条道路的人类司机视为同类。与此同时，无人驾驶汽车与道路基础设施、标志（例如交通信号灯和道路标志），无人驾驶汽车与行人，无人驾驶汽车与乘客，无人驾驶汽车与同类型汽车，无人驾驶汽车本身（例如卫星导航系统、车联网）等亦共同构成了这个传播网络。除了支持驾驶和导航的信息交换之外，车内传播同时也在通过手机、互联网、电视、广播等多种渠道进行。在这当中，无人驾驶汽车与所有实体或非实体的行动者共同参与到各种关系网络中，不断传达自身行动的意义，同时解释他者行动的价值，这一过程拆除了主客屏障以及生命与环境之间的围栏，创造出一个有机的传播生态环境。因此，在行动者网络中理解人机传播，就是将其看作是同为行动者的人与机器在一系列参与性实践中的关系建构。

在拉图尔看来，不同行动者的关系建构，就是各种异质形态（morphism）的交织、位移和相互混杂，[①] 而行动者网络也就是重新配置这些异质形态的网络。在这个网络中，行动者的本体维度，包括它们是什么、做什么、产生什么意义等，都取决于行动本身，因此行动者不是任意指定的，而是实践的结果。从这个角度而言，“人和非人（物）的行动能力或参与能力在本体论上没有区别”[②]。在人机共存的传播网络中，机器并不是天生的行动者，而是在与其他行动者的关系架

① 参见布鲁诺·拉图尔：《我们从未现代过》，余晓岚等译，群学出版有限公司 2021 版，第 37—38 页。

② 参见刘文旋：“从知识的建构到事实的建构：对布鲁诺·拉图尔‘行动者网络理论’的一种考察”，《哲学研究》2017 年第 5 期。

构中逐渐形成的。机器与人一样，都拥有通过关系影响彼此的能力，这一能力涉及人机之间的转译（translation）。作为行动者制造差异和形成影响的实践策略，转译是将“吸收他人的参与”和“控制他人的行为”有机结合，[①] 也就是说，任何行动者都同时处在转译与被转译这两种状态中。传播实践中的人机转译，可理解为人机之间任一方固有的能力被转移到另一方，或通过另一方实现。例如，人类的设计编程能力会转化为机器的自动化传播行动，反过来，机器算法和算力支持并调配了人类大规模的可计算传播行为，其中某一方的传播角色和行动意义都在由另一方决定。人机关系就这样在传播实践中得以动态重组，同时又借助行动者网络合而为一。

随着人工智能的发展和对虚拟空间的访问，人机传播实践的焦点已经转移到分布式的技术网络上，人与虚拟技术物之间的转译也构成了行动者网络中人机传播的新动态。技术网络中的机器行动者可以是具身的，也可以是虚拟的；它既可以在物理时空中移动，也可以化身为无实体的声音和代码。借助信息、数据和合成突触的神经网络流，虚拟的机器行动者（技术物）通过复杂的传感器和精密的反馈系统，以强大的学习能力和自我纠正能力发挥更大的传播效能，并和人类主体构成行动者集合。这里需要强调的是，有形或无形机器的行动都不是自我参照的，而是开放给与机器网络相连的所有非机器行动者，包括技术增强的人类、其他生物体、非生物体以及整个物联网、体联网、脑联网等系统。这个行动者网络不仅具备技术网络的特征，还带有深刻的文化情境性和环境嵌入性，能够支持行动和感知之间的相互联系，不同行动者彼此影响，共存于有机的关系网络中。当越来越多

---

① 参见布鲁诺·拉图尔:《科学在行动：怎样在社会中跟随科学家和工程师》，刘文旋、郑开译，东方出版社 2005 年版，第 184 页。

的机器行动者与人类发生传播，实现更广泛、更深度的人机互助和对等协作时，人机传播将迈向以“共栖”“协商”“互塑”等为重要特征的系统性组织传播形态。

（四）在行动者协商与互塑中发展人机传播

拉图尔的行动者网络为人与机器提供了广阔的物质性实践场域，证明了传播作为一种实存行动可以发生在人与机器之间。借助行动者网络理论，我们也认识到人类与机器、软件、算法、智能代理之间纠缠共生的关系的本质。但人机传播的合法性地位并不只体现于单一环境下的人机沟通，更重要的还在于它作为一种组织实践，形成了新的社会结构，发展出新的社会关系。智能技术尤其是算法系统的扩张，促成了一种新的理性控制形式，使机器行动者日益渗透到社会组织中，发展出一个新的人机结构化空间。这使人机传播不再停留于人-机行动者之间个体关系的建构层面，而是深入社会组织内部，发展为一种系统性的组织传播形态。人机传播本身也相应具有更为复杂的组织化、结构化特征。机器行动者在改变传播，人机传播作为一种组织传播形态也在影响社会，这需要我们进一步扩展行动者网络的版图，将人机关系置于更加广阔的社会物质性结构中，从行动与组织结构的关系角度深入探讨人机传播的组织化实践过程及其对社会的影响。

人机传播的组织化实践可以被视为一种异质性组织的行动耦合过程，它需要在系统性、组织性的人-机行动者关系协商中，以及在各种解释框架的影响下发生，这些解释框架包括权力分配、社会差异、语言和意识形态等。反过来，人机传播的组织化实践也会引发关于政治经济、社会结构以及我们生活的环境的变革。在组织化的人机传播中，人类组织与智能技术系统在传播过程中形成的关于能动与制约、控制与被控制的权力关系是变化的，是在具体的组织互动中产生的。在传播实践中，分布在社会组织结构中的算法技术系统作为组织化行动者，对人类组织产生影响，使组织运作发生变革，甚至形成新的技性组织构架；反过来，人类自身亦会发挥能动性，在与技术系统的依存与博弈中创造出新的权力系统或制度，双方由此形成一个相辅相成、不断演进的过程。

例如，算法系统遵循计算机科学“垃圾输入，垃圾输出”（garbage in, garbage out）的格言，使用贝叶斯统计模型识别大量标记数据，忠实还原人类的数字轨迹，这表明人类行为直接影响了机器学习的效果，也构成了算法系统行动的基础。不过，算法系统同时也在监视人类的行为，当算法系统被训练到具有较高的预测价值时，它们可以反过来控制人类组织的行动。在零工经济（如拼车和送餐行业）中就普遍存在着算法系统的组织化控制，员工行为被编码并由此形成了能够约束员工行为的模型结构，算法管理器会根据员工行为的变化进行实时调整，这使得人类很难监督，也意味着原有的社会偏见有可能会加剧。不过人类组织也会通过对抗性机器学习反算法控制，如有意提供错误输入，以颠覆（而非提高）算法系统的准确性等。可见，作为组织化行动者的算法系统并不是一种完全存在于人类控制之外的自主技术形式，虽然它们可能会产生意想不到的后果，但它们与人类组织之间的控制与协商关系也在同步演进。随着时间的推移，人类与算法系统在组织化的人机传播实践中不断相互影响并塑造彼此，同时也在推动社会组织结构的变革。

组织化的人机传播根据人机协商、互塑的深浅程度可分为人–机低协商和人–机高协商两种模式。人–机低协商模式包括协同建设知识共享平台，如维基百科将人类的知识创造力与算法可见性以及数据存储技术能力相结合，打造出世界上最大的百科全书。这是人机协作、多主体参与对人类知识生产带来的深远影响，也触发了知识社会的变革。人-机高协商模式可以以“幽灵工作”（ghost work）中的人机深度合作为例。幽灵工作是美国人工智能伦理专家玛丽·格雷（Mary Grey）提出的概念，在幽灵工作中，服务于互联网公司和人工智能公司的工人们正在悄然执行算法系统无法完成的任务，包括清理和组织非结构化数据，验证位置和身份，以及创建和审核内容等。国内学者夏冰青也发现数据标注工正在成为当下中国的新兴职业。[①] 这种代码与人类智慧的融合行动，远至 Microsoft 的 Face API 雇佣跨洋零工提高优步实时身份检测的准确性，近如豆瓣小组雇佣匿名写手修正机器自动问答的答案等，不一而足。在互联网平台中，无论是推送个性化的新闻内容，还是执行复杂的短信订单，当人工智能出错或无法完成任务时，互联网企业都会雇佣人力完成项目。[②] 这表明，尽管算法系统控制的潜力增强了，但人类组织仍然会在算法无法完成的任务中保持着主导地位。

结合上述案例，可发现人机传播的组织化实践过程既是人机互塑的过程，也是人类组织与智能技术系统在“社会系统里的控制的辩证关系”[③] 下进行权力协商的过程，它是在人-机行动者持续的、生成性的参与式实践中实现的。人类组织与智能技术系统这二者之所以是控制的辩证关系，就在于一方可以影响另一方的选择和行为，并通过利

① 参见夏冰青：“数字劳工的概念、学派与主体性问题：西方数字劳工理论发展述评”，《新闻记者》2020 年第 8 期。

② 参见玛丽·L. 格雷、西达尔特·苏里：《销声匿迹：数字化工作的真正未来》，左安浦译，上海人民出版社 2020 年版，第 1 页。

③ 参见安东尼·吉登斯：《社会的构成：结构化理论纲要》，李康、李猛译，中国人民大学出版社 2016 年版，第 16 页。

用能控制的规则和获得的资源来创造变革的结果，反之亦然。例如智能技术系统引发人类社会的数字化变革，和人类组织对机器世界的类人化改造，这二者就是一个人-机双向协商、交替演进的过程，它遵循的是行动者的权力动力学。理想状态的人机协同类似于 Human-in-the-Loop 机器学习架构，技术乐观者认为该技术可以实现人工智能与人类智能的策略性结合，促进二者相互增强、融为一体，共同完成任务，达到最高水平的性能和效率。[①] 不过，这一乐观估计忽视了组织化人机传播无法避免的内生性问题：越来越普遍的人机交汇必将带来多重结构与多重实践冲突的问题，这一状况应该如何被稳定与控制？随着智能技术发展出更多的知识和反思性监控，人类又该如何抵制技术控制？

根据技术史学家梅尔文·克兰兹伯格（Melvin Kranzberg）的技术第一定律，技术既无好坏，亦非中立，技术与社会生态的相互作用表现为技术的发展常常会对环境、社会和人类产生后果，这些后果远远超出技术应用实践的直接目的。[②] 克兰兹伯格这一 40 年前的判断放置在当下依然成立。21 世纪的人工智能作为技术和社会的混合体，已经在大量现实案例和科学研究中被证明会加剧不平等、恶化歧视，并造成基于种族、性别和阶级等歧视的伤害。借助组织化的人机传播，人工智能的系统性偏见也将渗透到社会结构的方方面面。这表明，基于拉图尔实践唯物论的人机传播研究依然需要补充历史分析方法，将人机传播理解为政治性的，其实践不可避免要依赖社会和历史，因此会被特定的意义结构包围，并体现出特定的人类目的、社会

---

① See Malone, T. W., *Superminds: The Surprising Power of People and Computers Thinking Together*, Boston: Little, Brown, and Company, 2018, pp. 98–104.

② See Kranzberg, M., “Technology and History: Kranzberg’s Laws”, *Technology and Culture*, vol. 27, no. 3 (1986), pp. 544–560.

关系和组织意图等。拉图尔也承认，人类能够授权给非人类的，不仅是我们几个世纪以来积攒的智慧力量，还包括我们的价值观、责任和伦理。[①] 毕竟，“人们还无法想象非人能够像人类行动者那样进行有目标有意图的规划、计算和设计，有着类似于人类行动者的欲求或者动机”[②]。在人机共存的行动者网络中，机器行动者必须通过与人的互动而获得具身性技能，因此，人类行动者实践的意向性尤为关键。这也在提醒我们，在发展人机传播中，除了需要警惕技术的反噬，更需要匡正人类自身的行动。

沿着行动者网络理论的实践取径，我们在拉图尔“重组社会”的行动本体论下尝试阐释人机传播关系，将传播视为人–机行动者的实践过程，以此证明人机传播作为科学研究体的合法性地位。然而人机传播要在传播科学史上形成轨迹，被制定并编入传播学“常规科学”中，还需要相当长的时间。不过就在这个初步阶段，我们已经感受到机器智能革命对传播学研究的巨大冲击。诺伯特·维纳曾在《人有人的用处——控制论和社会》一书中极富前瞻性地指出，人们只能通过消息的研究和社会通信设备的研究来理解社会，在这些消息和通信设备的未来发展中，人与机器之间以及机器与机器之间的消息，势必要在社会中占据日益重要的地位。[③] 在人机共创的社会中，人类的底线是什么？机器的责任是什么？人类将对待机器？机器会如何影响人们？这些看起来只存在于未来世界中的问题，已经是人们社会现实的

① See Latour, B., “Where Are the Missing Masses?: The Sociology of a Few Mundane Artifacts”, in Bijker, W. E. & Law, J. (eds.), *Shaping Technology/Building Society: Studies in Sociotechnical Change*, Cambridge: The MIT Press, 1992, pp. 225–258.

② 参见贺建芹：“激进的对称与‘人的去中心化’：拉图尔的非人行动者能动性观念解读”，《自然辩证法研究》2011 年第 12 期。

③ 诺伯特·维纳：《人有人的用处：控制论与社会》，陈步译，北京大学出版社 2010 年版，第 17—19 页。

一部分，也是人机传播研究工作所重视并亟待回应的。

而本书重温拉图尔的实践科学观，不仅在于它能帮助人们理解人机传播，也因为它能指导人们如何进一步开展人机传播研究工作。它启示研究者立足正在被人机实践改造的社会现实，不仅关注人机传播的经验事实，还应将关注点前延至人机传播的发生阶段，沿着人–机行动者的实践轨迹发展相关知识体系。这需要人们在价值上保留以人为本的道德关怀，在策略上增加对人工智能领域的政治敏感度。例如当人工智能出现问题时，尽管最终被追究责任的还是人类本身，但若只将人类当成最初的源头与最终的解决方案，并不见得就能真正解决问题。尤其是在嵌入人工智能的机器越来越成为重要社会行动者的当下，与其置身事外，将问题归咎于科学技术的入侵，或化约为对人类道德的苛责，不如置身事内，深入理解科技、社会、行动者在实践中的相互塑造，从中寻找解决问题的创新策略。而传播学研究整体上也需要调整其众多先验性框架，在实践中重新建构研究路径，以便能应对传播中的另一方不再是人类的情况。毕竟，智能革命已经在定义 21 世纪传播学研究的机遇和挑战。

第六章

算法治理术中的可见性政治

第一节　反“代码正义”中的算法治理

当下，人们站在数字生活世界的边缘，这是一个将在广泛的功能上与人类对垒，并最终有可能超越人类的数字系统所占据的世界。假以时日，它们就会变得更具综合性，并逐渐渗透到人们周围世界的结构与事物中。但在此前，人们并未把这些结构和事物看作政治的一部分。随着人类生活的量化程度大大提升，人们的行为、话语、动作、关系和情感都会被捕捉并作为数据记录下来，然后被算法系统分类、存储和处理。尽管人们很享受数字生活世界中这些令人炫目的新机会，但技术会通过控制人们对世界的感知来行使权力。而激活算法技术的代码将具有高度的适应性和精密度，且能以一种动态的、颗粒化的方式形塑人们的生活。

在这个量化世界，任何渴望权力的实体都试图能控制算法技术，事实也证明，掌握算法的最直接的政治受惠者是社会治理组织和科技公司。相关组织机构会因此获得一种超强的控制能力，一些强大的科技公司甚至能够获得定义人们自由边界的能力，能决定民主和社会正义等关键问题。而在市场和国家体系里，算法逐渐被用于确定重要社会资源的分配，包括工作、贷款、住房和保险等。此外，在法律法规允许的范围内，算法在对人的识别、排序、分类和管理方面的应用也会越来越多。更多的治理事务被逐渐托付给代码，这将是人类政治生活的重要发展趋势，意味着人们普遍认同代码可以用来减少不公正。然而，技术是双刃剑，代码可能创造新的正义，也可以让旧的不公正沉渣泛起，我们称之为虚假的“代码正义”。

（一）“代码正义”中的不公正

在数字生活世界中，正义在很大程度上取决于其所使用的算法及应用算法的方式。我们之所以关注算法的应用，是因为算法和数据的结合经常会产生不公正的结果。算法不公正即指算法的应用会产生不公正的结果。算法不公正分为两种形式：一种是基于数据的不公正，另一种是基于规则的不公正。

我们先来检视“中立谬误”的现实，不难发现，隐藏在所有技术背后的大多数算法不公正，实际上可以追溯到人的行为和决定。判断某个算法的特定应用公不公正，可以看它提供的结果是否符合相关的正义原则。以用于计算医疗保险费的算法为例，譬如，为了符合平衡主义的原则，这种算法必须将资源集中在社会最贫困的那部分人身上，确保他们有低保。相反，如果它向穷人普遍征收更高的保险费用，很明显，它最终将使穷人更难获得保险，那么可以认定这种应用就是不公正的。这种粗略、方便的测试采用了一种结果导向的方法，它并不试图评估代码的应用在本质上是正确的，也不需要对算法本身进行严密的技术分析，只需要评估某种算法的应用产生的结果是否能与给定的正义原则相一致。但这只是评估代码公正的一种方法。而且即便代码应用规则刻意在群体之间保持中立，它仍然可能导致不公平。因为中立规则会重复和巩固世界上已经存在的不公正。

有研究发现，如果人们在 Google 上搜索到一个非裔美国人的名字，他们很可能会看到一个提供犯罪背景调查的 instantcheckmate.com 网站。但如果他们输入的名字不像非裔美国人的名字，该网站就不会弹出。[①]这很可能是因为 Google 或该网站应用了一项显性不公正的规定，导致非裔美国人的名字触发了犯罪背景调查的广告。不过 Google 和该网站都强烈否认了这一点。那么究竟发生了什么？尽管人们不能确定，但也可以推测，Google 是通过应用一个中性规则来决定应该显示哪个广告的：如果输入搜索词 X 的人倾向于点击广告 Y，那么广告 Y 就应该更加突出地显示给那些输入搜索词 X 的人。这种操作带来的不公正，并非由显性不公正的规则或低质量数据引起。之所以得到种族主义的结果，是因为人们之前的搜索和点击就显示了种族主义的模式。如果人们使用 Google 的自动完成系统，也会出现类似情况，该系统会根据输入的前几个单词提供完整的问题。如果人们输入"为什么同性恋……"，Google 就会提供若干的问题，如"为什么同性恋有奇怪的声音"。研究表明，在自动显示的有关黑人、男性同性恋的问题中，本质上是"负面的"问题"占比相对较高"。对黑人来说，这些问题包含了将他们塑造为懒惰、犯罪、欺诈、成绩不佳以及患有各种疾病（如皮肤干燥或肌瘤）形象的描述。男性同性恋者则被冠以感染艾滋病、下地狱、不配享有平等权利、声音高或说话像女孩等消极的描述。[②]

而这些宣扬对某些群体的负面刻板印象的系统带来的后果也必

---

① Pasquale, F., *The Black Box Society: The Secret Algorithms that Control Money and Information*, Mass: Harvard University Press, 2015, p. 179.

② Baker, P. & Pott, A., "'Why Do White People Have Thin Lips?', Google and the Perpetuation of Stereotypes via Auto-complete Search Forms", *Critical Discourse Studies*, vol. 10, no. 2(2013), pp. 213–224.

然体现在算法分配上。例如，男性看到的高收入职位广告比女性看到的要多，这无疑意味着男性经济机会在增加，而女性的经济机会在减少。在这些案例中出现的情况是，应用在统计学上具有代表性的数据的“中性”算法似乎已经重现了世界上已经存在的不公正现象。Google 算法将“为什么女人……”的问题自动补充为“为什么女人说话那么多”，因为有很多用户曾问过这个问题。它为人们的偏见提供了一面镜子。再举一组不同的例子，在中国，美团和滴滴是“共享经济”的领头羊，它们依赖的就是评分系统。评分系统的意义在于，它允许人们根据其他人对同一陌生事物的评价来做出判断。相比于一个“二星级”的美团评价，人们自然更倾向于相信一个“五星级”的评价。评分系统在数字生活世界中变得更加普遍，不断提供能帮助用户获得更高评分的服务。可以说，在数字生活世界中，人们获得商品和服务的机会可能最终取决于他人的看法。一般来说，给人们评分的算法是中立的，对人们进行评级时，算法只是将评分汇总成一个综合分数。问题是，即使算法本身是中立的，也有充分证据显示打分的算法不是中立的。一项研究表明，在全球民宿平台爱彼迎（Airbnb）上，有着明显非裔美国人名字的房客的申请接受概率比明显比白人名字的房客低 16%。无论是大业主还是小业主、个人业主还是拥有房地产投资组合的大企业，情况都是如此。[①] 因此，算法可能会重现世界上已经存在的不公正，并将其加以固化。

随着时间的推移，一直在学习人类的数字系统将会学到人类身上哪怕最不显眼的不公正。一项研究发现，一个神经网络算法在一个存

---

① Edelman, B., Luca, M. & Svirsky, D., “Racial Discrimination in the Sharing Economy: Evidence from a Field Experiment”, *American Economic Journal: Applied Economics*, vol. 9, no. 2(2017), pp. 1–22.

储着 300 万个英语单词的数据库上学会了回答简单的类比问题。“巴黎之于法国，正如东京之于？”该系统给出了正确回答：“日本。”但当被问“男人之于计算机程序员，正如女人之于什么”时，系统的答复是“家庭主妇”；问“父亲之于医生，正如母亲之于什么”，系统的回答为“护士”；而“他”之于建筑师正如“她”之于室内设计师。[①]这项研究揭示的内容令人惊讶，但转念一想，其实又没什么可惊讶的，人类使用语言的方式反映了不公正的性别刻板印象。只要数字系统学习的对象是有缺陷的人类，我们就可以预期：算法将导致更多的不公正。

这些例子们挑战了一种人的本能认知：如果代码对待每个人都一样，那么它就是公正的。这种看法即为“中立谬误”，而它的历史已经很悠久了。这种理念源于普适性的启蒙理想，即在政治的公共领域中，人与人之间的差异应被视为无关紧要的。这一理想逐渐演变成一种当代信念，即人与人之间、群体与群体之间的规则应该是公正的。那些不假思索地接受中立谬误的人倾向于认为，代码为正义提供了一个激动人心的前景，因为代码可以施行不具人格的、客观的和不带感情色彩的规则。他们认为，代码没有激情、偏见和意识形态承诺，数字系统可能最终会提供哲学家们寻求已久的“本然的观点”（view from nowhere）。然而，荒谬之处在于，中立并不总是等同于正义。诚然，在某些情况下，在群体间保持中立是很重要的，譬如法官在针对同一事件的两个相互冲突的叙述中做出决定时，就必须遵循中立法则。但前述示例表明，像对待所有人一样对待弱势群体，实际上是会复制、巩固甚至产生新的不公正。一个中立的规则很容易就会成为一

① Bolukbasi, T., et al., “Man is to Computer Programmer as Woman is to Homemaker? Debiasing Word Embeddings”. Available at: https://arxiv.org/pdf/1607.06520.pdf> .

个不公正的规则，当中立谬误给这些不公正的事例披上客观的外衣，会使情况变得更糟。对代码应用的评判，应该看其所产生的结果是否符合相关的正义原则，而不是看所应用的算法在人与人之间是否保持了中立。用诺贝尔和平奖得主埃利·威塞尔（Elie Wiesel）的话说，这种“中立帮助的是压迫者，而不是受害者”。

数字生活世界中海量的代码及其被赋予的巨大责任，还有它在社会和经济生活中发挥的广泛作用，使算法的不公正似乎已经弥漫到了社会的各个角落，人们已经习惯了在线申请表的填写、超市自助结账系统、机场的生物识别护照门、智能手机指纹扫描仪、人脸识别系统和 Siri、Alexa 等人工智能助理。未来还会出现更加先进的数字系统，人们与它们的日常互动会变得无穷无尽。许多数字系统将拥有物理的、虚拟的或全息的实体存在，其中有些数字系统甚至会具备人类或动物的特质，以此建立与人的同理心和融洽关系。因此，当此类系统对人们缺乏尊重时，人们受到的伤害就会更大。随着代码范围和职权的扩大，算法不公正的风险也在增加。

如果人们要赋予算法在分配和选择方面以更多的控制权，那么就需要保持警惕。然而，要了解某个特定的代码应用为何会导致不公正往往并不容易。过去，歧视的意图隐藏在人们的心中；未来，它则可能会隐藏在规模和复杂性惊人的机器学习算法中，它还可能被锁在一个代码“黑箱”中，受到保密法的保护。另一个发现这些潜在的不公的困难是，潜在的不公似乎无处不在，它们潜藏在数据中，埋伏于不公正的规则中，甚至中立的规则中也有它们的阴影，这种情况令人不安。人们能很容易将机器学习算法当作能够通过其自身道德行为能力挣脱实体的力量，但事实并非如此，机器能够不断“学习”的事实并不能免除人们“教导”它们区分正义与非正义的责任。除非人工智能系统独立于人类控制而存在，不过即便到那时，监控和防止算法不公正的也许还是人类自己。创造新世界的责任必须由人类承担，在这个新世界里，代码是机会的引擎，而非不公正的引擎。

不管人们喜欢与否，软件工程师将越来越多地成为数字生活世界的社会工程师，这是一个巨大的风险。代码的不公正应用时常会潜入数字系统，因为工程师们没有意识到自己的个人偏见，这可能是企业文化和价值观中更隐蔽影响的结果。因此当学习后的机器提出规则和模型时，它们的输出就必须接受仔细检查，以确定它们在这种情况下是否存在显性或隐性的不公正。也许，人们需要万维网的发明者蒂姆·伯纳斯-李（Tim Berners-Lee）所设想的一代“哲学工程师”，这一群体必须比现在更加多样化，这也意味着人们对任何特定代码应用程序的社会影响会有更加深刻的认识。而检视算法的不公正，反“代码正义”，也是人们反思数字化生存的重要面向。

（二）反“代码正义”与反垄断

反“代码正义”至少有两类监管在数字生活世界中是必不可少的。第一类是确保透明度；第二类就是打破权力的大规模集中。对人们来说，受制于强大且完全不透明的权力是不可接受的。因此，透明度是必不可少的，这不仅与算法有关，还与数据使用和有意识地编码到技术中的价值观（如果有的话）有关。对透明度的要求具有牢固的哲学基础，即合法性概念。如果人们认为自己实际上已经同意接受科技公司的权力支配（同意原则），或者在接受它带来的利益的同时背负一些责任（公平原则），又或者其行使的权力反映或体现了用户的共同价值观，那么科技公司的权力就可以说是合法的。不过，只要科技公司将其算法隐藏锁定，其数据策略晦涩难懂，而且其所秉持的价值观亦不明朗，那么它们就不能声称自己拥有以上合法性形式的任何一种。如果人们连同意的是什么都不知道，人们怎么能“自由地同意”呢？如果人们连背负的责任是什么都不知道，怎么能说是“欣然地接受”呢？如果人们连科技公司的算法如何工作、来自人们的数据被如何使用都不知道，又如何能保证它们与人们拥有共同的价值观呢？因此，对透明度的要求必须通过自由原则得到加强。如果人们受制于看不见的规则，且这些规则是由极少数人决定的，那么人们就不会有真正的自由。

目前，制定算法审核原则方面的工作正在取得进展。有人建议，应该成立一个“算法的‘食品和药物管理局’”，并“给予其广泛授权，以确保危险的算法无法发布到市场”。[①] 但是科技公司会反对透露其商业隐私的算法，因为这会对其业务造成无法弥补的损害，或给恶意团体玩弄和滥用系统提供机会。解决以上问题的一种方法是将算法审核的工作委托给独立的第三方专业人士，他们跟会计师和其他专业人员从事的工作差不多。这些第三方人士将评估科技公司数据源的选择、分析和预测工具的选择，以及它们对结果的解释，通过后再给它们颁发“健康证明”。依据这种模式，并不需要全民来监管科技公司，而是将其交给有关监管部门和独立审核员，因为从财务和技术上来说，他们的位置可以更好地发挥制衡作用。但这也给人们留下了另一类统治者，即编写代码的人和审核代码的人，换句话说，算法审核系统将把权力从科技公司转移出来，但也很可能是转移到另一家科技公司的审核精英们那里去了。

因此，未来还需要结构性监管，即通过政治干预确保技术权力不

---

① Rawls, J., *A Theory of Justice*, Cambridge: Harvard University Press, 2003, p. 18.

要过于集中在少数公司和个人的手中。在蓬勃的市场经济中，大型科技公司的统治需要被打破。同样，结构性干预也有合理的哲学解释。最简单的一种解释就是，它将防止权力累积到危险程度。想象一下，如果全部或绝大部分政治言论只通过某一个数字平台传播，那么用户就别无选择，只能接受这个平台的规则，因为他们不能去别的地方。而该平台将会为总体上压制言论提供单一的控制阀。同样，如果某一平台控制了某领域所有的感知控制设备，那么其塑造人类行为的能力也将是人类无法承受之重。

而基于合法性角度，结构性监管也被认为是合理的。当某种科技服务只有一个提供者（或少数几个提供者）时，用户没有其他选择，那么就不能说用户同意赋予科技公司权力。一家科技公司透明运作的系统也许能够满足共同价值观原则，但即使如此，人们还是只能依靠它的“仁慈”来保持这种状态。各国目前已经通过一些法律机制来应对经济集权。在美国，它被称为反托拉斯法；在欧洲，它被称为竞争法；在中国，它被称为反垄断法，而目的均在促进经济竞争，限制垄断，防止串通、监督并购，以及防止大型经济实体滥用其市场支配地位。这几年陆续有一些针对大型科技公司的反垄断胜利，例如 2017 年欧盟对 Google 公司处以 24 亿欧元的罚款，以惩罚其操纵搜索结果用于推广自己而非他人的购物比较服务（美国的此类系统则不够健全，Google 并没有因为相同的问题被罚款）；2021 年中国国家市场监管总局依法做出行政处罚决定，责令阿里巴巴集团停止垄断行为，并处以其 2019 年中国境内销售额 4 557.12 亿元中占 4% 金额的罚款，计 182.28 亿元。

不过在数字生活世界中，很多科技公司拥有强大权力，但并不都属于反垄断法定义的非法垄断。此外，科技公司可能通常会固执或无原则地行使权力，却不会被归于“滥用”范畴。至少就目前而言，反垄断法的核心目标是防止价格歧视、掠夺性定价等经济滥用形式，而不是限制政治权力。不过数据交易意味着许多服务是免费的，不大会出现经济滥用的问题。因此，真正的风险在于科技公司的权力将完全落在反垄断法监管框架之外。即使反垄断监管机构能够打破技术垄断，它仍不能确保真正的数字多样化所需要的选择多样性。因此结构性监管需要为公民提供凌驾于支配他们的权力之上的一些选择，而不仅仅是对消费者公平的价格。

用反垄断法进行监管的最大困难在于其监管的领域是围绕市场来建构的，而并非基于权力形式。反垄断监管机构的工作始于识别一个或多个特定市场，如电信和公路运输等，只有在这个前提下，才可以说一家公司滥用其支配地位。但若就政治目的而言，市场的支配地位无关紧要，最重要的还是权力本身的形式，而不是它们起源的经济竞技场。因此，问题的真正解决之道应是建立一个反垄断体制，它需要满足以下两个条件：首先，不允许任何公司使用垄断审查和感知控制手段中的任何一个；其次，不允许任何公司对一个以上的控制手段拥有显著控制权。从结构上讲，这是保障自由和合法性最好的（或许是唯一的）方法。不应该试图扭曲反垄断法来迎合政治功能，也不应该将法律的钉子钉到政治的洞里。

（三）算法治理的根源与挑战

数据化的世界无疑是易治理的，关于治理、权力、监督的问题也关系到更大的社会、政治和经济安全问题。不过与学者和绝大部分用户相比，算法制定者及其企业机构对这一问题的理解可能完全不同，他们的理解建立在对可量化数据日益增长的迷恋基础之上。而对于大多数数字服务的用户而言，他们在绝大多数时间都不会考虑正在发生什么。大量关于算法想象、影响和感知的研究确实也印证了用户的这种无意识。例如人们在上网时，几乎不可能思考谁正在为他们做选择。而对于算法的创造者来说，算法计算主要是关于数据的模式以及预测并控制用户的选择，实现并优化用户行为的量化路径。例如应用程序可以支持和减轻灾害造成的损害；可以帮助保护公共空间中的人群；可以帮助发出健康风险信号；可以有助于监测气候变化；可以被用来帮助公司提高利润，等等。但由于算法黑匣子的本质，数字媒介监控或监视在技术上变得非常容易，这也使算法治理很容易招致一定程度的抵抗政治。

算法治理如何与良好社会的概念相契合？对数字通信环境进行一个简要的概述，也许会给我们一些启示：约 9.14 亿人在社交媒体上至少有一个国际连接，如 Facebook、Twitter、LinkedIn 和微信、抖音等，相当一部分人将之用于电子商务；2021 年，全球数据流使全球 GDP 增长超过 50%，达到 100 万亿美元，小企业也可以成为“微型跨国公司”；麦肯锡最新的数据显示，依靠数据流联系最紧密的国家是新加坡、荷兰、美国、德国、爱尔兰和英国，中国排名第七；全球约 45% 的商品贸易是通过跨国阿里巴巴、亚马逊、e-Bay、Flipkart 和乐天等平台的电子商务完成的；一些公司平台和自动化流程在超大规模下运行，数据分析驱动的决策已经成为了主流；物联网正在以新颖的方式提供这一切，监测、感知、跟踪和结合数据，相关公司正在投入大量时间来提高算力，提升客户在平台保留率；由 LinkedIn、微博、比价网站和政府信息网站产生的内容承载着数十亿互联网用户的流量；在每分钟传输的 160 万 GB 数据中，有很多是用户或消费者的交易……可见全球流动正变得更具包容性。这些是麦肯锡在其 2021 年的数据流报告中提出的。在麦肯锡和其他企业分析师看来，数据行业的数据处理能力在全球高度集中，全球互联网连接集中在几个核心国家，这些中心国家是美国、英国、中国、德国、巴西、法国、印度、意大利、日本、西班牙和俄罗斯。

在这样的数字通信环境下，算法治理如何获得人类信任？第一，从商业和管理方面来看，算法和数字平台被视为“兼容组件的可重构基础”，是数据传输的所谓中性“管道”；第二，经济学领域会将算法描述为自组织代理，这种技术系统被称为“自我创造”；第三，从法律层面来看，人类被作为一个理性的代理人接受预测，它关乎使用理性选择程序模式分配资源，比如 Facebook Likes 就能自动准确地预测个人属性；第四，从认知神经学来看，关于心智的自然科学的存在被普遍认可，生物学上的基因和人类神经状态之间有相似之处；第五，从政治学角度来看，算法治理参考的是人类行为的理性预期模型，理性预期是可编码的，而对“公理化计算逻辑”的研究也正在进行中，科学家们希望找到将公平、效用等准确量化的方法。总而言之，科学家和工程师们倾注于社会科学中那些只强调某种合理性的分支，一种适合计算大教堂的理性，算法也被理解为对可靠性和诚实的“推理”。它们被视为能够促进“良好”行为。但这种计算上的吸引力，正在改变人类的意义。

而治理是指在特定社会中被接受或抵制的规则、规范和实践，它影响着正在形成的世界类型，人们关乎生活的基本要素、人们的生活质量，以及任何形态的社会是否是包容、尊重、良性发展的社会。治理与立法或政策有关，在算法社会中，必须保证支持治理的算法是透明的。而当人们把算法看作网络化的信息集合时，治理就成为一个微妙的问题。这些集合是具有制度地位的代码、实践和规范，通过可观察的、半自主的行动来创建、维持和表示人与数据之间的关系。从这个意义上说，算法并不能“创造”一个世界，它只是关注实践和知识是如何相互联系的，从而产生想要创建自己的世界并选择自己路径的治理主体。今天的治理挑战在于计算实践被确立为合法或真实的，它们正在被社会结构内化。然而也必须认识到，虽然算法治理比一些早期的技术更有效地产生自治主体，但它们并不是百分百有效的。换句话说，算法治理的真正挑战并不是算法黑匣子，而是人类行为可以预测这一核心假设，这足以让人类服从机器驱动的决策。

不过当这些决策加剧不平等、不公平和歧视的时候，治理结果肯定不能在一个与大多数人的良好愿景相一致的道路上产生。当前的人工智能不断地提出建议，鼓励人们接受算法驱动的决策——向计算和量化屈服。但英国杜伦大学的路易丝·阿莫尔（Louise Amoore）却向人们展示了数据衍生品如何与概率技术相结合，并在监控和安全领域产生意想不到的相关性和新的可能风险。她指出，数据衍生品是在基于风险的安全计算中部署了一种特定的抽象形式，其目标在于计算不可计算的东西。[①] 而当现在和未来被可视化为风险地图、分数或标志时，算法工程师会根据返回结果的速度或计算的程度来选择算法的具体类别，但这不应该成为选择采取何种行动的主要决定因素。可以看到，依赖云计算、自我管理的生物团队、虚拟形象或各大平台的用户几乎没有采取行动的资源，而对于那些拥有不对称权力的公司与机构，它们的治理行动会导致对使用空中监视或地理测绘的不均衡判断，可能加剧不平衡的流动性，暴露边缘化的人口。

随着算法治理生态的建立发展，新的风险类型正在引起公众的

---

① Amoore, L., *Cloud Ethics: Algorithms and Attributes of Ourselves and Others*, London: Duke University Press, 2020, pp. 250–264.

关注，例如使用算法的数据处理极有可能带来金融危机或信息泄露。据 McAfee 和伦敦劳埃德保险公司统计，网络攻击造成的净损失每年约为 4 000 亿美元。可见，包容和技术的渗透以及关于差距的统计数据不能成为决定通往算法治理社会的道路是否良好的唯一标准。我们需要以一种类似于遭遇所谓的数字革命或信息社会诞生的境况来看待算法治理。人们之所以认为大数据和算法是新的，部分原因是有关大数据和算法的论述正被强大的行动者解释，认为它们是一些重大社会问题的解决方案。“大数据”是新的，但数据处理却不是新的。“数据科学”术语包括算法计算早在 20 世纪 60 年代就被创造出来，乔治亚理工学院的工程教授杰夫·吴（Jeff Wu）在 20 世纪 70 年代就使用它来参考统计数据分析。那时的大数据分析是关于 IP 地址、不寻常数据访问或可疑文件的统计检测模式，而机器或算法学习是人工智能的分支，它们也已经存在了很长一段时间，因此关于算法治理本身并不新鲜。

而在这个通过数字通信技术连接的社会世界中，另一个差距正在扩大。国际救援组织乐施会宣称，全球顶级富豪 62 人拥有的财富相当于世界上最贫穷的一半人口的财富。此外，前述麦肯锡 2021 年的数据流报告也反映出另一个问题，即社会最大的脆弱性来自心怀不满的员工、罪犯、政治活动人士和宗教国家。麦肯锡认为，在数据化时代，落后国家的追赶速度极其缓慢，发达国家的数据流继续上升。与此同时，人们不应忽视的事实是，约 60 亿人没有高速宽带，约 40 亿人根本没有互联网接入，约 20 亿人没有移动电话。各国都面临着经济不稳定、泡沫和金融崩溃。所有这些都是可计算风险的症状。与不平等一样，计算政体也是一个重大的社会挑战。这一挑战不在于算法治理是剥削还是解放，是包容还是排斥，而在于算法成为正在诞生的深度媒介化社会的驱动因素，尤其是人类社会正在转向日益依赖算法、监控和在线交流的社会治理方式。

在社会科学的其他一些领域，研究者们对可计算的“美好生活”持审慎态度。例如安德鲁·芬伯格（Andrew Feenberg）认为互联网是“根本不完整的”，算法也如此，其在软件和硬件设计中的“霸权力量”并没有真正解决关于人类的基本问题。[①] 尼克·库尔德利也认为，大数据是“一个变化多端的行动空间”，它可能会受到阻力，并沿着不同的路径形成。[②] 这需要研究算法技术是如何排除、隐藏潜在的解决问题方案的。当涉及治安、移民、气候变化、不平等和贫困等重大社会问题时，算法解决方案的计算光芒掩盖了哪些替代方案？谁来监管算法治理实践中采取的解决方案？回答这些问题之前需要明确的是，即使算法的运行速度和规模超出了人类感知的阈值，也不意味着人们应该放弃对算法结果转化为行动的一系列可控制点的追寻。

换句话说，治理这个世界的挑战其实来自算法，人们应该把算法和监控社会视为一个由人和事物组成的复杂系统，并更多地关注监控、权力和传播行动的可控制点。对隐私立法和穿插使用传统政策治理是减少算法治理造成的风险的一种手段，但不是全部。已经有一些国家正在限制数据处理和数据流动，印度尼西亚、尼日利亚、俄罗斯和越南都有相关立法，巴西有“互联网权利法案”，欧盟 2014 年由欧洲法院裁决支持“被遗忘的权利”，等等。不过数据公司会在航空公司乘客姓名记录、警报数据、财务或健康数据等单独的数据库上运行

---

① Feenberg, A., *Questioning Techonlogy*. London: Routledge, 1999, pp. 201–211.

② Couldry, N., “Data Colonialism: Rethinking Big Data’s Relation to the Contemporary Subject”, *Televison & New Media*, vol. 12, no. 6(2019), pp. 203–220.

分析引擎，而不违反现行法律。平台公司也可以专注于开放的跨境数据流动，以加快经济增长，避开国家政策。传统的个人隐私保护和人权立法具有一定的效力，但是，基于“知情同意”的反隐私监视、维护数字权利的方法却在实际执行时变得难以实现。与此同时，一方是各国呼吁开放数据流通，以促进其安全协议生效，另一方却是数据公司声称他们在算法治理中对数据访问权、版权和隐私规范的表述与合法行为是一致的。

面对算法治理的种种挑战，我们需要认识到的是，虽然制定政策框架的初衷在于无论数字平台公司的市场力量、国家的政治力量如何，他们的行动都要与公民利益或至少与消费者利益保持一致，但如果对一切事物的量化意味着市场力量、政治力量本身正在变得无法控制，那么科技向善也将变得毫无意义。人们真正需要的是更好地了解如何影响和改变机器崇拜的话语，以及反思量化等同于美好生活的理念。数字媒介的世界并不是中性的，但也不是完全的霸权，任何的社会结果都是可能的，关键是在于人类如何与智能技术共存，这需要人们对基于监视的技术过程和相关行动者进行揭示性研究。

第二节　算法守门人的治理向度

平台化时代，数据、信息的容量大大超过了人类手动处理的量级，人工把关已经远远无法满足需求。算法被引入平台后，迅速成为平台把关的关键力量，并逐步衍生出算法守门模式。把关人制度是对新闻或信息准入、准出的控制，而守门人制度则进一步掌控了信息的流通渠道，决定渠道的开关及渠道中信息的流向。算法在数字化环境中的控制和决策权力已经超越传统把关人权限，对用户、内容提供者或其他利益相关者产生重要影响，这些影响涉及信息过滤、个性化推荐、搜索排序、资源分配等方面的决策，进而影响到用户的体验、信息的传播和市场的竞争。因此需要重新评估算法作为平台重要一级行动者的责任问题。为此，我们提出“算法守门人”（algorithmic gatekeeper）概念，将其定义为算法基于预设的规则、逻辑和输入数据，通过自动化决策、可见性调控、算法策展等方式对平台的信息生态环境进行控制和管理的能力。我们将围绕这一概念的生成逻辑、守门人功能的演化机制与实践的治理向度展开讨论，全面阐释算法守门人的理论意涵与实践价值。

（一）算法守门人的生成逻辑

在传播学和媒体研究领域，“守门人”最早是由社会学家戴维·怀特（David White）于1950年提出的，它强调了信息流动中的权力和控制关系，以及对于信息访问和传播的影响。[①] 守门人通常是指那些掌控信息传播和流动的个人或机构，包括新闻编辑、记者、媒体机构负责人、相关管理部门等，他们对于信息的可见性、传播路径和传播效果具有重要的决策和控制权力。研究人员总结了守门人的三个特征，分别为“拥有做规范性评价（normative evaluation）的权威”“能够在被评价对象和用户之间的信息流动中发挥重要作用”与“做出的评价对其用户有现实的影响力。”[②] 在经历了咨询型守门人[③]、制

---

① White, D. M., “The ‘Gate Keeper’: A Case Study in the Selection of News”, *Journalism quarterly*, vol. 27, no. 4(1950), pp. 383-390.

② 盛思鑫：《谁在误导你的决策——无处不在的守门人》，社会科学文献出版社 2015 年版，第 33 页。

③ 同上书，第 45 页。

度型守门人[①]、管理型守门人[②]等个人和实体守门人的演进之后，工具型守门人在以信息技术变革为标志的第三次工业革命中开始涌现[③]，人们熟悉的百度、Google等拥有强大数据技术和信息处理能力的搜索引擎都属于此类。工具型守门人集纳了上述三种守门人的功能，并与他们相互协作，进一步优化了信息社会的守门机制。

算法守门人来源于工具型守门人，它的形成遵循了一条标准的技术生成逻辑。凯文·罗斯（Kevin Rose）在2004年创办了世界上第一个掘客网站（www.digg.com），网页上设置了投票功能，用户可以对有价值、有趣的内容进行投票，由算法对投票进行统计，并依靠排名将过滤后的内容呈现在首页。在这里，基于集体决策的算法套件发挥了信息把关作用。[④]2006年，Google推出PageRank排序算法，能够在没有人工评估依据的情况下对超链接进行重要性排名。而将算法嵌入到搜索引擎中把控内容呈现的渠道，初步显现了算法作为把关人的功能特质。同一年，新闻资讯平台BuzzFeed将业务重心放在通过算法整合信息与分析用户行为上，通过“清单体”（Listicle）罗列对应主题的文章，根据用户的分享行为理解其需求并推送对应的信息。[⑤]

---

① Tushman, M. L. & Katz, R., “External Communication and Project Performance: An Investigation Into the Role of Gatekeepers”, *Management Science*, vol. 26, no.11(1980), pp. 1071–1085.

② Scott, W. R. & Davis, G. F., *Organizations and Organizing: Rational, Natural and Open Systems Perspectives,* London: Routledge, 2006, pp. 318–345.

③ Whelan, E., Donnellan, B. & Golden, W., “Knowledge Diffusion in Contemporary R&D Groups: Re-Examining the Role of the Technological Gatekeeper”, *Annals of Information Systems,* vol. 4(2009), pp. 80–93.

④ Rodriguez, M. A., et al., *Smartocracy: Social Networks for Collective Decision Making*, in Proceedings of the 2007 40th Annual Hawaii International Conference on System Sciences Hawaii, 2007, pp. 90–100.

⑤ BuzzFeed Press: “BuzzFeed Reaches More Than 130 Million Unique Visitors In November”, https://www.buzzfeed.com/buzzfeedpress/buzzfeed-reaches-more-than-130-million-unique-visitors-in-nom.

总体来看，这个时期的算法识别方式较为机械，在内容审核时会出现准确性较差的问题，需要受专业把关人、用户意见的引导。

随着深度学习模型成为算法研究的重要方向，算法在图像识别、自然语言处理和语音识别等任务上取得重大突破，并迅速迈向智能化阶段。在自动化与智能化的推动下，算法在不受人为因素影响下独立做出决策，并具有对决策做出解释的能力，这也是算法成为独立守门人的关键素质。面对雪崩式的信息增长，算法通过对庞大数据集的自动收集与处理，能够改变信息流的基本形式与流通机制。① 而它的智能化表现在对内容进行自主编辑，控制渠道使数据库中的信息能够以不同的形式适应网络环境，提高用户与用户、用户与信息之间的交互水平等方面。算法还能够随时访问用户档案数据，利用审查功能删除用户或者信息，通过对机密数据的访问进行安全管理，以此成为政府和私人公司在全球化平台中因地制宜调整信息流动策略，同时进行监管与治理的得力助手。② 这个阶段的算法根据预定义的规则或学习到的知识管理和调控信息流和信息渠道，已经成为平台一级重要的守门人。

我们再依循守门人的实践逻辑体察算法守门人的生成过程。在算法守门人之前，“网络守门人”（network gatekeeper）、“数字守门人”（digital gatekeeper）、“平台守门人”（ platform gatekeeper ）等概念相继被提出。在 Web1.0 阶段，华盛顿大学信息学院的卡琳娜 · 芭兹莱 - 纳昂（Karine Barzilai-Nahon）教授指出，守门是对网络中所有形式信息的控制，她据此建立了一套逻辑完备的“网络守门人”理论。随着社交媒体平台的崛起，“数字守门人”的概念受到关注。与网络守门

① Pałka-Suchojad, K., “Who Keeps the Gate? Digital Gatekeeping in New Media”, *Zeszyty Prasoznawcze*, vol. 2, no. 246(2021), pp. 91–100.

② DeIuliis, D., “Gatekeeping Theory from Social Fields to Social Networks”, *Communication Research Trends*, vol. 34, no. 1(2015), pp. 4–20.

人相比，它更集中于数字环境中掌握和控制信息流动、资源分配或决策生成的实体或机构。科技公司、社交媒体平台、搜索引擎、应用程序开发者等都被归入此类。也是从数字守门人的讨论开始，算法作为数字环境中关键把关人的角色引起人们的重视。

“平台守门人”是深度媒介化背景下的产物，它在当代人与数字平台深度“纠缠”下应运而生，体现了人们对后者权力和影响力的担忧，其较之数字守门人也更聚焦于特定平台。由于平台通过提供商业服务来垄断市场，并推行不平等的交易条款，因此存在着较多的监管问题。2020 年，欧盟在其实施的《数字市场法》(Digital Markets Act)中引入“平台守门人”的概念，指的是具有市场影响力并控制着重要访问渠道的数字服务提供者。[①]而算法是平台的关键技术组成，不仅对数据、信息进行把关，还通过自动化决策选择推送给用户信息，并根据效果反馈进行调整。可以说，平台对信息和渠道的管理行为实际是依靠算法在数据的驱动下完成的。而以数据和算法为核心的新守门人诞生，也使守门的重心从内容转向了数据。[②]

算法守门人是平台守门人的技术化身，它能够管理跨平台间的外部链接，决定某段时间内外部消息的主题，而在平台内部，算法守门人决定了用户所看到的内容以及频次，并控制着什么样的内容能够成为热门趋势。此外，算法还可通过对信息的自动化管理来引导、控制用户的行为。以滴滴平台为例，算法对信息进行过滤、选择，给司机匹配系统中最合适的任务，并通过惩罚措施达到控制司机的行为，但司机的判断未被纳入算法考虑中，因其无法被量化为可盈利的指标。

---

① “The Digital Markets Act, European Precautionary Antitrust”,https://itif.org/publications/2021/05/24/digital-markets-act-european-precautionary-antitrust/.

② 顾烨烨、方兴东、钟祥铭：“深度媒介化视角下平台治理的范式转变——‘守门人’理念下技术、媒介与制度的耦合进程”，《新闻与写作》2023 年第 3 期。

算法通过信息物理系统（Cyber-Physical System）、智能手机、社交媒体等收集数据，用量化指标表征一切，将世界的复杂性降低到可计算程度。用户则生活在各种量化标准之中，以其作为决策和行动的基准，自身认知也随之改变。某种意义上，算法守门的尺度直接影响着平台社会的信息秩序，研究者也将其作为一种治理制度纳入到社会治理的探讨中。①

综合这几种密切相关又显著不同的守门人类型，可以发现算法的媒介化角色在不断深化，其作为平台一级重要的行动者地位不断凸显。在网络守门人实践中，守门更加强调信息控制，算法作为“门禁”存在；在数字守门人实践中，算法依靠自动化与智能化运作，通过与用户的互动制定信息流动策略；进入平台守门人阶段，算法开始独立承担守门人角色，自主决策、自主管理平台信息环境。而无论是对守门人的技术生成逻辑的体察，还是对守门人的实践路径的分析，都不难判断出算法守门人的诞生是数字化、平台化、智能化发展的必然结果，它主导了平台中的信息活动，也衍生出区别于传统守门人的独特运行机制。

（二）算法守门人的运行机制

算法守门人的运行机制既依赖于自动化技术，又服务于平台化管理；既是处理数据的物理过程，又是组织资源的社会过程。从运行规则来看，算法守门人形成了以控制可见性为主的迎合把关方式以满足市场需求；从运行方式上看，新的算法模型、机器学习技术和深度学习方法的出现，使算法能够更好执行决策过滤；从运行效度来看，算

① Just, N., Latzer, M., “Governance by Algorithms: Reality Construction by Algorithmic Selection on the Internet”, *Media, Culture & Society*, vol. 39, no. 2(2017), pp. 238–258.

法策展了提供个性化用户体验，但同时也占据了结构洞位置，控制了平台的资源分配。

把关标准是守门人机制的核心运行规则。平台化时代，把关权力从专业把关人转移到营业商、平台、用户、算法等多元主体的身上，其中又以算法把关为主，内容的可见性由其调控。算法给把关带来了结构性变革，具体表现在把关主体从以往的专业人员转向算法、把关关系从以前的单向训示转变为主动迎合、把关的机制从编辑转移给了算法、把关的内容从整体转向了碎片。[①] 受预期效果的驱动，算法把关的衡量标准在于内容吸引用户的潜力，而这部分用户都是广告商感兴趣的潜在客户。平台用户也会主动迎合算法的可见性逻辑，利用算法把关为其筛选对象、推送信息等。例如 B 站用户在交友时会将自身情况与对朋友的要求放在视频中，并带上对应的标签，期待算法将其推送到目标群体的首页中。当算法识别到视频中的关键信息后，会将其推送给对应的受众。此外，平台广告商、MCN 公司等为了获得更多的流量也会迎合算法的可见性逻辑，与算法合谋形成新的把关标准。

传统把关重视审查、评估和筛选的过程，通过设定规则、标准来控制某种资源、信息或权利的访问和分发，因而更侧重对内容价值本身的把控；而算法通过信息过滤和推荐系统调控内容的可见性，是为了迎合用户的需求与兴趣，并促成用户的信息消费与分享行为，其中流量价值是把关的原则。而对可见性标准的迎合直接导致售卖可见性已经成为平台用来盈利的生意。在交友类平台中，用户通过付费推荐的方式成为 VIP、SVIP 后将获得超级曝光的特权，曝光度的衡量标准为浏览用户主页的人数。这些用户被算法优先推送给相匹配的对象，

① 罗昕、肖恬："范式转型：算法时代把关理论的结构性考察"，《新闻界》2019 年第 3 期。

他们同时也获得查看其他人的社交足迹或者隐藏自己的特权。此外，广告推广、搜索引擎优化等都是常见的可见性销售类型。而可见性的商业化会形成用户之间的不平等关系，例如具有监视他人意愿的用户成为付费用户后，能够以货币来换取对可见性的操控权，造成平台可见性的等级化，同时也形成了一种流动性的监视生态。①

作为新闻机构的新守门人，算法的自动化决策帮助过滤、选择和控制信息和内容，以确保用户获得符合可计算规范和标准的新闻体验。在方兴未艾的媒体融合中，算法被引入中央厨房，深度参与到“一次采集、多种生成、多元传播”的融合采编模式中。“一次采集”需要算法对重复、低质量内容进行过滤，对数据进行预先筛选，从而节约信息成本，形成内容数据库；②“多种生成”依靠算法为编辑选择符合主题的内容，按照相关度排序后呈现在列表中，并按照编辑的指令生产不同类型的媒体产品；“多元传播”则是通过个性化算法将内容推送给用户，控制内容的传播路径，从而提高传播效果。人民日报“中央厨房”在两会期间推出游戏类 H5 产品《谁能代表我？》，后台数据库中整合了两千多名人大代表的个人信息，用户只要输入简单的个人信息便能匹配到相关度最高的人大代表，整个 H5 产品的内容整合、信息匹配、结果选择都是由算法所控制。③

而在新闻编辑室外的社会化平台中，算法的自动化决策也体现在各类守门活动中。随着深度学习的发展，算法作为智能向导为用户提供的时间管理、优先级设置和决策支持等，统统被纳入算法守门人的

① 高艺等：“‘可见性’何以成为生意？——交友类 App 会员制的监视可供性研究”，《国际新闻界》2022 年第 1 期。

② 陈国权：“中国媒体‘中央厨房’发展报告”，《新闻记者》2018 年第 1 期。

③ 何炜、魏贺、张旸：“人民日报‘中央厨房’：探索新闻生产新模式”，《新闻与写作》2016 年第 9 期。

行动逻辑中，同时也塑造了平台的控制框架。以美团外卖的“超脑”系统为例，它能够通过算法自动验证外卖骑手的身份，并根据其以往的工作经验为其派单，设置后续的派送路线。算法还控制了商家店铺在首页的推荐顺序，与平台合作的店铺会获得更多的推广与可见性。在算法为用户设计的行动网络中，算法决定每个节点上“门”的开关，其本质是通过控制数据的流动来实现商业利益最大化。当商业逻辑主导守门决策，原始信息中的不确定性被减少了，但一些重要信息也可能丢失，由此导致把关标准出现偏差。例如算法为外卖骑手规划路线时不会计算电动车限速、非机动车道建设等产生的额外耗时，这导致骑手为了免受算法处罚可能选择超速或闯红灯，但算法只会根据结果判断骑手效率可提升，从而进一步压缩配送时间。

不同于传统守门人机制对信度的强调，算法守门人的特点是运行效度优先，这得益于算法策展的运用。算法策展可以理解为使用算法筛选、组织和推荐内容给用户的过程。将策展设计技巧整合到算法的运行逻辑中，对平台更好的管理和分配内容资源，提高用户参与度和留存率尤为重要。在平台组织的活动中，算法会通过标签的方式进行内容策展，同时将断连的用户重新连接，并通过社交网络控制内容资源的流动，从而形成守门人的实际控制权。正是由于算法守门人在平台中拥有明显的信息垄断和控制优势，其在网络中也占据了“结构洞”（structural hole）的位置。结构洞由社会学家罗纳德·伯特（Ronald Burt）于 1992 年提出，指的是一个节点在其邻近节点之间存在较少联系或没有联系的区域。伯特认为结构洞在信息传播、资源获取等方面发挥着重要作用。[①] 算法守门人利用结构洞的位置优势，根

① Burt, R. S., *Structural Holes: The Social Structure of Competition,* Cambridge: Harvard University Press, 1992, p.18.

据策展逻辑对信息流动进行搭桥，将碎片化的信息与原子化的用户联结。这样算法守门人不仅具有更多获取非重复资源的机会，还能通过由结构洞所连接的节点进行战略性定位，从而构造出一个社会网络中的权力框架。

社会学家林南认为，社会网络中的资源由社会关系和嵌入性资源组成，这二者对个体行为和组织绩效产生重要影响。[①] 在平台社会中，算法策展通过对社会关系和嵌入性资源的控制与分配，能够吸引用户更多地按照平台价值观行动，从而获得更多的关系与资源。受平台商业属性的影响，算法策展对关系、资源的组织与调配均以生产效率为导向，通过操纵个人或群体的行动来实现利益的最大化，但往往忽略平台自身应该承担的社会责任。例如社交平台使用算法策展将内容与用户的品味相匹配，同时也会产生囚徒困境、过滤气泡等问题。[②] 这使得算法守门人对网络关系、资源等的策展设计在公正性、可靠性和用户美誉度上难以令人满意。此外，如何发挥结构洞在平台治理中的信息与控制优势，也成为亟需解决的问题。

（三）算法守门人的治理向度

综前所述，算法守门人在把关决策、控制数据流、信息传播、资源分配等方面扮演着关键角色，但也因此存在更多公平性、平等性、隐私保护等问题，除了算法自身需要接受透明度、可解释性、合规性、可审计性等监督之外，还需要对算法守门人作为行动者的公共性内涵展开讨论。我们提出，将技术治理理念纳入平台实践中，形成一

① Lin, N., Fu, Y. C. & Hsung, R. M., "Measurement techniques for investigations of social capital", *Social Capital: Theory and Research*, vol. 4(2001), pp.57–81.

② Berman, R. & Katona, Z., "Curation Algorithms and Filter Bubbles in Social Networks", *Marketing Science*, vol. 39, no. 2(2020), pp. 296–316.

个以算法治理为主的，有利于保护个体权益、扩大公众利益，同时促进平台创新的公共性框架，以对抗算法守门中存在的技术性歧视、结构性偏误、商业化积疴等问题。

公共性是守门人制度的核心价值，在数字化时代，特别是涉及到对数据、信息和渠道的控制和决策情况下，守门人更加需要承担起公共性职责。较早的网络守门人需要制定审查机制、安全机制、监管元机制（Regulation meta-mechanism），执行删除、压制有害内容，管理信息流的机密性、可用性和完整性等工作，通过信息控制来执行互联网规范、协议或程序等。[①] 在数字守门人阶段，出于维护内容生态与接受社会监督的考虑，科技公司、程序开发者等需要借助算法进行平台内容审核与惩戒，对有害、低质内容进行压制，对相关账号进行降权、封禁等处置。[②] 进入平台时代，各大平台守门人的治理实践更加复杂多元，守门人需要灵活地指定和更新义务框架，并为实施某些义务而与其他行动者进行积极的监管对话，形成监管框架，从而尽可能规避风险，履行平台的社会责任。而一系列监督框架与规则也是平台治理的重要内容。算法守门人是平台治理的重要对象，也是重要执行者，这一双重属性意味着对其行为亦有公共性要求。

这些年随着算法治理（algorithmic governance）概念被提出，算法被视为有能力以创新社会秩序的方式协调各个行动者的治理活动，帮助平台和组织更好地进行资源配置、决策制定和行为引导。[③] 而算

---

① Barzilai-Nahon, K., "Toward a Theory of Network Gatekeeping: A Framework for Exploring Information Control", *Journal of the American Society for Information Science and Technology*, vol. 59, no. 9(2008), pp. 1493–1512.

② 范红霞、邱君怡："数字守门人在社交平台上的角色分配与权力流动"，《新闻爱好者》2019 年第 6 期。

③ Katzenbach, C. & Ulbricht, L., "Algorithmic Governance", *Internet Policy Review*, vol. 8, no. 4(2019), pp. 1–18.

法治理是算法作为守门人履行公共性的核心内容，结合算法治理的重点领域，算法守门人的公共性内涵体现在风险治理、内容治理、数据治理等三项内容中。首先，算法在风险管理领域的应用由来已久，美国国家标准与技术研究院在2002年就开发了一个完整的网络安全框架，利用算法做网络漏洞评估与风险分析。[①]这些年得益于机器学习的进步和数亿量级数据的增长，算法的预测性能获得巨大提升，也为风险治理提供广阔空间。其次，在促进内容多样化与公共参与方面，平台各治理主体一直在鼓励算法设计与实施过程吸纳各利益相关方参与，确保内容治理能够考虑到不同群体的需求和利益，更加全面和公正。最后，人工智能的崛起使算法代替人工进行数据安全治理，能够根据风险类别灵活调整治理机制。并且，算法本身也在学习自我风险审计，有能力通过自调试纠正运行中产生的错误与偏差。[②]结合算法治理实践与守门人的公共性内涵，可形成风险的预测性监督、可见性审核的制度优化与平台数据的安全监管等三个治理向度。

1. 风险的预测性监督

风险的预测性监督是算法守门人结合大数据实施平台治理的重要向度。大数据通常被商业平台用来实现盈利，但其蕴含的丰富价值能够帮助发现和规避潜在的风险，满足算法守门的公共性需求。风险预测性监督的基本方式为算法实时监测数据，通过统计模型分析对平台风险进行预警。例如网络安全公司 Sift Science 能够通过算法追踪平台用户中的异常行为，并将有风险的行为与以往的案例进行匹配、对

① Stoneburner, G., Goguen, A. & Feringa, A., "Risk Management Guide for Information Technology Systems", *NIST Special Publication*, 2002, pp. 1–55.

② Janssen, M. & Kuk, G., "The Challenges and Limits of Big Data Algorithms in Technocratic Governance", *Government Information Quarterly*, vol. 33, no. 3(2016), pp. 371–377.

比，从而对即将发生的线上欺诈行为进行预防，及时优化平台的安全管理策略。[①] 抖音也推出了自主研发的反欺诈模型与风控策略，依靠算法综合用户的行为特征、内容属性等因素展开分析，对欺诈信息进行自动化拦截。[②] 这些风险的预测性监督能够为平台守门提供明确指向，弥补了事后治理的滞后性。当然还需要将平台数据与以文本形式存放的数据相结合，对预测模型进行校准，实现风险的精准化预测，为治理方案提供更加精确的数据。

此外，风险的预测性监督也为守门人问责提供依据。一方面，算法守门人的风险预警能够提高动态治理决策的精确度。算法实时对数据进行收集、筛选、处理，当识别到风险变化后会自动调整，采取不同的方案解决问题，提高算法决策的效率与效能。在平台的舆情监测中，智能算法通过知识图谱、主体聚类、情感分析等方式对舆情的特征分布、风险等级、发展脉络进行总结，并根据数据预测舆情的未来趋势，为舆情治理提供智能预警和研判。[③] 另一方面，算法能够通过数据锁定风险主体，对其行为进行界定并问责，并根据自由裁量权对风险主体行使一定的处罚。Reddit 平台中的 AutoModerator 算法通过接入各个内容板块的 API，对平台中的信息、超链接进行风险监测和审核，当识别到不当内容时，会对其进行屏蔽、删除，并对用户进行封禁处理。这种对风险的精准预测、响应和快速处理能力是算法决策的突出优势，也是守门人治理的应有之义。

---

① “机器学习网络安全公司 Sift Science 获 3000 万美元 C 轮融资，提前预测欺诈行为”,https://36kr.com/p/1721136152577。

② “‘推荐算法’究竟是什么？这篇科普报告帮你快速了解”，http://ai.ruc.edu.cn/newslist/newsdetail/20220107001.html。

③ “人工智能让舆情监测，从信息检索走向内容多维度识别”，http://www.stdaily.com/index/kejixinwen/202202/48b467d331984dcba80d59e2df3927e8.shtml。

2. 可见性审核的制度优化

随着平台内容增长，大量虚假性、歧视性、骚扰性、暴力性、仇恨性等言论弥漫其中，AIGC 更是导致深度伪造内容的流行，这些都使信息守门面临着前所未有的压力。由于算法处于信息生态治理的核心，是建构可见性的必要条件和主导性要素，因此也是维持平台有效信息守门的关键力量。算法对信息环境的守门分为两类，在单一平台的信息环境中，算法会从中挑选数据表现最好、符合用户喜好的信息进行推送，而对于有害信息则是建立哈希数据库，对数据类型进行标注并过滤，通过算法匹配来过滤后续的信息流。① 以抖音的 For You 推荐算法为例，它会通过限制视频的可见性对带有不良价值观和歧视问题的视频进行惩戒。为了保护弱势群体、防止网络欺凌，抖音有意通过算法限制那些被认为更易遭受网络欺凌的用户的可见性内容。②

而在跨平台的信息环境中，算法守门主要针对的是机器人，后者可能在平台中操纵舆论引起恐慌，推动具有破坏力的议题传播，对平台的信息生态造成不良影响。算法守门人可以通过访问其他平台的 API（Application Programming Interface，应用程序编程接口），识别想要进入的机器人并限制其访问权限。③ 面对跨平台的信息流动，腾讯云平台通过天幕（NIPS）算法对万亿级的跨平台数据进行毫秒级的响应与自动化、智能化的检测，将具有安全漏洞、攻击性强、带有恶

---

① Gorwa, R., Binns, R. & Katzenbach, C., “Algorithmic content moderation: Technical and Political Challenges in the Automation of Platform Governance”, *Big Data & Society*, Vol. 7, no.1(2020)，p. 1–15.

② Zeng, J., & Valdovinos, K. D. B., “From Content Moderation to Visibility Moderation: A Case Study of Platform Governance on TikTok”, *Policy & Internet*, vol. 14, no.1(2022), pp. 79–95.

③ Makhortykh, M. et al., “Not All Who are Bots are Evil: A Cross-platform Analysis of Automated Agent Governance”，*New Media & Society*, vol. 24, no. 4(2022), pp. 964–981.

意的信息与机器人进行彻底封堵，形成一套安全性能高的网络边界防护体系。①

无论是哪一类信息守门，结果都会形成一种可见性政治，即信息掌控与传播的不平等。它会造成在实际的信息流中，凡是平台方通过算法分配的可见性都是合规的，而用户方通过算法驯化获得可见性则被平台视为违规行为，会受到平台压制。② 在数字平台占据绝对垄断地位的当下，想要突破上述不平等现象，就需要匡正算法守门人行为，优化可见性审核制度。目前平台主要通过提高审核质量来进行，一是对内容进行精细化的分类，可以分为完全不可见、可见但不推荐、不推荐给某些人等。算法根据不同的类别赋予对应可见性等级，以此来控制可见性梯度；③ 二是提高对问题内容的大规模识别能力，以提高可见性审核效率。目前大部分商业平台都在开发机器学习分类器（machine learning classifier），使算法能够快速、大批量地对问题内容进行标记、聚类、分类，识别具有足够误导性、风险性的内容，将其降级或排除在算法排名和推荐之外，既降低其可见性，又不至于将其删除。④ 当然，更多有效的优化方案亟待实施，毕竟，鼓励开放和包容的信息环境，与甄别有害和不良信息内容，二者不可偏废。

3. 平台数据的安全监管

数据安全是维持平台业务可持续性的关键，它同时也牵涉到用户

---

① “跨平台蠕虫 HolesWarm 利用 20 余种漏洞武器攻击 Windows、Linux 系统，腾讯云防火墙可拦截”，https://s.tencent.com/research/report/78。

② Petre, C., Duffy, B. E. & Hund, E., “Gaming the system: Platform Paternalism and the Politics of Algorithmic Visibility”, *Social Media+ Society*，2019, pp. 1-12

③ Gillespie, T., “Do Not Recommend? Reduction as a Form of Content Moderation”, *Social Media+ Society*，2022，pp. 1-13.

④ Gorwa, R., Binns R. & Katzenbach, C.，“Algorithmic Content Moderation: Technical and Political Challenges in the automation of platform governance”，*Big Data & Society*，vol. 7，no. 1(2020)，pp. 1-15.

隐私、市场公平、社会秩序、国家安全等重大问题，也是政府责令平台密切监管的对象。知名互联网企业家蒂姆·奥莱利（Tim O'Reilly）曾呼吁通过算法监管来解决平台的各种问题，因为算法对预期的结果具有深刻的洞察力，可以实时监测结果是否正在实现，并且能够基于新的数据自动调整算法，定期审查算法本身是否正确按照预期计划执行。[①] 此后的研究人员将算法监管定义为在算法决策基础上所建构的监管治理系统，其工作原理是通过机器学习生成知识，以此管理活动领域中的风险或改变被监管者行为，以便在必要时自动改进系统的操作以达到预定目标。[②] 将复杂的算法调节嵌入到监管机制中，能够在确保平台数据安全方面发挥强大效能。而依靠算法搭建平台的数据安全门，也是算法守门人的第三个治理向度。

平台通过安全程序管理用户和数据，而这些安全程序本身即是算法监管的目标，规范这些安全程序的社会法律特征，包括系统访问的限制和隐私保护的设置等，已经内置到了算法的体系架构中。这使得算法监管在保证数据安全中具有双重身份——既是监管的工具又是监管的目标。[③] 这也使得算法在数据安全领域衍生出了新的守门实践，一方面，算法可以改善整个数据治理流程。在数据标准管理上，既定标准无法适应复杂的信息环境变化，算法能够检测和纠正标准和目标的偏差，重新定位与不确定性因素之间的具体关系。[④] 而在数据安全

---

① O'Reilly, T., "Open Data and Algorithmic Regulation", *Beyond transparency: Open Data and the Future of Civic Innovation*, vol. 21(2013), pp. 289–300.

② Yeung, K., "Algorithmic Regulation: A Critical Interrogation", *Regulation & Governance*, vol. 12, no. 4(2018), pp. 505–523.

③ Bellanova, R. & De Goede, M., "The Algorithmic Regulation of Security: An Infrastructural Perspective", *Regulation & Governance*, vol. 16, no. 1(2022), pp. 102–118.

④ Amoore, L, Raley, R., "Securing with Algorithms", *Security Dialogue*, vol. 48, no. 1(2017), pp. 3–10.

管理上，算法体现出强大的社会秩序控制力，其监管系统通过先发制人的违规预测来管理数据，在不需要预先制定管理目标的情况下，通过数据的分级分类进行精细管理，从而保证安全管理的敏感性。[①]平台通过算法来实施数据安全监管，算法实际上成为数字基础设施的防护屏障，在塑造、实现监管行为和职能上发挥着重要的作用。不过需要警惕的是，算法的监管也并非是中立的，尤其是在商业信息的监管上，会更加注重商业效益的实现。

另一方面，算法把守整个信息环境，其自适应标准与风险预测功能提供了一个强大的"架构约束"（architectural constraints），即算法能够像法律一样有效约束行动者。算法代码就像现实中的物理架构，当算法规范在线行为时，其方式类似于现实世界中物理架构对行为的规制。[②]首先在标准制定层面，算法执行的行为规范既可以是一个简单、固定的行为标准，也可以是促进实现总体性系统目标的自适应标准；其次是在信息收集和监控层面，算法可以在被动的情况下运行，自动将实时挖掘的数据与历史数据进行匹配、对比，以此发现违规行为与问题；三是在执行修改行为层面，算法可以在无人干预的情况下自动管理指定的制裁或决定。[③]此外，算法的架构约束还可以根据被监管对象与环境变化进行调节，通过这种自适应性来规范数据活动。

2022 年 11 月，英国信息专员办公室修订了《数据国际传输协议》（International Data Transfer Agreement），提出需要建立数据传输风险评估与安全管理体系，并推出了数据传输风险评估（transfer risk

---

① Crawford, K. & Gillespie, T., "What is a Flag For? Social Media Reporting Tools and the Vocabulary of Complaint", *New Media & Society*, vol. 18, no. 3(2016), pp. 410–428.

② Grimmelmann, J., "Regulation by Software", *Yale LJ*, vol. 114(2004), pp. 1719–1758.

③ Yeung, K., "Algorithmic Regulation: A Critical Interrogation", *Regulation & Governance*，pp. 505–523.

assessment）算法来确保跨国数据流动的安全。按照《通用数据保护条例》（General Data Protection Regulation，GDPR）第46条传输条例，算法对数据活动进行风险等级评估，根据不同的等级采用相应的措施保障数据安全。它能在风险发生时，通过停止数据传输流程来处理问题，并随后对数据出口商进行定位、追责。[①] 这是算法守门人实践在数据安全监管方面迈出的重要一步。此外，由于数据流动往往在跨越国家、组织等的平台场景中进行，算法监管能为这类复杂的治理环境提供了可行性方案，可以按照数据环境的变化重新制定安全治理模式，灵活调整架构约束的规制方式与标准，因此未来这一领域将是广阔蓝海。

2018年9月，Facebook、Google和Twitter等社交媒体公司与广告商共同制定并提交了一项自愿性的《反虚假信息行为守则》给欧洲委员会。该守则承诺由签署方（社交媒体公司）显著提高广告投放的审查程度，增加政治广告的透明度，制定更严格的与机器人滥用有关的政策，开发工具以优先呈现真实可靠的信息，帮助用户识别虚假信息并寻找多样化的观点，等等。[②] 这些平台守门人的自我监管措施都需要依靠算法落实，因为算法在一系列问题检测、任务分配以及监管执行等方面都发挥着关键作用，而这些内容也与算法守门人功能与实践高度吻合。

本文将算法视为守门人，不仅仅是为了描述算法的设计特征、私有规则和业务实践，也不仅仅是提醒人们关注算法决策的透明度、公

---

① Information Commissioner's Office, "International Data Transfer Agreement and Guidance". Available at: https://ico.org.uk/for-organisations/uk-gdpr-guidance-and-resources/international-transfers/international-data-transfer-agreement-and-guidance/.

② Napoli, P., *Social Media and the Public Interest: Media Regulation In the Disinformation Age*, New York: Columbia University Press, 2019, p. 182.

平性和隐私保护等问题，更是倾向于为重新评估算法权力提供一个审慎的建设性视角。作为具有自主决策能力和重大影响力的平台一级守门人，算法在被监管和自调试的基础上需要参与一系列平台治理实践，也就是说，算法守门人的运行逻辑必须是在平台治理的层面上展开。从长远来看，算法守门人可以通过优化流程、提供实时反馈和结果预测，显著提升平台治理效率及优化公共服务供给，这不仅是守门人制度的突破，是探索算法向善的途径，也是推动数字文明健康发展的必然选择。

第三节　人脸识别中的算法焦虑与治理

脸在人类互动中具有核心作用，对人脸的识别问题在社会技术变革中也处于中心地位。当前，人脸识别作为算法视觉的新形式，已经发展为一项普遍的技术。随着平台企业、科技公司陆续加入研发和使用人脸识别的主流行列，算法的生物识别技术从安全领域向商业和社交媒体应用快速拓展。从看似无害的应用（如风靡全球的美图自拍），到伦理上可疑的应用（如种族或性别特征分析），人脸识别正在迅速融入日常生活实践中。当原本为罪犯设计的技术被广泛部署于普通人的世界，当被监视成为个体生存的永恒状态，我们也看到了一幅技术应用的反乌托邦图景。

出于对人脸识别系统被滥用的担忧，限制和抵制这项技术的呼声日益高涨。在美国，旧金山市对人脸识别技术发出了禁令，随后多个城市考虑禁止或暂停这项技术；在欧盟，被称为人类历史上第一部数据宪法的《通用数据保护条例》（GDPR）对人脸识别技术进行了严格限制；在中国，包括规范人脸识别应用在内的个人信息保护法草案已被提请全国人大常委会审议。迫于公众压力，平台企业和科技巨头们也纷纷开始整改：Amazon 宣布对美国警方使用其人脸识别软件实施一年的暂停期；IBM 宣布将退出一般性的人脸识别领域；Facebook 将停止在用户的照片和标签建议中默认使用面部识别功能；Microsoft 悄然关闭了号称全球最大的公开人脸数据库 MS Celeb……

各国的立法努力和商业公司的退让反映出人们普遍焦虑于作为个性和身份标志的人脸在算法规训下的失控状态。可见，人脸的生物识别并不是单纯为身份管理而部署的中立技术，围绕人脸识别算法的争议也不应被简单地理解为是对技术偏见的质疑，我们应该将其与深层次的政治转型联系起来。在转型中，算法技术重新配置了人的身份和主体性，人脸被重新概念化、政治化。Google 的照片应用程序会将非裔美国人分类为大猩猩；在预测性警务中，人脸识别算法对深色皮肤的受试者有更高的误分类率……这些匪夷所思的结果不仅仅是机器偏见的表现，也成为一种微观政治现象。为此，我们尝试从吉尔·德勒兹和费利克斯·加塔利（Felix Guattari）提出的“脸性”（faciality）概念出发，深度解析人脸识别算法的政治逻辑，批判性地探讨在算法权力背景下，社会征服和机器役使的新发生机制，在此基础上沿索伦·克尔凯郭尔（Søren Aabye Kierkegaard）的思想，提出根植于人脸识别的算法焦虑（algorithmic anxiety）状况，并从建设技术政治伦理的角度探索相应的缓释路径。

人脸识别是机器学习算法的一个重要应用成果，在 2016 年的时候，HyperFace 算法的人脸生物识别训练已经达到了 97.9% 的准确率，到了 2019 年，基于深度神经网络的人脸识别算法据称已达到了 99.9% 的精度。早在 2006 年，欧盟边检局的一份题为《边境安全生物识别技术》的报告中，就详细描述了所谓人脸识别的自然路径。报告提到，人脸是最自然的生物识别模式，这是人类在其社会环境中识别彼此的最有效途径，而生物特征的人脸识别技术是对上述自然模式的一种扩展。它通过计算机分析受试者的面部结构，利用这些信息程序创建一个独特的模板，包含所有的数字数据，然后，这个模板可以与非常庞大的面部图像数据库进行比较，以识别受试者。[①] 然而，人脸经历从自然原始的肉眼辨别到数字化的生物特征识别，这个转变并不是像这份报告中所称的，是一条自然路径的扩展。当实际个体与储存在人类大脑记忆中的图像的比较过程，演变为一个生物特征模板与一个大型数据库中的许多其他模板的比较过程，实际上意味着人脸识别已经从社会和个人互动的实践，转变为官僚化的、制度控制的实践。由此也带来了问题的进一步复杂化：人脸的生物识别技术允许对大型数据库中的人脸模板进行大规模比较，当这一过程被描述为是传统自然识别的延伸，是模仿正常的大脑活动的时候，就可能导致人们一时间很难意识到将人脸转化为机器可读所带来的巨大风险。

与数字化指纹和虹膜扫描等其他生物特征识别方式不同，人脸识别算法系统价格低廉、不惹人注目，而且可以在不得到被监视者主动同意的情况下在后台匿名操作，通过算法量化的人脸遂成为监视和安全系统建设的强有力工具。但批判学者认为人脸识别算法具有一种技术的意识形态功能，它会将自身呈现为客观真理，将历史条件呈现为永恒，将政治形态呈现为自然。[②] 从这个角度来看，人脸识别算法不应该被简单地理解为是一种客观的技术，而应被视为一种非常强大的社会政治杠杆，它在新社会控制体系中扮演着重要角色。因此，对人

① See Vakalis, I., Hosgood, B. & Chawdhry, P., *Biometrics for Border Security*, Warsaw: Frontex, Joint Research Unit, 2006.

② See Trevor, P., “Invisible Images (Your Pictures are Looking at You)”. Available at: https://thenewinquiry.com/invisible-images-your-pictures-are-looking-at-you/.

脸识别算法的政治分析需要一个新的概念框架，能够超越文化研究范式和意识形态的传统诠释。带着这个目标，本文将通过德勒兹和加塔利关于脸性的概念棱镜来折射人脸识别算法的政治形态，并提出“脸性政治”（politics of the face）的分析框架。

如果说人脸识别是人脸表征实践的漫长历史的一部分，那么人脸就不应该被认为是普遍的或自然赋予的，而应该被看作是特定社会组合的产物。这就是德勒兹和加塔利提出脸性概念的目的，即在个体与他者的伦理关系和其主体性的构成中质疑脸的普遍性。对于德勒兹和加塔利来说，人类的脸和头在本质上是不同的，头属于动物的身体范畴，而脸属于人类的个性领域，是由特定的社会实践产生的，需要特定的符号制度。[①]因此，德勒兹和加塔利在反对唯心主义人类学的同时，将人脸相对化和历史化。换句话说，人脸总是政治的，它的重要性并不是来自某种必要的或先天的条件，而是来自某种权力的集合，即某种政治。然而，这并不意味着脸产生并解释了社会权力，而是说某些权力的集合需要脸的产生。德勒兹和加塔利曾举例说，原始社会并不需要脸作为权力机构，但基督教引入了脸的概念，基督的脸既表现为他的个体性（他的现世存有），也是他的普遍性（他的神圣存在）的标志。进而可以判断，在现代世俗社会中，个人的脸孔既是其独特个性的标志，也是普遍人性的标志。[②]因此，从基督教诞生到现代西方社会形成的世俗化过程中，每个人为了成为一个个体而必须“获取”一张脸。例如，文艺复兴时期的肖像画与近代的摄影术，都是在不断拓宽脸的社会生产进程，这是脸性政治的发端。同时，这也可以

① 参见德勒兹、加塔利：《资本主义与精神分裂：千高原》（卷2），姜宇辉译，上海书店出版社2010年版，第237页。

② 同上书，第248—249页。

用米歇尔·福柯在《规训与惩罚》中指出的政治逻辑的转变做出进一步解释。

福柯告诉我们，为管理现代城市和现代工业而建立的规训制度，可以提高大众生产力，同时减少其内在的复杂性，但第二次世界大战结束以来，权力的逻辑已经转移，权力的政治轴心发生了逆转，基于人口统计知识的安全机制正在取代规训机制，成为当代社会的主要权力机制。继福柯之后，德勒兹也提出，当代资本主义的特征是从一种权力的规训体制向一种控制体制的转变。我们将二者的社会控制理念与算法权力联系起来，会发现我们当下所处的这个社会，其实就是一个受控社会的智能进化版本，其中，元数据（即关于数据的数据）成为衡量社会关系价值的尺度，以及预测大众行为和实施社会控制的新工具，而人脸识别算法就是一个元数据处理设备。在控制社会的背景下，人脸识别算法利用元数据，不仅能够规范个人行为，还能预测特定群体或人口的模式，这一过程也成为脸性政治维度下算法控制社会的权力实现过程。

我们看到，在人脸识别的过程中，算法会将捕捉到的人脸与数据库中成千上万个人脸模板进行比对之后生成新模板，被识别的人脸遂成为与数据库中某类人脸模型的匹配程度达到足以被测量出来的一个计算结果。在这里，人脸不仅是作为一个独特个体的个性化标识，还成为能够被标记和被预测的生物性标识。这即是说，人脸的唯一性被机器学习彻底解除，算法拥有了再定义人脸与身份之间关系的权力。而依靠对大数据的相似性和相关性挖掘，算法不再关注脸的具身性问题，而是直接从前个体（pre-personal）和超个体（supra-personal）的层面收集和使用数据，不断创造出机器自我学习和程序调制的模板。在前个体层面，算法会将人脸分割成碎片化信息，并构成一个人脸模板和训练集的数据库；在超个体层面，上述前个体信息被收集起来之后，将作为大数据和统计分析的大型机器的一部分。这样一来，人脸识别算法就形成了两种相互矛盾的趋势：一方面，人作为主体的个性化过程在不断减弱；另一方面，作为个性化标识的人脸的中心地位却在不断增强。

我们不妨再利用德勒兹和加塔利的社会征服（social subjection）和机器役使（machinic enslavement）概念的视角来探讨上述这一对矛盾趋势。二人认为，在当代资本主义权力关系的再生产中，“（社会）征服和（机器）役使形成了并存的两极”[①]。从社会征服的角度来看，个体与机器的关系就是主体与客体的关系，在征服状态下，个体作为主体，通过客体机器对另一个个体实施控制行为，客体机器是主体行为使用的手段或中介。从机器役使的角度来看，个人并不是站在机器的对面，而是与机器相连，在役使的关系中，人类和机器成为围绕着资本、信息的输入和输出而组织的生产过程中可互换的部分。换句话说，在社会征服中，主体是作为一种更高的统一体而存在；在机器役使中，没有主体，只有身体。例如，社会征服创造了男人、女人、老板、工人等角色，它产生具有身份的个体主体，而机器役使则创造了去主体化的过程，它将主体分割开来，使其碎片化、流动化，变成了整个社会机器的组成部分。

接下来，德勒兹和加塔利通过对电视的分析，阐释了社会征服和机器役使这一对看似矛盾的过程是如何相互强化与互补的。在电视中，观众既是节目的构成主体，也是收视率统计设备中的一个数字。[②]

---

① 参见德勒兹、加塔利：《资本主义与精神分裂：千高原》（卷2），姜宇辉译，上海书店出版社2010年版，第662页。

② 同上书，第662—663页。

这说明规训（节目生产中对人的征服）与控制（收视率统计中对人的役使）完全可以同时并存。40多年后，同样的一对概念可以用来解释人脸识别算法作为一种脸性政治，是如何以一种整合权力发挥作用的。一方面，算法技术作为一种主体化的装置，通过人脸识别来保证个体的主体化，使人脸成为一个私有化身体的标志，使其在社会分工中代表着一个特定的角色；另一方面，个体主体又被算法技术“撕成”碎片，主体的组成部分（智力、情感、感觉、认知、记忆等）不再被一个“我”统一，而是变得四分五裂，成为机器计算的对象。算法对它们的再次合成也不再是原来的“人”，而是成为生物角度的集合或生产的“物”。换句话说，在算法权力的操控下，人脸在两种不同的符号体制下共存，一方面作为主体的个体化符号存在，另一方面作为庞大统计计算机器中的齿轮符号存在。

可以肯定的是，人脸识别算法仍然带有一种意识形态功能，它表面上将一定的社会秩序自然化为必要的与客观的，而实质上，作为一种规训机制，人脸识别算法正是资本主义权力关系的再生产所必需的。我们同时也看到，算法将统计分析与特定的人脸联系起来的过程，更像是个体化（personalization）过程，而不是个性化（individualization）过程，因为从控制的角度来看，人脸识别算法绝不是个性化的工具，它生产、计算、分析元数据，生成脸性个体，并使其始终处于被计算形成的控制系统追踪的状态。就像无处不在的摄像头，它不识别人类角色，不识别人类本身，也不需要人类旁观者，但能够将特定的对象定义为潜在的消费者、罪犯或恐怖分子等，从而实践着全景式的社会控制。这种矛盾同一性也使我们能够理解到，人脸识别算法的规训和控制实际上是两种互补的、相互加强的权力共存。

在日常状态下，人们依附于脸的物质性，体验着这一身体边界所发挥的联络社会和协调互动的媒介价值。人们会花相当多的时间在脸面上，美化以及操纵它们传达情感，可以说，人脸是充满了象征意义和社会意义的复杂面具。出于“保持脸面”的需要，人们会根据社会环境主观地伪装、修饰、遮盖甚至改变自己的面部外观，也会出于文化、宗教、心理或人际关系等原因拒绝袒露面部。因此，人脸往往被认为能够有效地为个人获取积极的社会价值。然而，在脸性政治的维度中，因受到人脸识别算法的规训与控制，脸从一种有血有肉、变幻莫测的媒介，变成了一种无形的、静态的对象，并作为一组机器可读的二进制数，用于目标定位、测量和识别。无论是作为一种可识别的安全检查（例如 Apple 的 IPhone X 会在识别你的脸后解锁你的手机），还是一种政治规范的强加（例如越来越多的商业和民用建筑安装了有人脸识别功能的监控摄像头），对人脸的生物识别都在表明一种超个体的政治叙事和规范被编织在了算法技术对面孔的捕捉过程中。

在扫描人群中的面孔时，算法识别软件会立即分离所收集到的人脸信息，并将这些信息转换成一个无实体的一维模拟，然后进入一个隐藏的、编码的对话，与数据库中的虚拟人脸进行匹配。如果匹配成功，无形的脸就会被即时识别，并被固定在一个制度化的身份上，随时接受实时跟踪，这一切操作都会在人们没有察觉的状态下自动完成。人脸识别系统的隐蔽性，动摇了欧文·戈夫曼（Erving Goffman）关于身体主权的概念。这是由于在大量非安检状况的公共场域内，人们通常是没有经过知情同意就被捕获面孔的，这时候的身体主权实际是被隐匿在算法机器背后的权力组织代理或侵蚀，而用于算法分析的人脸数据库很可能就来源于人们在社交媒体上的活动。例如 Facebook 曾在用户上传的照片中创建数字化人脸的生物特征数据库，并将这些信息与用户活动的数据进行聚合，这导致人脸不再受数据主体（上传照片的人）的控制，并且有可能成为未知人员和机构进行二次暴露的对象，而在这个过程中被暴露的用户对生物数据库的使用路径却无从追索。面对人脸史无前例的大规模暴露，无所适从的人们遂产生了“算法焦虑”。

本文提出的算法焦虑，不是一种医学意义上的神经症状，而是一种哲学意义上的关乎自我的生存感受，是一种主体性焦虑。早在19世纪中叶，存在主义哲学创始人索伦·克尔凯郭尔就对焦虑作为一种病理状况不感兴趣，而是对焦虑揭示出什么样的自我认知感兴趣。他发现，处在焦虑中的人会变得有强烈的自我意识，例如会意识到自己的存在与自我的身体、技能、环境、过去和未来、所居住的国家文化以及整个人类历史有关。但很多事情不是我们能决定的，例如我们不能自由选择我们的性别、种族、我们出生的家庭、我们出生的地方，以及许多其他的事情。当一个人失去了与自我有关的选择的可能性时，就会产生焦虑。在克尔凯郭尔看来，这是因为人们“缺失的是顺从于自身的限制”。①

沿着克尔凯郭尔对焦虑的诠释，我们所提出的算法焦虑的概念，也是一种植根于缺乏选择的可能性的生存感受。它缘起于人们缺乏选择算法引起的被暴露、被识别、被表征的可能性；缺乏选择被技术性的他者超越和压倒的可能性；缺乏选择被根据既定标准审查和歧视的可能性；等等。如今，越来越多的人感受到，想要选择隐藏在人群中变得越来越困难。边境管制、警务实践、治安治理等只是人脸识别算法正在测试和实施的众多领域中的一部分，更多是日常状态下，城市景观中星罗棋布的机器目光，无时无刻不将城市中几乎一切关系和流

① See Kierkegaard, S., Hong, H. V. & Hong, E. H. (eds.), *The Sickness Unto Death: A Christian Psychological Exposition for Upbuilding and Awakening*, Princeton: Princeton University Press, 1983, p. 36.

动置于冷静的、计算的凝视之下，它们的形式包括摄像头、传感器，以及在公共空间中进行持续观察和识别的监视器。至于泛滥在移动终端和社交媒体中的人脸识别算法技术，早已远远超出了安全和警务的应用范围，它的大肆扩张，既统领了前景（公共）形式，又包含了背景（私人）形式，它密集地标记和管理空间中移动的身体，并通过虚拟人脸的轮廓来跟踪和记录身体的存在，其本身已是脸性政治自动化控制的突出体现，也是技术具身主体的显在表现。

在机器监视的世界里，算法决定了人脸和身份之间的关系，使自我主体的规范性受到了脸性政治的规范性挑战，人们焦虑于还能在多大程度上以想象中的主体身份生活。这是因为，在一般人的观念中，自我本是个人意识中自治和独立的部分，但在人脸识别算法这样一种索引、规范和管理人类行为和身份的社会技术的规范下，身份被简化为无实体的数据聚合，失去了主体意义上的可识别性。受到生物模式识别引擎的指引，每个被锁定在算法识别系统中的个体，都成为一个数字、一个自我输入的数据点、一个统计集合。这让人们感受到了自我与人脸识别系统之间的一种不确定和危险的关系。被算法识别并标记的自我，显然已不是一个自主、独立、强大的自我，而是一种依赖、脆弱、不稳定的存在体验。[1]因此，算法焦虑不仅仅是一种技术恐惧症，它还是一种存在主义的焦虑，就像克尔凯郭尔说的那样，是一种自我意识里的焦虑，人们会感到无法拥有自我，无法拥有对其所处的环境的决定权。在算法生物识别所布下的"天罗地网"里，每一个人都在被观察、被识别、被描述，无处躲藏。毫无疑问，人脸的泛信息化带来的身份危机，和其超个体性带来的隐匿危机，都随着人脸的大规模算法化而成为显性事实。

① See Harvey, A., "HyperFace". Available at: https://ahprojects.com/projects/hyperface/.

克尔凯郭尔曾说："最大的威胁和阿喀琉斯之踵，存在于一个宣布未知死亡、将理性推上宝座的社会。"[①] 当前人脸识别系统的应用泛滥，迅速拉近了人们与克尔凯郭尔所批判的理性社会的距离。我们看到，随着生物识别技术的发展迭代，从识别你是谁到判断你是怎样的人的技术进化过程中，算法技术正在试图用计算理性终结关于人的未知领域。例如，当前基于算法的人脸识别技术已经能够从身份管理发展到进行群体分析，会针对捕捉到的人脸就性格、情绪、意图、健康状况、性取向、职业、爱好等更隐秘的信息展开评估和推断，进行标记。然而，算法给予人脸模式识别的优先次序与备受争议的颅相学、面相术不谋而合，因为它意味着人们很可能因为骨相、肤色、种族、性别等被列入歧视性名单中。Amazon 的人脸识别算法 Amazon Rekognition 就曾误将 28 名非裔和拉丁裔的美国国会议员与罪犯进行了匹配。[②] 因此，算法焦虑还体现为人们会质疑算法对一个暴露在人脸识别的可见性制度中的个体是否真的提供了公正的对待。作为技术黑箱，算法毕竟隐藏了人们因脸而被贴上标签的可能性，以及因脸而遭受不公对待的可能性。这使人们完全有理由担心，人脸识别算法的无所不在和不受监管的分析和分类，在将我们带入种族主义、阶级主义和性别歧视的深渊，并引导我们走向完全量化的人性毁灭之路。[③]

算法是真实的、普遍的、强大的政治行动者，它主导的脸性政治无论是归咎于不对称的权力关系还是技术理性，其创造的不可见、不

---

① See Kierkegaard, S., *The Concept of Anxiety*: *A Simple Psychologically Oriented Deliberation in View of the Dogmatic Problem of Hereditary Sin*, Princeton: Princeton University Press, 1980, p. 30.

② See Snow, J., "Amazon's Face Recognition Falsely Matched 28 Members of Congress with Mugshots". Available at: https://www.aclu.org/blog/privacy-technology/surveillance-technologies/amazons-face-recognition-falsely-matched-28.

③ See Blas, Z., "Informatic Opacity", *The Journal of Aesthetics & Protest*, 2014.

透明的晦暗空间始终令人忧心忡忡。它隐蔽的数据捕获行为和缺乏透明度的状况，无疑侵犯了人们主宰自己身份的权利，因为只要被看见就会被捕捉，被捕捉就会被分析，被分析就会被归纳为信息，这些信息又会被政府和商业公司获取，用作维持权力和增加利润的主要工具。密歇根大学文化和数字研究者约翰·切尼–利波尔德（John Cheney-Lippold）就在《我们是数据：算法和数字自我的形成》一书中写道：在算法解释面前，我、你、他是谁，是由广告商、营销人员和政府决定的——他们秘密的、专有的算法脚本，将身份重新塑造为资本或国家权力的独家的、私人的用语。[①] 而这种批判的知识景观也表达了人文主义者的普遍担忧：算法的规训和控制是否会促使个体被一个并不关心自己是谁的机器体物化？脸性政治的后果是否会导致人们最终变成温顺的、任人摆布的木偶？

我们体验到了全球联网的技术有机体的崛起，与此同时，我们也可能在算法中迷失，陷入持续焦虑的泥沼。而对于受到算法焦虑困扰的人们来说，人脸识别技术也许会成为一个通往无处不监视的奥威尔式的“鱼缸社会”（fishbowl societiy）的入口，它或将正在把一个公民社会转变成一个以身份和透明度为要素定义的算法社会。因此，随着非安全目的的人脸识别算法系统大规模普及，无论是对脸性政治的指陈，还是对其引发的算法焦虑的描述，我们的研究都需要回归现实层面，落脚于当前和未来人脸识别算法在部署与使用上的规范性问题。

算法焦虑是脸性政治宰制下的后果，而防止算法权力的滥用不啻为缓解算法焦虑的出路。在此前提下，人脸识别算法技术及隐藏其后的部门组织作为权力主体，其行为就必须具有政治正当性和合理性，

① See Cheney-Lippold, J., *We Are Data: Algorithms and the Making of our Digital Selves.* New York: New York University Press, 2017, p. 6.

并成为政治伦理建设与规范的对象。目前世界范围内的生物技术识别已经作为人工智能应用的组成部分正在接受法律监管，然而某些生物识别技术所导致的问题并不适用于法律话语，也不足以成为立法基础，或者说很难被法律强制执行，如透明度缺乏、数据滥用、传播系统性阶级和种族歧视，等等。此外，导致人们产生焦虑情绪的人脸识别系统泛滥的状况是否足够极端，足够具有破坏性，是否切实违反了目前主流的数据保护法、消费者保护法、反不正当竞争法等法律，从而必须成为法律监管的内容，还存在很大的争议。例如，未经过消费者知情同意，在商业场所安装人脸识别摄像头捕获客户信息的行为显然是不道德的，但考虑到人脸识别摄像头在公共安全方面的便利性，是否应该全面禁止其使用成为一个棘手的问题。

在这些情况下，我们除了依靠法律变革之外，还需要一个重要的治理面向，就是在伦理规范的基础上对相关问题提出道德性指导。而对人脸识别技术的道德要求与技术政治伦理的适当性有关，即人脸识别技术的支配权力在伦理上是否适当。我们知道，大众视野中的伦理学为检验道德生活提供了一般性的原则，它采用的是一种普适的观点，旨在说服每个人，并在原则上考虑到所有相关的个人、社会、环境利益和一般性的价值观。[①]那么在脸性政治控制中，在人们已经产生主体性焦虑的当下，建立针对算法的、能够顾及各利益相关方的政治伦理规范显得尤为迫切。因此，我们将经典伦理学建构的一套基本行为准则，作为分析算法技术及其背后的权力机构行为的依据，尝试建设脸性政治的伦理维度。我们将在对人脸识别算法进行伦理评估的基础上设计初步的伦理规范的框架，以此作为缓解算法焦虑的路径，以及重建人与算法的权力关系的举措。

① See Hart, H. L. A., *Law, Liberty, and Morality*, Stanford: Stanford University Press, 1963.

（一）人脸识别算法的技术伦理评估

总体而言，这项评估工作应包括审计算法在特定环境下所使用的人脸数据，以及评估使用这些数据判断和预测受试者的行为是否会对受试者的某些利益或权利产生负面影响。其中不仅需要关注算法偏见，还要关注算法滥用，这些都取决于了解和掌握人脸识别算法开发和使用的背景状况。因此，我们首先需要对算法持有者，特别是商业和社交媒体的算法持有者展开相关政治问询，如：开发某项人脸识别算法的目的是什么？是谁在部署这项技术的应用？技术使用是否获得了受试者的知情同意？是否存在因欺骗性的人脸数据的捕获行为，导致严重不公平情况？人脸识别算法是否存在理性歧视？算法持有者在提供训练的人脸数据时，是否考虑过数据污染？哪些明确的政治危害是由人脸识别算法决策增强的？我们认为，这些评估问题的答案将形成一幅地图，清晰勾勒出通往脸性政治伦理之维的重要关塞。

接下来，我们需要转向对算法技术本身的评估。不可否认，算法促进了一种独特的本体论，即数字和量化意味着更容易达到客观、理性、公平的目标，因此更合乎道德的目的，因为“身体不会说谎”，这一点在生物识别技术的算法创建中表现得尤为明显。然而，我们从脸性政治的角度来看，人脸识别算法并不仅仅是指组成输入输出函数的数学运算，还包括围绕这个函数的更大的权力生成系统。因此，要切入算法细部观察其在权力生成过程中的行为是否适当，就需要寻找算法中的那些关于伦理道德的显著可测量特征。

由于人脸识别算法是通过加权矩阵的系统来量化面部，而系统仅忠实于用于训练和测试它的数据，在有偏差的数据源中，算法会将那些被充分表示为目标指示器的对象呈现为可见的，将那些没有被充分表示为目标指示器的对象呈现为不可见的。那么我们首先可以运用社会偏见指标对该算法的可见性（visibility）进行测试，看看某个特定社会群体（种族、性别、文化、经济地位等）是否会被系统性地提高或降低分数。另外，从该算法是否给予一个或多个优势群体系统性优势而给予一个或多个弱势群体系统性劣势，或是否给予后者额外的编码补偿机制中，也能够判断这套算法是否具有选择性偏好。其次，可解释性（interpretability）也是算法透明度的重要指征。例如，在对社交媒体的人脸识别算法的伦理测评中，就需要评估用户对算法的数据收集和后续使用的了解程度，包括用户是否知道被收集的数据是关于他们的哪些生物数据，是否知道这些数据在商业机构里存储了多长时间，是否知道机构对无偿征用的生物数据出于什么目的进行什么样的处理或推断，等等。

（二）人脸识别算法的伦理规范框架

通常，伦理话语会将积极的道德规范与当前已被认可的实践性总结结合在一起，为人们提供较高层次的原则以及较低级别的建议。作为总体人工智能伦理框架的一个示范性描述，牛津大学信息哲学与伦理学教授、数字伦理实验室主任卢西亚诺·弗洛里迪（Luciano Floridi）就将道德的积极规范与政治的实践原则相结合，总结出了一套人工智能技术政治伦理规范：第一，在不贬低人类能力的情况下，使人类实现自我；第二，增强人的能动性，但不免除人的责任；第三，培养社会凝聚力，同时又不侵蚀个人的自我决定能力。[①] 根据这一描述，我们尝试为以人脸识别算法为代表的生物识别技术伦理提供一套更详

① See Floridi, L., et al., “AI4people—an Ethical Framework for a Good AI Society: Opportunities, Risks, Principles and Recommendations”, *Minds and Machines*, vol. 28, no, 4(2018), pp. 689–707.

细的建议。

首先是尊重人类的自主权，人们在接受生物识别算法的选择时，必须能够保持充分有效的自我决定权，此项技术不应该无理地强迫、欺骗、操纵受试者，而应该被设计为增强、补充和赋予人类认知社会和文化技能的伙伴。其次是防止伤害，应确保保护人的尊严、精神和身体的完整。根据这一原则，生物识别系统及其运行环境必须是安全可靠的，它们不应造成或加剧对人类的心理伤害、实体伤害或其他不利影响。再次是生物识别的算法系统在应用过程中，在实质性上和程序上应兼有公平，实质公平意味着承诺确保多方利益平等和公正分配，确保个人和群体不会受到不公平的偏见、歧视和污名化；程序公平意味着我们应该有能力对生物识别系统和操作它们的人所做的决定提出异议，并寻求有效的补救。最后是可解释性，生物识别计算过程必须公开透明，它的能力和目的也必须公开透明，决策必须能够直接或间接地向受影响的人群解释。这些要求的实现应该贯穿于生物识别系统的整个生命周期。

与此同时，技术与商业伦理也是重要的调试路径，为了评估在线社交网络提供的对人脸信息的保护程度，科技公司应该在如何使用个人数据，以及它们可以与用户档案上可用信息建立哪些联系等方面做得更加透明和公开，从根本上改变人们将生物识别技术融入日常生活的被动方式，为用户增强透明度，落实问责制。作为接受生物识别的个人而言，也需要在个人资料掌握方面变得更加主动和知情，数字伦理的重心需要从只关注个人信息安全和隐私问题，转向更广阔的将其作为社会责任的一部分。当然，主动的在线信息控制还需要人们拥有跨环境传播的数字素养，积极了解生物识别的轨迹，反思并积极改善在社交媒体和整个社会中使用人脸识别系统的安全规范性问题。

毋庸讳言，在某些领域，生物识别技术被利用成为监视、控制和操纵工具的状况正呈爆炸式增长，其中人脸识别算法就可能存在着多种计算跟踪的隐性形式，而算法本身的起源、内容和影响却几乎无法溯源。这导致我们会对公共场域的摄像头心生恐惧，会产生算法焦虑，不过这种焦虑感也很可能会被手机刷脸支付带来的便利感、社交媒体刷脸交友带来的乐趣抵消。然而，大量现实已证明，未经认可的传播方式和对信息安全规范的违反，都源自人脸识别技术在日常实践中的无节制扩散。在脸性政治的权力控制下，如果不能就我们能保护什么以及就如何保护达成共识，那么生物识别技术的彻底商业化就将很快对整个社会产生真实威胁。

应该说，人脸识别的算法焦虑反映了人类特有的隐私需求，然而个人也需要走进人群，需要与人交往，需要在彼此互动中探索和实践，成为社会的有机组成部分。但如果失去了互动和探索的安全区域，个人陷入时时处处遭到监视的境遇，对一个民主社会的影响将是悲剧性的。关于如何保护这个安全区域，我们也经常会听到需要不断通过新的立法加以维护的观点，但我们并不总是需要，也并不总是能够通过立法来确保我们的社会仍然是一个公正的社会。我们还可以从道德建设的角度出发，认真研究我们已经拥有的伦理规范，并考虑在匡正技术政治问题中如何优化使用它们。本部分的写作也在尝试着为这样一场讨论设定框架：在人脸识别算法的政治维度中，应如何重新全面审视我们身处的新的脸孔世界，如何识别我们身处的风险，以及如何寻求透明、公正与伦理保护。

算法传播与媒介文化

第七章

算法文化与日常生活的改变

第一节　理解算法文化

算法作为一种解决问题的方法，至少可以追溯到大约公元前300年欧几里得的《几何原理》，它在戈特弗里德·威廉·莱布尼茨（Gottfried Wilhelm Leibniz）和布莱士·帕斯卡尔（Blaise Pascal）的手中得到了重大发展。由于大数据、强大的信息处理能力和高速网络等因素的共同作用，算法作为一种文化技术获得了新的力量。它改变了现代主义中根深蒂固的主体-客体关系，算法与数据相结合，可以被解读为定义了一个新兴的认知时代。我们是否会拥抱新技术的潜力，去建立我们在世界上的新愿景和新的社会秩序？又或者，我们是否会警惕新技术的潜力，并对其进行改造，使之服务于仍占主导地位的旧技术的利益？技术本身是中立的，但是会被社会构建和部署。因此，当我们看到一项新技术在那些拥有最强经济实力的人手中成形时，我们有充分的理由感到焦虑。大数据和算法的二元组合可以催生新的文化和社会形式，也可以强化我们当前社会秩序中最恶劣的方面。当然，这是一种潜移默化的文化选择。

算法传播的扩张越来越显著地为研究者提供了关于计算机制渗透

到日常生活中的一系列问题。在开始解开算法对身份、集体和文化的影响之前，此处借用技术哲学家兰登·温纳（Langdon Winner）一段话，他说："现代物质文化的机器、结构和系统不仅可以根据它们对效率和生产力的贡献、它们对环境的积极和消极的作用，而且可以根据它们体现特定形式的权力和权威的方式来准确地判断。"① 根据温纳的观点，人工制品确实具有政治色彩，而本文希望能够揭示算法在日常文化中塑造权力关系的方式。在科技公司的推动下，算法以专有黑匣子的形式运作，它既无处不在又难以捉摸，当人们感觉到它们的存在时，它们的机制却不在公众的视野中，揭露它们的存在和运作方式已成为一项具有文化和政治重要性的任务。算法黑匣子的关键点可以通过突出算法文化中所表达的偏见和权力动态来识别。鉴于算法技术一直在发展，我们将其实践置于历史背景中，以不同的方式和角度对算法文化进行描绘。

由于算法需要不断地对社会进行未经同意的监控，因此，它们的存在表现为对"数据自我"的全知全能的监视，并将不公平铭刻在"公共自我"上。接触实地生活经验和云上算法数字轮廓机制成为解算法文化景观的重要策略。这种纵向的可视性是重要的，因为在集体数据的构成中，社会边缘的自我身份往往会消失，甚至被抹去。算法不是第一个，也不可能是最后一个技术创新，这些技术创新的目的是以新自由主义、市场驱动世界秩序的名义来驾驭、驯服、计算和预测文化，这些技术创新也是 19 世纪以来的量化技术大谱系的一部分。它们参与把人变成数字的文化转变，以及提高计算和数字化的二进制逻辑。因此，在追踪计算最近的发展时，探索算法文化与 21 世纪早

① Winner, L., "Do Artifacts Have Politics?", *Daedalus*, vol. 109, no. 1 (1980), p. 121.

期出现的“数字文化”的区别是很重要的。

（一）从数字文化到算法文化

大数据时代将数据定义、评估、分析和计算作为驾驭现实的因素。事实上，数据构成的规则以及数据处理的逻辑也构成了数字文化的核心组成部分。无论它们是定性的还是定量的，无论它们涉及启发式、解释学还是数学规则，数据的二元组合及其组织方案赋予了数字文化时代的特殊性。考虑到从玛雅天文历法到哥白尼的日心说、从17世纪的航海图到20世纪的精算表的历程，人们可能会说，正是这种二元对立使数字文化本身成为可能。今天，数据从来没有如此丰富过，而数据的空前数量既要归功于对大多数人类行为的数字编码，也要归功于非人类行为者生产的数据。在过去，人类将自身活动转化为数据，而今天，联网的非人类行为者能够直接生成机器可读的数据。但就像过去一样，如果没有一个有组织的方案，所有这些数据都将毫无意义。在千万亿字节的背后，在计算机不断增长的处理能力背后，是一种以算法形式存在的组织方案。和数据一样，算法也可以由人类或机器生成。尽管这是一个古老的想法，但就其文化运作而言，算法已经达到了一个临界点：它现在正在以重新定义主客体关系的方式进行部署，这也提出了一些与数字文化不同的认识论问题。

数字文化主要围绕分布式在线网络展开，万维网中提供的数字媒体格式的出现，导致网络由“页面”或文件组成。当这一过程将媒体的物理结构转化为计算机代码时，人工制品作为数字文档保存下来。列夫·马诺维奇（Lev Manovich）作为新媒体景观的先驱理论家之一，在他的开创性著作《新媒体的语言》中清晰地将“新媒体”理论化为五个不同的原则。[①] 根据马诺维奇的说法，数字媒体对象首先是“数字代码”，因此是以数字表示的形式存在。这里的含义分别为后来的算法媒介和算法文化的表达提供了重要的启示。作为数字化呈现，数字对象可以被数学描述并进一步经受算法操作，这种算法操作的过程已经变得更加激进。在呈现一个数字对象时有两个重要的过程：第一，以规则的间隔对一个文档进行采样，创建一个像素网格来表示一个数字图像；第二，为每个样本分配一个数值。这种技术本质上是制图学的，因为连续的模拟现实变成了一组定位在空间固定网格上的坐标。在这个阶段，现实被理解为连续的，而数字对象就是一组坐标。正如随后提到的“新”或“数字”媒体的第五个原则所显示的，这个过程随后被逆转并反映为文化。

新媒体的第二个原则是“模块化”。在这里，新媒体被理解为具有一种“分形结构”的实体，其中较小的元素被聚集成大规模的物体，同时保持它们作为完整、连贯、全面的物体的独立性。数字媒体的这种分形特性允许多种方式重组文档。例如，可以在基于超文本的网站中嵌入静止图像、声音和视频等，而重组媒体的行为已被视为数字文化的核心特征之一。心理学者伊藤美津子、Microsoft 首席研究员达娜·博伊德和媒介研究学者亨利·詹金斯等都不约而同地将数字文化描述为“参与式”文化，即一种重新混合的文化。然而，模块化结构原则在算法文化中受到了损害，因为重新混合的机制被下放到机器学习中，而在普通用户的视野中会被遮蔽，也就是说算法文化限制了用户的积极参与。

新媒体的第三个原则假定前两个原则（数字编码和模块化结构）允许媒体创作、操纵和访问所涉及的许多操作的自动化。这一特点的

---

① 参见列夫·马诺维奇：《新媒体的语言》，车琳译，贵州人民出版社 2020 版。

含义包括重新配置人力机构和创作过程。在数字媒体的背景下，Adobe Photoshop 等流行的成像软件包的滤镜和预设成为第三个原则的标志性表现。点击一个按钮就能将彩色图像转换成程式化的黑白图像。例如，除了创意之外，算法自动化目前已经超越了媒体制作和媒体混合的领域，而能够通过将语音模式和面部表情等分析形成一组看似模棱两可的数据来计算人类的情感、购买倾向、学习潜力、就业能力和健康状况。

新媒体的第四个原则涉及“可变性”的概念，即数字媒体对象从来不是有限的，而是多样的、可能无限发展的。新媒体对象被视为“可变的”或“流动的”，这种可变性特性已经形成了一种“更新”的文化，甚至已经成为一种习惯。正如用户在社交媒体上更新他们的状态，网站更新它们的内容以保持相关性或在线状态一样，更新常常与习惯性行为相关联，它是增量的，不是实质性的。而算法文化中的变异性过程被应用于文化实践以及构成人性的表达。在数字文化中，人们会更新自己的状态，而在算法环境中，人们的状态会根据一组数据点自动更新。例如，自动驾驶汽车在帧中连续跟踪对象，以便确定该对象的行为特征，并进一步将该对象分类为行人专用区。

第五个原则阐明了数字媒体逻辑对文化重塑的影响。根据马诺维奇的说法，“代码转换”是将某种东西转换成另一种格式的行为将媒体转换为文化导致了文化的计算机化。在这里，文化范畴和概念在意义或语言层面即被源自计算机本体论、认识论和语用学的新范畴和概念所取代。换句话说，计算机本体论被融入了文化本体论的诠释。文化的数字化超越了媒体，因为它将媒体以外的广大文化领域也转变为数字的，进而是算法化的对象。例如，一个人的虹膜通过数字生物识别技术减少超过 240 个虹膜数据点，但与在摄影和电影术语中被称为眼睛的特写不同，数字图像中的眼睛像提取的数据集一样。虹膜的数字图像可以被理解为一个算法对象，通过一套计算原理，单个的数字图像就成为数字数据构成和评估的对象，而图像的整体则是无关紧要的。也就是说，算法已经延伸到图像之外，以便监视和计算人类和非人类的对象。

总体来说，相比较数字文化以及与之密切相关的参与性文化。算法文化表达了一种特定类型的技术文化，在这种文化中，由数据而不是文档驱动决策，并且进一步的决策越来越多地由机器学习算法根据概率和风险做出。此外，这些决定远远超出了媒体的范围，延伸到了社会世界。这种范式的转变被理论化为“将文化”。因此，在算法文化中，理解算法结构通过识别、计算、自动化和预测来塑造日常生活的方式变得越来越重要。

（二）什么是算法文化

在《你好世界：在算法时代成为人》中，数学家汉娜·弗莱（Hannah Fry）给出了一个通用的算法定义。根据弗莱的说法，算法是“构成现代机器齿轮的无形代码片段”。[①] 弗莱根据功能将算法分为四大类:（1）优先排序或制定有序列表（Google Search、Netflix 等）;（2）分类或挑选一个类别（广告等可衡量的类型）;（3）关联或找到链接（约会算法、Amazon 的推荐等）;（4）过滤或隔离重要的东西（将信号与噪声分离）。此外，基于设计方式的不同，算法可分为两大类:（1）基于规则的算法，其中的指令由人构建，并且是直接和明确

① Fry, H., *Hello World: Being Human in the Age of Algorithms*, New York: W. W. Norton & Company, 2019, p. 2.

的；（2）机器学习算法，灵感来自生物的学习方式。因此，算法的逻辑和目的各不相同，但都是以机器学习的原理为基础创建更大的自动化结构。这种“学习”可进一步分为三类：有监督的、无监督的和强化的。这里的关键是，通过在机器学习中锚定算法后，学习和预测的范式被启动，算法对数据集进行训练，以便清晰地表达规则，然后应用于新的数据集。在算法文化中，日常生活本身就变成了一组数据，需要由算法来调节。

随着计算和计算逻辑正在成为社会结构中无处不在的内容，大数据和机器学习算法正在改变日常生活的各个方面。算法悄然但有力地塑造什么是可能的、什么是不可能的，什么是重要的、什么是不重要的，我们正在成为什么、我们留下了什么。算法通过在数字空间中重塑其符号结构，直接影响许多人的生活体验，塑造了我们对种族、阶级、性别和性倾向等传统类别的感知方式。我们所有人都生活在一个日常生活日益由算法塑造的世界里，这种日常生活包括股票市场的行为，雇佣、评估和解雇员工，研究和认识气候变化，自动驾驶汽车，新治安、监禁和假释做法，语音或人脸识别系统，组织医疗资源，提供新闻的过滤，引导消费、交友，等等。事实上，我们的日常生活已经没有什么是不被算法影响的。正如爱德华·斯诺登所说，所有这些东西（设备和日常生活）都越来越多地由算法创造、编程和决定，而这些算法恰恰是由我们的设备无时无刻不在创造的看似无关紧要的数据所推动的。它们不断地、无形地、悄悄地发生，并且就在当下。

随着算法传播的扩散，人们的生活最终将发生怎样的变化？人们可以和应该如何应对？我们提倡从算法文化而不是算法的角度来思考这些问题。算法文化在实践、政策、经济和日常生活中的整合，具有相应的政治、伦理和情感意义。正如人们需要学会将技术不是仅仅视作为人工制品，而是作为物质的物理排列和一系列偶然相关的实践、表征、经验和影响之间的连接，算法也应被理解为相关的实践、表征、经验和影响的复杂排列。然而，认识到分层复杂性只是开始，我们如何能够从认识算法语境的复杂性进入到研究语境本身？坚持突出算法文化就是朝着这个目标努力的一种方式，这种坚持是对“为什么人们需要算法文化”的最有力的回答，而这个问题与回答“什么是算法文化”的问题是密不可分的。

算法文化一词并不是人们凭空创造的。它首先出现在亚历山大·加洛韦（Alexander Galloway）2006年出版的《游戏：算法文化随笔》一书的标题中，这是一种理论上的认同，一种关于算法很重要的早期认识。[①] 泰德·斯特里哈斯（Ted Striphas）写于2015年的文章《算法文化》开始将这个词纳入更重要的焦点概念，强调算法文化即“人类一直在将文化的工作，对人、地点、物体和想法的排序、分类和分层，委托给数据密集型计算过程的方式”[②]。在脚注中，斯特里哈斯提出了一个思考算法的理由：算法是将人类和非人类、文化和计算结合在一起的“社会技术集合体”。算法文化的关键是文化决策过程的自动化，并使后者大大脱离人的控制。斯特里哈斯的研究追踪了数据驱动的算法文化发展的条件。为了初步了解算法文化是什么，他提供了一个至关重要的历史解读，即算法作为一种信息形式如何在文化决策中发挥重要作用。

除了认识到特定机器算法的设计和实现具有显著的效果之外，算

---

① Galloway, A. R., *Gaming: Essays on Algorithmic Culture*, Minneapolis: University of Minnesota Press, 2016.

② Striphas, T., “Algorithmic Culture”, *European Journal of Cultural Studies*, vol. 18, no. 4 (2015), p. 396.

法文化的概念也在明确这样一个现实，即文化越来越多地由算法的普遍工作来解释、响应和塑造。算法文化呈现出一种独特的循环、一种真正的包围，算法越来越多地被用来“解释”文化，文化也越来越多地被精心打造“成为算法”。这种融合可以映射为四个联级运动，它们响应、创造和解释算法文化的结构。这些运动在有关算法的新兴文献中得到了不同的承认，它们包括：（1）算法设计中的选择、转换和偏见产生的过程；（2）机器学习的过程，其中“学习”摆脱了人类的设计；（3）用户和算法之间权力和控制的协商，包括将熟练工人和机器推动者转变为算法故障排除者；（4）将文化重塑为计算逻辑的生产者，包括创建一个主观景观，其中计算思维和机器逻辑被规范为在文化地形中导航的常识。关于算法的新兴学术研究最常涉及前两个运动，而算法文化的挑战就在于认识到这四种运动的表达方式，即抵制、增强和相互联系，这要求人们重新思考它们之间的关系以及释放出的一系列可能性。

（三）算法文化与偏见

一种看法认为，算法在其简化的迭代中只不过是描述和执行一个具有可预测结果的操作过程，即完成某件事情的一组步骤或规则。烹调食物的食谱常被用作说明算法的例子。算法规定了要选择的成分以及组合它们的顺序和过程，以此对食谱进行测试和调整，以确保它们始终如一地提供可靠的烹饪结果。但这种描述带有误导，因为即使是最简单的配方也会带有一定的文化偏见和影响。所选的具体配料（其成本和可用性）、配料的简化和翻译成食谱读者理解的语言（语种、翻译系统）、使用的技术（所需和可供使用的工具）、食谱的分发（在线食谱或实物食谱）以及实施食谱的环境（在有时间和能力的实际烹饪情况下），使得食谱对一些人来说是可获得和有用的，而对另一些人来说则是不可获得和无用的。每一个阶段都需要引入特定的选择甚至偏见，并产生相应的显著影响。它们一起导致了显著不同的结果/对象/身份。这一简单的例子也表明，算法包含了文化选择和进程，这些选择和进程不仅包括或排除一些人的生命和境遇，与此同时也在优先重视另一些人的生命和境遇，从而可能产生不平等和歧视性的结果。

当数据科学家谈论算法时，他们通常指的是计算机辅助的计算过程，这些过程被安排成一个预期的目标，而实现目标的路径选择被简化为机器语言，大量被引入的文化影响的实施过程通常被忽视，就好像算法只是中立的工具。正如硅谷企业家安东尼奥·加西亚·马丁内斯（Antonio García Martínez）具有欺骗性的断言："算法只是一个逻辑步骤的配方，也许是一些数学的花言巧语。因为人们的大脑根本就不可能解析这些乱七八糟的内容。"[①] 其实，算法设计过程的每一个阶段都值得仔细审查，因为其在引入偏见方面起到了关键性作用。

在创建任何算法时，必须有人决定在开发过程中选择哪些特性，哪些特性将用于训练算法，哪些特性将在以后引入。在选择过程中，已经假定重要并且可以轻易获得、测量、数据化和操作的特征被优先排序。那些真实现象的复杂性被转码，被简化为可测量的类型。可测量类型将文化现实缩小并重塑为机器语言，而机器语言创造、构成并实际上导致新的对象作为新的知识类别出现。这样转码而成的机器语言都会削弱现象的真实性，甚至导致原始真实的沉默。这种损失是不可避免的，正如研究者所言，这个过程甚至将最勤奋的程序员的意志

---

① Martínez, A. G., *Chaos Monkeys: Obscene Fortune and Random Failure in Silicon Valley*, New York: Harper Collins, 2016, p. 506.

"翻译成一种自己的语言"。[①] 这样，在关键和必要的选择和翻译行为中，算法从技术上重新表达现实世界。除了关注选择和翻译的文化含义外，算法实践也不是为了揭示真理，而是为了"有用"。换句话说，选择过程的细节并不重要，重要的是它能够产生有用的机制，并在新兴世界中做出为特定目标服务的决策。这在某种程度上已经完全脱离真相或不与真实世界匹配。

然而根深蒂固的对于技术进步的文化承诺加剧了"高科技成果就是真理"的倾向，这种文化承诺将新技术的发展等同于进步，并认为技术是任何社会文化挑战或问题的最终解决办法。这一信念和体现这一信念的实践是以一种热情来坚持和维系的，这种热情在很大程度上抑制了询问或探索进步是什么以及谁从中受益。新技术的发展就一定是进步吗？梅雷迪思·布鲁萨德（Meredith Broussard）称之为技术沙文主义，即认为技术永远是解决问题的方法。例如，招聘算法能够快速处理大量的工作申请，它们能够绕过人工筛查者表面上的偏见，招聘到算法可以预见的优秀员工。因此，招聘算法被认为是有效的、公正的、客观的。然而，在根据以前成功的雇员的属性建立的雇佣算法，和根据以前成功的算法推荐确定广告目标时，这些算法却是以牺牲多样性，特别是性别和种族多样性为代价才取得的成功。算法选择只与以前的经验相关，从而加强了旧的偏见或排斥模式，或者说，算法在更有效地再现相同之处的同时，却在掩盖更根本的偏见。鲁哈·本杰明（Ruha Benjamin）在研究这些算法中的种族偏见后得出结论，算法可能不仅仅是覆盖历史的断层线，它们也在简化歧视，使人

---

① Callon, M. & Latour, B., "Unscrewing the Big Leviathan: How Actors Macro-Structure Reality and How Sociologists Help Them Do So", in Cetina, K. K. & Cicourel, A. V. (eds.), *Advances in Social Theory and Methodology: Toward an Integration of Micro- and Macro-sociology*, London: Routledge and Kegan Paul, 1981, pp. 277–303.

们更容易被筛选、被分类和被解释。[①]

本文认为，对算法偏见的批评要求算法在设计过程中采用更多样化的模式，比如让更多的设计人员参与设计过程，或许能够识别出不同特征并将之写入算法，毕竟计算机系统是制造它们的人的代理。由于设计计算机系统的人的局限，在技术系统的设计和概念中应更有多样性的考虑。然而，实际上参与产生算法的设计小组的人很少。并且，这些为数不多的专家很可能接受同样的计算机和数据科学的培训，学习同样的课程，解决同样的问题，这些现实不利于培养和充分吸纳具有真正创新和多样化目标以及多元技能的科学家。令人担忧的是，这种情况会很难改变，因为一旦进入设计团队，人们就会倾向于将有用性作为工作的最终衡量标准。而基于一时的有用性的优先排序倾向往往会牺牲多样性，最终，无论谁参与设计团队，对有用性的导向都不利于有意义的多样性发展。

因此，正如约翰·切尼–利波尔德所阐述的，“所有的算法解释都产生了自己的腐败真相”。[②]算法选择过程确定了一些初始参数，以确定哪些重要、哪些不重要，哪些可以看到、哪些并不清晰，哪些可以说、哪些不能说……在将之翻译成计算机语言的过程中，算法转换创造了新的对象、新的现实，并用它来描述身份和预测过程本身构建的行为，其中包含偏见是不可避免的。忽视这些偏见，就是一种对技术进步的实用主义文化的依附，以及受到对成功算法的衡量标准的理解的制约。事实上，任何一个算法的设计团队都很难对抗实用主义的诱惑。

---

① Benjamin, R., *Race after Technology*, Cambridge: Polity Press, 2019, p. 245.

② Cheney-Lippold, J., *We Are Data: Algorithms and the Making of Our Digital Selves*, New York: New York University Press, 2017, p. 79.

（四）算法文化中的生产变迁

对数据科学家来说，机器学习意味着算法适应新环境、检测和推断模式的能力。这种经验学习在有监督、半监督和无监督学习中有不同的形式。监督式和半监督式指的是程序员预先设定算法运行所依据的标识。例如，“人”将用特定的属性列表编码，当算法使用该编码标识操作时，这些属性列表不会改变。而无监督或非结构化学习是在数据中发现模式，允许基于数据的统计接近度出现新的限制类别。在无监督学习中，“人”并不是固定的身份，可能仅仅是用来指出数据中出现的关联和模式的标识符。这些关联实际上在命名和研究的过程中创造和再创造了各种“人”，这成为科学想象的一种物化，这些“人”可能与我们常识中认为的“人”很少有相似之处，或者根本没有相似之处。

在将算法转变为寻找和创建以前无法想象的模式时，数据科学家并不真正知道在计算上发生了什么从而导致这些模式出现。算法太复杂，计算速度太快，远远超出了人类的理解能力。但数据科学家更关心的是一致和有用的结果，而不是考虑一个本质上不可知的过程的文化含义。打个比方，他们认为重要的是奶酪是否可以食用，或者是否已经确定了一个罪犯。尽管从技术上理解机器学习有很多局限，或者将数学翻译成非技术语言有较多困难，但承认机器学习在算法文化中的沉淀作用是很重要的，因为其后果往往很深远。一个有趣的研究是对泰坦尼克号沉没中乘客的死亡原因的扩展探索。研究者试图说明有监督的机器学习过程是如何利用已知的、选定的和数学上的转换来分析泰坦尼克号上乘客的数据并产生一种模式，这种模式以 97% 的准确率得出“乘客票价是决定一名乘客是否在泰坦尼克号灾难中幸存的最重要因素”的结论。[①]也就是说，购买了更高票价的乘客的存活率更高。

如果从这一数据出发，仅认为支付更多费用的人在海上灾难中幸存的机会更大的结论是片面的。不过对于有相关利益联系的保险公司而言，这一结论无疑是有价值的，因为如果计算保险费率，支付较高票价的人在沉船事故中死亡的可能性较小，也就说明提前赔付的风险是较小的。这项研究还使用了更能解释存活率差异的质性分析来反驳算法结果，即社会背景因素可能会更真实地解释存活率差异。这些分析并不是原始数据集的一部分，而是通过史料文献阅读而得出的。研究者指出，这些信息可能并不容易获得，也不利于编码，因为正如人们从上面关于选择的讨论中所知道的，并非所有有价值的信息都被计算在内，计算机也无法找到可能更重要的额外信息。研究最后总结，人们在用机器学习做社会决策时遇到的问题，部分原因是数字掩盖了重要的社会背景。

然而，人们已然越来越多地基于机器学习做出重要的社会决策，也就越来越不需要人工干预和评估，而且人们并不关心那些被有意无意掩盖的重要的背景因素。除了对技术进步的不加批判的信任之外，为了提高效率和实现利润最大化而向自动化的全面转变，也推动了依赖算法来管理生产和做出重大社会决策的转变，从而也重塑了文化。随着廉价劳动力时代的消逝，每一个可以想象的行业和服务都在寻找用算法自动化的过程来取代劳动力的方法，所谓的“第四次工业革命”将在算法上运行。克劳斯·施瓦布（Klaus Schwab）对这个概念进行了激动人心的描述：“技术和数字化将使一切发生革命性变化……简单地

① See Broussard, M., *Artificial Unintelligence: How Computers Misunderstand the World*, Cambridge: The MIT Press, 2018, p. 7.

说，重大的技术创新正处于推动世界范围内重大变革的边缘。这是不可避免的……数字化意味着自动化，也意味着公司不会产生规模收益递减……与10年或15年前相比，今天创造一个单位财富的工人要少得多，这一事实是可能的，因为数字企业的边际成本趋于零。”①

有研究测算，由于算法驱动的自动化，将会消失的工作岗位包括司机、农民、出版商、收银员、导游、制造业工人、调度员、服务员、调酒师、银行出纳员、军事飞行员和士兵、快餐店工人、电话销售员、会计师和税务编制员、股票交易员、建筑工人、电影明星……除了这些职位之外，还有邮政服务人员、缝纫机操作员、纺织工人、秘书和行政助理、总机操作员、矿工、计算机操作员、机械师和各种机器操作员等技术人员。② 这些清单上的工作如此之多，很难想象更多的人会在这个“美丽新世界”里做些什么来谋生。人们对于在这个算法世界中工作机会缩减的焦虑是不可避免的。

人类与算法交互的方式标志着工作、生活、实践以及对自主和控制的认知的改变。人们正在经历人机关系中控制权分配的转变。例如，像 Alexa 或 Echo 这样的智能音箱的所谓用户其实是技术的组成部分，而不是严格意义上的用户，因为他（她）们的“工作”只与“用户”的动作和活动有关。正是这种关系允许某些智能机器的声音和动作在某些情况下（插上电源、连接互联网、设定在规定的距离等）产生某些效果。可以说，自动化几乎总是涉及了一个伴随着劳动力衰败的过程，即从工人手中移除决策权。这对管理效率提升是明显的，毕竟一个知识渊博、善于决策的熟练工人永远不会完全处于管理层的控

① See Schwab, K., *The Fourth Industrial Revolution*, New York: Currency, 2016, p. 57.

② See Gillett, R., Kiersz A. & de Luce, I., “37 Jobs That Could be Decimated by 2026”, *Business Insider*, 2019.

制之下。因此，学习工人的技能，培训其他人掌握这些技能，或者更理想的是，创造一台机器来复制这些技能等，都是符合管理层的利益的。

降低生产成本、加快或增加生产、消除旷工或缺少可用工人的问题、创造一贯的标准产品、加强安全，或者只是拒绝与熟练劳动力谈判，这些操作都能够通过实施算法控制的生产来实现，从而使管理层对劳动力的控制处于绝对优势。这也意味着决策和这些决策的效果越来越多地受到机器学习结果的影响。没有人真正知道机器学习过程中发生了什么，所以使用算法机器的人肯定也不知道偏见可能通过这个过程进入的方式。机器学习的结果是创造新现实过程的一部分，这些新现实可能与大多数人所看到或经历的现实匹配，但也可能不匹配，无论是匹配还是不匹配，其代价都将是巨大的。

2018 年 10 月 29 日和 2019 年 3 月 10 日先后发生在印度尼西亚和埃塞俄比亚的波音 737Max 飞机坠机事件就是典型的案例。事故调查表明，飞机都是在起飞后不久出现问题，事故原因可能与飞行速度和高度传感器的故障有关。这两起事故引发了全球范围内对波音 737Max 系列飞机的安全性和设计问题的关注。由于事故和调查结果的相似性，许多国家和航空公司选择停飞这款飞机，并对其进行审查和维改。这对航空业和波音公司产生了重大影响，也引起了对飞机安全审查和监管的讨论。

其中，调查记者威廉·兰格威什（William Langewiesche）对究竟是什么导致波音 737Max 坠毁的这一问题的报道引起了热议。他的叙述得益于对技术的熟悉，以及对探索专业问题复杂性的热情。这两起坠机事故画面是传奇性的、恐怖的：算法推动飞机机头向下短暂俯冲，然后停下来一小会儿，接着又是俯冲，如此一遍又一遍地重复。

那时飞行员和副驾驶正与手动控制系统搏斗以控制计算机，试图在飞行手册试图找到如何应对的方法，直到飞机失控，机头坠入海中（一例）或坠向地面（另一例）。

兰格威什是这样总结的：在这两起事故之后，飞行数据记录表明，直接的罪魁祸首是737Max独有的一种新的、复杂的、与控制功能有关的传感器故障——机动特性增强系统（MCAS），又名算法驱动系统）。该系统自动应用双速脉冲的机头下降，但只有在非常极端的情况下发生，没有一个普通的航空公司飞行员会经历它的激活，除非是传感器发生故障。波音公司认为该系统启动概率是如此之小，也是如此无害，即使它发生故障也不会产生危害，因此并没有通知飞行员它的存在，也没有在飞机的飞行手册中列入对它的描述。兰格威什一针见血地指出，开发该系统是为了逃避监管，一切都是出于对技术捷径的贪婪。航空公司的飞行员们被一个隐藏系统的故障压垮了，MCAS的设计无疑是事故的原因。换句话说，由于飞行员没有意识到或没有能力对抗算法，所以MCAS导致了坠机。

兰格威什并没有将责任归咎于算法，而是毫不留情地将事故归咎于飞行员：人们在两架坠落的飞机上看到的是典型的飞行失误。这些飞行员无法理解一种简单的失控配平的变体，结果他们在低空飞行速度过快，忽略了油门的回调，导致乘客的安全被忽视。我们再次关注此事故的重点不是以这样或那样的方式追责，即使在兰格威什的著作中也没有简单的追责。这确实不仅仅是算法的问题，飞行员缺乏飞行技术，即使是在他们了解了MCAS系统的基本知识之后，还是发生了第二次坠机。同样地，这也不只是飞行员的过错，兰格维什承认MCAS的设计和实施是一个重大失误，飞行员无法破译正常情况下的变体，飞行手册中也没有相应的指示。要解释这数百人的生命损失，一个更好的方法是承认算法和用户之间的关系出了很大的问题，它给用户带来了比正常情况下更大的负担。

飞机上的自动化功能旨在最大限度地减少飞行员的失误和事故，正如兰格威什所说，只要情况正常，它们通常就会这样做。但随着任务的计算机化和常规化，它们降低了用户处理突发危机的警惕心和技术能力。危机时刻需要人类飞行员独特的空中经验，即一种内在的导航意识，一种操作上的理解并形成心智图的能力，细微之处的流畅，对能量、惯性和机翼之间相互作用的深刻理解，等等。如果飞行员从来不手动驾驶飞机，如果飞行员从来都是按照常规的要求对新的情况做出反应，那么他们就永远没有机会发展那些技能，那些被要求与算法协商、在必要时抵抗它的技能。

737Max 坠机的故事不仅仅涉及一个算法和几个飞行员。兰格威什的讲述中也有公司在相互竞争（例如波音和空客）中，通过偷工减料以击败另一个公司。有些航空公司不仅偷工减料，而且在维修记录上弄虚作假，为那些能力有问题的飞行员颁发证书。关于这些危机涉及的政治因素可以被调查和讨论，但算法文化的影响也不容忽视。在算法文化中，人们逐渐处于这样的地位，即必须自己学习如何与那些实际上很大程度上是隐藏的算法进行谈判和管理，这些算法在强大的公司、政府以及不公平的经济、教育、医疗和司法系统的支持下激增。然而，人们依然要对任何失败负责，因为普遍观念依然认为，成功和失败完全是个人控制的选择，即使控制的机会被算法从人们手中夺走，但人们在面对当代生活日益增长的算法控制危机时，依然可能放任技术的蓬勃发展。

机器学习算法越来越多地做出本该由人类做出的决策，在设计和实现这些算法的过程中，新的世界秩序被创造和强化，然后成为做出进一步（通常是算法）决策的基础。在这个新兴的世界中，人们被鼓励成为更好的数据自我，以符合并满足算法的参数。所以，人们学会了附和算法可见性，比如在求职申请中加入重要关键字，这些关键字会让简历在算法那里得到更高的识别率；人们买房，不是因为生存刚性，而是因为它会提高算法生成的信用评级；在学校里，人们变得更关心绩点而不是学习，因为算法“理解”绩点，但不理解学习可能带来的不可估量的智慧。人们将教育简化为计算学习的结果也是出于同样的原因。人们读算法推荐的书，看算法推荐的电影，听算法推荐的音乐，买算法推荐的货品。人们相信由算法决定的内容，算法也一而再、再而三地固化人们的刻板印象。人们根据种族主义和性别歧视的算法做出监禁、假释或跟踪在校学生的决定；人们甚至改变某些活动的衡量标准，如以分钟、步数和心跳来衡量健康……所有可测量的东西都被提升和改变了。反之，所有无法衡量的都是琐碎的、不必要的、放纵的、奢侈的，或是边缘化人群的浪费活动。

人们不加思考地形成并追随算法文化，同时也在经历一个巨大的转变，即人类存在的分裂：一个自我和一个数据自我。人类正在被一个有时同源、有时矛盾的力量、价值观、信仰和实践的对峙组成的网络所缠绕，这些力量、价值观、信仰和实践导致了一种混乱的情感。什么是真实？什么是算法真实？人们是如何或在哪里成为这两者的一部分？当人们试图在这两者之间划清界限的时候，就像在真实新闻和假新闻、隐私和共享、独立和依赖之间划清界限一样困难。人们在那些限制和支持自己做出选择的算法中生存，同时也将那些无法计算的和那些可以计算但却被算法淘汰的东西边缘化、压制、遮蔽。算法文化成为一种霸权文化后，人们陷入了一个困境，即必须选择可以被数据化和被认为有用的东西，数据化的东西在人类判断或民主过程之外产生一个新的真实，用户在复制与扩大和长期歧视模式的过程中协商这个真实，而权力和控制权掌握在那些生产和使用算法的人手中。如果不打破这种困境，算法文化将继续压制差异、创造力和多元化。这就是为什么我们需要理解算法文化，认清它隐藏的操作，并且以有效的方式去挑战和抵制它的控制。

第二节　关键词批评中的算法文化

越来越多的人文学者注意到了算法正在成为数字时代文化中一个独特的存在。计算机科学领域最初的算法是简单的数据组织和检索任务，到了20世纪60年代，伴随着控制论的跨学科原则普及，第一批人工智能算法不仅寻求为人机系统定义规则，而且通过影响深远的行为主义反馈机制管理规则试图创造出自动调节的崇高世界。[①] 随着机器学习不断占据主导地位，人们不仅将生活中的各种记录数字化，还将越来越多的不经意的痕迹数字化。算法（通常被松散地定义为指导机器或人类行为的一组规则）通过计算机实例化正在塑造世界各地的基础设施、实践和日常生活。近几年，算法因大数据、计算能力的提高和尖端深度机器学习的发展而备受瞩目，更具实用性的算法已经在人们日常生活的许多方面发挥作用，从医疗保健、信誉建设到公用事业的管理，等等。当人们使用算法技术搜索信息、买卖商品、学习或社交时，算法成为影响人们的选择、想法和机会的复杂文化过程。[②]

算法作为深耕于当代人类社会的技术，是意义生产的重要源头，

① See Dupuy, J.-P., *On the Origins of Cognitive Science: The Mechanization of the Mind*, Cambridge: The MIT Press, 2009.

② See Gillespie, T., “The Relevance of Algorithms”, in Gillespie, T., Boczkowski, P. & Foot, K. (eds.), *Media Technologies: Essays on Communication, Materiality, and Society*, Cambridge: The MIT Press, 2014, pp. 167–193.

它影响着社会生活观念，俨然成为一种文化的构成性因素。然而，人们对算法影响当代文化的想象力就像过去几十年里那些依附于控制论的想象力一样——似乎仍停留在科幻小说的领域。算法预示着一个社会革命性的未来，但人们却总是处于感知未来的混沌状态，惊讶、敬畏、焦虑、恐惧等这些曾经只针对自然奇观的强烈的精神体验，如今成为人们对人工智能算法的普遍感受。人们注意到，作为文化的算法与定义和部署算法的人，与嵌入算法的制度和权力关系密切相关，因此，将算法纳入批判性的学术话语正当其时。本文尝试从文化研究的角度将算法作为关键词批评的对象，探索算法的文化含义。此外，人们借用文化人类学“阈限性”（liminality）的概念研究算法是如何嵌入社会结构并形成“文化居间性”的，算法文化的阈限状态也是本文特别关注的问题。

将“算法文化”（algorithmic culture）作为新技术社会中的关键词，是从英国文化研究奠基人雷蒙·威廉斯创立的“关键词批评主义”（keywords criticism）中来的。作为一名马克思主义者，威廉斯通过对文化与社会研究的核心术语的考察，揭示词语背后文化与政治的关系，发现社会的权力所在以及底层抵抗权力的源泉。他认为词语是“社会实践的浓缩”，并且“在社会历史的发展中，很多重要的词义往往都是由优势阶级所形成的”。[①] 人们借助威廉斯关于关键词的书写，从两个方面解读算法文化作为关键词的生成条件。第一个方面是从词源学的角度追溯算法文化的语义源头，第二个方面是从文化政治学的角度考察算法文化的当代社会基础。

---

① 参见黄擎：“雷蒙·威廉斯与‘关键词批评’的生成”，《外国文学研究》2011 年第 4 期。

（一）作为"算法文化"语义起源的"算法"与"文化"的历史演变

algorithm（算法）一词的前身是希腊语中*arithmos*（数字）这个单词，13世纪初，algorism出现在英文读物中，经过一系列正字法转换过程，在1940年左右，algorithm正式成为英语中标准通用的拼字法。algorism与algorithm从概念上讲一直很近，algorism指的是一套编码系统，algorithm指的是一套数学程序。到了20世纪下半叶，新兴的计算机科学领域采用了含有算术意蕴的algorithm，从而使后者的使用占主导地位。这里面起到关键作用的是两篇由美国贝尔实验室的工程师撰写的具有里程碑意义的论文，一篇是拉尔夫·哈特利（Ralph Hartley）的《信息的传递》（Transmission of Information），另一篇是克劳德·艾尔伍德·香农的《通讯的数学原理》（A Mathematical Theory of Communication）。对哈特利来说，信息的揭示带来了理解和秩序，但香农却认为秩序不是理所当然的。对香农而言，交流发生在充满不确定性的环境中，用信息论的语言来说是熵。秩序不能被认为是理所当然的，相反，它需要被设计。如果使用正确的数学方法就可以在很大程度上缓解熵，从而为秩序指明方向。因此，他需要设计一套程序——一种算法（尽管他没有专门使用这个术语），能够处理控制交流相遇的一连串决定。香农认为他在发展一种"沟通的数学理论"，但事实上他是最早的算法设计者之一，也是人们理解算法文化的前提，正是带有信息论传统的算术成为理解和设计算法的主流，才使算法形塑秩序、改造社会实践成为可能。

关于"文化"，早在50多年前，研究者就曾对这个词给出了164种不同的定义，正如威廉斯观察到的，"英文里有两三个比较复杂的词，culture 就是其中的一个”。[①] 尽管对于文化的含义没有绝对共识，但大多数研究过这个术语的人都同意它的弹性，同意它管理多种需求（有时是相互竞争的需求）的能力。威廉斯完成于 1976 年的《关键词：文化与社会的词汇》一书中梳理了文化的三种意蕴：文化可以指智力、精神和审美发展的一般过程；可以指促进人类文明的特定模式；可以指特定的艺术工作和实践，如音乐、文学、绘画、雕塑等。他同时对上述精英主义的文化定义提出修正，指出文化需要在历史和实践的动态发展和语义的复杂演变中加以认识，文化已经从一种以农耕为基础的前现代的理解，发展为一种更广阔、更现代的观点，它不仅包括文学与艺术的总体，而且包括生活、物质、智力和精神的整个方式。[②] 在此之前，威廉斯还在《文化与社会：1780—1950》一书中回溯了伴随着社会关系、秩序结构、人文和历史的演变，文化的语义坐标是如何发生改变的。[③] 上述两本书是威廉斯奠定文化研究转型的重要两翼，其中对关键词“文化”带有实践和政治立场的考察，对人们确立当下的算法文化也显得格外有意义。

（二）算法文化产生的当代实践与社会政治基础

威廉斯强调，文化从来就不是真空的存在，它不可以抽离社会实践，这启示人们需要在社会实践中对文化和技术的先验性区分展开反思。人们尝试这样理解文化与技术之间的关系，二者就像岩石和它所处的溪流之间的关系：岩石不是溪流的一部分，但溪流会挤压岩石并侵蚀它，岩石也会在溪流中产生涟漪和漩涡。换句话说，技术可以影

---

① 参见雷蒙·威廉斯：《关键词：文化与社会的词汇》，刘建基译，生活·读书·新知三联书店 2018 年版，第 147 页。

② 同上书，第 14—15 页。

③ 参见雷蒙·威廉斯：《文化与社会：1780—1950》，高晓玲译，商务印书馆 2018 年版。

响文化，文化也可以影响技术。人们看到算法通过改变文化材料的流动可以塑造文化，反过来算法体现其创造者的偏见也可能是由文化塑造的。例如，算法支持的人脸识别嵌入的是社会权力结构，因为工程师在设计代码中融入了用户匹配优势；算法的音乐推荐也并不是文化的外生威胁，恰恰是作为一种文化因素塑造了文化的实践。因此，算法是不稳定对象，机器学习系统会因响应用户活动而改变，算法在文化上也由人们与其接触的实践而制定。人们看到在过去的大约30年里，算法正在逐步改造人类自主实践的传统，也在被人类实践构成的社会技术系统所改造，人类会把对人、地点、物体和思想进行排序、过滤、分层等文化实践的工作越来越多地委托给计算过程。在影响全球数亿人文化实践的Amazon、Google、Facebook、Twitter、Netflix等众多网站上，人们看到的是人类的思维、行为、组织和表达方式纷纷被融入大数据和大规模计算的逻辑之中，这一举动改变了人类文化长期以来的实践、体验和理解方式，一种产生于技术同时又根植于社会实践变革的新兴技术文化观呼之欲出。

另外，受威廉斯将文化的考察与20世纪工人阶级、民主、工业等问题进行关联的文化唯物主义方法论的启发，人们把算法文化的产生与大数据时代“生产性抵抗”的状况联系起来理解。福柯关于权力是生产性的早期观点认为，“生产性抵抗”与传统的抵抗不同，传统的抵抗理解为无力从强者（在等级制度中处于高位的个人或团体）手中夺取权力，而“生产性抵抗”承认等级关系的存在，但鉴于权力是分散的，是可以被生产的，因此权力能够循环并提供抵抗的可能性。[①]

① 参见米歇尔·福柯：《性经验史》，佘碧平译，上海世纪出版集团2003年版，第140—146页。

人们将这一观点引入数字生产领域，发现算法为大数据时代生产性抵抗提供了可能性，例如算法支持反大众传播的个性化传播策略，帮助缺乏面对面接触的网民迅速构建起网络民粹的反抗空间；算法支持搜索引擎从大数据中识别特定的压制性机制，并计算如何针对这些机制来产生另一种实践机制，从而表达普通人的权利主张……尽管每种算法都有基于其特殊制度背景的不同实践，但其在社会生产过程中体现出的抵抗逻辑、所产生的影响已经远远超过了技术本身的功效。算法不仅由理性程序构成，而且由其在网络底层政治抗争中获得的抵抗意义构成，这也是算法文化产生的权力与政治基础。

算法与文化的渊源可以追溯到古希腊文明时代，根据研究者的发现，今天被认为是一种文化形态的音乐，其神秘的音调和和声曾使毕达哥拉斯和其他前苏格拉底哲学家们产生了一种音乐可以“被测量、计算和称重”的想法。[①] 从这个意义上说，数字和数学在一定程度上是由音乐文化发展而来的。大约在公元 1800 年，人文学科开始放弃量化理论，转而倾向于一种解释主义的方法，这种方法将“人类存在的延绵不绝的开放性视野缩减为语言和经验”，[②] 这也与日益以人文为中心的文化概念的出现相适应。人文文化与量化文化的差异来自现代科学体系和生活经验的分歧，造成这种分歧的原因是在人们的经验认识世界里，数字、技术和工具理性等均被视为人类事务的外生性因素。然而，随着算法信息处理系统逐渐成为文化决策的一种形式，文化的权威性问题也在逐渐渗透进数字和计算工程领域，当技术即生活时，文化的转变势在必行。

---

① See Heller-Roazen, D., *The Fifth Hammer: Pythagoras and the Disharmony of the World*, New York: Zone Books, 2011.

② See Kittler, F., “Thinking Colours and/or Machines”, *Theory, Culture & Society*, vol. 23 (2006), pp. 39–50.

至今人们仍然生活在这种文化的转变之中，威廉斯在20世纪80年代初试图理解的文化新趋势在今天变得更加真实，那就是在过去20年左右的时间里，关于文化的讨论已经占据了科技界。不断发展的科学技术用它们的假设、议程和理解浸透着文化，不断变化的文化话语轨迹帮助这个词产生了一种全新的意义。文化的意义转变体现在它本身已经不再作为艺术和文学等传统维度的唯一权威原则，算法背景下，文化正在迅速演变为从零售到租赁、从搜索到社交网络等特定信息处理任务所产生的积极余量，算法逐渐形成了一种新的生活方式。人们看到，全球最大的电商Amazon最初只是一家零售商，但它现在已经成长为通过数据密集型计算充当全球性文化沟通的典范。它会收集关于人们阅读其Kindle电子书设备的数据，根据用户的浏览和购买模式对产品进行配置和营销。[①] 事实上，Amazon的后端数据基础设施是如此庞大，以至于从2006年起，它就开始以Amazon Web Services的名义向客户出售过剩的容量。还有"魅力超凡"的Google Search、Facebook的新闻订阅、Netflix的推荐系统等巨型算法，也足以说明交易、新闻阅读和许多其他日常活动在多大程度上是受制于大数据驱动的算法。事实上，在当今这个数字计算技术无处不在的时代，将算法置于文化生产实践中具有重要意义，算法文化应该成为文化研究的新的关键词。

文化研究的关键词批评"并非是要提供一个有关这些关键词界定的'标准答案'，而是重视概念的生成语境、基本意涵及其在批评实践中的异变"。[②] 简言之，概念的意义是在实践中得到阐释的。依循

① See Striphas, T., "The Abuses of Literacy: Amazon Kindle and the Right to Read", *Communication and Critical/Cultural Studies*, vol. 7, no. 3 (2010), pp. 297–317.

② 参见潘忠党、於红梅："阈限性与城市空间的潜能：一个重新想象传播的维度"，《开放时代》2015年第3期。

关键词批评的抛却词条化、辞书式界说，将词语放置在历史的批评实践中来考察这一宗旨，人们认为算法文化始于信息论传统，在使用计算对人、地点、对象和想法进行排序、分类和分层的过程中，算法逐步形成与这些过程相关的思想、行为和表达的习惯，人们的社会实践和生活方式很大程度由算法参与、创造、构建而成。算法文化是大数据社会结构下的一个亟待建设的技术文化形态，是人类文化出现的新的存在领域。算法文化是一种变革力量，一方面，算法是由集体的人类实践组成的，算法逻辑本身就是一种文化，尤其在网络社会里，它遵循了技术生产性抵抗的法则；另一方面，它塑造了文化的流动，意味着代码形态的文化对象、文化实践和文化偏好正在形成。在算法的世界里，文化不确定性可以通过识别相关性、分析模式等数学方法解决，文化生活逐渐沦为算法处理的任务之一，而人本身不再拥有作为文化生产者、仲裁者、策展人等的唯一专有权。人与机器算法之间明显的一致性导致文化实践和决策逐渐失去了更丰富的内在形式，同时出现了一种既被分隔又未完全聚合的文化居间性和不确定性，这也带来了人们讨论的下一个问题——算法文化的阈限性。

阈限性是文化人类学中的一个概念，它关注文化本体问题，强调无序感的存在，指一种社会文化结构向待建立的另一种社会文化结构过渡的中间状态，或过程中呈现多种维度之间的临界状态。人们认为，当下的算法文化正处于人类学家维克多·特纳（Victor Turner）在诠释阈限性提出的所谓“介人两个结构类别或两种生存状态之间的非此非彼、既此又彼的之间性状态（between states）”，[①]一方面，算法文化脱胎于电子通信技术主导的信息文化，但其依赖的大数据本体论

① 转引自潘忠党、於红梅：“阈限性与城市空间的潜能：一个重新想象传播的维度”，《开放时代》2015 年第 3 期。

和方法论又比信息论走得更远；另一方面，算法文化见证了“后人类时代的为技术所穿透、数据所浸润的‘赛博人’”[①] 的诞生，但又尚未进入全面人机耦合的后人类文化阶段。它缺乏区分度，不具备文化体系上的纯粹性，但又充满力量和潜能，也充满了实验和游戏的意味。[②] 利用阈限性分析理解当代算法文化及其特点，呈现出的是算法记忆与遗忘相混杂、算法排序与文化失序相毗邻、文化私有化与民粹化相冲突的矛盾、异质、不确定的状态。

1. 算法记忆与算法遗忘的阈限

算法操作的自主性形成算法记忆与遗忘的阈限空间，呈现出混杂可变的文化属性。在关于算法记忆的讨论中，算法常常与记忆的空前扩展联系在一起，这种扩展集合为“互联网永远不会忘记”的普遍观点，因为存储在数字档案中的数据可以随时随地通过算法搜索自动获取。算法在社会记忆生产中发挥前所未有的作用，它成为社会记忆的数据驱动代理，并以一种不同于人们熟悉的记忆方式工作。由于算法记忆是对大量数据起作用，它们的处理和存储能力显然没有限制，它可以从网络材料（文本、文档、视频、博客、各种类型的文件）和用户提供的信息（他们的请求、建议、评论、聊天）中获取数据；它还能够描述每个文档的内容和属性的元数据，从标题、创建者、主题、描述、发布者、贡献者、类型、格式、标识符、源语言等信息中提取数据；物联网和其他形式的智能环境也产生了大量个人没有意识到的关于他们的行为、位置、动作和关系的数据为算法记忆提供来源。最重要的是，算法记忆对这些数据的二次征用在很大程度上独立于产

---

① 孙玮：“赛博人：后人类时代的媒介融合”，《新闻记者》2018 年第 6 期。

② See Turner, V. W., “Betwixt and Between: The Liminal Period in Rites de Passage”, in Lessa, W. A. & Vogt, E. Z. (eds.), *Reader in Comparative Religion, An Anthropological Approach* (4th Edition), New York: Harper & Row, 1979, pp. 234–243.

生数据的初始意图或原始上下文的意义。至于算法处理储存的记忆内容，人类思维可能在很多时候都没有意识到，比如算法得出素食者错过航班的次数更少；缅因州的离婚率与人均人造黄油消费量相关；[①] 等等。这种数据记忆的二次征用也使得获取公民档案和监视相关的信息成为可能。

算法处理数据和管理记忆的方式与人类信息处理和记忆的方式不同，人类需要理解记忆，算法则不需要。举几个例子，翻译程序不理解文档，其设计者不依赖任何语言理论，但不影响它将一种语言无障碍地翻译成其他文本；拼写检查器并不知道这些语言或它们的拼写规则，但它可以纠正任何语言的排版错误；智能算法不懂人类微妙的策略，但可以在国际象棋、扑克等高智力项目上进行人机对抗；使用协同过滤的推荐程序对它们推荐的电影、歌曲或书籍一无所知，但可以成为可靠的潮流引领者……算法对人类的请求做出适当的回应，并提供人类大脑从未开发过、记忆过、也无法重建的信息。算法记忆能处理来自任何来源和具有任何意义的差异，它们只需要从网络上获得数据，这些数据不仅来自人们的想法，还来自人们在没有意识到和思考的情况下所做的事情。算法处理的结果在与用户沟通时生成信息并产生意义，但同等传出的信息并不需要传入相应的信息，因此大数据算法革命性的传播意义在于，它可以在没有信息的情况下产生意义，在没有意识的情况下产生记忆。用文化人类学者希尔德布兰特（Mireille Hildebrandt）的话来说："人们已经从一个信息社会进入了一个算法驱动的社会。"[②]

---

① See Siegel, E., *Predictive Analytics: The Power to Predict Who will Click, Buy, Lie or Die*, Hoboken: Wiley-Blackwell, 2016.

② Hildebrandt, M., *Smart Technologies and the End(s) of Law*, Cheltenham: Elgar, 2015.

然而人们从算法遗忘的角度来看，如果说算法处理是记忆的一种形式，那么它面临的任务与人类记忆所面临的任务截然不同：后者的挑战是记住足够多的东西，而算法记忆的挑战是能够以可控的方式忘记足够多的东西。过去记忆的问题是记不住，现在记忆的问题是忘不掉，特别是自 Web 2.0 传播以来，算法存储和处理数据的能力几乎是无限的，算法允许一种完美的记忆形式，使得人们的社会似乎能够记住一切，记忆变得更加容易和便宜，记忆也成为一种常态。然而机器的工作本身没有抽象性，也没有意义，仅仅通过计算，算法能够产生智能和重要的结果，并不是因为它们以智能的方式运行，而是因为它们在一个不断自我反馈的过程中，“寄生地”利用网络用户的智能和意义属性。[①] 人类存储和处理数据的能力有限，过量的数据将会使人类记忆超载，为了能够忘记，人们必须放弃记忆的能力。然而，算法记忆却没有这个问题，它管理数据的能力几乎是无限的，这是社会管理信息的一个巨大机会，但也是对公民的自决自由和网络被遗忘权的一个最严重的威胁。

被遗忘权受到人们的关注，始于欧洲法院 2014 年在审理一项西班牙公民起诉 Google 的案件中，承认公民个体在网络中有被遗忘的权利，判决 Google 必须按照当事人要求删除涉及个人隐私的数据，除非这些信息具有公共相关性、这个人持有公共角色。互联网用户可以访问不可磨灭的网络档案中公民的任意数据，欧盟法律则希望保护网络的遗忘能力以及公民被遗忘的可能性。虽然“被遗忘权”仅限欧盟内执行，但它依然激起了人们对算法遗忘的广泛讨论。当尼采说“生

---

① See Esposito, E., “Algorithmische Kontingenz. Der Umgang mit Unsicherheit im Web”, in Cevolini, A. (ed.), *Die Ordnung des Kontingenten. Beiträge zur Zahlenmäßigen Selbstbeschreibung der Modernen Gesellschaft*, Wiesbaden: Springer VS, 2014, pp. 233–249.

命需要遗忘”时，即相信遗忘能力比记忆能力更重要。人们也认为被遗忘的权利与保持未来开放的能力直接相关，所谓“再创造的权利”[①]能够保护人们的未来不受过去的影响。然而网络上的“飞去来器效应”十分显著，试图删除内容往往适得其反。研究者发现，一旦“遗忘”的请求被 Google 接受，当用户对某一特定信息进行搜索时，结果中会出现一个警告，提醒某信息以被遗忘权的名义被删除，结果反而增加了用户对被删除内容的好奇心。一些网站如 hiddenfromgoogle.com 立即被创建出来，收集由于行使被遗忘权而被删除的链接。维基百科还公布了 Google 根据“被遗忘权”从其搜索引擎中删除的文章链接列表。[②]

由此可见，算法记住一切，把一切记录在网络空间（云端）中，但网络本身没有任何可以遗忘的过程，算法也无法区分自身感兴趣的记忆机制，无法建立自己的抽象环境来指导选择和遗忘。算法以一种永恒的方式储存着所有的数据，它们不能积极地记忆，也不能积极地忘记。算法记忆与算法遗忘的居间状态是算法文化作为阈限主体所特有的混杂状态，对此，人们亦无法按照熟悉的归因和问责形式推定结论。

2. 算法排序与文化失序的阈限

自互联网普及以来，学者们一直在研究算法对政治和文化问题的影响，尤其是那些过滤、分层或推荐算法。针对社交媒体平台作为社

---

① See Solove, D. J., “Speech, Privacy, and Reputation on the Internet”, in Nussbaum, M. & Levmore, S. (eds.), *The Offensive Internet: Speech, Privacy, and Reputation*, Cambridge: Harvard University Press, 2011, pp. 15–30.

② See Woodruff, A., “Necessary, Unpleasant, and Disempowering: Reputation Management in the Internet Age”, in Proceedings of the SIGCHI Conference on Human Factors in Computing Systems, 2014.

会交换的组成部分，经常赋予算法调制和管理内容、思想和社交的任务这一现状，早前的工作主要集中在搜索引擎上，研究了信息分层组织中涉及的利害关系和权力关系。[①] 晚近以来，学者们开始展开对算法排序在社会结构中日益突出的问题的探究，相关研究也做出算法文化即“排序文化”（ranking culture）的判断。[②] 在这些领域中，算法透明性和问责性的问题，算法排序下的歧视和权力结构的再生产导致现实世界中可能存在的后果等问题，都引起了特别关注，人们也从中发现算法排序与文化失序一直处于临界的阈限状态。

与依靠简单的流行度指标排名来驱动内容的在线可见性不同，算法排序是一个随着时间推移而展开的复杂过程，也是一个数字内容的中介或管理过程。人们将算法排序概念化为一个多方平台，用以协调不同参与者（从终端用户到广告商）之间的关系，这些关系具体表现为每次启动搜索时，参与者之间发生的复杂交互的集合。研究者曾在 YouTube 搜索平台上结合计算分析和定性调查的方法进行观察，发现 YouTube 的排序和推荐机制是计算技术与不同参与群体间的不断交互。[③] 在搜索阶段，相关视频的查询可以基于视频标题和描述的直接文本匹配，也可以基于用户评论和自动识别的语音和图像内容等其他元素；在排序阶段，排序列表通过视图和评论计数等元数据的可见性，强化某些视频内容比其他的更重要。但是将算法排序仅仅框定为输入和输出之间稳定的静态视角，对于像 YouTube 这样规模庞大、技

① See Introna, L. D. & Nissenbaum, H., “Shaping the Web: Why the Politics of Search Engines Matters”, *The Information Society*, vol. 16 (2000), pp. 169–185.

② See Beer, D., “Power Through the Algorithm? Participatory Web Cultures and the Technological Unconscious”, *New Media and Society*, vol. 11, no. 6 (2009), pp. 985–1002.

③ See Rieder, B. & Sire, G., “Conflicts of Interest and Incentives to Bias: A Microeconomic Critique of Google’s Tangled Position on the Web”, *New Media and Society*, vol. 16, no 2 (2014), pp. 195–211.

术复杂的算法平台来说是不够的。一方面，用户以各种方式对排序做出反应，包括点击、观看；另一方面，算法技术越来越支持一种概率性和实验性的观点，在这种观点中，参数不断地根据期望的结果进行调试，并根据用户的行为进行调整。例如，算法可以预测一个新发布视频的成功与否，对其进行排序，如果视频表现不佳则迅速降级。算法排序在信息与文化的扩散中成为一个有重要影响力的因素，被影响的用户参与反过来又成为算法排序的重要组成部分。因此，人们认为排序结果的产生是平台政治和等级文化之间的一种纠葛，能够处于算法排序顶级的，往往是一个依靠争议甚至异议上位的新民粹文化阶层。

算法排序依靠其对社会和文化决策的影响，承担起了布鲁诺·拉图尔所说的“重组社会”的任务，但同时又极易导致文化失序。人们对算法排序的关注通常隐含在对算法文化的批判性讨论中。首先，算法排序通常依赖于一个基本性不公平：“排序者”（“能够生成和分析数字数据的人”）和“被排序者”（“发现自己的生活受到这些分析影响的人”）之间的不公平。算法权力通过将这种不公平的结构化条件物化和再现，会违背核心道德价值观，对个人生活自主性造成实实在在的伤害。研究表明，一种碎片化、参与性和超载的“数据监视”（dataveillance）不断侵犯个人的隐私，将个人行为转化为可读的数据点，这种“后全景”（post-panoptic）监控依赖于算法排序，并且是企业和政府决策的基础，但被排序者自身并无法控制。[1]其次，不可检测的算法排序被认为是自动化形式的数字“回音室”，极易导致个性化内容的“过滤气泡”。算法排序减少对不同观点的接触，促进所谓

① See Cheney-Lippold, J., “Jus Algoritmi: How the National Security Agency Remade Citizenship”, *International Journal of Communication*, vol. 10 (2016), pp. 1721–1742.

“假新闻”的传播，允许对网民进行微目标操作，这种对多样性的违反将损害排序者容忍他人和做出公正决定的能力。[1] 再者，“学习算法”可以无形地再现和深化各种形式的偏见性社会分类，表现出一种新的“理性歧视”（rational discrimination）形式。[2] 这些违反公平原则的行为的后果是复杂的，因为它们往往会导致越来越多的非算法决策，损害人们的生命机会。由于具备在权力的不可知中确立效率的本质特征，算法排序将是产生道德危害的中心组成部分。另外，缺乏技术素养，加之保护企业或国家机密的原则，也会导致人的能动性与算法自主性之间的权力不匹配，算法排序对用户、学者和决策者了解、研究和监管数字平台的权力也构成了前所未有的威胁。那么算法排序是补充还是掩盖了现存的人类文化理解？显然对这个问题的思考超出了本文的范围，但算法排序的确因为产生的全新文化身份和类别，隐含着文化失序的风险，让人们感到不安。

人们将技术深入置于文化政治的视角，就会看到算法排序与文化失序的阈限状态也是一个意识形态运作的空间，算法排序与文化失序之间失去区隔的状态，产生了前所未有的认识论、道德甚至是法律的归因问题。算法排序是一种“数据来世”（data afterlife），它远远超越了排列数字和信息的表征质量，并越来越依赖于算法的自主活动，越来越独立于原始数据的意义，产生独特的平台政治；同时，算法文化失序也造成了“数据阴影”（data shadows）。它们既是人们网络活动产生的副产品，也是算法实现塑造等级文化、创造技术官僚规范以及施行个体监控的后果。

---

① See Sunstein, C., *Republic: Divided Democracy in the Age of Social Media*, Princeton: Princeton University Press, 2017.

② See Lauriault, T., “Open Spatial Data”, in Kitchin, R., Lauriault, T. & Wilson, M. (eds.), *Understanding Spatial Media*, London: SAGE Publications Inc., 2017.

3. 文化私有化与民粹化的阈限

算法干预即是文化私有化过程。研究者塔尔顿·吉莱斯皮将这个问题与 Twitter 的热门话题联系起来进行了探讨。他指出该公司的“黑匣子”方法制造了各种各样的话题，认为 Twitter 的后台在所谓的“算法真实”（algorithmic real）中暗做手脚。Twitter 热门话题的占位符仿佛是对现实的忠实呈现，但问题往往比这复杂得多，算法干预问题突显出语言、技术、大数据分析和政治经济等问题的深度纠缠，也更有理由提出算法背景下文化决策已经被私营化的问题。[①] 虽然人们并不是有意淡化群体在生成原始数据方面的作用，然而“群体智慧”在很大程度上只是算法数据处理的一个替代品、一个占位符、一个算法，算法数据处理正日益成为一件私人的、排他性的，甚至有利可图的事情。

文化被重新想象成一个计算的场域，而不是人类发展的轨迹。这种转变在 Netflix 等企业宣传中也表现得很明显。Netflix 强调客户满意度的无止境循环，复杂的推荐会产生更大的满意度，从而产生更多的客户数据，这些数据反过来又会产生更复杂的推荐。依此类推，在一个封闭的商业循环中产生的结果是，算法文化更贴合私有化的诉求。在传统的营销智慧中，人口统计类别诸如年龄、种族、民族、阶级、性别等长期以来指导着商业决策者向特定人群推销产品，但这种分类未能捕捉到人们对他们将要消费的文化产品的决策相关的更微妙的因素。算法的分析能力使它能够从数据集中找出非常微妙的人类行为，并精确定位以前未被识别的文化类别，例如可以推断用户身份的更私

---

① See Gillespie, T., “Our Misplaced Faith in Twitter Trends”. Available at: http://www.salon.com/2011/10/19/our_misplaced_faith_in_twitter_trends/.

密方面，如政治倾向、宗教信仰、性取向，甚至可能是体型。算法的分析系统将人们熟悉的个人文化身份从其物质和社会属性中去本质化，这一趋势与技术一贯主张的文化策略相符，即“将人类有机体视为技术网络中的节点，而非社会网络中的节点”，它倾向于认同文化私有化的新兴框架，提出了隐藏在数据集（可能还有社会）中的私有文化身份的新维度，也隐藏了深刻的隐私权危机和文化认同危机。《纽约时报》专栏作家不无担忧地指出，“算法的结果呈现出某种令人不安的私有化性质，它们可能正在解密人们自己都不曾理解的东西”。[①]

在算法文化的阈限状态下，与文化的私有化发生冲突的是文化的民粹化。用户在 Amazon 上看到的产品推荐，都是个人浏览和购买历史记录的结果，这些记录与 Amazon 其他数百万客户群体的浏览和购买历史记录相关联，以确定谁的购买模式与自己类似，Amazon 称此为“协作过滤”的过程。Google 的工作原理也与此类似，例如 Google 的 PageRank 算法衡量的是进入一个网站的链接数量，以确定它的相对重要性，它利用大众的智慧来确定网络上什么是重要的。正如英国《连线》杂志评价的那样，PageRank 被指在搜索引擎中建立了一种民粹主义的衡量标准：那便是制造出了数百万人决定在网络上链接什么内容的民主。[②] 与此同时，Google 的工程师们也正在利用这种民主的后果，即利用收集到的 Google 上数亿人的海量数据来支持其算法。所有这些使得算法文化听起来像是民主公共文化的最终成就，看起来任何有互联网链接的人都可以参与决定“最好的想法和说法”。但是别忘了，这些算法大部分是由私人公司编写的，由于商业秘密法、保

① Thompson, C., “If you Liked This, You’re Sure to Love That”. Available at: http://www.nytimes.com/2008/11/23/magazine/23Netflix-t. html.

② Levy, S., “How Google’s Algorithm Rules the Web”. Available at: http://www.wired.com/magazine/2010/02/ff_google_algorithm/.

密协议和竞业禁止条款的存在，它们缺乏国家机构（理想情况下）应该给予的监督，因此几乎没有人知道诸如Facebook或其他任何领先科技公司的算法“内幕”是什么。

在Facebook上，被巨型算法平台激活的民粹拟声语境，总是处在绝对激励某些主观性和绝对抑制另一些主观性之中。一方面，民粹文化深谙想让别人听到（承认）自己的声音，是以同他人妥协为代价的基本法则；另一方面，民粹文化中的自我构成又是在与他方构成的绝对冲突中产生。它破坏的是多样性的普遍价值，与Facebook宣称的“让世界更紧密地联系在一起”的使命相矛盾。[①] 与此同时，Facebook上与民粹合意的耸人听闻的传闻、假新闻和极端文章推荐等是相当吸引眼球的，对在线广告来说也是有利可图的。因此算法执行的病毒式传播机制最终可能会使整个行业都变得同质化：为获得最大利润和实现政治企图而不断寻求更微目标化、更精准的算法，民粹化现象也必将愈演愈烈。

随着掌握先进算法的商业公司的用户遍布全球，算法文化的私有化与民粹化的阈限特征会变得越来越显著，越来越多的人也在成为算法文化的新信徒，放弃了文化的公共性，沉浸在文化私有体验中，并在网络民主的凯歌中不知不觉陷入网络民粹的深渊。

正视算法文化的阈限性，不是陷入悲情主义的泥沼，需要看到，算法最终面向人本身，算法的自主性从根源上也建立在生成算法行为的人本身，建设算法文化还是需要回到人的主体性问题上来。米歇尔·福柯在他生命的最后阶段对“伦理主体”的研究具有启示意义。[②]

---

① Zuckerberg, M., “Bringing the World Closer Together”. Available at: https://www.facebook.com/zuck/posts/10154944663901634.

② 参见米歇尔·福柯：《主体解释学——法兰西学院课程系列：1981—1982》，佘碧平译，上海人民出版社2018年版，第153—159页。

他认为伦理主体不是自洽的，也不是受意识形态立场支配的，而是在行动自由和充满权力的行为准则之间的临时和不稳定的产物，伦理是自由的反身实践。从这个意义上，人们认为严肃且真正意义上的文化主体，其最为正当性的关切也一定是伦理性的。

因此人们提出以主体化模式建设算法文化：通过追求个人的文化主体性，形成思辨性的个人行为准则。必须明确人们是生成算法的人，从而在算法文化中获得了清晰的伦理意义，用户赋予算法决策的规范意义就具有构成性的伦理属性。伦理主体可以通过特定的实践有意识地改变自己，从而达到某种道德模式，也就是改变了他们作为伦理主体的身份。这就是说，人们可以改变自己的行为方式，作为对算法文化试图引导人们的有意识反应。人们希望算法呈现的世界，还需要人们自己提供有价值的源代码。

以搜索引擎为例，内容的可见性并不完全是由算法或过滤器单方面管理的，而是以和最终用户的交互为基础的，是否遵从算法可能从人们这里得到的东西，以及如何赋予算法行为新的规范意义，需要人作为伦理主体独立做出道德和责任的判断。当然，伦理主体化是一个复杂的、与环境相关的过程，人们认为理想的状态，是用户有意识地从事反思实践，以改变主体自身来促成算法的内在规范朝着非物役性、具有内在人性的方向发展。

受到非专业用户对算法平台内部工作方式的认识的限制，事实上，许多算法行为的实施也是超出终端用户感知的可能性的，但伦理主体化建设依然提供了一个人类面对算法进击时的独特路向。与单方面改进技术伦理不同，伦理主体化模式有助于人们反身性思考人类自身在享受算法红利的时候，还应该为文化做些什么，毕竟从目前来看，还是由人类传承并将继续决定未来文化制品的价值。无论如何，算法文化还是一个关于现在与未来趋势的讨论，在未来，无论是线上还是线下，人类和算法的文化主体性争夺还将继续下去。

第三节　算法时间的考辨与文化否思

在人文主义思想中，时间，一直是文化、技术和人类存在感的交汇。人们在时间中呼吸、在时间中做梦、在时间中想象、在时间中记忆、在时间中预测、在时间中接近死亡……人们的直觉、人们的经验，人们的一切行为构成了时间。某种意义上说，它塑造了人类存在的世界。如果说前工业时代的人们经历着永恒、自在的时间流动，那么工业革命的到来则永远地改变了人与时间的关系。在工业社会中普及的时钟时间深入社会世界和人类意识中，机器、流程、组织、生产和分配形式等都内置了时钟的计量器，并通过人们的实践不断加载。20 世纪 70 年代开始的信息通信技术革命和互联网崛起，使时间的生产逐渐取决于嵌入在硅中的振动晶体和光纤中的光，经过数字压缩的网络时间进而全面嵌入日常生活中。进入 21 世纪的第二个 10 年，智能技术革命让人们的时间体验集中于社交平台及其内置的算法中，并越来越多地被算法的选择和排序左右。组成平台生态的基础设施和应用程序潜移默化地塑造着我们与时钟的新继承者——算法的关系。正如铁路带来了时区和规范的国际时间一样，随着有效可计算性的扩展，算法也在产生新的时间制度，创造新的时间类型，我们称之为“算法时间”（algorithmic time）。

今天，在我们的数字生活中，几乎所有重要的或具有决定性意义的选择都与算法有关。算法是一个指令集、一个完成特定计算或结果的任务序列，是将问题转化为答案的炼金术，它承载着人们衡量时间、空间和文化的野心，其中的重要内容就是时间的生产和管理，因此算法也是创造文化的引擎。从Google的算法排名到今日头条的算法推荐，不难发现平台上“正在发生”的事情都是由算法产生并交付。但事情发生的顺序对每个人来说都是不同的，它取决于计算系统中时间的个性化构造。乍一看，算法的异步时间突破了线性时间流，相对于时钟的僵化仪表以及网络的“时间暴政”[①]，算法时间会具备更为多样性的潜力，它创造出无数原始的、个性化的微叙事空间，差异在那里可以蓬勃发展，新想法和新知识可能产生。不过，算法时间在创造出时钟时间的“负熵”时，也投下了一层捉摸不定的文化阴影——时间作为最核心的人类经验，正日益落入有效计算制度的边界之内。算法机器会驱使更多的人在平台中花费更多的时间，当人们把时间的生产拱手让给算法机器时，算法时间则在悄无声息地改变人类社会。这需要我们打开算法时间的黑匣子，揭示关于算法时间的社会生产，以及计算主义维度下当代文化经验的根本转变。

（一）从计时到计算：算法时间的向度

在计算主义世界观下，从宇宙的大问题（宇宙的起源、时空关系等）到生活的小问题（开车、交友等），所有复杂系统都是可计算的。可计算性在时间维度上增长得最快，我们已经能够在原子水平上计算，以纳秒的尺度计算，这一诱人现实也构成了算法与时间之间关系的核心张力。算法是一种解决复杂逻辑或计算问题的技术机制，当它被机器内化，成为人类的文化代理时，就变成了一种媒介。那么，是什么把时间性带入了算法媒介之中？从关注技术物质性的媒介考古学

---

① See Hassan, R., “Network Time and the New Knowledge Epoch”, *Time & Society*, vol. 12, no. 6 (2003), pp. 226–241.

视角来看，先进技术不仅带来人类知识对物理世界的扩展，还会形成一种嵌入物质世界的文化干预。① 在计算中，数据处理不仅仅是外部编程，还有一种隐含的文化从它的物质过程本身展开，潜移默化地发挥作用。从这个角度来看，人类文化难免会受到技术文化的侵蚀。由此我们不妨提出一种假设：充满人类文化语义的时间在遭遇算法技术时，也会发生本体论的改变。这即是说，当算法作为一种物质机制在物理世界中实现时，或者说从纸上的离散符号，抑或是从一个二维数学矩阵转化为物质行为时，它就会获得时间性。

算法作为“技术物”（technologies）的形成，并非黑格尔关于世界历史中自我发展的精神使然，而是来自逻辑化和时间化的技术性物质本身。在具体实践过程中，算法不是以一种单一的技术形式而存在的，而是与技术材料相互作用，它既涉及编程的显式知识，也涉及以电的速度展开时实际物质的隐含的可供性，例如电速度、在“0”和“1”之间切换的关键微时间，以及量子信号处理的物理效应，等等。可见，算法不仅仅是符号秩序的一部分，它的展开也参与了硅芯片中电子运动的物理机制，以及技术电路的发生过程。更进一步说，当物理世界中连续的模拟信号被量化以进行数字信号处理时，会将运动的熵时域转化为信息的负熵频域，数字计算引擎也因此促成了实际物质（电子）与象征秩序（代码）的交织。

人们通常认为，自动化的数字计算是由脉冲发生器以规律的时间间隔计时来同步其操作的，当计算机处理外部信号时，首先会将其转换为象征性的时钟时间机制。关于这种附加在计算中的习以为常的时序逻辑，关注技术隐性知识的媒介考古学提醒我们，电子实例化中

① See Parikka, J. & Winthrop-Young, G., “Special Issue: ‘Cultural Techniques’”, *Theory, Culture & Society*, vol. 30, no. 6 (2013), pp. 164–180.

的刚性频率制度是计算，而非计时。计时所严格遵循的是等距的时间间隔，而经过算法编程的计算程序却制定了不同的时间节奏。计算是“利用异步处理的代码向前推进，无需等待任何中央时钟进行逐步授权转换”，[①] 这与通过顺时针预先建立的计时概念大相径庭。对数字计算而言，时间是离散的、非连续的，数字化的过程实际上是一个去时序化的过程，是计时被转化为计算的过程。一方面，数据处理根本不是一个连续的“流”（flow），而是非线性的微存储和传输；另一方面，通过引入二进制计算，信息学的“延迟”“递归”等一批可操作的功能技术术语取代了线性的时序概念，成为建模算法时间的基础。二进制计算不断地延迟时钟时间，每时每刻，其复杂的、精心编排的数据循环单元都会创建多个时间性，也就是将当下切割成多个微小的瞬间，形成多个时态。一旦时间被机器去人格化，剥离了文化语义，就变成被操作的微时间性函数，它已经完全不同于我们熟悉的文化历史中的线性年表，而是成为一种电子技术机制。

通过这种方式，算法时间也在计算主义和物质实践性之间占据了一个至关重要的概念空间。虽然算法思维的本质仍然是数学，但一旦在控制论层面与人类耦合，算法所独有的自主学习能力就会极大地挑战人类对逻辑推理和数学计算能力的专属权。根据马歇尔·麦克卢汉的媒介观，计算机可以被看作是人类推理能力的“延伸”，不过当人类思维演化为逐步的心理推理或心理算术，成为时间离散的机器代理时，人类反过来就变成了机器推理的“延伸”。这也导致了算法语境下对时间的解读与现象学的认知渐行渐远。在现象学视野中，多样化的主观时间体验本是人类在这个世界上不可或缺的生存方式，从根本

① Dyson, G., *Turing's Cathedral: The Origins of the Digital Universe*, New York: Random House, 2012, p. 300.

上说，时间体现在人们做的每一件事上。而一旦将这种富含人类经验的、胡塞尔式的“内在时间意识”[①]外化到物质世界（算法机器）中，就会像英国研究者阿穆尔和皮奥图克（Piotukh）所表达的那样，计算装置也会改变人类的“内在时间感”。[②]计算的运作也因此创造了新的时间书写形式——算法时间，换句话说，是超验的算法时间取代了先验的内在时间。而对于生物生命体而言，虽然它与时间连续体相关联，但在被精心选择、排序后，它也会从存在于生命体的主观时间里转移到算法时间中去。

（二）算法时间的加速逻辑

我们之所以选择以算法时间的概念作为计算主义文化的新样态，而不是计算时间或数字时间，是因为算法充当了社会操作系统中独特的文化代理。随着数字技术的加速传播，全球的脉搏以千兆赫为单位跳动，并越来越多地共享同一文化时刻。从 1980 年 CNN 直播电视新闻的出现，20 世纪 90 年代的全球化崛起，到特朗普深夜在推特狂发推文，Z 世代在元宇宙竞速畅游，标准的时钟时间已经不足以描述人们进入加速空间的体验感。当下时间的加速必须是在毫秒甚至微秒之间，方能有效地放置超越人类感知和能力范围的行动，而算法时间的生产就为人类的速度狂想内置了比特级的标准。美国作家迈克尔·刘易斯在他的华尔街系列《高频交易员：华尔街的速度游戏》（*Flash Boys: A Wall Steet Revolt*）一书中描述了这样一个场景：在算法精心策划的高频交易时代，各大公司的市场活动基本集中在 1.78 毫秒内，图表上突然的峰值代表了一个大型机构投资者的命令，并使伺机的金融算法立

① 参见埃德蒙特·胡塞尔：《内在时间意识现象学》，杨富斌译，华夏出版社 2000 年版。

② See Amoore, L. & Piotukh, V. (eds.), *Algorithmic Life: Calculative Devices in the Age of Big Data*, New York: Routledge, 2016, p. 156.

马进入一种狂热的抢投、竞价状态，相比之下，人类眨一次眼的时间则需要100毫秒。[①]人们还会把算法部署到更深远的时间平面上，当其达到一定规模，触及文化变化的真实时间轴时，就会像刘易斯描述的金融交易算法一样，根据机器学习的结果代替人类做出各种决定，同时也创造了一个充满工具理性的人-机时间机制。

算法时间是互联网空间里多种秩序和意义的中介。首先，它制定和扩展了全球计算操作系统，并成为全球联网通信和本地计算机系统之间移动、修正和复制信息的管道。算法通过执行服务提供商、用户、企业、广告商以及所有试图参与或操纵计算流程的人和集团的指令，正在使这个全球神经系统发挥巨大作用。其次，算法处理来自全球数十亿个本地移动设备和海量数据中心的服务器、交换机、路由器等的网络请求，并以毫秒级别的开发、管理和处理能力满足请求。巨型数据中心将数千台服务器连接在一起，动态地共享它们的资源，创建了毫秒级的无缝实时性，这是由数千个微秒级的本地连接精心构建的。与此同时，电子邮件、移动计算、蓝牙和Wap支持的应用程序，以及平台基础设施本身，正在形成一个不断增长的互联丛林，这构成了算法时间生产的技术框架。算法通过GPS、原子钟和其他能够将时间测量到纳秒的机制把每一种本地情况与全球时间联系起来。在处理完成后，算法又将微秒级别的事件转化为用户的注意力，充当地球的计算神经系统和人类生物、社会系统之间的桥梁。它们对用户的查询和操作近乎瞬时的响应机制满足了人们对速度的极致想象。就在抖音用户访问的瞬间，成百上千的服务器参与了微拍卖，决定哪些广告将出现在其检索的页面上，并根据算法预测到的用户对不同主题的兴

① 参见迈克尔·刘易斯:《高频交易员：华尔街的速度游戏》，王飞等译，中信出版社2015年版，第218页。

趣模型来组织其内容。这就是算法文化机器构建时间的工作方式，它们正在深层次的基础设施层面、在个体用户层面，在数千人、数百万人，甚至数十亿人同时参与网络行动的层面上运作。

这种资本主义瞬时套利的魔法，就是由算法时间实现的。也正如媒体理论家亚历山大·加洛韦认为的那样，实施这些套利形式的机制嵌入了权力的深层结构。[①] 我们看到，已经获得专利的 Amazon 手环可以通过数据追踪员工的工作效率；汽车保险公司已经开始为那些同意在自己的车里安装数据接收装置的消费者提供折扣……这些内嵌算法系统的设备都在现实和不同的计算信息流之间仲裁时间的滞后问题，以达到效率、利润或注意力最大化的目的。不过在大多数时候，人们根本察觉不到算法正在做出的那些决定，即便偶尔意识到，也很快会忽略，因为算法时间的加速度早已超出了人类的感知和行动范围。算法凭借可靠的数学和符号逻辑路径，成为将世界黏合在一起的胶合剂，这使人们能够放心接纳算法机器为其创造的文化现实，其范围涵盖了从新闻推送到自动贷款审批，从股票交易到刑事量刑指南等，不一而足。随着越来越多的算法文化工作以毫秒、微秒的尺度发生，它们对人们文化意义的认知，以及时间经纬的体验都产生了深远影响。追踪算法制定这些当代文化经验的过程也为我们提供了新的见解，让我们看清在算法时间制度之内，越来越精细的计算模型如何越来越深地融入人类文明的核心机制中，这些模型不再止步于描述世界，而是或多或少地开始定义世界。

在算法时间的穹顶之下，华尔街的金融公司为微秒的优势而战；社交媒体的反应速度可达 1/100 秒；友好的腾讯会议界面会建议你在

---

① See Galloway, A. R., *Protocol: How Control Exists after Decentralization*, Cambridge: The MIT Press, 2004, pp. 214–216.

三分钟内离开，以便准时参加下次会议……除此之外，气候系统、政治运动、人类的犯罪和购物习惯等的算法模型都在试图用一道计算的海堤将不确定性击退，将当代向前延伸。越来越多的例子都在证实算法时间正朝着更有野心、更模糊的挑战前进，欲将有效可计算性的边界从现在的微观管理扩展到未来更宏大的领域。不过算法时间的节奏及其支持特定时刻和决策的因果模型等都是人类难以直接感知的。人们凝视着屏幕，就像在柏拉图的洞穴里寻找影子，希望发现计算现实的真实线索，但往往只能通过感知服务器查询和响应之间的速度来创建计算即时性和因果关系之间的印象。与此同时，人们对过去的记忆又如此主观，以至于经常无法感知时间生产的质量或过程的变化：马路上的红绿灯看起来和几十年前差不多，尽管管理它们的系统现在是复杂的智慧城市基础设施的一部分，算法已经从根本上改变了它们的运行模式；浏览网页的体验表面上看起来与10年前甚至20年前也差不多，但广告、新闻的个性化推送和大数据监视的泛滥，已经深刻改变了人们的生活世界……人们沉浸在这个加速的算法时间生态中，反思性知识的创造和反思性评价的应用变得越来越稀少，因为人们对它的需求已经越来越少。

（三）算法时间的离散本质

如果说加速是算法时间的外部节律，那么离散则是算法时间的本质存有，后者也构成了算法时间的另一个理解维度——不是以计算单位衡量的时间，而是为特定目的而制定、动员、实践的非线性时间。算法时间既不能被归类为人类活动之外的客观现象，也不完全属于与社会规范和个人经验相关的主观现象，这种离散的时间机制是由日益算法化的媒体环境产生的。与英国人帕迪·斯坎内尔（Paddy Scannell）在讨论电视时间时提出的“现场”（Liveness）[①] 概念不同，算法时间提供的不是由大众媒体（广播、电视、Web 1.0 网络等）创造的群体共同体验，而是由平台媒体的商业模式助推的个性化时刻。其中平台媒体从根本上依赖于算法对其内容进行排序、过滤、排名和策划，并在不同程度上组织和创造了一种以非连续性和随机性为特征的时间感。这种时间感不再强调现场，而是关注时机；不再追求新鲜度，而是遵循相关性；不再鼓励实时，而是提倡适时。2016 年，Instagram 宣布其新闻订阅提要中将显示“我们认为您最关心的时刻”，同年，今日头条也提出了“你关心的才是头条”的口号；推特不再以显示最新的推文为噱头，而是着力推送“最受欢迎”或“与你相关”的推文，微博基于算法排名的热搜也取代了对正在发生的事情的关注……各大平台都在用算法时间线代替实时消息的逆时序排列，希望在按逆时序推送和根据算法排名之间找到合适的平衡。

借助排名算法，平台媒体致力于对用户使用模式和兴趣的计算和管理，试图向用户展示更多他们想要的东西，随着信息流从按时间顺序反向更新，变成完全由机器学习算法管理，实时性已经变得不那么重要。在算法的高效调度下，信息本身所蕴含的时间属性被抹去，用户“此刻”接收的信息推送很可能是“彼时”的旧闻。随着时效性价值的下降，时机性地位的提升，你会发现在今日头条的新闻排序中，发生在数月甚至数年前的新闻也会出现在算法统筹的内容池中，不同的是，内容可能已经经过了算法调配，以更个性化的话术吸引用户。这也说明由“算法逐渐统筹起网络空间中的时间秩序，不仅体现在对更新的内容进行时间重置，还体现在对既有的内容进行调度，延缓内

---

① See Scannell, P., *Television and the Meaning of* “*Live*”: *An Enquiry into the Human Situation*, Cambridge: Polity Press, 2014, p. 356.

容价值被淹没的速度”[①]。

就时间性而言，从“及时”到“择时”的技术与修辞的转变是近几年才发生的，并且与越来越复杂的个性化算法和机器学习密切相关，但其作为根本性的时间概念却并不是新的。根据欧洲媒介学者泰娜·布赫（Taina Bucher）的研究，经典的希腊概念“凯洛斯”（*kairos*）与我们所讨论的算法时间很接近。[②]在修辞学方面，凯洛斯可以追溯到柏拉图的《费德罗篇》和亚里士多德的《修辞学》，现代修辞学家詹姆斯·金纳维（James Kinneavy）将其定义为“正确的时间或适当的措施”。[③]作为定性的、相对的、特定于人类经验和行动的时间，凯洛斯倾向于打破和中断线性时间流，强调合适的时机和行事的分寸，因而通常被看作是与定量的、线性的、抽象的钟表时间对立的。布赫的研究指出，凯洛斯的概念不一定能够精确地映射到算法时间上，但算法时间带有凯洛斯逻辑。作为嵌入当前平台媒体中的离散的时间机制，算法时间强调的就是时间中恰当的时机。

恰当的时机并不是凭空发生的，它建立在机器学习系统分析用户数据的基础上。算法会根据用户的行为属性确定何时是展示特定内容的适当时机，而用户的行为属性通常包括其登录的频率、与帖子互动的时间、分享和评论，或以其他方式参与内容生产的频率、与发布故事的人的距离、常使用的设备，等等。这些行为属性被反馈到系统，并被整合到算法的相关性逻辑中，经过预测分析后为排名机制提供依

---

① 全燕、李庆：“算法传播中的内容生态重组、意义贫困与实践突围”，《传媒观察》2022年第3期。

② See Bucher, T., “The Right-Time Web: Theorizing the Kairologic of Algorithmic Media”, *Media & Society*, vol. 22, no. 9 (2019), pp. 1699–1714.

③ See Thompson, R., “Kairos Revisited: An Interview with James Kinneavy”, *Rhetoric Review*, vol. 19, no. 2 (2000), pp. 73–88.

据。在此过程中，算法不断的反馈循环形成时间的离散状态并嵌入平台媒体运作中，后者通过对相关内容进行策划和排序，而不是按照时间顺序发布更新，就能够确保在相关性框架下没有“重要的内容”被遗漏。对平台媒体而言，这个“重要的内容”不一定是指创建的新内容，而更多地是指把握时机，根据用户的偏好向其推送的恰当内容。例如，用户已经阅读过的帖子并不意味着这个帖子失去了价值，比在提要上反复显示帖子更重要的是将帖子以适当顺序重新组织成有意义的故事再择机发布，而故事的脚本由算法的可供性配置。

在算法的时间维度里，虽然时序也经常被用作判断时机是否合适，让用户接收最新的更新内容仍然重要，但不会比让人们在恰当的时机接收恰当的内容更重要。例如，一张朋友圈的照片可能与它的拍摄、上传、分享、评论和标记的时间相关联，不过对于用户的亲密朋友来说，展示照片的最佳时间不一定是照片上传的时间，而是其他亲密朋友开始评论或标记的时间。这说明算法时间并不是统一的标准时间组织，它的生产依赖于用户的随机交互。随着越来越多的平台媒体采用算法排序和策划提要来安排内容推送的恰当时机，人们会更频繁地在特定的时间“遇见”特定的内容。这会导致用户不再能够显著看到实时发生的所有要闻，而是通过今日头条的算法组织起来的个性化新闻推荐；用户和某人聊得越多，浏览他们的微博动态越多，他们在用户的信息流中的排名就越高；如果你浏览酒店或机票价格，但没有实际购买，携程会根据用户的旅行日期适时向你显示相关的广告；等等。这也充分说明算法时间的生产不仅仅是单纯的大数据计算问题，它还受到相关利益群体的影响，广告商需求、平台商业动机等决定了每个用户的算法时间。

（四）算法时间中计算主义的文化否思

算法时间如此紧密地嵌入我们的生活，部分原因在于小型化和无处不在的计算使得从机器时间到人类时间的转换变得更加容易。在大多数人的一臂距离之内就会有各种移动通信设备，它们比锁在房间里的笨重的台式电脑更私密，也更容易被访问。人们对口袋里的手机提出的问题，与在办公桌上访问系统时提出的问题相比，往往更随意，也更个性化。当算法机器触摸你的身体、倾听你的声音，或通过手机镜头观察你时，它对你的了解就会扩大。这种人与算法不断加深亲密关系的结果之一就是人类当代文化经验的转变。通过各种智能体接近甚至深入人体的算法系统正在重塑时间的节奏，为人们创造出前所未有的时间体验，也让人们的时间感倾向于以一种文化本体的方式存在于身体之外，流转于平台之中。人们会以近乎本能的方式等待手机的通知，刷新最近的消息推送，沉浸在一个人的回音室里，就仿佛计算的刺激会触发大脑中的多巴胺反馈循环一样，继而会频繁拿出手机查看、驻留，旋即进入算法时间的漩涡。人们对社交媒体的这种巴甫洛夫反应，就像Facebook的点赞引发内啡肽的小冲击一样，会迅速扩散到数百个依靠算法运行的应用程序、通知、消息、轻推、提醒和更新中，它们就像坏了的时钟不稳定的滴答声一样时刻牵动着人们的神经。

久而久之，我们会察觉到当代不再是一个统一连续的时间区域，时间被无休止地打断和并置，被分裂到每个人的空间，在那里，算法正在让各种你料想到的和不曾料想到的“现在”发生。而“现在”总是离散的，总是瞬时到达的，也总是在你按一下刷新按钮就会消失的。这种时间生产已经进入了人类认知和意图产生的模糊领域，一切时间的经验都将通过算法推送给人们，人们能做的，只是等待算法的更新。当人们以这种方式生活时，也就隐含地同意了算法机器的时间逻辑。Google 前 CEO、Alphabet 公司前执行董事长埃里克·施密特曾说过："我实际上认为大多数人并不在意 Google 怎么回答他们的问题，而是希望 Google 告诉他们下一步应该做什么。"[①] Google 将这种时间的反馈回路作为一种算法设计原则，它不仅试图预测人们现在可能需要知道的东西，而且试图把控人们未来想要的东西。当然，这个设计原则并不新鲜，因为广告商几十年来一直试图这样做，真正发生变化的，是这些反馈回路中由算法带来的个性化和精准化体验，它们改变的是用户具身意识中的主观时间尺度。

衡量主观时间的一个重要维度就是因果关系。因果关系既是一个时间框架，也是一个逻辑框架，它允许人们在时间上前进或后退，以便揭示最初的原因或预测未来的结果。因果关系的判断是人们将自己的认知向前延伸以预测未来事件的脚手架，人类依靠因果链和推论来验证决策，其中有经验主义成分，也有理性主义成分。而机器学习方法的设计却是基于大数据的相关性逻辑，它需要的是同时评估数百万或数千万维度的数据。毕竟，算法的预测需要良好的历史数据。但当人们过度依赖计算模型来产生信息和洞察力时，就会改变各种因果关系，人们会逐渐失去对为什么一件事会跟着另一件事发生的洞察力。此外，鉴于人类的因果推理与算法的计算过程有本质的不同，如果把因果关系模型强行附着在机器决策上，就有可能破坏因果时间链，带来决策的风险。IBM 人工智能的旗舰平台 Watson 刚出现在医疗领域时，其提供的智能诊断就倍受质疑，因为大数据计算的相关性逻辑与人类医生的因果推理逻辑无法通约。另一个著名的例子是

① Jenkins, H. W., "Google and the Search for the Future", *Wall Street Journal*, 2010.

Google 人脸识别算法会将深色皮肤和黑猩猩形成关联，遂将 Google 照片中的深色皮肤的人标记为大猩猩，从而导致了荒谬又危险的文化后果。

除此以外，当人们把主观时间的意图乃至整个生活世界都外包给算法机器，将日益增加的知觉和行动负荷都转移给算法机器时，就已经把认知科学家所说的执行功能的很大一部分委托了出去。人们越是依赖计算系统决定生活中的行动时间表，就越会依赖计算创造文化的逻辑，导致产生社会学家曼纽尔·卡斯特尔所说的“无时间之时间”（timeless time）的文化后果，也就是“世俗的生物节奏已经被存在的抉择时刻所取代”。[①] 而这些离散的抉择时刻都是由算法时间预先设计好的，例如管理用户的行为，引导其在复杂和碎片化的信息环境中按需移动；决定资讯聚合器和浏览框里的内容可见性，影响推荐系统中产品和服务的选择；发起对客观知识生产的承诺，书写平台媒体的“民主”神话；等等。算法在一定程度上已经达到了社会科学家们所称的“劝导技术”（persuasion technique）的巅峰，算法时间也随之成为人们生活的控制性因素。而当我们不仅依赖计算系统抉择现在，还依靠它预测未来的时候，就有可能既看不清现在，也看不见未来。

算法时间除了产生时间的“雾霾”，还会促成新的社会形态——算法社会的诞生。而依靠无数平台媒体用户的实践建构起来的算法社会，本质上不过是传统消费社会的一种可计算形态。在平台消费社会中，人们成为算法时间库构建的原素材，随着市场竞争的需要而任意地被分解或聚合。人们也难以意识到，就在他们访问各种设备和应用

---

① 曼纽尔·卡斯特尔：《网络社会的崛起》，夏铸九等译，社会科学文献出版社 2001 年版，第 548 页。

程序的瞬间，背后可能是数亿资金在参与算法时间的生产。资本的积累、生产和消费决定了你将看到什么、什么是你应该看到的，以及未来你还会看到什么。从这个角度来看，算法时间比时钟时间更专制，也再次印证英国社会学学者芭芭拉·亚当（Barbara Adam）的担忧——“当人类行动的时间框架被压缩为零且影响深远时，当瞬时和永恒在所有时间的不和谐融合中结合时，人是最脆弱的环节”[①]。若将此看作是算法时间的文化预言，即在表明算法时间“加速的瞬时”和“离散的永恒”之特性会迫使更多的人尝试向亚当所称的“所有时间的不和谐融合”妥协，并很快习惯于生活在一个破碎的当下，对自己是谁的理解都将需要通过算法时间生产的知识背景浮现出来。最终，平台资本主义将成为组织经济与生活的唯一模式，批判性思维与观察方式，抑或是其他时间的经验，都将成为不可思议的事。

大约在4世纪，希波主教奥古斯丁在《忏悔录》中写下著名的格言：“时间究竟是什么？没有人问我，我倒清楚，有人问我，我想说明，就茫然不解了。”[②]十几个世纪过去，时间并没有变得更加容易理解。随着人工智能社会的到来，算法时间通过平台渗透到日常生活中，再次成为挑战人类认知体验的最新技术-社会时间形式。当人们不可避免地以二进制代码的形式存在于各大平台中，应该如何摆脱算法时间的凝视？摆在我们面前的选择不是依靠一些不切实际的努力来停止计算改变社会的格局，而是需要想方设法成为这种转变的参与性利益相关者。我们需要让算法时间的风险和细节更加明显，这项工作的一项重要内容即是增加算法透明度。已经有研究人员将Google搜索中涉及的时间基础设施暴露了出来，揭露其用能源消耗和物理基础

---

① 芭芭拉·亚当：《时间与社会理论》，金梦兰译，北京师范大学出版社2009年版，第351页。

② 奥古斯丁：《忏悔录》，周士良译，商务印书馆1997年版，第242页。

设施的统计数据来修饰浏览器栏的即时性。[①]不过仅仅反思算法可见性是远远不够的，人们还需要开发新的方法，让创造当代的算法走向民主化。在未来，社会科学和人文学科的声音应与计算机科学家和信息技术专家进行有意义的对话，参与式设计、批判性制作和算法伦理研究的尝试都是迈向未来的积极步骤。

一直以来，从早期拨号调制解调器的静态负载的嘀嘀声，到 Google 决定在其所有搜索结果中包含响应时间的测量，人们一直在构建一个当代性的计算模型。今天，我们正处于一个计算知识生产的蓬勃发展阶段，知识在有着自己时间性的平台环境中产生和传播。与此同时，我们也处于时间建构知识的性质变化过程的开端，算法时间表每时每刻都在为我们安排当下的行动，我们思考未来的时间更少，并依从算法时间的安排将工具化的知识应用于此时此地。然而，技术建构时间的观念根本上还是取决于我们赋予技术何种意义，针对算法时间的差异性、多样性空间以及抵抗场所仍然存在。事实上也正如雷蒙德·威廉斯所说，商品化、工业化和标准化等社会经济过程永远不会耗尽人类的所有经验，并且总是存在可以创造差异和颠覆的空间。[②]作为始于 19 世纪的量化技术谱系的一部分，算法不会是最后一个技术创新，算法时间影响未来世界的过程轨迹也尚不清晰，但我们仍可定位问题并确定在哪里寻找解决方案。如果我们将问题定位在平台资本主义与计算主义文化之间的关系上，那么解决方案也必须是政治性的。换句话说，打破二者之间的联系需要一场政治革命，让市场和算法技术为文化和社会服务，而不是相反。

---

① Moll, J., “Web-Based Visualization”. Available at: www. janavirgin. com/CO2/CO2GLE_about. html.

② See Williams, R., *Politics and Letters*, London: Interviews with New Left Review, 1979, p. 252.

第八章

算法机制下消费文化与消费社会

第一节　算法拜物教与算法消费文化

创新技术（大数据、算法、人工智能）对维持市场经济至关重要，但它也可能阻碍人类实现长久以来所预测的未来。在这种悖论中，消费者会对未来感到困惑，因为未来似乎越来越需要依靠技术来维持人类的生存。在现代性后期的这一重要关头，任何研究都无法回避社会文化想象与技术政治经济学之间的纠缠。因此，在这一章中，我们对新的社会技术环境的现状和政治实践以及算法与消费社会的关系展开讨论，这样的讨论将有助于分析算法与消费之间的联系。基于对当前消费文化和消费社会中的一些观察，我们将算法作为消费市场中的非人类行为体进行了详细的考察，这些非人类行为体还包括平台、物联网、AI、大数据以及所有其他形式和功能的非人物组合。

当下消费者的生活体验已经被算法所“隔离”（isolation），这些算法本质上会导致个人对隐私、安全性的迟钝，对便利性、生产率、准确性的迷恋。在讨论算法拜物教的过程中，隔离的概念是至关重要的。在控制过程中，结构化的动机和做法重新配置了社会政治关系、个人经验、时间和空间。社会学家安东尼·吉登斯（Anthony

Giddens）的结构化理论告诉人们，结构使大众得以解放，但同时也控制和压迫大众。[①]纯粹自然和高度个人化的生活领域成为制造隔离的最佳场所。现代性以来的消费一直停留在人类一切实践活动中最自然、最真实、最个人化的领域，而社交媒体是将个人隔离在深度连接网格中的绝佳平台。由于消费体验的隔离，消费的时间、地点、金额、频率，甚至快感的程度都变得无比精确。消费文化中的这些新特征形成了新的市场价值观和系统优先级，刺激了算法拜物教的诞生。

算法社会是一个预先安排行为和话语的环境，这些行为和话语使隔离——拜物教的循环永久化。因为算法，社会的可预见性门槛大大降低，这一影响已经抵达人类个体。我们的身体被隔离了，因为我们把发展、维护和控制身体的权力和能力委托给了算法，让它们给我们的身体和头脑制造需求和行动。如果没有计步腕带，我们会发现自己不再活跃；如果没有计算加持，我们的工作效率也会降低。我们不再需要面对我们自己的肉体和大脑的限制，因为它们被算法从我们身上取走，并以身体技术的形式返回。对于法国人类学家马赛尔·毛斯来说，身体技术是一种严格的、几乎统一的生活方式和社会文化实践，体现了特定文化的原则和表面要素。[②]算法使用的身体技术是集体“精心设计”的，它不可避免地导致文化的塑造、维持和重塑仪式。算法技术的身体仪式在当前的消费文化中根深蒂固，从Apple手表上的呼吸功能，到保健品公司根据消费者的少量血液标本，通过算法调制成的个性化复合维生素片等，不一而足。当身体被隔离时，其周围的政治景观也随之瓦解。

① 参见安东尼·吉登斯：《社会的构成：结构化理论纲要》，李康、李猛译，中国人民大学出版社2016年版，第2—5页。

② 参见马赛尔·毛斯：《社会学与人类学》，佘碧平译，上海译文出版社2003年版。

传统生物政治的运作方式是用规范、道德和法律对人口进行控制，并对全体人口采取强制性措施。生物政治还通过接种疫苗、节育、公共卫生教育和不孕不育治疗使“管治身体”成为纯粹的公共和政治议程。而算法通过提供精确的数字和统计数据，在新生物政治学的制造和运作中起着关键作用。不过，对身体的量化并不是算法对生物政治学的唯一贡献。算法的社会政治实践鼓励人们在自己的自由意志下采用新的身体技术——但只能在系统的计算边界内。算法充满了变革的力量，在社会的各个领域扩展和加强计算的触角，狂热地歌颂着通过科技实现的启蒙和进步。在一项关于算法消费文化的研究中，研究者讨论了大数据的独特历史、本质特征和潜在危险，认为消费文化领域需要重新描绘算法的图景，它不再是一种工具，而是一种策略、一种社会互动和关系的表现形式，或者是一个庞大的机器整体。[①] 算法所包含的内容远远超出了我们所能解读的，就像消费一样。

人们消费以物质对象和无形服务形式存在的符号，因为这些符号在消费和随后的解释中具有个性化的意义，消费文化就是消费者与各种文化进行协商的产物。在这个过程中，消费者已经发展了一种能力，能够在文化环境中进行导航，在这种文化环境中，营销者不断地吸收消费者的生活经验和生活世界中的价值观。算法所做的就是让符号和标志互换，并通过意义来（重新）创造和实践特殊的身份，这让很多消费者对自己的价值和身份产生了混淆。算法使用统计和数学模型产生符号，在许多产品和服务中广泛使用，也就是说，品牌和产品必须成为有一个算法认证的图标，才能在市场上取得成功。唯一可销售和可持续的关系是基于产品及其品牌所象征的东西之间的符号基

① See Deighton, J., “Big Data”, *Consumption, Markets and Culture*, vol. 22, no. 1 (2019), pp. 68–73.

础。消费者与符号之间的关系往往是由算法制造的，社会关系不再只是人类的属性，而是算法的属性。此外，品牌曾经是在市场上的社会文化关系中发展和历练出来的，而现在则是算法消费中消费者体验的评分、搜索、推文、弹窗、评论的产物。

算法的一致性取向只支持新的消费者主体，这些消费者主体与算法的所有美学、伦理和意识形态主张相兼容。从本质上说，新的算法结构不够复杂，不足以鼓励消费者从市场化的文本、物品、思想和生活方式中重新解释、修改、语境化或创造文化意义，但算法总是对结果进行重新选择和重新设计，以重新获得控制，并保持适应性。算法以透明和公平的名义向消费者透露了大量信息，但它们也掩盖了一个事实，那就是还有更多的信息可能被隐藏。在市场中，身份总是在被分配和被主张之间摇摆不定，但现在算法让我们选择音乐、电影、新闻品牌、度假目的地、交友，等等。消费的选择总是与身份的选择交织在一起，但当市场中的权力关系状态发生变化时，选择就变得矛盾了。一个被分配的身份，并没有给消费者留下任何通过消费来“点缀”自已身份的空间。在算法带来的市场转型中，这两种身份之间的平衡消失了。技术同质化是算法消费文化的底层逻辑，身份的多重性作为一个系统性的“小故障”，随时会被算法通过位置服务、趋势化以及各种订阅进行持续的文化“调试”。算法是一个元系统，只需要一个密码就可以激活，同时，它也是一个同化的社会技术储藏库。它是一种我们永远也学不会说的语言，但人们已经逐渐习惯了这种语言的无声传播，不管是否意识到它，或者说是否有意识地与其沟通。

曾经的麦当劳化是一种消费文化，被研究者认为是消费的包罗万象，是市场体系中理性的真正体现，它实际上改变了市场行为者的表演平台。[①]麦当劳化最初的维度包括效率、可计算性、可预测性和可控制，主要是组织内和组织间的目标和指示，以及组织和消费者之间的界面被持续监控和控制。但控制从未像现在这样，仅仅通过屏幕和个人助手就到达我们的大脑皮层。麦当劳化与当前的消费主义状态非常相关，这种消费转向我们可以定义为“算法消费文化”（algorithmic consumer culture）。在这种文化中，传统的消费市场动态中的二元结构（即可见的和看不见的、人类的和非人类的、短暂的和永久的、私人的和公共的、简单的和复杂的、参与的和冷漠的、默许的和抵制的）相互结合、相互交织、相互混合，并最终整合成一个系统，并形成循环永久化，这显然有利于逻辑化和控制。

对于消费者来说，保持对“自我”的清醒已经成为难以实现的目标，因为“自我”和“数字自我”变得难以分辨。在算法消费文化的转向中，“自我”已经被算法定义。出于这个原因，我们所有的消费者都在不断地接受机器训练。没有抖音账号，没有在小红书“打卡”，没有“淘宝”经验……这些都可以将消费者归类为不及格的数字生存者。尽管如此，算法机器仍在不停地通过各种平台和应用程序招募和培养更多的消费者使之习惯于沉浸在评论、在线口碑、在线广告里。算法消费文化中的主导意识形态就是从众，当规范促进同质化作为规范时，规范则是一种社会技术实践，它认可规范的可塑性。而具有消费化特性的算法文化就是一种机器引导的、本质上是人们自我管理和自我强化的常态化过程。在算法消费文化中，主客关系被机器代理建构。人们被淹没在信息中，而这些信息被装饰为个体自主性的永恒源泉。

消费电子人每天都在诞生，因为我们从未停止将技术、媒体和商

① See Ritzer, G., *The McDonaldization of Society*, Thousand Oaks: Pine Forge Press, 1993.

业化的信息与我们的头脑融合在一起。在算法消费文化的实践中，消费者在不经意间变成了一台现实机器，以不同程度的反身性（reflementity）重新书写和重新塑造他们面对的现实。一个简单的Google搜索会带来蝴蝶效应，会无限期地对这个人或其他人持续影响下去。可以说，这是一个后辩证法时代，辩证唯物主义被算法唯物主义所取代，而算法唯物主义使机器隐喻和黑箱隐喻永久化。市场上的消费者被设定为有无穷多的机会追求个体的自主性，而这正是算法文化的策略。当消费者执行算法允许他们扮演的角色时，他们将生活中的每一刻都当作现实。消费者也有自己的现实管理模式，这种"管理"不仅是消费者、算法、意识形态和文化取向的总和，它们只不过支配着个体消费者和营销者的现实生产。因此，需要对算法消费文化进行批判性诊断，以辨清算法社会中不断增长和无处不在的平台资本主义趋势。

第二节　算法评分机制与"平台文化资本"

随着网络泛在化和智能终端化成为常态，新兴平台应用的崛起正在培育人们新的消费模式和生活方式。人们逐渐习惯于按照手机上的应用程序安排自己的日常生活，例如会根据大众点评的信用评级和打分来衡量餐厅品质；通过淘宝、京东等购物软件提供的用户评价来规避买卖风险；依靠携程、美团的排名推荐来决定酒店、观影的选择……在此过程中，借助平台、算法、协议等构建起来的，由消费者、商家共同参与的，以网络意见为主要形态的评分机制和取舍标准，逐渐成为一种新兴资本，并借助平台应用的普及不断拓展影响力。在平台资本主义运作模式中，值得关注的一种操作就是在平台消费空间培植这种新兴资本，建立某种秩序，获得话语权力，从而引导消费。这种新兴资本在悄然改变传统商业信用评价方式的同时，也使消费社会再结构化成为可能。

要理解消费社会再结构化的过程，就需要破解平台机制如何借助新兴资本的力量，颠覆既有消费制度的安排。因此，深度解读这种新兴资本形态将是本文的研究起点。依靠评分机制建立起来的是一种什么性质的资本？它如何形成于平台之中？如何获得合法性地位？如何成为消费社会再结构化的重要推手？回答这些问题首先需要回到对资本的探究上。经典的资本研究出自马克思的经济理论，他在《1844 年经济学哲学手稿》中将资本的剥削形式和手段定义为一种特定的异化形式。随着技术变革引起生产和生活的巨大改变，资本的概念在复杂社会形态中有了进一步发展。当代马克思主义者大卫・哈维（David Harvey）就敏锐发现，“理论上我们对资本有一个很好的解释，但实际上我们要回答的是，把理论张力深入到对现代社会的表面现象的解释中，在正在展开的当代资本主义社会中探明异化的形式”[①]。作为法国“后马克思主义”[②]（post-Marxist）的实践者，社会学家皮埃尔・布尔迪厄在 20 世纪 70 年代末提出了文化资本理论，对被政治经济学忽视的文化实践的资本化问题进行了开创性研究，这对于洞察当前平台社会的再生产实质具有重大启示意义。当人们在平台上源源不断贡献口碑意见，形成一种数字劳动实践，即构架起了规模庞大的文化再生产机制。而资本产生的过程就是再生产过程本身，我们需要将资本分析引入文化生产的场域，以文化批判的视角审视新兴资本形态——

① 大卫・哈维：“当代资本主义社会的普遍异化”，《学习与探索》2018 年第 8 期。

② See Guillory, J., *Cultural Capital: The Problem of Literary Canon Formation*, Chicago: The University of Chicago Press, 1993, p. 19.

“平台文化资本”（cultural capital in platform）的形成和认同过程，及其实现价值增值的路径。在此基础上剖析消费社会再结构化的原因和表现，这将有助于揭示平台社会发展繁盛背后的真相，从而开启平台资本主义研究的一个重要面向。

文化资本作为社会学中应用最广泛的概念之一，最早来源于布尔迪厄写于 1979 年的 *La Distinction: Critique sociale du jugement*（国内译为《区分：判断力的社会批判》）一书。该书在分析社会群体如何借助文化知识、惯习和品味所带来的优势而获得社会地位的过程中，使用了文化资本这一关键性概念。[①] 布尔迪厄发现，经济资本是以劳动积累的物质财富为形式的资本，这种劳动在产权中被制度化，并为资本所有者带来货币回报；相应地，文化资本是体现个人性格和能力的资本，这些性格和能力赋予了文化的某种客观形式以资本的特权，并在文化标准中制度化，文化资本包括学术标准、评价、教育资格等，也能为其持有者提供回报。[②] 在他看来，对文化资本的制度性控制，以及文化资本的社会化过程，对统治阶级维持其地位至关重要，对整个社会的再生产也至关重要。可见，相对于经济资本、社会资本，文化资本多了一层文化批判的色彩，它能够帮助社会科学家和人文学者们揭露潜在的、制度化形式的文化统治，以及不平等的代际持续性等状况。

不过在新媒体激增、文化形态丰富的全球化和信息社会中，布尔迪厄基于 1963 年至 1973 年收集的法国数据所剖析的文化资本状况显然已与今时大为不同，如果文化资本继续以不变的形式存在，将会影

① 参见皮埃尔·布尔迪厄：《区分：判断力的社会批判》，刘晖译，商务印书馆 2015 年版。

② 参见皮埃尔·布尔迪厄：《文化资本与社会炼金术》，包亚明译，上海人民出版社 1997 年版，第 192 页。

响这一概念的有效性。因此，一部分研究者开始讨论文化资本概念的绝对性和相对性问题，并主张将对文化资本的分析与布尔迪厄广义的文化理论进行分离。2000年左右，在欧洲大陆兴起的消费文化研究中就涌现出了后布尔迪厄（post-Bourdieu）潮流。帕斯基耶尔（Pasquier）等人认为，巴黎文化精英的年轻后裔在美术和古典音乐方面的造诣不一定是他们的财富，在劳动力市场上，他们的技能可能远不如那些把业余时间花在电脑游戏上的同龄人。[①] 作为世代交替的影响，流行文化本身即是文化资本的一种形式。[②] 北美的研究者也认为，文化资本今天仍然可以被识别，但这个模型已经偏离了布尔迪厄的最初描述。斯威德勒（Swidler）将文化资本描述为惯习、技能和风格，这些决定了一个人如何感知和与世界联系，由此引出了一种更丰富的文化资本认知，即将文化资本视为我们认识世界的框架，而不是阶级地位的标志。[③] 埃里克森（Erickson）在调查后得出结论，与布尔迪厄最初分析的法国背景相比，美国的文化边界往往更加模糊和不稳定，例如高雅文化就对以利润为导向的商业文化盛行的商业机构影响较小。[④] 在中国，研究者注意到文化资本存在于支持人类活动的社会网络和关系中，因此对文化资本概念的使用也更加宽泛。例如鞠春彦等将文化资本用于网络社群研究，认为核心粉丝能够获得符合社群运行逻辑的文化资本。[⑤] 周葆华将新媒体采纳作为社会空间内的文化资本，研究了

① See Pasquier, D., *Cultures lycéennes: La tyrannie de la majorité*, Paris: Editions Autrement, 2005, pp. 22–25.

② See Prieur, A. & Savage, M., “Updating Cultural Capital Theory: A Discussion Based on Studies in Denmark and in Britain”, *Poetics*, no. 39 (2011), pp. 566–580.

③ See Swidler, A., “Culture in Action: Symbols and Strategies”, *American Sociological Review*, no. 51 (1986), pp. 273–286.

④ See Erickson, B. H., “Culture, Class, and Connections”, *American Journal of Sociology*, vol. 102, no. 1 (1996), pp. 217–251.

⑤ 参见鞠春彦、杨轩：“核心粉丝是如何炼成的：基于文化资本视角下的粉丝社群研究”，《中国青年研究》2019第7期。

其对主观阶层认同的影响。[①]

不难发现，中西方研究者都在尝试将文化资本的概念从布尔迪厄时代的精英文化中解放出来，将其放置于更广泛的社会背景下，从而涌现出了一批新兴文化资本研究。在这些研究中，文化资本已经被重新定义，其意义也在改变。而布尔迪厄本人在研究社会空间的变化时也曾表示，资本总是与一个始终在变化的场域相联系。[②]这说明他本人也将资本的创新置于社会再生产的框架中。继信息社会、网络社会、新媒体社会之后，平台成为令人瞩目的社会实践场域。根据布尔迪厄的说法，场域是围绕特定形式的资本或资本组合进行组织的，有着自己的管理原则、游戏规则和实践逻辑，这些规则受制于寻求控制该场域的资本和不同利益集团之间的权力斗争。平台作为新兴的社会实践场域，同样需要培植资本，并接受资本扶持。而带动平台资本主义发展的，除了经济资本的直接干预之外，还有形成于平台，同时也在影响平台的一种新兴文化资本形态，我们称之为“平台文化资本”。

当前，平台可供性使移动界面构筑起一种虚拟的节点传播生态，用户的消费行为都在平台界面中展开。各大平台企业、商业互联网公司为吸引用户加入平台消费行列而采用各种手段，其中一个引人注目的策略就是利用网络民主制度，塑造出一个大众认可的信用标尺——评分。作为平台内容的有机组成部分，各种网络应用所开发的评价机制、排行榜等建立在网民认同心理基础上，形成于海量用户的参与中。其依托用户反馈、评论等形式被平台标签化为分数或星级，作为衡量商家影响力的重要指标，被置于浏览页面的显著位置供用户参

① 参见周葆华：“新媒体使用与主观阶层认同：理论阐释与实证检验”，《新闻大学》2010 年第 2 期。

② See Bourdieu, P. & Passeron, J.-C., *Reproduction in Education, Society and Culture*, London: SAGE publicatins Inc., 1996, p. 56.

考。评分机制虽非权威官方机构授予，不能像布尔迪厄设想的能带来某种崇高地位，但其依赖网民匿名打分而形成的口碑效应却显示出巨大的商业价值。得分高低就是一种品质评价，是对商家服务品质、环境品质、货品品质等的鉴定，这些由网民的数字劳动积累起来的口碑意见形式，直接影响用户在消费选择过程中对平台商户的认知，继而影响其消费行为。贯穿这一口碑意见传播始终的算法排名、算法推荐等，又为评分机制赋予技术理性的权威，这使得平台多方参与者（网民、平台运营商、商家、MCN 机构等）形成默契，高度重视算法可见性制度，最终将评分机制做成了一套制度化的规则体系，成为平台商业信誉构成的重要一环，并作为一种独特的平台文化资本，成为推动平台社会再生产的重要力量。

可见，生产远不只是存在于创造经济资本的过程中，它也会出现在文化资本的积累中。但与直接创造经济资本的理性的、集中的、壮观的、喧嚣的工业再生产不同，平台再生产犹如法国文化理论家米歇尔·德·塞托（Michel de Certeau）眼中的“文化扩张”一样，“它是有计谋的、四处分散的，但是它渗入到任何地方，悄悄的、几乎是不为人所察觉地渗入进来”。[①] 而文化资本就在这持续不断的、潜移默化的平台再生产中产生，这也让我们无法忽略平台文化资本作为分析当代资本主义剥削机制的显要价值。以评分机制为重要形态的平台文化资本可以看作是网络空间的“社会炼金术”，它蕴含了复杂社会关系和知识结构，并以实现用户数字劳动的商业增值为运作法则。这些被“价值化”的评分机制正渗透于平台生活的各个角落，它将数字技术所形成的平台实践活动转化为可供强制执行的量化规范，以参与式民

① 米歇尔·德·赛托等:《日常生活实践 1：实践的艺术》，方琳琳、黄春柳译，南京大学出版社 2015 年版，第 33 页。

主的姿态来获取合法性地位，为后续转换为经济资本提供了条件。此外，平台文化资本的形成也与当前平台企业之间日益竞争激烈有关。各平台纷纷依托大量数字产销者在评分机制中的数字文化实践来实现资本增值。在此过程中，平台通过强化文化资本的培植，使用户产生平台依赖，反过来也加固了平台文化资本的认同。

从平台文化资本的形成到认同，需要有一个生态环境为其提供稳定积累的基础，这个生态环境就是移动界面。“界面”最初作为工程技术领域的名词，主要是用来描述不同设备、零部件之间的接口。在计算机科学研究领域，界面被认为是两种或多种信息源的交汇之处，每一种背后连接着相应的技术系统，人通过界面进而操作这一技术系统。① 在通信技术科学领域，界面的基本构成可以定义为物理媒介、通信编码和信息与使用者感觉频道的相互作用。② 而从传播学角度来分析，界面可以被视作一种“信息传播者和信息接受者之间关系赖以建立和维系的接触面”③。在媒体理论学者列夫·马诺维奇眼里，交互界面就塑造了计算机用户对于计算机本身的想象，也决定了用户对于通过计算机获取的媒体对象的看法。④ 这也提示我们，不能把“界面”简单理解成一种传递文本或是视觉文化的“中介”，而是一种“关系”，它创造并联结了无穷无尽的虚拟场景，是用户在网络平台上获取关系需求、内容需求以及服务需求等的基本入口，也是打造用户线上消费场景以及培植用户消费习惯的拟主体。因此我们进一步提出“界面生态”（interface ecology）的

---

① 参见迈克尔·海姆：《从界面到网络空间：虚拟实在的形而上学》，金吾伦、刘钢译，上海科技教育出版社 2000 年版，第 115 页。

② See Blooca, F. & Levy, M. R., *Communication in the Age of Virtual Reality*, New York: Routledge, 1995, pp. 3-14.

③ 参见张佰明：“以界面传播理念重新界定传受关系”，《国际新闻界》2009 年第 10 期。

④ 参见列夫·马诺维奇：《新媒体的语言》，车琳译，贵州人民出版社 2020 版，第 64 页。

概念，指的即是界面形成的一整套携带了操作系统、应用程序等的巨型关系系统。

界面生态由无数用户界面操作行为构成，它正在形塑一种人类全新的认知模式，也可以说，人类正在经历一种认知模式的转型，即从一种“深度注意力”（deep attention）模式转移到一种“过度注意力”（hyper attention）模式。[①] 而过度注意力模式的到来无形中放大了用户的有限理性，也造就了平台上众多的“懒”用户。这里说的“懒”，是指用户受过度注意力的影响，在面临海量信息时为了躲避“海选”造成的高时间成本，而更倾向于选择参考过去熟悉的选择，进而形成了一种“消费路径依赖”。“路径依赖”的概念最早由保罗·大卫（Paul A. David）在 1985 年提出，[②] 美国经济学家布莱恩·阿瑟（W. Brian Arthur) 在此基础上进一步发展，提出技术演进中的路径依赖的系统思想。[③] 道格拉斯·诺思（Douglass C. North）借鉴大卫和阿瑟的思想将路径依赖理论引入制度分析框架中，形成了制度变迁的路径依赖理论。[④] 诺思指出，路径依赖的形成不仅仅是历史偶然事件或小事件引起的，而更多地是由行动者的有限理性以及制度转换的较高成本所引起的。我们提出的消费路径依赖，指的就是用户因消费场景、消费模式、消费内容、消费结构等的系统性平台转向，所形成的依靠平台进行消费活动的状况。

在了解到界面生态以及消费路径依赖的基本含义之后，我们可以从更深层次的研究范式的转变入手，以实践论的视角来分析界面生

---

① 参见祁林：“界面革命”，《文化研究》2015 年第 2 期。

② See David, P. A., “Clio and The Economics of QWERTY”, *American Economic Review*, vol. 75, no. 2 (1985), pp. 332–337.

③ See Arthur, W. B., “Competing Technologies, Increasing Returns and Lock-in by Historical Events”, *The Economic Journal*, vol. 99, no. 3 (1989), pp. 116–131.

④ 参见时晓虹等：“‘路径依赖’理论新解”，《经济学家》2014 年第 6 期。

态、消费路径依赖与平台文化资本认同之间的关系命题。随着平台生活与现实世界交织嵌套的程度不断加深，以平台为代表的技术本身不再只是作为一种媒介，而是与人形成了一种新型关系。根据英国学者尼克·库尔德利倡导的媒介研究的实践范式转向，[①] 我们需要跳出主客二元对立来看待人与平台的关系，在实践理论范式下以平台可供性的关系属性为入口，重新思考平台是如何开展与不同用户、不同环境之间的互动。荷兰学者何塞·范·迪克等人在《平台社会》中从"微观——个体平台、中观——平台生态、宏观——平台社会"三个层面分析了平台是如何影响社会结构的，[②] 这恰可以为本部分所探究的问题提供一个恰当的分析框架。我们不妨从"微观层面的用户消费路径依赖的形成"与"中观层面的平台界面生态完善"入手，并以实践的理论路径思考这二者是如何协同促进了"宏观层面的平台文化资本的认同"。

（一）微观层面：用户消费路径依赖的形成

从平台资本积累的视角来分析用户消费路径依赖现象，可以理解为平台采取某种方式培养用户消费习惯，并为用户打造特定消费场景，使用户对平台产生依赖，在"习惯"的奴役下进行"惯性消费"，从而挖掘其长期价值。用户消费路径依赖的形成首先是基于平台"超链接"的场景适配性。平台不仅是一种商业模式，更是一种关系创造，它依托软件打造不同场景的"超链接"，以此打通现实生活世界与虚拟空间生活场景的区隔，从而创造无边界的连接。而基于实践理

① See Couldry, N., "Theorising Media as Practice", *Social Semiotics*, vol. 14, no. 2 (2004), pp. 115-132.

② See van Dijck, J., Poell, T. & de Waal, M., *The Platform Society: Public Values in a Connective World*, Oxford: Oxford University Press, 2008, p. 8.

论范式，当一项媒介技术付诸实践时，用户的媒介使用决定着其实际可供性张力的大小。技术物与人的关系并非静态，技术可供性就产生于技术物与人动态关系的创造中。因此，在移动界面生态所提供的各种场景下，平台所有者尤其重视平台与用户的互动，并不断从中挖掘用户的潜在需求。换言之，平台所有者能够深刻洞悉用户依托界面开展互动的行为特征，也就能够及时根据用户的互动需求为其提供更具适配性的场景。

适配意味着不仅仅要理解特定场景中的用户，还要能够迅速地找到并推送与他们需求相适应的内容或服务。[①] 例如小红书里所推出的各类穿搭模板、考拉海购里推荐的各种全球直采用品等，经常在不知不觉中就给用户“种草”，它们通过深入开展外链结盟，诱导用户进入场景进行消费。抖音、快手等早已实现与淘宝联盟，小红书、订单来了、有赞也实现系统互通……一系列外链结盟助力平台获取用户产生的更多数据，“一键跳转”为用户打造“超链接式”的消费场景。当前火爆的“直播带货”通过直播页面功能的迭代优化在线购物场景，以主播在镜头前的“实时表演”为消费者展示产品的质感，弥补以往线上购物的缺陷，很大程度上提升了场景适配服务。因此，无论是平台的外链结盟，还是依托各平台所开展的直播带货服务，全新消费场景的更新迭代都在加深用户的消费路径依赖。

（二）中观层面：平台界面生态的完善

在实践理论范式下，用户消费路径依赖也在推进界面生态的完善。从用户角度而言，用户借助界面接收源源不断的商品信息，在界面所打造的丰盛消费场景中产生依赖心理，开启主动向“场景”索要

---

① 参见彭兰：“场景：移动时代媒体的新要素”，《新闻记者》2015 年第 3 期。

生活内容的行动模式；从平台供给角度来看，技术自身也有自主性行动，平台及其算法应用均可以作为行动者与用户产生连接。由于用户依托界面搜索信息、消费以及享受服务等各项需求的产生，并不是在平台方按照最原始的技术设定下完成的，而是在用户使用界面的过程中与平台互动，以及人机相互影响的过程中产生的。因此，从实践理论范式思考移动界面生态是如何被打造的问题，就不能仅孤立地思考使用户产生消费路径依赖的基本要素，而是可以从技术可供性的视角重思用户的媒介使用与界面生态的自我完善之间的关系。

美国研究者斯考伯和伊斯雷尔从“场景时代”的视角出发探究了被新的信息和媒介技术深度嵌入的社会，认为平台算法、协议和移动界面等一同构建出当下社会可感知的社会交往条件。[①] 在这种人与平台的互构模式下，一方面，平台、界面等媒介技术元素与用户的即时互动造就了一个个移动场景，为用户向“场景”索要生活内容提供基础设施；另一方面，平台能够将诸多利益相关方（包括普通用户、KOL、MCN 机构、广告商等）聚焦在一起，这些利益相关方会通过界面与平台形成多样关系，同时向平台提供内容供给。而平台、界面的可供性也能够根据不同用户的需求及时调整应用供给，这种由互动产生的技术与人的依存关系，正是平台文化资本形成的生态基础。用户在别无选择，抑或是不愿重新选择的情况下成为平台生态日臻完善的助力者，同时也是平台文化资本积累的推动者，继而在不知不觉中接受平台的统治与规训。

（三）宏观层面：平台文化资本的认同

在平台时代，对很多用户而言，点击屏幕已然成为与喝水、吃饭

---

① 参见罗伯特·斯考伯、谢尔·伊斯雷尔:《即将到来的场景时代》，赵乾坤、周宝曜译，北京联合出版公司 2014 年版，第 14—16 页。

等同的刚性需求，而这些没有边界、相互关联、为用户量身定制的界面也正等着用户去触碰、去连接、去激活。界面是庞大数据的可视化呈现，是算法逻辑下的数据运算的结果，算法为界面构成提供源源不断的素材，在解密用户数据后为其提供更多信息，打造更多新奇消费场景，以此强化用户的界面依赖。当人们打算外出就餐，但尚未产生明确的就餐需求之时，可能会使用美团、大众点评等软件进行搜索，或是依托以“无需安装、触手可及、用完即走、无需卸载”著称的微信小程序了解周围商铺的情况。在此过程中，用户通过各种评分和排行榜选择进入商家所打造的全新消费场景，并在平台提供的激励措施下，为平台继续贡献口碑意见。当用户对某一商品的评价与分享得到回应之后，会愈加笃定地站在界面之外的现实世界中继续行使反馈以及评价的权力。无数用户的评价正是平台所需要的数据，众多数据汇总进一步影响商品或服务的排序机制，为用户开启一个没有边界的消费世界。

除了线上购物以外，线上医疗、线上教育、在线服务产业、文化产业“线上自救”等在新冠疫情背景下迅速崛起，无数用户与平台的互动以及相互影响打造了一个日渐完善的“界面生态”体系，这一体系正在逐步将数字技术所形成的社会活动转化为可量化的规范。平台通过场景适配培养用户黏性，并结合用户消费习惯使其逐步产生消费路径依赖，而用户的消费路径依赖反过来又推进了平台上海量数据的生产，这些数据加重了数字技术作为一种文化知识的比重，也在不断强化平台文化资本的认同。当平台深刻融入人的日常生活结构中直至成为生活本身的时候，当这种受控于平台文化资本的生活已经无法逆转或者无法从中抽离的时候，才是我们需要警醒的时刻。

第三节 平台算法下消费社会的再结构化

新兴资本运作下平台资本主义的崛起必然带动社会变迁，这其中消费社会的再结构化成为一个突出问题。美国社会学家丹尼尔·贝尔在构想后工业社会理论体系的时候，也谈到了社会结构的变化问题。他认为，相较于工业社会，“后工业社会是围绕着知识组织起来的，其目的在于进行社会管理和指导革新与变革；这反过来又产生新的社会关系和新的结构”。[①] 贝尔进一步指出，后工业社会出现的问题，与以知识技术为核心的中轴结构所带来新的技术阶级密切相关。贝尔的这一判断放置当下依然具有价值，影响全球的巨型平台科技企业无疑是当代新技术阶级的代表，它们具备的强大科技创新势能在不断刷新人们对未来社会的想象，同时也进一步彰显了科技力量对社会再结构化的影响。可以说，平台科技企业在很大程度上已经塑造了整个互联网生态系统的核心基础设施、主导性经济模式和文化形态，此外，它们也在指导专业团体、社会机构、商业组织和全球数十亿用户如何互动。平台商业巨头们精心打造昼夜不停的在线消费盛况，都是围绕着平台文化资本的生产和分配的逻辑展开，以评分机制为代表的平台文化资本，在大数据和算法的助推下，对传统消费社会结构产生巨大冲击。

（一）平台数据重组消费社会秩序

用户对平台产生消费路径依赖，为平台生态发展提供动力的同时，也导致用户认知以及行动的世界呈现出越来越广泛的数据化趋

① 丹尼尔·贝尔：《后工业社会的来临：对社会预测的一项探索》，高铦等译，新华出版社 1997 年版，第 21 页。

势。平台文化资本的积累离不开算法技术加持，而推荐算法、价格算法、评价算法、排名算法、概率算法、流量算法等通过为消费者提供个性化定价、个性化排名、个性化推荐等服务，收集用户消费偏好，为用户制造需求，也都得益于平台拥有足够多的用户数据，这些都是消费社会再结构化的前提基础。作为坚定的技术批评论者，斯蒂芬·巴利（Stephen R. Barley）在《技术作为结构性的诱因：观察 CT 扫描仪与放射科社会秩序获取的证据》一文当中通过实例研究的方式探究了 CT 扫描仪如何改变基于 X 光检查经验所形成的阶层结构，并认为 CT 扫描仪作为新型技术的代表会对传统秩序产生颠覆式影响。[①]这一研究对我们理解平台数据如何形塑新的消费社会秩序具有启示意义。传统消费社会构成依靠的是市场秩序，商品消费是社会生活和生产的动力，而在大数据的加持下，平台消费社会构成依靠的是数据秩序，市场已经成为可供性的场景化存在，流量变现的动力取代了直接的商品消费欲望，继而驱动平台生产与生活。

我们看到，平台数据创造了庞大的虚拟媒介社会空间，不仅制造了消费社会的“丰盛”表象，同时也创造了一种文化奇观：我们出行需要看各类平台软件的天气预报，我们看一场电影需要参考豆瓣评分、淘票票评分，甚至是购房、装修等也需要在各大卖房平台提前进行线上评分分析……用户的行动是由他们所无法控制且外在于他们的数字环境塑造的，而这些衣、食、住、行等用户消费路径的变革深度改变了传统商业消费模式，构成了消费社会再结构化的底层逻辑。随着各类以数据分析为核心的评分机制等得到大众普遍认同，消费社会结构发生更深一层级的变化，表现为平台为消费者搭建了虚拟消费社

① 参见邱泽奇:《技术与组织：学科脉络与文献》，中国人民大学出版社 2018 年版，第 104—109 页。

区的交往体系、信仰体系、价值体系等。平台商业巨头们为了商业利益最大化，积极营造用户黏性，借助网络空间虚假的民主程序，制定各种算法可见性规则，使用户从偶然地体验发展到自觉地参与，所形成的海量数据为平台文化资本获取合法性地位提供了坚实基础。

（二）平台算法重构消费社会时空观

人们在平台上消费金钱的同时也在消费时间，而无论是文化资本还是经济资本，它们的共同剥削都体现在对“时间”的特殊操作上。社会学家曼纽尔·卡斯特在讨论社会再结构化的问题时，曾专门论述了社会时间问题。他将时间分为三类：有躯体的时间、时钟时间和无时间的时间。所谓有躯体的时间，是指传统农业社会中人按自然的节律而感知的时间，如日升月落；时钟时间，则是18世纪钟表发明以后的时间模式，例如现代意义上的社会运行就是一种钟表时间；无时间的时间，则是指网络社会的时间形态，人们在网络虚拟时空中，在全球化的大潮里，传统的“线性的、不可逆转、可以度量、可以预测的时间”被彻底打破。[①] 当下，人们处在平台逻辑的时间结构里时，则需要接受算法对时间的重构。用户在算法推荐下，可在任意时间点开展各类消费活动，如随时点进任一直播间实时参与购物消费或是休闲娱乐等，亦可随时查找某一直播回顾版来观看，时间结构已经不再是“钟表时间”，而是一种“算法时间”。“算法时间”与卡斯特的“无时间的时间”同具非线性特质，但不同之处在于“算法时间”并非处于散漫无序状态，而是被框定在了可计算逻辑之内。算法会根据用户消费需求重置时间规范、再造时间感知、打造时间牢笼，使用户无限期驻留在平台消费体验中。

---

① 参见曼纽尔·卡斯特:《网络社会的崛起》，夏铸九等译，社会科学文献出版社2000年版，第400—403页。

与此同时，平台算法对消费空间也进行了全方位的渗透，通过技术联合商家为用户营造美轮美奂的虚拟购物天堂。用户可通过“一键触屏”到达平台所营造的各类消费空间，平台凭借日臻完善的界面设计为用户打造极具拓展性的个性化消费场景，不断优化用户体验，以此增强用户的消费路径依赖，进而产生全面的生活路径依赖。在此过程中，用户对手机等移动终端设备的使用惯习，以及平台资本方的永久在线，都为用户随时随地都进入界面背后的消费空间，以及进入数据与物质整合的媒介化社会提供了条件，总之，用户可在“共时”背景下的任意空间进行消费。而平台为每个用户量身打造的私人消费空间，其背后是由云计算编织起来的大数据系统，“整个大数据系统构成了消费行为和消费形态规模之大、之复杂都难以界定的‘云’空间，或者说是‘云’时代的消费空间”。[①] 用户可在云消费空间中随时随地下单购物，也可在虚拟空间中游览任意视野下的景区，算法支撑下的云消费空间已然对传统消费社会的实体空间进行了重塑。在中国的“双十一”购物狂欢节中，数以亿计的个体被纳入了共同的又极具个性化的消费空间中。其中，算法根据巨量用户消费趣味、消费能力、消费趋势等的数据分析，将无穷尽的消费空间相互勾连。无限空间的并置打破了传统消费社会的关系区隔和身份秩序，实现了从二维空间的消费到多维空间的消费的转变，这种大规模、全领域的消费时空“迁移”无疑也在重塑传统消费社会的结构。

200 多年来，资本的政治经济学定义一直是对商品生产过程解释的起点。根据这一定义，物质资本或制造资本是对资本最初和最长久的理解，它们包括工厂、设备、机器、建筑物等。这种资本的积累，

---

① 高小康：“大数据时代的消费文化与空间冲突”，《湖北社会科学》2014 年第 12 期。

在20世纪中叶著名的哈罗德·多玛增长模型中成为经济增长的驱动力。而布尔迪厄提出“文化资本”概念，是20世纪下半叶以来批评理论中最独特的贡献之一。它将经济学与文化研究整合在一起，弥合了社会科学和人文学科之间的结构性鸿沟，更进一步说，是经济或物质与文化或抽象物之间的差异。虽然布氏对文化资本这一概念的使用与马克思主义并不相符，也从未就经济与文化之间的关系提供任何清晰的马克思主义的解释，但布尔迪厄多次强调经济资本“总是最后分析的根源”，①这说明文化资本也可以转化为经济资本，其本身只是资本的另一种存在形式。

平台文化资本研究作为布氏理论的继承与发展，同样尝试将政治经济学批判与文化研究相结合，着重考察平台资本主义中以评分机制为代表的新型文化资本的形成与认同问题。本研究同时对界面生态、消费路径依赖所带来的连接功能进行了思考，从中观察平台如何“邀约”所有人共享和参与消费盛景，又是如何“拉平”人的主体性，使人成为无差别的“商品人”的，由此看清平台巨头富可敌国的背后所隐藏的社会占取与技术威权的实质。与此同时，平台文化资本的积累过程对消费社会也带来了一系列结构性调整问题，深刻剖析以评分机制为核心的平台文化资本将人与世界过分量化的情形与后果，才有可能进一步延伸思考应对消费社会再结构化风险的可能性方案。通过探索，我们力图呈现的研究图景是，当技术论者热情讴歌平台技术支持下社会再生产迸发的活力时，人文学者对平台资本主义的批判也一直在路上。

① See Bourdieu, P., “The Sociologist in Question”, in Nice, R.(trans.), *Sociology in Question*, London: SAGE Publicatins Inc., 1993, p33.

第九章

算法传播与平台文化生产

第一节　迈向“算法转向”的平台文化生产

当下，“平台”这个词已经成为社交媒体公司在市场定位和用户定位方面的主导概念，从西方的“GAFAM”（Google、Apple、Facebook、Amazon、Microsoft）到中国的“BAT”（百度、阿里巴巴、腾讯），平台作为互联网主要基础设施和经济模式的崛起，正在以惊人的速度和复杂的方式重新配置文化内容的生产、发行和货币化，以至于平台几乎成为所有文化产业的中心节点。然而我们在匆忙描述平台文化生产创新的过程中，还需要特别关注一些被隐藏和压制的东西。

康奈尔大学Microsoft研究院的塔尔顿·吉莱斯皮认为，Web 2.0公司引入的“平台”这个词是一个精明的话语工具，它含有技术性（是构建并创新应用程序的基础设施）、开放性（是连接用户、广告商、开发者等的多边化市场）、参与性（是所有人机会均等的表达工具）等多重含义，从而巧妙地掩盖了互联网科技行业的权力结构。[①]事实上，当深入到平台实践，就会发现以可计算性和可编程性为核心

① See Gillespie, T., “The Politics of ‘Platforms’ ”, *New Media & Society*, vol. 12, no. 2 (2010), p. 351.

的平台算法逻辑塑造了文化的内容类型、生产模式和行业惯例。一方面，平台文化的生产者们以一种技术拜物教的文化想象力在为平台资本主义的资本积累和竞逐提供源源不断的文化创意商品；另一方面，平台所有者"所聚集的已经不仅仅是财富（这里的财富，更多的是指货币意义上的财富）和资源，而是将自己变成一个巨大的母体、一个更为宏观的控制网络，原先星罗棋布的各种分散的用户和生产商、供应商、物流商、金融机构等都在这个平台上被整合为一个利维坦式怪物"①。这让我们完全有理由将文化生产平台化视为文化工业的一个全新开端。因此我们不仅需要挑战平台只是一种科技创新的话语修辞的观念，更重要的是，我们要认清平台是如何在算法的驱策下从根本上影响文化生产，如何成为平台资本主义的竞技场，并产生价值危机的。

与稳定的实体相比，平台是动态的基础结构，它会不断改变其用户（前端）和应用程序编程（后端）的界面、算法、条件、资源和商业模式，所有这些都影响着文化产品如何被生产，文化生产者也会对新兴的生产模式、内容形式和盈利机会做出积极反应。尽管影响文化产品内容的创造和分配的因素是错综复杂的，但"算法转向"是目前影响平台文化生产的最显著的重大变革之一。② 算法是平台化的核心，在一个高度饱和且不稳定的内容市场中，平台开发者越来越倚重推荐、排名等面向终端用户的算法来预测需求，以及自动化分销文化产品的过程。例如在短视频平台上，算法就塑造了上传视频的主题、类

① 董金平："加速主义与数字平台：斯尔尼塞克的平台资本主义批判"，《上海大学学报》（社会科学版）2018 年第 6 期。

② See Napoli, P. M., "On Automation in Media Industries: Integrating Algorithmic Media Production into Media Industries Scholarship", *Media Industries Journal*, vol. 1, no. 1 (2014), p. 148.

型、长度、标题、缩略图设计和编排组织，并根据这些参数预测短视频用户的选择和喜好；而在音乐流媒体平台上，专有算法逐渐取代电台节目主持人和技术编辑，这使不同音乐创作者的争夺结果从一个播放列表呈现出来，算法权力就被编码在其中。可以说，平台文化生产的审美和可见性等问题都深深打上了算法的烙印。

（一）算法主导与文化生产的美学原则

英国马克思主义文化批评家特里·伊格尔顿（Terry Eagleton）将美学始终视为是意识形态的，并将之与社会技术理性的主导形式一起定义。① 在伊格尔顿之后，人们意识到美学并不是文本中的被动属性，而是一种情感的、身体的冲击，是一种政治和文化。我们会发现，伊格尔顿所描述的美学特征在平台时代是日趋加剧的，看与被看的权力结构变成了可量化的感官结构，自我愉悦成为文化生产的直接驱动力，那么什么样的美学形式最能表征今天的平台文化生产呢？是谁在定义平台文化生产的美学原则呢？

我们以女性主义的平台文化生产为例，受大众女性主义（Pop-feminism）的影响，女性主义的平台文化生产依然活跃在商业媒体上的话语实践中，在微博、Instagram、Twitter 等数字平台里，人们常常被大量流行的女性主义图片、文字、影像淹没。与传统的性别歧视、父权制、性虐待等带有反抗性以及强烈愤怒色彩的议题有所区别的是，女性主义在商业平台上的内容生产通常会以一种积极的方式涉及性别主题，例如以振奋、欢快的修辞呼吁女性“爱自己”“爱你的身体”，以此唤醒女性更自信的诉求，女性也会被建构为充满了选择的自由和身心自我优化的审美主体，她们自信、自尊，是有权力的个体，并拥有

① See Eagleton, T., “The Ideology of the Aesthetic”, *Poetics Today*, vol. 9, no. 2 (1988), p. 327.

经济能力和个人成功的能力。但我们发现，上述内容惯常会把女性的外貌和身体置于获得能力和权力的前提框架中，一个突出的例子是对纤瘦、超女性化身体的强调，以及对女性美的男权定义（白、瘦、第二性征突出、没有明显的分娩迹象等）的重复。这种依然性别化身体的意识形态实践，与平台算法设定的可量化的审美原则不无关系，算法将性别歧视嵌入了视觉编码中，使视觉导向的平台更加欢迎符合市场逻辑的女性主义内容，而能够获得大量关注、分享、点赞、转发的内容，就能保持在平台上的可见性。

除了交纳昂贵的健身房会员费，请私人教练进行极端化塑身外，社交平台上大量的女性主义叙事落脚点都是通过控制饮食减肥，以达到迎合算法对性别身体标准化编码的目的。抖音平台上的一位视频博主自曝减肥的办法是把自己吃的每一顿饭都进行直播，此举引起大量女性网友的竞相追捧。她声称通过坚持发视频日记已经瘦了 30 斤，她认为网上粉丝的评论和点赞比任何医学方法都更有效果，这让她比任何时候都感到自信、有力量。这类以女性为目标粉丝群的微名人（micro-celebrity）平台内容生产，将女性的身体形象众包，不仅意味着算法主导的审美趣味构建了女性自我形象塑造，也意味着女性将自我定位为满足粉丝要求以获得声誉的工具。这让人联想到一种算法身体，算法对女性身体的审美建构，基于高度个性化的愉悦体验和快感体认，并也为女性营造出了一种虚拟的归属感、亲密感和被接纳感的想象。虽然平台上的微名人效应满足了普通女性渴望被社会接受的欲望，但无法真正揭示出她们存在的核心价值，因为作为重要社会背景的一部分，压制和削弱女性自信的结构性条件并没有得到根本性揭示。

我们看到，在泛滥平台的“爱你的身体”的表述中，女性与她们对自我身体认知之间的艰难纠葛，既脱离了男权资本主义的结构性决定因素，也剥离了她们的社会心理的复杂性和多变性，被巧妙地置换为女性愉悦自我的审美体验。这种来自父权制结构的错位，毫无疑问被算法支持的平台文化逻辑加剧了。商业性平台和算法指标背后的逻辑和假设，对于使用它们的人来说大多是不透明的，但这产生了一个让人愉悦的环境——粉丝效应，它会分散人们对大众女性主义的平庸和商业性的关注，使其夹带了商业广告的快乐劝勉很容易被接受，女性主义话语变成了一种肤浅的情感力量和别有用心的商业推广。算法参数会激励并奖励女性玩家参与并在媒体平台上快速传播文字、图片、影像，从而导致流行的女性主义情感与审美只与设法推高这些社交参数有关。算法选择不仅允许这些“爱你的身体”的表述广泛传播，还使其成为一种高度可见的物质政治，而这反过来又混淆了平台的商业化本质。

（二）算法推荐与文化商品的可见性逻辑

在平台经济中，保持搜索的可见性是极端必要的，相关研究曾证明出现在Google的首页就可以获得高达95%的网络流量，[①]因此，如果被搜索引擎标记降级，就会面临着可见性降低和利润受到影响的风险，而搜索引擎又是与算法的可见性如影随形的。“算法的可见性生产是优化推荐、自动化生产和过滤审查等手段组成的权力结构或决策程序，这些手段之间相互促进、相互影响，从而形成算法的可见性生产逻辑。”[②]我们将音乐流媒体平台作为一个特别的例子，观察算法作为自动化音乐策展人是如何决定和约束音乐产品和音乐人在平台中的可见性的。

当下，音乐流媒体平台已经成为数字音乐文化产业的原生基础设

① See Shelton, K., “The Value of Search Results Rankings”, *Forbes*, 2017.

② 罗昕：“算法媒体的生产逻辑与治理机制”，《人民论坛》（学术前沿）2018年第24期。

施，就像商业广播曾经是20世纪音乐文化产业的原生基础设施一样，音乐流媒体平台的兴起开启了一个音乐消费行为的再中介过程，它将音乐受众重新定位到了新的数字环境中。在这种情况下，一个特殊的平台功能——播放列表——脱颖而出。播放列表是以流媒体平台的原生形式对音乐进行重新包装，有研究者基于对1 500名英国、法国和美国音乐听众的研究数据，发现流媒体音乐平台上的音乐消费正从专辑转向播放列表。[①] 另根据AC尼尔森音乐的调查，流媒体播放列表被近70%的全球音乐媒体使用。

影响播放列表的人工逻辑和算法逻辑通常是两个独立的系统，人工编辑逻辑取决于经过专业培训和认证的音乐行业专家的主观选择，相比之下，算法逻辑则依赖于机器的程序化选择，是自动化人类判断的代理。在拥有8亿用户的国内规模最大的腾讯音乐平台（QQ音乐、酷狗音乐、酷我音乐、全民K歌、5Sing、酷狗直播）的日常实践中，基本会有两套不同类型的播放列表——100%人工策划的播放列表和100%完全基于算法的播放列表。酷狗音乐创始人谢振宇介绍说，酷狗音乐上超过60%的消费是由人工编辑团队和该平台自己的算法推荐的直接结果。但无论是哪种类型，都以一种不可分割的方式包含了算法逻辑，因为人工编辑策划同样需要基于协同过滤进行音乐结构分析，以及依靠自然局域网语言处理算法系统同时在数百个音乐博客、评论和网页中爬梳。算法既能自动创建播放列表，提高生产效率，又能提高人工编辑的技能，使他们更快地做出评级、选择和排序，这意味着无论是算法增强的人类活动，还是人类监控的算法活动，从根

① See Hogan, M., "Up Next: How Playlists are Curating the Future of Music". Available at: https://pitchfork.com/features/article/9686-up-next-how-playlists-are-curating-the-future-of-music/.

本上来说都是算法化的。当算法将一首歌曲放在播放列表的首位，并将不太显眼的位置分配给其他歌曲时，实际上已经创造了对这些歌曲重要性的文化等级划分。因此，算法主导的音乐策展加强了新的可见性，也同时强化不可见性的威胁。[①]

我们熟知算法推荐对新闻生产的影响在于它不仅仅是关乎新闻的排序，更为重要的是算法重新配置了编辑判断的准则，而算法排序对音乐产品的影响也不仅仅在于是对平均播放长度、跳过次数和点赞次数的简单评估，当它通过拆解唱片，将歌曲重新组合到播放列表中时，就已经重新赋予音乐和制作人意义和价值。类似萧伯纳的议程设置理论，YouTube、SoundCloud、Spotify、Apple Music 等这样的全球音乐流媒体平台同样能够制定音乐的微议程。这样一来，音乐内容生产的平台化管理就成为一个数据密集的守门人活动，它基于不同的算法组合，产生了新的可见性机制，使得平台资本主义模式在将用户注意力转化为数据、将数据转化为商品方面比工业资本主义更有效。

但由于歌曲在播放列表中的位置不是固定的，根据基于用户反馈的算法选择和基于人工判断的编辑逻辑的混合动作，播放列表中的排序会随着时间而变化，这就使得在一个不断扩张的平台经济中，音乐制作人、内容创建者必须预见和适应各大音乐流媒体平台不断变化的算法评级和推荐系统，并利用一整套特定机制来提高并维持内容的可见性，争取将他们的音乐放入播放列表的前端。可以说，播放列表就是不同权力关系的编码，是平台发挥策展权力的一种机制，也是市场之间相互冲突的结果，这导致算法代理的平台力量是一个始终不稳定的、不断变化的结果。

---

① Bucher, T., *If ... Then: Algorithmic Power and Politics*, Oxford: Oxford University Press, 2018, p. 201.

算法驱策下的文化生产平台化转型，不仅仅是一种文化产业生态的转变，同时也是平台资本主义实践的重要内容。伦敦大学国王学院的数字经济理论研究者尼克·斯尼切克（Nick Srnicek）认为，Google 和 Facebook 把自己转变为平台企业，为其他人提供硬件和软件基础，这一转变标志着资本主义企业运营方式的重大转变，即“平台资本主义”出现。[①] 平台资本主义是一种新的构建市场内生产和交换过程的方式，它使人们能够以前所未有的主动性的、创造性的、动态性的方式参与数字文化的生产，然而看似民主的参与市场的机会也提供了参与者被市场开发的机会，同时也让我们看到平台文化生产是如何成为资本主义实践的重要阵地的。

毋庸置疑，平台文化生产的主导地位与 Web 2.0 技术支持下平民主义文化的繁荣创造力密不可分。美国传媒业高管迈克尔·罗森鲍姆（Michael Rosenbaum）曾对在线视频创意和制作的平民化现象发出感慨，他说：“（平台环境下）制作高质量的视频不需要任何成本，只需要天赋。那里的工具是如此便宜和容易使用，以至于任何一个 9 岁的孩子都能操作它们……十年前，如果你想创建一个电视网络，你需要有十亿美元的投资……今天，我们在互联网上看到的是平台的爆炸式增长还有屏幕的数量暴增。屏幕技术变得更便宜，流媒体和压缩算法得到改进，这意味着每个屏幕都将被视频填充。”[②] 很显然，罗森鲍姆对平台文化生产生态系统中渠道多样化的评估是乐观的，他认为多样性在鼓励平台生产模式、多元文化内容和平民文化生产者方面有突出体现，平台尤其赋予普通用户表达自己的权利，并成为他们自己的文

---

① See Srnicek, N., *Platform Capitalism*, Cambridge: Polity Press, 2016, p. 63.

② Smith, C., “The Future of Video: Democratisation of Creativity and Production, Interview with Michael Rosenblam”. Available at: https://www.theguardian.com/media-network/2012/feb/23/democratisation-creativity-production.

化生产者，但值得注意的是，平台是否真的促进了无拘无束的文化创造力和多样性？

在中国，与腾讯视频、爱奇艺等面向消费者的视频网站不同，抖音、快手、火山等短视频平台是生产者导向的，从表面上看，分享类平台赋予了用户更大程度的自主权，特别是快手上活跃着数以亿计的来自农村和三、四线城市的用户，他们的内容产品被称为“土味文化的狂欢”。然而我们也必须看到，这些视频作品的创造力和个性都是在平台运营商的控制下不断被调整和计算出来的，“当这些被动和被制造出来的‘自由表现’和‘真实个性’以数据形式呈现出来时，它们必然被非物质的生产方式收编”。[①] 在算法逻辑下，快手打造了一个表面上分散且民主的内容制作和选择系统，但算法推荐的原则是原创内容必须能收割尽可能大的在线流量，以确保平台在第三方广告和直播赠礼经济中获得至高的经济回报。与此类似，美国的 Bandcamp 和 SoundCloud 这两家作为面向独立音乐制作人的音频分发平台，虽然从表面上看是文化产业民主化的重要阵地，但研究者在深入调查后也发现，两家采用平台用户自主融资的方式反而被更深地吸引到平台生态系统中，很难不屈服于平台化过程。[②] 可见，平台运营商对内容创造者拥有完全的控制权，他们推行算法驱策的融资模式是无视支撑传统文化创意产业的规则的。

“资本以平台为载体，平台以资本为依靠，通过内容生态的构建、巨大流量的支配以及智能算法的推送，完成短视频文化商品生产、流

---

① 张钟萄：“数字资本主义的文化逻辑：从艺术批判到数据生产中的‘参与’”，《文艺理论研究》2020 年第 4 期。

② Prey, R., “Locating Power in Platformization: Music Streaming Playlists and Curatorial Power”, *New Media & Society*, vol. 3, no. 5 (2020), p. 4.

通、消费”，[①] 在这个过程中，以UGC为中心的平台文化经济中出现了新的劳动主体关系，平台化改变了传统工作体制，也催生了新的免费创造性劳动（生产）者的类别，但无论是从事文化生产的专业人士还是“草根内容”的生产者，他们都要适应平台的算法系统。算法在文化产品的生产流通和货币化中起着举足轻重的作用，同时通过这种模式牵涉到了更广泛的权力和不平等结构。平台运营商依靠算法创造了新的商品分销手段，不仅干预了文化生产，也空前加强了他们的资本运控。事实上，平台资本主义似乎从一开始就为法兰克福学派的解释开启了新的可能性，一方面，它的规模已远非工业资本主义可以比拟；另一方面，大型平台企业对用户的精准渗透使其对用户需求（而非供应）行使垄断权力，单一国家法律很难控制他们的力量。这也是资本主义全球化新的垄断形式，跨国界、跨种族、跨意识形态的人们的文化消费和文化生产都受到了寡头平台企业的控制和算法的精心设计。

世界一些主流的批判媒体理论家、经济学家、平台研究学者都不同程度地指出了数字平台在政治经济维度中存在的根深蒂固的不平等。他们认为，首先，平台的政治经济是一个平台及其用户之间的深层权力的不对称结构；[②] 其次，作为聚合器，平台通过为用户连接商业交易而建立的标准化技术基础设施，重塑了制度关系。[③] 这也就是说，用户行为不断向应用程序的转变标志着受众商品化程度的进一步加深。平台不仅通过广告和产品的销售来获取利益，更重要的是通过网

---

① 刘震、张立榕：“传播政治经济学视角下文化商品研究：以短视频为例”，《高校马克思主义理论研究》2020年第3期。

② See Nieborg, D. B. & Poell, T., “The Platformization of Cultural Production: Theorizing the Contingent Cultural Commodity”, *New Media & Society*, vol. 20, no. 11 (2018), p. 4290.

③ See Plantin, J.-C., et al., “Infrastructure Studies Meet Platform Studies in the Age of Google and Facebook”, *New Media & Society*, vol. 20, no. 1 (2018), p. 299.

络流量的增加和用户数据的销售来获取利益。显然，对用户产生的海量信息流的管理是通过平台使用的算法来实现的，这些算法能够预测和促进特定的、个性化的未来消费选择，由此衍生出文化内容通过平台呈现的需求与供给、个人选择与内容提供者之间的持续动态循环。与此同时，平台投资者和商业分析师们也在不断被提醒用户作为消费者和广告目标的潜在货币价值。

与工业资本主义单向度的商业逻辑相比，平台资本主义的商业逻辑与互动性、开放性、互联和自由交换等理念紧密相连，它通过开放平台获取用户数据，使人们产生一种自由的幻觉，毕竟数据经济建立在自愿让渡个人数据以换取互联网服务的基础上。因此平台企业更感兴趣的是那些不为服务付费的用户，而不是付费会员，因为作为免费服务的交换，平台可以要求使用不付费用户的数据。对于平台企业来说，用户作为数据提供者的角色，远比用户作为内容提供者的角色重要得多，换句话说，与其说他们对用户文化生产的原创内容兴趣大，不如说他们对用户带来的关系网络的兴趣更大，因为后者会产生关于潜在的用户是谁、在哪里，以及他们对什么感兴趣的有价值的信息，这将产生无法估量的商业价值。

平台算法追踪的不仅是用户文化生产的内容，还包括用户沟通交往的行为本身，如接收、转发、阅读、分享、点赞，等等。用户的行为模式、兴趣和消费习惯被转化为有价值的数据。例如，当用户将他/她的网易云音乐账户连接到QQ时，关于音乐消费的信息会自动地传达给他/她的QQ好友，这其中用户产生了宝贵的商业资源——连通性（connectivity）。连通性指的是平台用户之间以多种方式相互联系。而将用户之间的联系商品化，将连通性转化为商品，是平台业务的本质。在平台资本主义的逻辑中，用户即流量，是平台为吸引广告商的眼球而出售的商品，更多的数据连通意味着更多的资金流通，当用户产生具有价值的数据时，算法推荐会使用户加速他们的连通行为，并持续产生越来越多的数据。掌握了大数据的平台公司不仅能挖掘出有意义的数据，而且能预测和控制用户的行为，创造商业诉求，通过微目标操作准确地投送与用户特征相关的广告。

在2018年4月的美国国会听证会上，美国参议员林赛·格雷厄姆（Lindsey Graham）向Facebook创始人扎克伯格提问其最大的竞争对手是谁，扎克伯格提到了五大科技平台的另外四家：Google、Apple、Amazon和Microsoft。他的理由是这几家提供了同类型的服务。然而，他隐瞒了一个真相：从平台资本主义控制的角度来看，终端用户要完全退出一个平台加入另一个竞争性平台，代价非常高，而且几乎是不可能的。在一些国家，尤其是那些推出Facebook的Internet.org免费基础平台的国家，如菲律宾、尼日利亚和缅甸，Facebook已经成为互联网的代名词，即使删除一个人的Facebook账户，也不能删除Facebook与第三方共享的所有数据，更无法阻止该公司在整个网络和应用生态系统中跟踪该用户。与此同时，平台公司还表现出超越单纯运营应用程序的野心，积极向网络和移动生态系统的核心社交基础设施建设迈进，不断扩大平台的边界。例如Apple的iMessage、Facebook的Messenger、腾讯的微信等，它们最初都是以聊天应用的形式推出，但不久就迅速发展成为成熟的社交媒体平台以及综合服务提供商。从允许语音通话开始，到提供衣食住行服务、成为个性化新闻中心、提供音乐和视频服务、提供金融交易市场、实施综合社会治理，等等，平台几乎无所不包。它们无一例外地还会以积极提供符合公共利益的非商业服务为由，使连接用户数据的商业化行为变得更加隐蔽。

在20世纪90年代，用户体验到的互联网是一个协作和创新的空间，设计师、艺术家、创意企业家们都参与到了这个似乎可以创造出无限可能性的新世界中。然而在过去的20多年里，情况已经发生了变化。最初的分布式网络已经变得越来越集中化，虽然人们仍然可以自由建立一个网站或创建一个在互联网上运行的新应用程序，但对许多人来说，互联网就是Facebook、微信或智能手机上常用的应用程序。随着广泛使用的平台和界面越来越受到利润而非用户的驱动，"地球村"正在变成一个企业消费空间，它剥夺了互联网用户在20世纪90年代体验到的自由。在互联网影响下成长起来的"数字原住民"对互联网的理解远不如20世纪末的数字先驱者们，他们越来越难以意识到一个事实，即大型平台企业正从获取他们的个人数据、上网偏好、内容生产等方面获利。大数据、物联网、智慧城市和机器学习进一步剥夺人们的隐私，使人们从数字公民变成科技消费者。

平台这个词本身就是一种提倡参与文化的诱惑性修辞，平台所隐含的平等主义、自由主义可能性具有强大吸引力。虽然绝大多数普通文化生产者们并不熟知平台的资本逻辑，也不清楚平台隐藏算法的目的，但这并不妨碍他们不假思索地接受平台规则，成为平台创造性劳动市场中的一员。其原因在于，在算法营造的可见性经济中，能够吸引足够多的点击率和浏览量被视为是个人价值的合理外部反映，普通人也有可能因此进入微名人行列，并在积累到足够的声誉资本后获得收入。然而正如Facebook社交计量器的发明者本杰明·格罗斯（Benjamin Grosser）尖锐指出的，人们对于在社交媒体不断增加个人声望的不可遏制的愿望，与追求永久增长的资本主义趋势有着错综复杂的联系。[①] 在平台呈现的文化价值体系中，算法成为人们评估更多欲

① See Grosser, B., "What Do Metrics Want? How Quantification Prescribes Social Interaction on Facebook". Available at: http://computationalculture.net/what-do-metrics-want/.

望是否得到满足的工具，被算法标记的点赞、评论、转发等指标越突出，它们就越被视为衡量价值高低的合法形式，而我们对它们的渴望也就越强烈。

而平台文化生产正在将自动化和娱乐结合成一部永动机，不断勾起继而不断建造人们的欲望，将消费主义置于一切之上，从中我们依然会看到不平等加剧、歧视加剧，以及公民身份和道德实践的衰落。但是平台企业却一再否认自己作为媒体和精英守门人的角色，努力淡化其在塑造社会议程中的关键作用，使得它们在规避传统媒体行业监管结构的同时，系统性地逃避社会责任。平台文化的拥护者声称，平台文化的内在特征将促进一个无限自由的环境，以及对所有人类文化产品的完全访问。表面上看，平台文化生产确实与互动、开放、互联和自由交换信息的理念紧密相连，数字化自由主义的假设似乎是合理的，然而通过观察那些实际操作系统的人运营平台的方式，会发现这一主张无疑带有欺骗性，这一欺骗性本质就根植于计算主义的算法逻辑本身。

痴迷算法的超理性主义者们终日梦想着将人类生活纳入可编程性和可计算性的轨道，认为人类的大脑最终会发展到像计算机和语言代码一样，在可见和不可见、可知和未知之间切换，成为将符号转化为行动的理性修辞工具。然而，机器学习的超能力、量化的魅力、技术逻辑的中心地位等都是与以代码为基础的工具理性霸权联系在一起的。平台是一个具有深厚政治经济威权的新兴场所，不管平台设计者如何宣称他们的产品具有无懈可击的中立性、开放性、平等性，重要的是要记住，这些宣称本身就是一种技术拜物教文化幻想的产物。正如研究者安德烈耶维奇等人所指出的，任何对数据驱动的平台资本主义的批判性分析，都必须包含对它所表现出来的后文化价值想象的质疑，因为无论它们多么复杂和不可知，文化、审美和政治最终都无法被技术或算法超越。[①] 计算主义、算法技术的意识形态的支配地位对包括前述部分提到的女性主义政治和社会运动当然也有影响，但算法可以赋予个人权力，并不意味着这种权力的绝对扩张可以以某种方式将我们从深层次的文化政治问题中解放出来。在过去的几年里，私有化平台携“算法威权主义”[②] 引发了民主治理的重大信任危机，加剧了阶级分化，并加深了种族和性别公平的隔阂，现在我们必须清楚地看到，互联网的软硬件技术发展到了平台阶段，已经不是个人获得文化、经济或政治权力的理想场所，而是资本主义行为者的竞技场。而算法不啻为一种生产资料，是资本主义文化控制和资本剥削机制的一个新型组成要素。

根据法国哲学家毛里齐奥·拉扎拉托（Maurizio Lazzarato）的说法，资本主义的权力关系不仅仅存在于不同阶级的主体与主体之间，它还产生于机器的组织内部，由一种“社会机器”（social machine）（企业、基础设施、通信系统等）构成，从而产生了一种“机器奴役”（machinic enslavement）的形式。机器奴役指的是人被纳入到人机组合的方式，是通过调动功能性和操作性的去主体化而发生的，它导致主体失去了他（她）的个性，成为机器上的一颗螺丝钉或者组件组合的一部分。[③] 机器奴役塑造了人的感知、感觉、情感、认知和语言行为的基本功能，从这个意义上讲，平台也是一台巨型的由算法协

① See Andrejevic, M., Hearn, A. & Kennedy, H., “Cultural Studies of Data Mining: Introduction”, *European Journal of Cultural Studies*, vol. 18, no. 4–5 (2015), pp. 379–394.

② 参见姬德强：“深度造假：人工智能时代的视觉政治”，《新闻大学》2020 年第 7 期。

③ See Lazzarato, M., *The Making of the Indebted Man*, Los Angeles: Semiotext(e), 2011, p. 114.

助的奴役机器。平台的设计者不仅仅是为了从用户那里挖掘有意义的数据，他们也在根据资本利润的逻辑定义或重新定义意义。算法技术背景下，意义不仅与语言和解释有关，它也是一种技术文化，包涵了意义的产生和传播在权力体制中被包裹的方式。平台赋予信息文化价值、培养特定文化感知的策略就是依靠算法排序、算法推荐、算法选择，意义只与算法可见性相关。创造文化的意义不再是独特的人类过程，它已经与技术和商业化过程联系在一起。

英国文化研究者雷蒙·威廉斯在谈到工业化和早期广播媒体在从普通人到大众的转变过程中所起的作用时曾经有一个著名的论断："其实没有大众，只有把人看成大众的方式。"[①] 如今60多年过去，"大众"生活在了一个与威廉斯描述的完全不同的媒体世界里，今天，平台时代的个性化算法几乎可以让我们每一个愿望都得到满足，我们几乎被视为了具有独特品味和偏好的个体。然而，如果威廉斯今天还活着，他无疑也会对平台中的个体生存提出异议，我们套用他的话可以得出这样的结论：平台上其实没有个体，而只有将人视为个体的方式。法国哲学家吉尔伯特·西蒙顿（Gilbert Simondon）也批评了个体存在的先验性假设，对他来说，个体从来都不是预先存在的，也从来都不是最终的，个体必须是在一个不断发展的过程中产生的，因此个体是个性化的结果，而不是原因。[②]

在今天的平台上，算法推荐系统成为个性化的推动者，或者说，算法参与制定了人的个性化，我们都是算法个性化的结果。这是因为，首先，算法改变了我们与媒体内容接触的轨迹，是通过裁剪可能性条件来配置人的主观性，而不是通过描述我们应该如何行动的规范

---

① Williams, R., "Culture is Ordinary", in Szeman, I. & Kaposy, T. (eds.), *Cultural Theory: An Anthology*, Hoboken: Wiley-Blackwell, 2011, pp. 53–59.

② Simondon, G., "The Genesis of the Individual", *Incorporations*, no. 6 (1992), p. 311.

话语来帮助人们实施主观性。例如，个体的自我意识很多来自在与他人的在线互动中产生的对自我形象的映射，如今，这些互动发生在平台上的概率越来越大，在平台上与我们互动的陌生人越来越多地使用算法的分类图像了解我们，而个性化算法界定我们每个人的类别，通常又是选择了最有商业价值的分类。当我们在没有与他人有意识互动的情况下形成身份时，我们永远不会自由发展，也不知道如何发展。与此同时，算法也将可计算的文化审美与价值观与我们作为用户的消费行为联系起来，美国流媒体音乐平台 Pandora 的前首席科学家埃里克·比施克（Eric Bieschke）在接受《纽约时报》采访时曾表示："很明显，给人们播放完美音乐的世界和播放完美广告的世界惊人地相似。"[①] 算法框定了我们如何生产文化，也替我们做出了文化的选择。虽然算法推荐可能或多或少都会符合我们个性化的品味，但正如被工业资本主义扭曲的"大众"一样，"个体"也在平台资本主义中成为被个性化算法扭曲的对象，"它所勾勒的并不是个体能动性在超越文化结构之后进入完全自主性的乌托邦，而是个体因不断扬弃历史感和真实性的逻辑而最终被媒介技术宰制的晦暗未来"[②]。

十余年前，数字媒体平台的诞生曾被视为文化内容生产者的一大福音，然而越来越多的事实证明，对平台民主潜力的早期看法在很大程度上是短视的。当下，每一个平台用户都在亲身实践，并见证着算法是如何用一道计算的海堤将所有不确定性击退，将可计算性的边界从现在扩展到将来。虽然算法驱动的数字平台为普通的文化生产者带

---

① Singer, N., "Listen to Pandora, and It Listens Back". Available at: http://www.nytimes.com/2014/01/05/technology/pandora-mines-users-data-to-better-target-ads. html?_r=2and.

② 战迪："如何塑造我们的面孔：'脸性社会'的媒介文化批判"，《文艺研究》2019 年第 12 期。

来了扩大影响力、增加收入的可能性，但这很可能对文化的公共性造成巨大的损失，同时也提醒我们要始终将文化生产这一主题与更大的社会技术系统联系起来。

可以说，算法正在一步步地通过使脑力劳动和体力劳动自动化来帮助实现人类生活的机械化、智能化，这也让我们不得不为平台或将成为我们生活的操作系统而警惕起来。作为数字媒体公民，每个人都有责任参与塑造数字时代的未来，为此我们需要开发新的方法，而参与式设计、批判性制作和算法伦理等都是迈向未来文化生产的积极步骤。在未来，社会科学和人文学科的声音应与计算机科学家和工业技术专家进行有意义的对话，从而对算法框架下的文化生产做出重要决定。试图控制当代文化生产的平台公司和机构的确获得了巨大的权力，但它们也需要意识到自身背负着巨大的责任，毕竟，人类时间与计算时间有着本质上的不同，前者涉及文化、历史、叙事和未来希望的深层网络。在今天平台文化空间内爆的状况下，我们需要让文化时间的产物清晰可读，或许更重要的是可叙述、可流传，这样我们就不仅仅是在与算法文化的互动中标记时间，同时也可以创造数字文化的意义与价值。

第二节　算法机制下的平台化知识生产

谈起知识生产，我们首先想起的可能会是教师在课堂中向学生讲授知识的场景，可能是科学家对实验数据进行测量、记录与归纳总结的模样，可能是天文学家通过望远镜观测、记录行星轨迹的情境，可能是读者在书店进行交流、讨论的状态，也可能是施工现场师傅向徒弟传授经验技巧、注意事项的情形……这些都是经典的知识生产场景，具有很强的“在地”特性。随着互联网的普及，知识生产的边界被打破，Web 1.0 时代，用户可以通过邮件、BBS 进行协同式知识生产；Web 2.0 时代，参与式互动被嵌入平台底层运行逻辑中，带来了知识生产模式的革命性转变，以“维基百科”为代表的知识平台兴起；Web 3.0 时代，平台在用户参与的基础上将社交互动、人机交互、算法推送等嵌入生产模式中，一方面，用户可以自由地生产知识；另一方面，平台通过各项技术来控制用户的生产路径和模式。在资本逻辑和技术程序的控制下，知识生产的机制脱离了原有框架，转向了平台化的发展进程。

在知识生产的平台化转向中，生产主体泛化为由人类用户与智能主体组成的多元主体形态，平台通过用户间的社交互动将生产任务进行众包，并通过算法调控任务的可见性。社交互动的参与式文化作为内驱力，平台的奖励作为外驱力，促成了用户知识生产的自我驱动模式。知识生产与平台的其他实践场景相融合，在促进生产活动的同时也引发了众多的问题。一方面，知识生产者的多元化使把关变得艰难，智能主体可以伪装成用户来控制生产导向；另一方面，平台通过众包和社交的方式将主动权转移给用户，所生产出的为迎合算法可见性的“知识半成品”，往往掺杂了个性化的价值判断，在与社交相融后，知识即成为其他内容的伪装。这一系列后果都需要剖析该生产模式中各项元素的嬗变及其产生的偏误，从而提出具体的措施来调整平台化的知识生产。

1746 年，法国哲学家孔狄亚克在《人类知识起源论》中将知识生产的来源归结于大脑的思维活动，奥地利哲学家卡尔·波普尔在《客观知识：一个进化论的研究》中提出了“三个世界”（three worlds）理论，分别是物理世界、精神世界和客观知识世界，其中客观知识的生产是思想内容逻辑化的过程。英国哲学家伯兰特·罗素将知识生产概括为对自身经验的总结。① 如果以西方文明演进为纲，可以发现，在文明史前阶段，知识通过巨石阵（Stonehenge）、壁画（fresco）、结绳语（quipu）等方式进行传承，古人类通过建造石建筑群，在石壁上雕刻画像，或者通过在绳子上打结来记录资料。作为知识的“集体记忆”通过各种形式的工具和材料进行保存。② 进入古希腊文明时期，知识生产逐渐变为一个逻辑化的过程，从人与实在秩序的关系中阐释实在秩序的结构，从而将世界万物中存在着的普遍联系归纳成为一般性的原则。③

中世纪开始，教会手中掌握着知识生产的权力，经院哲学作为将模仿与理性的法则、权威规定与科学论证结合在一起的权威性准则，成为知识生产的原则，神学立足于理性的基础上变身成为“科学”。④ 文艺复兴时期，神学作为“科学”的地位被逐渐推翻，观察、实验的方法被应用于求证自然的规律，理性的思维开始代替经院哲学，朝着科学化与组织化的趋势发展。⑤ 值得一提的是，这个时期印刷机的普及方便了知识的读取和再生产，推动了知识的世俗化进程。⑥ 工业革命后，科学技术着力于开发显性知识，资本的入侵使得科学发生了异

① 参见罗素:《人类的知识》，张金言译，商务印书馆 2017 年版。

② 参见哈拉瑞:《人类大历史：从野兽到扮演上帝》，林俊宏译，远见天下文化出版有限公司 2014 年版。

③ 参见孙飞：“回到前科学知识：论沃格林与施特劳斯的共性与差异”,《政治思想史》2020 年第 3 期。

④ 参见雅克·勒戈夫:《中世纪的知识分子》，张弘译，商务印书馆 1996 年版。

⑤ See Håkanson, L., “Creating Knowledge: the Power and Logic of Articulation”, *Industrial and Corporate Change*, vol. 16, no. 1 (2007), pp. 51–88.

⑥ See March, J. G., *Technological Innovation: Oversights and Foresights*, Cambridge: Cambridge University Press, 1997.

化，知识生产成为获利的工具，侧重于科学知识在公共决策和社会发展中的应用，并逐渐走向“大众化”。[①] 知识生产开始由市场需求主导，但其应用情景远超市场需求，在市场经济的推动下，知识生产扩散到了社会的每个角落，呈现出弥散的状态。[②]

进入信息化社会，知识生产也随之延伸至互联网领域，开始具备更多超文本、超媒体的特性。Web 1.0 的知识生产主要围绕商业机构展开，猫扑前 CEO 陈一舟直言不讳道：商业公司作为生产者控制着知识数字化的过程，将人类原有的知识放到网络上并进行商业运作。此阶段的互联网，知识生产的内容由商业组织所主导，搜狐、Yahoo、腾讯、网易等门户网站在首页设置教育、文学、经济、健康、艺术等版块，并将相关的知识内容上传其中，用户可以根据自身需求阅读想要的内容。用户则通过论坛、博客等网络渠道进行知识生产与阅读，在中国，博客（Blog）于 2000 年开始流行，用户可以通过网络日志的方式进行知识生产，其他用户可以回帖评论，形成开放的互动链。2001 年，小木虫学术论坛上线，为学术研究提供了一个经验交流、资源共享的平台。2003 年，百度贴吧上线，为用户提供了知识生产的匿名论坛，用户可以通过贴吧首页的指引进入到各个主题的贴吧社群中，使用盖楼的方式进行持续性、交互式的知识生产，社群化、主题化的贴吧吸引了具有相同趣缘的用户。从总体趋势来看，这一时期的知识生产借助互联网力量，开始步入大众化的发展历程。

Web 2.0 时代，移动互联网端技术的跃迁进一步加速了知识生产

---

① 参见田甲乐、田喜腾：“论知识民主化的智识进路和资本进路”，《自然辩证法研究》2021 年第 8 期。

② See Gibbons, M., et al., *The New Production of Knowledge: The Dynamics of Science and Research in Contemporary Societies*, New York : SAGE Publications Inc., 1994.

的去中心化与大众化的进程。2001 年，协同编辑的多语种维基百科的诞生令门户网站的垄断地位被打破，知识生产开始形成以用户为中心的模式，用户可以随时通过词条进行知识的生产与修正，并与算法机器人协同生产。2005 年，视频分享网站 YouTube 的崛起使知识生产拓展出新形式，用户可以在政治、新闻、体育、音乐等频道进行针对性的视频知识生产，并与其他用户进行社交互动。此外，知识问答分享平台实现了知识的定制化生产，以 2005 年上线的百度问答为例，用户在该平台提出自己的问题，并悬赏一定的积分吸引他人回答；百度会通过搜索引擎将其推荐给搜索相关内容的用户，帮助其获得回答。在社交化、网络化表达的影响下，知识生产朝着以类型杂糅为特征的简短文本表达内容的方向转变，知识的形态可以是一条评论、一幅图片、一个表情包或者一条短视频……可以说，Web 2.0 背景下的知识生产变得越来越碎片化。

Web 3.0 时代，算法、云计算、大数据等智能技术渗透入互联网平台知识生产的各个环节，形成一种技术控制的规范性手段，算法作为智能中介物控制着知识生产的模式、逻辑、机制、过程，数据的相关性替代了因果性成为生产规则，知识生产脱离了传统的场景，形成了知识生产的平台化转向。与 Web 2.0 相比，平台将可读写的网络升级为语义网，算法通过知识呈现结构中的概念、语境与内容来理解、响应用户复杂的请求，形成智能化的语义网络。平台可以利用算法机器人，以关键词为坐标生产相应的知识，维基百科中存在着大量的机器人，根据词条的主题来进行知识生产，Web 3.0 时代的知识生产混合了用户与算法机器人。语义网也为平台提供了控制用户生产的手段，知识内容以超文本链接的形式存在，通过知识图谱的逻辑进行连接，平台通过算法预测用户的喜好与行为，将用户从某个知识节点导航至其他的节点中，形成隐性控制。[①] 尤其引人瞩目的是，平台以众包的方式将微任务分发给用户，专业与业余的生产者则在算法的控制下生产特定主题的知识。至此，历经数千年的人类知识生产活动，在智能平台化转向中走向了系统性变革。

（一）知识生产的平台化转向

现实生活中，知识生产活动一般存在于特定场所中，通过人与人之间的交流、协作来进行，目的是在某些领域达成共识并拓宽对世界的客观认知。在平台中，知识生产的边界被打破，其生产主体、生产模式、生产驱动力与叙事方式均发生嬗变，这一嬗变也构成了知识生产的新媒介实践。

1. 知识生产主体的智能化转向

在我们梳理不同阶段的知识生产时，不论知识的历史如何演进，无论生产的场景如何转换，其基本的认识论前提都是以人为中心的常态化生产。然而自 Web 2.0 以来，以算法程序作为核心的智能主体开始嵌入知识生产的权力框架中。智能主体被定义“是一种存在于计算机操作系统、数据库和网络等具有现实意义的‘数字世界’中，并代替人们完成指定任务的自治主体”，[②] 包含算法、人工智能、算法机器人等，具有自治性、智能性、反应性、预动性和社会性的特征。[③] Web 2.0 时期开始，维基百科就开始将算法机器人纳入知识生产当中，包括挖掘数据、自动导入内容、检查拼写、创造跨语言链接、识别与

---

① See Hitzler, P., “A Review of the Semantic Web Field”, *Communications of the ACM*, vol. 64, no. 2 (2021), pp. 76–83.

② 刘志刚等：“智能主体主要理论的综述与分析”，《计算机应用研究》2002 年第 7 期。

③ 参见董明楷等：“基于动态描述逻辑的主体模型”，《计算机研究与发展》2004 年第 5 期。

撤销故意破坏的行为、强制执行禁令，等等。进入 Web 3.0 时期，智能主体彻底打破知识生产中人的垄断性地位，维基百科进一步通过算法机器人来建构人机交互的生产环境，用户可以在全程与算法机器人交流的情况下完成词条的编辑、修订；Twitter、Facebook 等社交平台中充斥着各种社交机器人、聊天机器人，它们与用户进行互动生产。在自然科学与社会科学中，以大数据为基础，将算法模型、人工智能作为方法和技术对现实世界的现象和规律做出更加精确的阐释，提出更具科学性的解释。和传统的方法相比，智能主体能够自动化“收集数据、指标计算、数据挖掘、发现行为规律、对理论做出诠释、提出后续有待验证的命题的过程”，① 机器人科学家“夏娃”可以对数据库中的化合物进行自动化筛选，并能自动提出、测试、修正假说，自主完成医学研究。②

随着研究的数据库延伸到互联网平台，Facebook、Twitter、Google、微博、微信等互联网平台成为科学研究和社会研究的试验场，通过因果模型对理论进行丰富、修正或者进一步改进。③ 平台成为各类知识生产活动的场域，并呈现出算法导向的表征。牛津大学互联网研究所的 Milena Tsvetkova 等专家通过对维基百科机器人的十年监测，发现了一个令人惊讶的现象，机器人之间的平均回复数远大于用户，机器人之间关于词条修改的平均回复次数为 105 次，远远大于回复用户的 3 次平均值。④ 机器人也会对用户的知识生产进行影响与控制，

① 周涛等：“社会计算驱动的社会科学研究方法”，《社会学研究》2022 年 5 期。
② “机器人科学家‘夏娃’开户制药新篇”，2015 年 2 月 10 日，https://www.iianews.com/info/robot/news-update/ABC0000000000236638. html。
③ 周涛等：“社会计算驱动的社会科学研究方法”，《社会学研究》2022 年 5 期。
④ See Tsvetkova, M., et al., “Even Good Bots Fight: The Case of Wikipedia”, *PloS ONE* Vol. 12. no. 2(2017) .

一是 Suggest Bot 通过开放式的门户网站来与人类进行互动并提供个性化建议；[①] 二是通过顾问型机器人比如 Mathbot 向人类提供各种建议。[②] 用户在机器人的指导下进行词条内容的修改，若用户的行为被检测到存在对词条的破坏时，行政型机器人 3RRBot 会删除有害知识、恢复词条，当行为过于恶劣时，会对其进行封禁。[③]

各类机器人、虚拟设备等所代表的智能主体根据自身的算法代码、命令，按照特定的规则来进行知识生产，并转译为用户所需要的视听语言，根据所处平台的环境来进行自我表现和身份管理。与人类生产者相比，智能主体承担的角色较为单一，它被局限在特定的领域，例如特定的平台、功能、话题、标签中，按照固定的脚本进行知识生产，但在精确性、准确度等方面具有较大的优势。智能主体通过承担平台中的知识生产工作来获得话语权，“通过严格而无情地执行算法，规范语言、文化、价值和习惯皆不相同的人类编辑行为”[④]，在契合平台生产逻辑的情境下，与用户通过关系网络有机团结为知识集群，形成了由多元化、智能化生产主体共同主导的知识生态系统。

2. 平台化知识生产的众包模式

知识众包是“一种新型知识创造模式，其利用分发众包的模式将知识的创建进行分化，加速知识裂变的过程”[⑤]。该模式由发包方、中

---

① See Cosley, D., et al., “Suggest Bot: Using Intelligent Task Routing to Help People Find Work in Wikipedia”, in Proceedings of the 12th International Conference on Intelligent User Interfaces, 2007, pp. 32–41.

② See Niederer, S., “Wisdom of the Crowd or Technicity of Content? Wikipedia as a Sociotechnical System”, *New Media & Society*, vol. 12, no. 8(2010), pp. 1368–1387.

③ See Lovink, G., et al, “Critical Point of View: A Wiki Pedia Reader”, *SSRN Electronic Journal*, 2011.

④ 参见甘莅豪、刘欣雨：“维基百科机器人群体性编纂过程中的知识与话语权研究”，《新闻大学》2021 年第 10 期。

⑤ 参见徐丹丹、鞠英杰：“‘互联网 +’ 环境下信息关系对知识形态的影响研究”，《图书馆理论与实践》2020 年第 3 期。

介、接包方三个要素构成，当平台为发包方时，将直接发起知识生产的任务，若为中介，将承接雇主委托的任务，根据雇主需求进行任务分配。用户作为接包方，根据自身的情况加入到特定的任务，在平台中创造、分享并转移知识。知识生产的众包模式存在两种情况，一种是有酬金的知识众包模式，公司、机构或者个人通过中介平台将任务分包给用户完成。例如在 Amazon Mechanical Turk、猪八戒网、InnoCentive 等众包平台上，用户可以通过做任务的形式奉献知识并获得酬劳，随着完成的任务量逐渐增多，用户会被赋予更高的等级和权限。此外也可以通过其他互联网平台的付费模式来进行知识众包，例如微博与知乎的付费问答。另一种是无酬金的知识众包模式，在这个模式中，平台扮演着发包方的角色，无需中介的介入。平台将知识生产任务直接推送给用户，例如知乎虽定位为知识生产社区，但平台本身并不承担知识生产的责任，而是将话题推送给用户。在这个模式中，用户通过自发行动和互相协作来进行知识生产，从点赞、转发和评论等积极性反馈中获得认同感与归属感。

知识众包模式从众包平台转移到互联网平台的过程，实质是将知识生产的"幽灵工作"转变为社交互动的形式。在众包平台中，知识生产工作在后台进行，用户通过应用程序界面进入到众包平台，算法程序会分批次给用户推送任务，用户根据自身的能力选择并完成相应的任务。在此过程中，用户是匿名的，被隐藏在了平台算法程序之中，从中获益的雇主或者消费者无法知道他们的存在，他们的工作沦为"幽灵工作"。[①] 在如今的互联网平台中，知识生产从平台的幕后来到了台前，逐渐转变为免费的劳动，平台的规训被主动的社交互动所

① 参见玛丽·L. 格雷、西达尔特·苏里：《销声匿迹：数字化工作的真正未来》，左安浦译，上海人民出版社 2020 年版，第 9 页。

掩盖，成了用户进行自我剥削的活动。众包平台通过各项规则来规训用户的行为，从而提高知识生产效率，但在非众包平台中，用户根据自身内在的动机和需求来自发进行知识生产，该模式通过标签来进行驱动，标签作为“数据流”和平台算法在屏幕前的“技术化身”，可以作为一个主题或者内容的“索引”装置。[①] 用户通过标签的关键词找到感兴趣的议题，跳转到对应的场域中进行协同生产，并集结为流动的“知识集群”。标签成为连接平台各个场景的中介，把平台建构成了一个社交互动与知识生产相互混合的实践空间。由标签联结而成的“知识集群”类似次级社会群体（secondary social group），[②] 次级社会群体通常是由工作或学习中的个人组成，为了某种特定目标集合在一起，当任务完成后会自动解散。[③] 从这个角度来看，数字平台改变了次级社会群体的性质，平台利用用户画像持续统合“知识集群”，使次级社会群体处于隐匿但未解散的状态。

在众包平台，知识生产活动由发包方任务驱动；在大众化平台，知识生产活动则是由用户需求来驱动，算法通过大数据分析用户讨论的话题获取需求，将相应需求的标签进行推送。用户在算法可见性的引导下转移到不同的标签中进行知识生产，算法对于标签的前置排序和推送使得用户陷入“信息茧房”中，造成了平台中的“信息负压”，“这些自我封闭的信息空间在选择吸收信息的同时，也向外输出信息以试图吸纳同化更多的人群”[④]。标签所吸引的“知识集群”带有着相同或者相似

---

① 参见刘涛、李昕昕：“作为‘技术化身’的标签：图像社交时代的连接文化及其视觉生成机制”，《新闻与写作》2021 年第 8 期。

② See Cooley, C. H., *Social Organization: A Study of the Larger Mind*, New York: Scribners, 1909.

③ 参见郑杭生主编：《社会学概论新修》（第三版），中国人民大学出版社 2003 年版。

④ 参见陈云松：“观念的‘割席’：当代中国互联网空间的群内区隔”，《社会学研究》2022 年第 4 期。

的喜好，用户在这样的环境中关系会变得越来越紧密，从而形成陌生人之间的快速强关系，茧房则加固了这种强关系的偏向，用户通过社交互动的方式进行着知识生产，生产最大化的渴望无意识地嵌入“知识集群”之中，形成了知识生产的众包–社交交融模式。

3. 平台化知识生产的资本驱动

平台的生产制度有其独特的动力驱动，带动平台资本发展的，“除了经济资本的直接干预之外，还有形成于平台同时也在影响平台的一种新兴文化资本形态”，[①] 这两类资本也成为知识生产的平台驱动力。首先，平台通过经济资本来驱动知识生产。平台作为中介为用户提供了知识套利的机会，在用户进行知识生产的初期，主要是依靠优质的内容来吸引粉丝和获得浏览量，浏览量在 YouTube、哔哩哔哩、微博等平台可以转化为可提现的金额。当完成初步的粉丝积累获得稳定的浏览量、点赞量等数据时，可以通过更多的方式来实现知识套利，一是参与平台的激励活动，哔哩哔哩会为每个知识类活动设定一定数额的奖金，当用户在相应的活动标签里发布内容，获得足够的流量时，比如观看数、点赞数、转发数等综合数据达到活动排名前列时，便可以获得相应奖金与曝光度奖励。二是知识内容中嵌入广告，用户可以通过在所生产的内容中嵌入和主题相符的广告以及电商产品，当粉丝通过相应链接购买商品后便可获得相应的抽成。三是通过知识付费的形式售卖知识，用户可以自行定价，平台则会从中抽取一定的服务费。这个过程中，算法与用户在平台中形成了共谋场景，用户依靠算法可见性逻辑来获取流量和用户注意力，降低知识收集、生产、交易的不确定性。

① 全燕：“平台文化资本的形成与消费社会的再结构化”，《江苏社会科学》2022 年第 4 期。

其次，平台通过文化资本的建构来驱动知识生产。布尔迪厄将文化资本分为具体状态的文化资本、客观状态的文化资本、体制状态的文化资本。[①]具体状态的文化资本指的是与人的身体相联系的文化资本，以文化、教育、修养的形式储存在人的身体之中，布尔迪厄在其中着重强调了教育的作用。[②]在平台中，用户可以根据自身具备的文化知识、技能和修养进行知识生产，通过优质、专业的内容获得影响力及话语权。以哔哩哔哩知识区为例，粉丝数排名前十的“Up主”均具有较高的学历，且都着力深耕自身熟悉的专业领域。客观状态的文化资本指的是作为文化商品存在，在物质和媒体中被客观化的文化资本，[③]当用户在平台中生产文字、图片、视频、音频等形式的知识类文化商品受到喜欢时，会激发他们的生产动力，也能为其带来实质上的盈利，如售卖知识付费课程。体制状态的文化资本主要指的是在自学者的资本，即经过某种制度确认的文化资本，[④]在平台中表现为用户评价体系。以知乎为例，它以知乎盐值作为用户身份的评价指标，盐值越高的用户能享受更多的权益与流量，平台通过可视化的身份标签赋予用户“功绩”，从而建构一种对用户的制度化承认。布尔迪厄认为，与经济资本相比，文化资本具有更多的伪装性，但文化资本可以转化为个人的外部财富，平台在通过文化资本驱动用户知识生产的同时，也为其获得经济资本提供机会。

4. 知识生产的景观化叙事

平台作为一个数字技术的综合性媒介，也使知识生产的叙事方

---

① 参见皮埃尔·布尔迪厄：《文化资本与社会炼金术：布尔迪厄访谈录》，包亚明译，上海人民出版社1997年版，第192—193页。

② 同上书，第194页。

③ 同上书，第198页。

④ 同上书，第200页。

式转向景观化。美国独立学者玛丽·劳尔·瑞安（Marie-Laure Ryan）认为，在计算机系统所营造的数字环境之中，数字文本表现出超文本（hypertext）与互动性（interactivity）的特征。[①] 平台的知识生产活动深度嵌入在数字环境中，叙事方式也衔接了上述特征。在形式上，知识以超文本的形式被生产，所生产的内容以相互独立但又可以相互链接的形态存在平台的语义网络之中，具有非线性、互动性与弥散性的特点。超文本链接在语义网中以知识图谱的逻辑进行连接，用户跟随某个知识节点导航至其他的节点中，在平台界面的标签与按钮中进行不同的选择，跳转到不同的语境和场景中进行知识生产。在界面的按钮设置以及平台的算法推荐中，用户在自身文化程度、喜好、特点等影响下通过超文本链接不断跳转生产，形成由碎片化超文本组成的模块。用户利用超文本链接的互动属性形成模块化的知识生产，理论上而言，用户可以通过超链接形成无限扩张的生产网络，但由于用户自身的知识偏向与平台语义网络形成的路径依赖，会使生产矩阵具有偏向性。由文字、图片、视频等超文本组成的模块则呈现出景观化的特征，尤其在视频平台中，用户在观看视频的过程中通过弹幕、评论进行知识的生产，并通过超链接跳转到相关视频中重复同样的行为，在这个过程中，知识生产与视觉景观生产相互融合。

景观化的叙事加强了平台知识生产的社交特性。一是利用超文本模块之间的互动属性。超文本由“文本块”（lexia）连接而成，并在内容上存在着“互文性”（intertextuality），景观化的超文本模块则营造了用户相互沟通的场景，“将网络中的文本网络自静态话语文本拓展到了

① 参见玛丽-劳尔·瑞安：《跨媒介叙事》，张新军等译，四川大学出版社 2019 年版，第 302—303 页。

人之动态的话语互动”[①]。平台设定的超文本模块吸纳了相近价值观、兴趣、想法、立场、态度、行为的价值共同体，通过知识生产中的交流沟通形成共识。二是通过景观化场景来唤醒社交欲望。景观化的生产场景是对用户在场的唤醒，通过图片、视频使用户之间形成了仿真的在场感，利用“询唤”机制来制造用户的社交欲望。“询唤”机制主要遵循两个步骤，“一是将个体‘询唤’为主体，二是使个体屈服于意识形态的物质实践”[②]。随着Web 1.0发展到Web 3.0，用户从最初的知识消费者被赋予了更多的生产权力，完成了消费者向生产主体的转变，特别是短视频增强了用户对自我的感知，在参与式文化的促使下激发了更加强烈的社交欲望。实际上，用户沉浸在平台所制造的幻觉当中，通过社交的方式进行知识生产并不意味着具备了相同的权力，粉丝数、浏览量、点赞数、评论数等指标影响着算法的权力分配。而且，平台中的知识生产实质上是对用户劳动的剥削，但社交化的模式能够使用户沉浸在景观幻觉中，从而无意识地放弃抵抗，并一步步陷入幻觉所建构的现实中，用户看似成为知识生产的主体，获得了能动性，实质上却陷入平台的景观意识形态的操控当中，成了知识变现的工具。

（二）平台化知识生产的偏误

根据艾瑞咨询提供的《2020年中国在线知识问答行业研究报告》，线上泛知识内容平台移动端网民渗透率的平均值已经超过86%。[③] 艾媒网则对知识付费行业进行调查，发现知识付费的用户数已经突破4.8

---

① 参见孙玮、李梦颖：“数字出版：超文本与交互性的知识生产新形态”，《现代出版》2021年第3期。

② 穆佳滢：“‘视觉殖民’意识形态的运作逻辑及其批判：基于对‘景观社会’理论的再分析”，《理论导刊》2022年第6期。

③ “中国在线知识问答行业白皮书”，2022年1月12日，https://report.iresearch.cn/report_pdf.aspx?id=3637, 20220112。

亿，预计在 2025 年突破 6.4 亿人。[①] 用户可以在平台的各个角落接触到知识，也可以通过各种形式来生产知识，荷兰学者何塞·范·迪克在《平台社会》一书中将平台的运作机制归纳为“数据化”（datafication）、“商品化”（commodification）和“选择性”（selection），平台中的实践活动烙有这三重逻辑。为了在内容上获得良好的数据，包括阅读量、评论数、点赞数、转发数等，平台会激励用户提升知识型内容的商品化与选择性。在平台化运作机制的影响下，知识生产活动与社交活动相嵌套，所生产出的知识往往杂糅了大量个人经验性、故事性、娱乐性内容，在平台逻辑的影响下，知识生产和知识本身都成为实现数据货币化的工具，偏离了知识应有的价值和意义。

1. 知识生产的内容偏移

为遵循平台运作的数据化逻辑，知识生产必须接受算法可见性的“检验”。当生产的知识符合平台的算法逻辑时，其价值会被放大，当其无法迎合平台的算法逻辑时，内容在搜索引擎和算法推送中不可见，便成了无效率的知识生产，被淹没在芜杂的知识流中。为了使自己生产的知识具有传播力，用户会根据热门趋势与社会热点事件生产针对性的知识内容，迎合平台的热门趋势以获得更多的曝光度与流量。碎片化、娱乐性、玩“梗”性质的知识内容更加符合平台病毒式传播、强互动性的特性，知识开始脱离原有的情景，在加入戏谑、“无厘头”、“卖萌”等相关元素后，以故事的形式被演绎出来，导致知识生产实践的再情景化，脱离原有情景的知识对各类话题、事件进行嫁接式的解释，导致知识的解释力不足。传统知识生产活动以“客

---

① “2022—2023 年中国知识付费行业：知识付费行业朝多元化、垂直化方向发展，职业技能类知识需求有望提升”，2022 年 10 月 22 日，https://www.iimedia.cn/c1020/89739.html。

观性”“现实性”作为评判的标准，[①]平台化的知识生产则脱离了原有的框架，以更加具体的数据化指标作为导向，以最低的成本获得最高的数据成为用户追求的目标。以直播为例，当知识类主播就自身领域进行知识内容的演讲时，平台评价其效果的指标不是知识内容的质量，而是直播的观看量、“弹幕”的互动数以及其造“梗”讲故事的能力。

英国哲学家伯特兰·罗素在考察个人经验与科学知识之间的关系时指出：“每个人的知识，从一种重要的意义来讲，决定于他自己的个人经验。他知道他曾看到和听到的事物、他曾读到别人告诉他的事物以及他根据这些要件所能推论出来的事物。”[②]掌握流量密码的知识“大V”会刻意将个体经历、经验、观点、立场融入知识内容，为知识增添浓厚的主观主义色彩。连续三年（2020—2022）获哔哩哔哩百大Up主的罗翔教授的刑法课带有鲜明的个人特质，将普法内容与普法者的价值输出紧密勾连。而哔哩哔哩为了使更多的用户卷入到话题的讨论中，常使用问句或者带有情感偏向的标签对话题进行修饰，平台的诱导与生产者的主观性使话题带有天然的偏向。当知识带着预设的立场被生产出来，难免会以偏概全地对话题进行说明。用户在接收到碎片化、浅层化、具有情感偏向的知识后，也可能形成相应的偏见。由于知识大V拥有超越大部分用户的文化资本，是算法推荐的优选，也会被更多的用户看见与相信，而无法适应平台数据化逻辑的生产者即使能产出高质量知识内容，也可能因无法被算法推荐而陷入生产内容被遮蔽的境地。

2. 知识生产的货币化导向

平台为了获得注意力与数据，在以商业文化和社交文化作为底层

① 参见海尔格·诺沃特尼等：《反思科学：不确定时代的知识生产和公众》，冷民等译，上海交通大学出版社2011年版，第235页。

② 罗素：《人类的知识》，张金言译，商务印书馆2017年版，第4页。

逻辑的知识生产中，将知识产品与服务免费提供给用户，但在额外的一些服务上进行收费，例如知乎的会员服务。平台收集和处理的大量用户数据可以洞察用户的特定喜好与需求，从而向其提供个性化的知识服务与广告，知识生产活动中的内容和数据成为平台货币化的工具。用户也在利用知识的货币属性来实现变现，为了获得可见性和流量，知识内容的故事性、可读性甚至是“狗血”程度成了用户考虑的主要因素，知识掺杂进故事化、观点化、情绪化甚至虚假的内容，知识被误导性、欺骗性甚至有害的信息污染，以“半成品”的样态被用户生产。更有甚者，用户是为了投放广告而生产相应的知识内容。在哔哩哔哩，Up 主为了提高广告的转化率，将知识内容加工处理成广告软文，作为引出广告的契机。以“大雷的食品科普日常”账号为例，在一条标题为“影响你健康的是添加剂，还是你的饮食习惯？”的短视频中，科普添加剂与饮食习惯的目的是售卖商家所投放的商品。

知识生产的货币化导向也使人们对于知识的感知发生偏向。经传统路径生产出的知识形态通常是客观性事实和被广泛接受的原理，它建立在人类可证伪的经验认识基础上，经由知识守门人层层把关，通过规范、精确的实验、建模、案例等方式运作，最终成为专业领域的共识。但当知识成为货币，商业文化开始主导平台中的知识生产，知识的来源阙如、知识的生产过程被遮蔽、知识应用的场景化加剧、知识的守门人缺失，免费的知识和廉价的知识变得唾手可得，“半成品知识”“伪知识”变得越来越常见……长期接触这类知识的用户很容易出现心理学中的“邓宁-克鲁格效应”，即往往会高估自身的能力，形成了自己便是专家的“幻象”，更多去相信自己想要与希望相信的知识。人人都可以成为自我意识中的“知识分子”或者“专家”，尤其在算法推送的影响下，用户在接受了各种同质化的知识后更加剧了这种感知。在“邓宁-

克鲁格效应”的作用下，用户对于平台知识的选择性汲取，加之知识本身的良莠不齐，会显著影响专业知识的有效传承。

3. 选择性生产中的知识偏颇

平台在为用户挑选他们可以接触、互动的对象、信息与服务，也为人机协同生产知识提供了独特的拟态环境。能够进行知识生产的智能主体既包括专业的维基机器人，也包括大量以广告营销、干预网络舆论为目的的社交机器人。当受到政治集团操纵，社交机器人即成为操纵舆论的工具。大量负面内容、虚假新闻、极端言论被植入知识性的标签内容中，潜移默化地影响用户对政治议题的判断。牛津大学计算机系研究员埃弗雷特（Everett）在一项关于社交平台 Reddit 的研究中发现，深度卷入互联网中的用户更容易被社交机器人自动生成的内容吸引，更容易受机器人账号批量生产的、带有恶意情绪的伪科学、伪知识影响，影响的时间甚至能够超过用户平台使用时长的 50%。[①]当被商业利益左右，选择性的知识生产亦有消极影响。研究发现，Twitter 中的社交机器人在讨论大麻如何影响人体健康的话题中所发布的帖子数量明显多于人类用户发布的数量。由机器人制造的知识选择性强调大麻制剂可以缓解癌症痛苦等功效，这一宣传连带一些未经证实的健康主张迅速传播、扩散，用户对于大麻药用的讨论在社交机器人的影响下变得愈加分裂。[②]

平台中充斥着各种各样的开源知识，其中既包括专业数据库的贡

① See Richard, E., Nurse, J. R. C. & Erola, A., “The Anatomy of Online Deception: What Makes Automated Text Convincing? ”, in Proceedings of the 31st Annual ACM Symposium on Applied Computing (SAC), 2016.

② See Allem, J. -P., Escobedo, P., & Dharmapuri, L., “Cannabis Surveillance with Twitter Data: Emerging Topics and Social Bots”, *American Journal of Public Health*, vol. 110, no. 3(2020), pp. 357–362.

献，也有海量用户生产的内容。依据史特金定律，[①]未经过筛选和把关的开源知识可能只有不到10%具有价值，其余皆为无聊的噪音，未受训练的普通用户很难判断知识的出处与可信度。如果此类开源知识的共享成为知识获取的常态，会对用户的一般性知识结构产生消极影响。而平台用户已经习惯通过搜索引擎获得知识，算法排序在无形中成为知识可信度与价值的评判标准，用户更倾向于相信出现在浏览器首页，并且排序靠前的内容。根据伦敦大学学院的调查，用户普遍不会仔细浏览搜索到的内容，他们只会快速浏览标题、目录与摘要，随后便跳转到其他内容。[②]良莠不齐的开源知识与算法排序叠加，为平台化知识生产增添一层迷雾。此外，在算法推荐的作用下，用户更易获得与自身经验、兴趣、观念契合的知识，将自己固化在获得某一领域真知的想象中，形成"逆火效应"。也就是说，即使他们获取的知识是偏颇甚至是错误的，他们还是会用尽方法维持自己内在叙事的前后一致，为自己认可的知识内容辩护。[③]在这个过程中用户进行的新一轮知识生产，极可能带有个人偏见，甚至产生谬误。

（三）平台化知识生产的多路径调试

知识生产的平台化转向是平台社会演进的一个重要面向，对其产生问题的应对方式也需要放置在平台内容治理框架下讨论。当前的平台内容治理模式主要分为以下三种：一是多元主体的共同监管

① 史特金定律（Sturgeon's Law）由作家西奥多·史特金（Theodore Sturgeon）提出，指文学作品中90%都是垃圾。引申到目前的平台知识内容上，平台的所有知识中，90%以上的内容皆为垃圾。

② See Rowlands, I., et al., "Auditing Algorithms: Research Methods for Detecting Discrimination on Internet Platforms", *Data and Discrimination: Converting Critical Concerns into Productive Inquiry*, vol. 22 (2014), pp. 4349–4357.

③ See Keohane, J., "How Facts Backfire: Researchers Discover a Surprising Threat to Democracy: Our Brains", *The Boston Globe*, (2010), pp.24–25.

（co-regulation），是由国家主导制定的一种监管制度，其中的参与者包括行业、广告商、消费者、公共利益组织等多个利益相关主体。[①]例如2018年在德国实行的《网络执行法》（Germany's Network Enforcement Act）将专业和公共利益规范引入到平台的运营方式中，通过改变科技公司的操作程序和模式来实行监管。[②]二是平台内容审核，主要方法为对发布在数字平台上的有害或非法内容进行审核，主要措施为删除内容、停用评论或阻止用户发送内容等。[③]但平台的内容审核通常存在滞后的问题，对应法律法规的滞后往往也会导致问题的解决时间被进一步推迟。三是通过替代性商业模式来破解平台的结构性垄断。通过开源代码、支持对抗性可操作性（adversarial interoperability）和可移植性的应用程序、加密技术与点对点系统来突破平台电子眼的监视。[④]已有的治理框架为平台化的知识生产调适提供了蓝本，具体的路径则需要根据我国的现实平台环境进行调整。

1. 建立"知识守门人"制度

2021年5月，欧盟发布《数字市场法》（Digital Markets Act，简称DMA），明确提出了"数字守门人"（digital gatekeeper）的概念，大型的在线数字平台被认定为"数字守门人"，[⑤]将平台视为新的"守

---

① See Lodge, M. & Wegrich' K., *Managing Regulation: Regulatory Analysis, Politics and Policy*, London: Palgrave Macmillan, 2012.

② See Klausa, T., "Graduating From 'New-School'—Germany's Procedural Approach to Regulating Online Discourse", *Information, Communication & Society*, vol. 2b. issue2 (2022), pp. 1–16.

③ See Ganesh, B. & Bright, J., "Countering Extremists on Social Media: Challenges for Strategic Communication and Content Moderation", *Policy & Internet*, vol. 12, no. 1 (2020), pp. 6–19.

④ Landwehr, M., Borning, A. & Wulf, V., "Problems with Surveillance Capitalism and Possible Alternatives for IT Infrastructure", *Information, Communication & Society*, vol. 2b. issue10 (2021), pp. 1–16.

⑤ "The Digital Markets Act: European Precautionary Antitrust, Aurelien Portuese". Available at: https://itif.org/publications/2021/05/24/digital-markets-act-european-precautionary-antitrust/.

门人”，意味公共监管机构的职责逐渐转移到平台之中，由其履行。[①]实际上，平台在未被明确“守门者”角色时，便已开始使用算法对内容进行监管与控制，承担着隐形把关的功能。我国在2021年实施的《中华人民共和国个人信息保护法》与《个人信息保护法》也相应地增加了“守门人”条款，但未提出系统性的“守门人”制度。因此，在平台化知识生产中，应建立制度性的“知识守门人”框架，政府作为主导者，应加强对知识生产的顶层规章制度的建设，识别出知识生产在内容生产中的特殊性，提出对应的规范化管理条例。平台作为“知识守门人”主体，首先需要明确知识内容把关的标准，把关要素应偏向知识的质量、准确性、真实性、实用性而非是否符合平台的流量逻辑，由于知识具有专业性，算法可以通过数据库的比对判断基础知识的真伪，在更加专业化的内容上，平台则需要招募不同领域的专业人员来进行鉴别。并且，平台作为“知识守门人”，应避免将用户数据与知识类产品进行捆绑，例如知识付费服务、电商产品以及其他产品、服务，从而保证平台把关的中立性。

2. 建立“内容-算法”的综合审核体系

在内容审核上，平台面临着多重挑战。首先，知识内容增长速度极快，其他内容持续裂变，人工审核已经无法覆盖知识的范围。其次，知识内容的专业化程度会增强审核难度，若是使用的语境不对，正确的知识也会产生错误的效果，这种复杂的语境适配会加剧算法大规模的标记、审核难度。最后，算法本身具有偏向性，平台的赋权使用户能够随时随地生产、传播知识，但其自身的商业属性使其更加偏向能够产生效益的内容，由于自身审核体系上的缺陷，甚至出现伪知

① See van Loo, R., “The New Gatekeepers: Private Firms as Public Enforcers”, *Virginia Law Review Association*, no. 106 (2020), pp. 467-522.

识、假知识大行其道的情况。

基于上述情况，首先，平台在内容审核上可以使用“算法＋人”的综合内容把关方式，算法可以大批量、快速对有害、虚假、偏向性的基础知识进行标记、分类和移除，还能通过社会网络信息、深度学习等方式来识别智能主体例如社交机器人、机器人水军，若是智能主体被检测到批量生产有害知识或者操纵知识的传播路径，平台可以对其进行标注并封禁 IP。当需要通过具体的语境分析知识的性质时，平台可以引进第三方的专业知识机构识别、审核、校对模糊的、有害的、半成品知识内容。其次，单个平台的审核无法对整个互联网生态进行联动管控，为了弥补跨平台审核的僵化机制，2017 年 Facebook、Twitter、Microsoft 和 Youtube 联合创建行业共享哈希数据库（Shared-industry hash database），根据共享数据库对有害、仇恨内容进行同步拦截。通过共享数据库的建设，平台也在逐步达成共识，制定关于知识内容的审核制度。最后，知识内容的偏向性很大程度上是受到了平台算法本身的控制，因此对算法进行审计也有必要纳入调适范围中。算法审计（algorithm auditing）是一种对平台算法偏向进行系统性审查的方法，被应用于检测算法的阶级性、歧视性、垄断性问题。[①] 算法审计分为三类：一是内部审计，平台通过开发算法来对自身的内容生态进行评估，从而调整知识的生产与传播机制；二是监管机构审计，主要是通过政府部门来对算法的公平性、透明性进行审计，调整高质量的知识内容的权重；三是第三方审计，通过“参与式审计”制度，以用户调查、模拟测试、抓取审计等外部访问方式进

① See Sandvig, C., et al., “Auditing Algorithms: Research Methods for Detecting Discrimination on Internet Platforms”, *Data and Discrimination: Converting Critical Concerns into Productive Inquiry*, no. 22 (2014), pp. 4349–4357.

行。[①] 在“参与式审计”的制度引导下，平台应逐步建立用户信息反馈与投诉的渠道与制度，从而对知识生产的内容、模式进行优化。

3. 引导用户能动性的复归突破平台知识垄断

由于平台本身不具备生产专业知识的能力，需要引导用户进行专业内容的输出。知识生产者分为专业人士与业余者，对专业人士而言，在知识变现与反智主义风潮的盛行下，知识的传统评价规范与价值标准被打破，能够迎合他人情绪、态度与观点，营造出意见气候的伪知识成为权威性内容。在很多时候，专业知识与能够引起情感共鸣的半成品知识背道而驰，但专业人士囿于“社会孤立”的恐惧，在半成品知识主导意见气候时选择沉默。萨义德一直主张“知识分子代表的不是塑像般的偶像，而是一项个人的行业，一种能量，一股顽强的力量，用语言和社会中明确、献身的声音针对诸多议题加以讨论，所有这些到头来都与启蒙和解放或自由相关”。在平台中，知识分子泛指专业人士，无可避免地与算法权力所契合的伪权威知识相互对抗，若是想要专业人士通过输出客观知识来重新建构共识，平台需要营造出用户间良性讨论、协商的网络环境，若是用户对不符合意见的专业人士进行“人肉搜索”、网暴等不符合平台规范的行为，平台应立即采取强制措施进行制止。平台也需要适当增强专业知识内容的可见性，从而提高用户的知识素养与辨别能力。

对于业余者而言，则需要从平台中抽身，通过更加系统的渠道来充实知识体系。我们可以回到传统的知识生产场景中，例如图书馆、书店和读书社团；对书本知识进行系统性学习，摆脱碎片化知识带来的思维割裂，重新进入深度思考的状态；还可以积极参与读书

---

① 参见张欣、宋雨鑫：“算法审计的制度逻辑和本土化构建”，《郑州大学学报》（哲学社会科学版）2022 年第 6 期。

会，通过与他人的交流、讨论，对知识进行系统性梳理与拓展。重返传统的知识生产情景，有利于摆脱平台化中肤浅、碎片化、偏向性的知识环境，让自身通过与他人的具身互动感受知识生产带来的意义，在恢复自我意识的同时对知识重新概念化。通过系统性的学习，业余者可以增强自身的知识素养与媒介素养，当重新进入平台后，通过批判性的思维对其中弥散的各种知识进行审视，并对有明显错误的内容进行反馈、纠正，将所学习的知识反哺到平台的生产活动当中，从而优化生产模式。在用户层面，对知识生产模式的调适需要激发他们的能动性，但平台中存在着诸多的抵抗性因素，需要通过系统的、权威的规制来为用户创造适合的生产场景，从而最大程度地发挥用户的主体性。

通过建立"知识守门人"制度、知识内容的综合治理体系与引导用户能动性复归，我们建构了一个多主体、多维度的协同调适体系。在进行调适的过程中，由于知识生产与其他的实践活动杂糅，很难进行严格的区分，使得调适的对象存在着较大的模糊性，如何辨析知识生产活动成为另一个难题。这也突显了一个严峻的现实，目前中国缺乏一个专业化并且门槛低的知识生产平台，为人所熟知的中国知网与小木虫论坛等均有较高的准入门槛，中国知网还因为滥用市场支配地位的垄断行为被罚款。中国的专业知识生产平台处于较为封闭的状态，在对其他类型平台的知识生产模式进行调适的同时，也需要尽快建立本土化的专业知识生产平台，将开源的知识建立数据库，形成分类目录以供查询，并通过用户互助的方式促进专业知识的传播。维基百科在国外成为具有权威性并且准入门槛低的专业知识生产平台，依靠的便是开源的知识与用户形成的"知识集群"，建立本土化的知识生产平台亟须提上日程。

随着平台社会的形成，平台成为了用户习惯性获取知识内容的渠道，他们可以在评论区中交流各自的想法，在视频弹幕中发表自己的意见看法，在不同的平台中通过不同的方式融入知识生产中来，平台成为知识的载体，经过算法对知识可见性的控制，呈现出一个偏向性的世界，知识生产被平台的技术体系规训与定制。技术哲学家斯蒂格勒认为，“数字技术已经推动超级工业社会进入无产阶级化的新阶段。在这个新阶段中，超级工业时代进入一个系统性愚昧的时代”①。知识越来越多地被平台生产、记录、储存，人们的深度思考被平台中的检索行为替代，当碰到了不懂的问题时，人们便在搜索引擎中检索从而获得与自身观点相符的知识内容。这种对于平台的顺从也在导致人们知识的丧失，个体独立观察与自省的思考被平台中的半成品知识覆盖，大脑被知识之外的情绪吸引了注意力。我们生活在一个随处可以获得知识的时代，但陷入了由技术带来的系统性愚昧之中。平台带来了知识获取的便利，但其资本属性不可避免地剥削了人的生产资料与时间，甚至将人异化为没有思维的机器人。如何从平台所建构的藩篱中突围，从中吸收有用的知识，并将之内化到自身的知识体系当中，令自己能够更加客观、公正地看待真实的社会与世界，从而迈向真正的“知识社会”，是需要去思考与解决的问题。

第三节　算法透明度下的内容自决与文化突围

（一）平台内容的用户自决

越来越多的事实表明，未来发展可能植根于技术的本质，而不

---

① 贝尔纳·斯蒂格勒:《南京课程：在人类纪时代阅读马克思和恩格斯——从〈德意志意识形态〉到〈自然辩证法〉》，张福公译，南京大学出版社 2019 年版，第 41 页。

是社会的本质。也就是说，技术的发展决定了社会转型的进程。在未来，技术发展和技术塑造世界的方式原则上是开放的。例如，人们可以而且应该规范滴滴打车的服务，但人们不能也不应该试图禁止服务去中心化。因此，当今平台的“必然性”实际上是社会的“去中心化”。而“必然性”是从后期形态的角度回顾其历史发展，来说明今天的形态对于过往形态的特殊性。今天的社会形态与数字媒体及其基础设施紧密交织在一起，可以说，未来的发展不是随机的，但是是灵活的，因为算法技术构成了社会变革的一部分。

因此，如果人们将算法透明度理解为一个在未来具有灵活性的过程，那么主要的挑战就是要看到它是否以一种对尽可能多的人有益的方式形成。算法透明度的缺失意味着什么？这可能会因利益相关者的不同价值观、文化背景和生活环境而异。人们普遍认为，美好生活的重要象征在于生活的多元化和多样性。而接近美好生活的一种方法是满足每个人的需求。如果采用基于一般人类需求的概念，那么美好生活是由总体物质、文化、社会、历史等条件共同构建和塑造的；如果从个人的角度来看，营造美好的生活不仅仅意味着满足人们的基本需求，还意味着过一种自主的生活，它的标志是自主实现自我有意义、有价值的生活目标。

因此，我们应该在算法透明度不足带来的自主性缺失方面进一步展开讨论。毋庸置疑，一个连接数十亿人、收集有关他们的全面数据、作为公共话语和许多企业支柱的平台掌握在一家私营公司手中，是明显有悖于传统“公共服务平台”的组织模式的。公共服务平台应掌握在公众手中，而不应该服务于私人经济利益。公共价值是一种组织原则，有着悠久的传统，它强调让尽可能多的人过上自主的生活。如今主流在线平台并非是公开危及公共价值和共同责任，但是在算法干预下的突出个性化的商业平台。平台为个人提供内容服务，并将他们留下的数据货币化，这意味着一种特定的社会模式在这些平台中被制度化和物化，平台奉行社会问题的最佳解决方案是通过个人的“自我组织”实现，这种社会模式也体现在“我们”的神话中：平台通过其组织原则使“我们”的生活变得更美好。但平台文化生态重组的现实却在告诉人们，通过技术实现一个新的、更美好的世代生活的想法只是乌托邦式的。在许多领域，“新”数字媒体技术只是被用来重新表达“旧”模式和不平等。

据此本文也进一步强调，对数字媒体及其基础设施的监管不仅仅是为了保护个人权利，还应该在更大程度上促成“合作责任”原则的实现。因为平台的公共价值的体现就主要体现在算法透明度问题上，只有通过平台公司、用户和公共机构等各种利益相关者的合作参与才能得到保障。而对于“合作责任”，研究者也提出了组织分配责任的四个关键步骤：第一，统一定义在平台特定的公共模式中发挥作用的基本公共价值；第二，每个利益相关者都必须承认他们在实现这些价值方面可以发挥作用；第三，必须建立一个多方利益相关者共同协商和交流的过程，在这个过程中，平台、用户和公共机构可以就基本公共价值的实施达成一致意见；第四，必须转化为法规、行为准则、使用条款等，并融入平台本身的设计中。[①] 这四个步骤不仅关注规范个人权利的法律，而且关注了整体平台社会进程，以促进人们对主导型公共价值观的共同理解。

然而，即使能够对 Facebook、Google 这样的跨国公司执行更严格的国家监管或全球治理，理想的平台社会场景要成为现实还有很长的

① Helberger, N., Pierson, J. & Poell T., “Governing Online Platforms: From Contested to Cooperative Responsibility”, *The Information Society*, vol. 34, no. 1(2018), pp. 1–14.

路要走。算法设计产生的许多无形制度化和物质化内容对大多数人来说仍然是“看不见的”。要打破这些黑匣子，寻求算法透明度是至关重要的选择。随着算法支持的数字媒体及其基础设施成为越来越多的社会领域的基础，一些民间组织作为社会行动者选择了通过修复或公开内容生产的做法来实现增强算法透明度的目标。例如在“数据行动主义”的行为中，利用数字数据的可访问性来揭示与数据化相关的风险和危害，并使它们成为批判性公共讨论的主题。[①]Algorithm Watch 是一家总部位于柏林的非营利组织，该组织的工作目标是使算法决策的过程能够易于理解。为了让外行可以理解德国信用检查公司 Schufa 使用的算法，Algorithm Watch 发起了一项众筹活动，感兴趣的人可以将自己的 Schufa 信用信息和其他核心数据捐赠给 Algorithm Watch。大约 3 000 人捐赠的数据使 Algorithm Watch 能够重建 Schufa 的数据处理技术，从而引发了对该主题的广泛讨论。本文可以将此视为公民社会参与者打开算法黑匣子的一个尝试。

类似的行动还包括总部位于纽约市的非营利组织 The Markup，该组织致力于调查数据新闻，以揭露技术对社会的道德和政治影响。新闻数据收集和分析的种类通常非常复杂而广泛，以至于大多数新闻机构自身并不清楚。The Markup 则提出要对 Google 和 Facebook 等科技公司进行数字监管。这种参与性的“数据行动主义”，旨在揭秘数据分析师的不为人知的工作，并将它们更紧密地整合到数据分析背后所隐含的社会模型的协商中。上述这些民间组织的算法监管行动有助于培养数据科学的平衡文化，是改进数据分析实践的有益尝试。

以上均是关于如何对科技公司展开监管的公共行动的案例，而

① Milan, S., “Data Activism as the New Frontier of Media Activism”, in Pickard, V. & Yang, G. (eds.), *Media Activism in the Digital Age*, New York: Routledge, 2017, pp. 151–163.

对于更具体的算法透明度需求，人们也在积极行动，以一种更具体的组织形式开展活动。例如，“平台合作主义”组织强调的核心理念是：在线平台的所有权归生产平台所依赖的内容和服务的人所有，或由用户自己所有。[①]这样的组织更加注重收入安全、数据处理的透明度，以及保护性法律框架的完善等。目前这种类型的组织在西方社会已经存在。Fairmondo 是一家柏林初创公司，主要是在线销售商品，包括书籍、家用电器、服装和食品。Fairmondo 将自己称为“合作 2.0”，实际上由大约 2 000 人规模的经销商共同所有，他们希望在在线平台上以公平的方式和公平的价格进行交易。Loconomics 是由位于旧金山的服务专业人士拥有的合作型平台，主要在家庭护理、家政和办公支持等领域提供服务，而无需经纪人或远距离投资者的参与。Stocksy 是位于加拿大维多利亚州的一个由来自 65 个国家的约 980 名摄影师组成的合作型平台，他们以公平的价格直接提供照片。该平台以合作社的形式运作，由三类合作成员组成，A 类为顾问，B 类为工作人员，C 类为贡献内容的艺术家。

新闻业有着悠久的合作传统，随着数字媒体的传播，合作传统也在平台上有了新的延续形态。例如，布里斯托尔有线电视是一家位于英国布里斯托尔的当地新闻合作平台，它成立于 2014 年，由 2 000 多名成员共同拥有，每个成员在组织中拥有相同的股份。除了本地新闻报道会定期在平台发布，还有一本免费的季刊，发行量为 30 000 份。为了支持新形式的地方新闻业，有线电视还提供免费的专业记者培训。德国 Krautreporter 是一个由 400 多名希望支持独立新闻业的成员组成的新闻合作平台。最初是众筹，自 2014 年以来，他们在网

① Scholz, T., *Uberworked and Underpaid: How Workers are Disrupting the Digital Economy* Cambridge: Polity Press, 2017, p. 214.

上发布了一份用户可以按月付费订阅的杂志。另一个类似的模式是瑞士在线杂志 *Republik*，该杂志最初由众筹活动资助，现在归 Project R Genossenschaft 所有，该组织的读者旨在通过独立新闻支持民主。它的发展也证明了数据新闻本身如果包括协作、众包和共同创造，也会为促进算法透明度提供有益思路。

这些组织平台和数字新闻合作的形式表明，监视资本主义和数据殖民主义并不是深度媒介化的必然结果。如果人们将平台合作的理念与以合作责任监管平台的理念联系起来，那么两者之间的主要联系就是让数字媒体更接近生产和使用其内容的人。当集体拥有他们提供产品和服务的平台以及他们产生的数据时，在算法建构的平台文化生态中，用户自主的概率就会增加，它们可以打破基于监控的数据征用的恶性循环。诚然，各种合作平台的概念、合作责任，以及通过数字媒体生产公共内容的定位，具有一定乌托邦的意味，特别是在需要挑战少数几家科技公司的寡头垄断的情况下，这种努力很可能杯水车薪。但作为令人鼓舞的尝试，它们表明另一种平台形态的存在是可能的。人们可以将这些示例视为邀请人们更开放地思考现有的路径依赖关系或启发人们如何调整算法传播在人们生活中的位置。

正如本节开头所述，这里的重点是如何打破算法组建的文化生态对人类自主性的影响，以便从个人角度实现平台化的美好生活。这需要进一步阐明个人自主与美好生活之间的关系。从个人的角度来看，人们可以将美好生活称为自主的、有意义的和充满满足感的生活。正如人们已经看到的，自主不仅仅意味着个人自由，也意味着有机会选择甚至参与人们行动所依据的规则的制定。自主并不意味着让人们脱离日常生活，而是使他们在生活中实现自决。平台自主生活在于能够选择对自己生活真正有意义的内容。这些有意义的内容可包括社交关系、专业爱好、政治参与和对流行文化的参与，等等。因此，自主为与个人需求相关的有意义的生活行为开辟了空间。

当前受算法影响的平台文化生态可以被视为是对个人自主权的某种限制。如前所述，这些限制的例子是多种多样的，远远超出了对数字媒体的持续访问所施加的限制（例如全球话语的限制）。但与此同时，数字媒体及其基础设施（至少在原则上）为实现个人自治开辟了新的可能性，它为（自我）组织、社区动员、学习和自我发展都带来了新的可能性。从个人的角度来看，算法时代需要以这样的理念构建数字媒体及其基础设施，以确保最大程度的个人自主权，那就是尊重个人需求并帮助实现促进个人全面发展的内容自决。如果我们以人的七种基本需求为起点（经济需求、民族需求、政治需求、认可需求、信仰需求、社会需求和休闲需求），那么平台建立的文化生态就必须能够确保满足给尽可能多的人的需求，而不是让一部分人与另一部分人对立。

具体而言，平台文化生态应有助于提供获得经济安全的途径，促进不同民族（种族）的个人以及他们共同理解的社区化，帮助支持不同政治群体和跨区域的政治决策，帮助少数派政治群体参与这一过程，多样化的个体应该在数字媒体中得到认可，不同形式的信仰、宗教、文化应该有自己的位置，而不是排他性的，提供建立和维持社会关系的可能性，等等。将这些个人需求考虑在内是重要的第一步。当然，平台美好生活的意义远不止于此，它还关乎个人的自主权和实现有意义的发展目标的可能性。在此背景下，至少可以从个人角度提出对平台文化生态建设的四个要求：自主性、可形成性、支持性和知识推广。

个人自主性在不同规模上发挥作用，它是关于个人能够自行决定披露哪些数据、向谁披露以及从中获得哪些利益。它同时还涉及能够通过数字媒体塑造自己的社会关系、谁可以访问自己制作的内容，以及如何利用或挪用这些内容。可形成性是指用户塑造他们使用的数字媒体，尤其是平台的能力。例如，滴滴司机和乘客角色均由平台定义，不同角色模型的社会协商不会在平台层面进行。乍一看，这并没有什么特别之处，因为其他社会组织也以类似的方式施加角色。但在线平台创造其内容是基于用户实践，因此用户应该有机会参与决策过程。比如让共享平台的司机在网上找到彼此并表达他们的意愿，以此作为向赋权迈进的一步。支持性是指数字媒体及其基础设施帮助用户实现自己的目标，从而为他们的生活增添意义。例如，平台的支持性与“创意平台”的发展有关，[①]平台能够帮助个人发展自己的创造力，并支持他们创造有意义的生活。最后，平台应促进知识推广，帮助人们在公共问题上建立自己的立场。这一主张已经在公共领域的各种理论中得到了充分解释。

在算法传播时代，人们迫切需要发展更广阔的视野，促使各大平台更加重视内容，不再仅仅充当内容的分发平台。当人们审视各大平台以及他们提供的相关信息时，会发现用来收集有关用户活动或健康信息的跟踪器和应用程序也在同步为其他商业目标提供数据，因此，平台的运作方式也决定了内容生产的类型和目的。这也清楚地显示，内容自决在许多人的平台生活中微不足道，而批判性媒介化研究不仅应该深入反思与平台相关的转变，还应该思考可能的替代方案，以促进未来平台良性发展。

---

① Gauntlett, D., *Making is Connecting: The Social Power of Creativity, from Craft and Knitting to Digital Everything*, 2nd Expanded Edition, Cambridge: Polity Press, 2018.

（二）用户逆算法的文化突围

算法介入文化生态链条的每个阶段，形成了完整的传播闭环，而经由新兴传播者算法重组后的平台文化生态对人们也产生了深刻的影响。加速运转的算法让内容无休无止地更新，人们在瞬息万变的文化生态中延长驻留时间，花费大量的精力沉浸于他人的体验之中，他们的现实生活已与平台融为一体，相互裹挟着加速前进。算法通过内容的分销为人们提供体验和行动的参考，但这种体验并没有纳入到人们自身的整体经验脉络之中，相反，这种“指向未来的体验意向性”让人们经历了“无意义的体验”，[①] 陷入“意义贫困”[②] 之中。由于无法形成真正的“经验脉络”，人们的经验认知以及对意义的阐释、记忆等原本属于人类独有的特质正在交由算法代理。

算法精心打造时间牢笼，将他人“经验的时间”转化为自身“记忆的时间”，使用户在算法分销的内容中体验到了新鲜感、兴奋感、满足感，但很难在记忆中留存。在算法主导的内容分销模式中，算法再造了人们的时间感知，在攫取时间的同时让人们自然而然地适应了新的时间规范，产生快速的体验与短暂的记忆。用户的记忆寄存在经由算法分销的内容中，看似体验到了丰富多彩的世界，但这些体验都是由算法根据对用户的了解“填充”给用户的。以豆瓣为例，豆瓣评分来自用户打分后算法程序的计算，并成为人们决定是否进行内容消

---

① 阿尔弗雷德·舒茨：《社会世界的意义构成》，游淙祺译，商务印书馆 2012 年版，第 73 页。

② “一个人如果一天到晚生活在自己的大脑里和心理空间里，自然需要渴求意义来支撑自己。这个时候，人自己就成为了一个封闭的“系统”。意义贫困并不是人感到没有意义，反而可能相反，人们需要自己做的事情直接达到某种意义。但这可能是误区，一个人做的事情不可能直接有终极意义”。参见项飙：“项飙谈 996 和异化：城市新穷人不是经济穷人，是意义贫困”，2021 年 2 月 3 日，https://mp.weixin.qq.com/s/I-Fbl6AYCZOXFSMcdky5gg。

费的依据，然而这让人们在并没有接触该内容的时候就有了预先的体验，不经意间将他人的体验嫁接成为虚假的用户自我体验。而当豆瓣评分中他人的阅读体验、观影体验等被用户吸纳，成为消费的直接引导时，也印证了学者郑作彧所说的“当下人们所知先于体验”[①]这一状况。

社会学家阿尔弗雷德·舒茨将意识体验分为有意义的体验与无意义的体验，认为凡是经由反省活动被重新捕捉的体验就是有意义的，反之则是没有意义的[②]。而可以反省的体验，被舒茨视为“行为”，即人们不断在各种行为中进行体验、反思，然后一点一滴地把握住这个社会世界运作的各个面向。通过体验、行为，世界在人们的意识当中会越来越充实，越来越全面，越来越呈现出一个整体性。[③]这也就是说，行动者在对体验的反思中可以自我赋予意义，并且有能力采取主动性的姿态来面对日常生活。反观算法给予人们的体验，显然难以达到舒茨提出的基于反省的体验这一层次。在算法传播重组的文化生态之中，内容接收者的意向性往往不是对于亲身体验过的事物的意识，而是对于屏幕界面中算法推荐的内容的意识。作为传播者的算法率先向人们灌输了人们所知的或未知的领域，并框定了人们即将拥有的未来的体验场景。因为习惯了认知先于体验的生活方式，人们会越来越倾向于寻找各种攻略去消除生活中的不熟悉与不确定性，在追随他人分享的体验中获得肯定和安全感，所以人们会接受算法分配与展示的

① “当代社会的真实建构形式，就在学校教育系统与数字网络媒体的双重作用下，通过所知先于体验、甚至所知引导体验的运作，而构成了人们这个马赛克照片世界。”参见郑作彧：“人们这个马赛克照片世界：当代真实的社会建构形式”，《广东社会科学》2021年第1期。

② 阿尔弗雷德·舒茨：《社会世界的意义构成》，游淙祺译，商务印书馆2012年版，第13页。

③ 郑作彧：“人们这个马赛克照片世界：当代真实的社会建构形式”，《广东社会科学》2021年第1期。

他人的日常生活的方式，并高度依赖于他人提供的经验分享。正是这种亦步亦趋地跟随，导致人们无法形成属于自身的一整套参与这个世界的经验图式，也就无从把握世界的运作模式。

由于人们在追随他人的过程中所得到的体验既没有包含指涉过去经验的持存，也没有包含指涉未来经验的前摄，因此也无法对该体验做出自我诠释，更遑论反省。人们看到，人们为了打卡网红店，可以排队数万桌，等待数小时，获得进入店内的资格后再抢夺一杯奶茶的购买机会。如此花费大量的时间去完成类似的体验，在当下人们的日常生活中屡见不鲜。这种体验是计划期待下的结果，既与人们过去的经历无关，也与未来无关，它带来的结果是断裂的、碎片式的景观累积，是空洞的表象，人们无法由此建立起成体系的认知架构，只能在“追求新潮”中获得即刻满足感。一波接一波的“网红”产品、服务、地点，等等成为人们获得即刻满足的来源，而对网红事物的打卡仅成为“刷”存在感的一种行为仪式，而周而复始的类似体验只会加剧人们陷入经验贫乏的风险，

罗萨曾对加速社会中人们的生存状态做出如下评价：“人们的行动没有‘吸收时间’，也没有让人们体验到的时间变成‘人们自己的’时间。人们体验到的时间以及花费在体验上的时间，都相异于人们。”[①] 在网红店的体验过程中，大部分时间在等待中度过，事后回顾与凝视这段体验的记忆，会发现几乎没有留下什么痕迹，无法构成反省的产物——意义。这种时间异化所带来的后果，就是让“停不下来”成了一种平台化生存的常态，人们总是在被不断出现的“新”事物裹挟着前进。算法在源源不断地分销内容，并进行内容营销，打造

① 哈特穆特·罗萨：《新异化的诞生——社会加速批判理论大纲》，郑作彧译，上海人民出版社2018版，第139页。

了一个接一个的网红地，而人们接受算法推荐，亦步亦趋地形成符合算法潮流的生活方式，但这些体验却无法彼此联结，整合成完整的生活世界。因此，今日头条所言的“看见更大的世界”不过是一个算法的世界，在这个世界里，人们体验他人精心挑选、放大、剪接后所呈现出的图景，并吸收接纳，进而做出行为，但行为常常是“习惯性的、情绪性的或受到文化传统所影响的犹如机械般的动作”。[①] 也就是说，在算法传播的场域之中，人们的行为很多时候并不是自身所计划并期待的，而是由新晋的行动者——算法所构想和预期的。

在这里人们并不是要彻底否认人的能动性，而是发现算法所提供的与人们所思所想过于契合。算法造就的日常生活世界让人们无需自行构想，久而久之，人们会习惯于这种舒适感与安全感。但问题在于算法推荐下人们的每一项体验都是孤立存在的，并没有融入自身的背景，而是在基于他人与算法的框架下发生。因此，人们可以说依赖算法推荐所发生的体验是一种无意义的体验，在发生时人们固然有所感知，但在记忆中却没能留下长久痕迹，自然也就没有形成舒茨眼中的“经验脉络”越多人习惯以手指在界面上的滑动“代替”身临其境，尝试在界面中丰富体验，寻找生命意义，但日渐活在了“脑子里的世界”中，陷入了“意义贫困”。

算法在经过深度学习和自我进化后，不仅能够帮助人们构想、计划以及预测，还能以回溯人们过往、重塑人们记忆的方式对其行动的意义进行限定。例如 Instagram 会向用户推送“查看 1 年前的今天”以及智能手机相册中的“过去 2 个月最佳回忆”等等，唤起人们对过往的追忆。不仅如此，算法还将人们过往留下的数字痕迹重新检索、

① 阿尔弗雷德·舒茨:《社会世界的意义构成》，游淙祺译，商务印书馆 2012 年版，第 15 页。

加工、整理和分类，精准分析照片拍摄的时间、所在的场景以及出镜的人物，并自动链接同个人物的其他影像。算法将内容解构为不同的模块，试图将人们的数字化痕迹串联在一起，它在向人们展示机器学习的记忆逻辑，以毋庸置疑的姿态告诉每个人——“这是你的最佳回忆”。算法精心设置后所展现的记忆内容为人们提供了一种凝视方向，经过算法编排的过往再次浮现，让人们产生强烈的分享意愿，从而对过去内容的“意义”进行再解读与再生产，并再次成为算法捕捉的对象，逐渐形成以“我”为中心的个性化文化生态环境。久而久之，对意义的阐释、记忆已经不再是人类的专属行为，而这些原本都是人们建立自身认知与身份认同的重要来源。当人们将各种认知与认同的形塑过程逐渐交由算法打理的时候，人们又该如何消除“意义贫困”，在算法传播的文化生态之中理解和体验生活世界？

以算法为代表的科技加速体验没有为人们释放出更多的闲暇时间，反而让能够自由支配的时间在体验与记忆两个维度上被算法所操控，它正在侵占人们的生活世界，助推了“快节奏”的生活状态以及“快餐式”消费主义的盛行。出于对不断加速现状的反思与反抗，一种“慢生活”的生活哲学开始出现。“慢生活”的主张在微观上是对个体生命意义的重新审视——从深度的生命体验到独特而丰富的灵魂追求，强调身体上的深度体验、精神上的深度思考以及整体性、连续性和稳态性的生活感知。[1]这种生活感知能够弥补算法提供的碎片化、短暂化、流态化的生活体验。而想要真正跳脱出算法传播限定的文化生态环境，去深度感知和认知世界，归根到底还需要依靠个人身体的“逆算法实践”。

---

① 汪斌锋：“‘慢生活’：一个‘社会速度’批判视角”，《宁夏社会科学》2018 年第 1 期。

在法国现象学家莫里斯·梅洛-庞蒂看来，身体是人与世界的结合点，没有哪种意识、知觉、行为不与物相关联。同时，身体与世界的关系也栖息于意义当中，每一个知觉事件都既是经验行为的又是理解认知的。[①] 知觉和意义相结合的身体，是人胜于技术物的所在。当人们与技术物深度绑定甚至相互嵌入已经成为不可逆的趋势时，更需要通过与生俱来的知觉去亲身体会和经历现实的生活，而不只是一味依靠“以他人时间替换现实时间”的这种与世界产生联系的方式，将他人的体验和经历嫁接到自身上。

可见，身体是人们在世存有的体验与意义的给予者，身体的体验性的知是一切知的根基与条件，身体与世界的关系就是身体与世界的交织与交叉。[②] 能将人们从“意义贫困”中解救出来的正是身体本身。作为主体的身体意味着它能够作为与世界打交道的中介与世界相耦合，通过把外在事物纳入自身的知觉场之中来达成与世界之间的关系，[③] 例如，人们的身体不只能触摸屏幕界面、观看算法推荐的内容世界，更为重要的是能带着灵魂走进世界，亲身感知事物，与算法设定的评价体系、制定的秩序保持距离。也就是说，“逆算法的实践”更注重的是主体见微知著的体验过程，而不是流于形式的体验仪式和急于求成的体验结果。同时，它也更强调亲身感受后的思考，而不是印证算法堆砌的关于“该如何观看世界”的单一视角。

再回到“慢生活”的生活哲学当中，让生活慢下来，是本文倡导的逆算法的身体实践的目的，也是对以算法为代表的“快技术”及

① 张进、王垚：“现象学视域下的物质文化研究”，《湖北大学学报（哲学社会科学版）》2017 年第 5 期。

② 燕燕：“梅洛-庞蒂名相的肉身——从我能的身体到一体的肉身”，《现代哲学》2012 第 3 期。

③ 刘铮：“梅洛-庞蒂身体现象学视域中的技术问题”，《哲学与文化》2020 年第 10 期。

其引发的内容与时间重组状况的“反击”。践行“慢生活”并不意味着能够降低技术的运转速度，扭转平台文化生态格局，逃离算法统治的屏幕世界，以及忽视算法提升内容分发效率、节省用户筛选信息时间的功用，它指向的是人应该如何让用在技术上的时间变得更有生产性，“为新的反身性行为留下时间”。[①] 人们发现，从慢饮食、慢城市、慢旅游，到慢媒介、慢传播、慢综艺……社会文化生活中关于“慢”的实践日渐受到关注并盛行。在“慢生活”的实践中，人们不再单纯依靠在屏幕世界中体验算法所预设的视听感官体验，更多的是将自己的身体交给世界，调动多重感官体验沉浸其中，让身体充分关注与感受周围环境，体验未知的过程。不同的感官在联动与交互中形成通感，通过这种身体的多维度感知唤醒知觉，[②] 同时将接收到的内容进行组织、加工与记忆，最终形成属于自身的经验，完成关于自我与世界的叙事。例如“慢城市”的理念强调人们在构成连贯故事的场景之中（独一无二的角色、特定的时间与地点）进行充分的情感体验。奉行“慢城市”理念的景观装置艺术设计师通常根据人的不同感官打造多元化体验，留给人们驻留、互动以及思考的余地，同时部分景观装置艺术刻意塑造为半成品，让人们加入自身想法、主动参与创作。[③] 这样，人们可以不必执着于根据算法标记的内容去完成某项活动，从而获得“确认”意义，而是能够在连续不断、不可分割、只能作为一个

---

① 袁艳：“‘慢’从何来？——数字时代的手帐及其再中介化”，《国际新闻界》2021 年第 3 期。

② 在梅洛·庞蒂看来，知觉是认知和理解世界的最有效手段，人们的身体使人们知觉的角度的改变和变换成为可能，进而使和其相随的意义的改变和变换成为可能。参见丹尼尔·托马斯·普里莫茨克：《梅洛 - 庞蒂》，关群德译，清华大学出版社 2019 年版，第 25 页。

③ 周春风、胡苏皖：“‘慢城市’情感体验下的景观装置艺术塑造”，《美与时代（城市版）》2021 年第 4 期。

整体而存在的时间中形成一以贯之、独一无二的意义之线，这使“人们经验的世界重新向惊奇和探究开放”，[①] 身体主体在“逆算法实践”中描绘自身意义。

法国技术哲学家贝尔纳·斯蒂格勒（Bernard Stiegler）认为，人类进化建立在记忆与程序之上，而技术革命将造成记忆方式与程序编码的改变。[②] 算法传播在某种程度上实现了这一预言。机器学习与自动化程序深刻影响了人类既有的时空认知观念、记忆、思想方式、行为体验以及生活秩序；算法所主导的内容分销模式让人们沉浸于和算法的“一对一”交流模式之中；人们的“意识流”正在与作为程序工业产品的算法时间流相汇合，却远远跟不上机器的深度学习与自我进化……这让人们陷入内在的失调，在技术断裂的当下难以重建自身以及社会的内在秩序。

技术本身参与建构了人类起源、存在与主体性生成，只要身处互联网世界中，人们就很难脱离算法技术体系行动与生活。但这不意味着人们只能顺应技术本身的逻辑，哲学领域的具身研究通过揭示人们隐藏着的认知无意识机制对身体交互的极度依赖性，发现了鲜活的肉身在人们关于意义与理解中的基础作用。[③] 因此，人们可以充分调动人们的感知系统与身体的意向性，在与技术的融合与抵抗中不断调适自身，有意识地跳出算法传播的世界，通过亲身体验探索自身与生活世界的意义，去挖掘生活世界的更多可能性。然而当算法进化到比人们更懂得传播法则、更懂人心时，真实世界里的交流是否会逐渐

---

① 丹尼尔·托马斯·普里莫茨克:《梅洛-庞蒂》，关群德译，清华大学出版社 2019 年版，第 118 页。

② 段伟文:“直面数字技术与自动化技术突变的哲思”，《自然辩证法通讯》2020 第 11 期。

③ 芮必峰、昂振:“传播研究中的身体视角——从认知语言学看具身传播”，《现代传播》（中国传媒大学学报）2021 年第 4 期。

萎缩？传播的真谛是否从此改变？当算法控制的“全球脑”（Global Brain）被掌握在占有数据最多的超级国家或寡头互联网公司时，平台帝国主义是否会成为新地缘政治中世界霸权的新形态？算法重组的传播格局在未来具有无限发展的可能性，同时也蕴含着巨大的发展风险，无论如何，如何使智能化传播朝着使世界更加美好的趋势发展是人们应该思考的问题，也是需要努力去实现的愿景。

参考文献

中文文献（含汉译著作及文章）

奥古斯丁:《忏悔录》，周士良译，商务印书馆 1997 年版。

齐格蒙特 · 鲍曼:《流动的现代性》，欧阳景根译，中国人民大学出版社 2018 年版。

丹尼尔 · 贝尔:《后工业社会的来临：对社会预测的一项探索》，高铦等译，新华出版社 1997 年版。

约翰 · 杜翰姆 · 彼得斯:《对空言说：传播的观念史》，邓建国译，上海译文出版社 2017 年版。

马克 · 波斯特:《第二媒介时代》，范静哗译，南京大学出版社 2001 年版。

尼尔 · 波兹曼:《娱乐至死》，章艳、吴燕莛译，广西师范大学出版社 2004 年版。

皮埃尔 · 布尔迪厄:《区分：判断力的社会批判》，刘晖译，商务印书馆 2015 年版。

皮埃尔 · 布尔迪厄:《文化资本与社会炼金术：布尔迪厄访谈录》，包亚明译，上海人民出版社 1997 年版。

柏拉图:《理想国》，顾寿观译，岳麓书社 2010 年版。

毕芙蓉：“文化资本与符号暴力：论布迪厄的知识社会学”，《理论探讨》2015 年第 1 期。

大卫 · M. 贝里、安德斯 · 费格约德:《数字人文：数字时代的知识与批判》，王晓光译，东北财经大学出版社 2019 年版。

D. 布鲁尔：“反拉图尔论”，张敦敏译，《世界哲学》2008 年第 3 期。

史蒂文 · 贝斯特：“现实的商品化和商品化的现实：波德里亚、德博尔和后现代理论”，载道格拉斯 · 凯尔纳:《鲍德里亚：批判性的读本》，陈维振等译，江苏人民出版社 2005 年版。

Douglas Broom：“数字鸿沟：疫情中的另一种隔离”，李想编译，2020 年 4 月 29 日，https://icsf.cuc.edu.cn/2020/0917/c5607a173085/page.htm。

陈昌凤、师文：“智能算法运用于新闻策展的技术逻辑与伦理风险”，《新闻界》

2019年第1期。
程承坪："人工智能：工具或主体？——兼论人工智能奇点"，《上海师范大学学报》（哲学社会科学版）2021年第6期。
常江、何仁亿："弗莱德·特纳：技术乌托邦主义是一种失败的社会变革方案——民主诉求下的传播技术批判"，《新闻界》2019年第10期。
常江、田浩："尼克·库尔德利：数据殖民主义是殖民主义的最新阶段——马克思主义与数字文化批判"，《新闻界》2020年第2期。
陈云松："观念的'割席'：当代中国互联网空间的群内区隔"，《社会学研究》2022年第4期。
陈国权："中国媒体'中央厨房'发展报告"，《新闻记者》2018年第1期。
理查德·道金斯：《自私的基因》，卢允中等译，中信出版社2012年版。
居伊·德波：《景观社会》，张新木译，南京大学出版社2017年版。
吉尔·德勒兹：《哲学与权力的谈判：德勒兹论谈录》，刘汉全译，商务印书馆2000年版。
何塞·范·迪克、托马斯·普尔、马丁·德·瓦尔：《平台社会：互联世界中的公共价值》，孟韬译，东北财经大学出版社2023年版。
吉尔·德勒兹："控制社会后记"，戴陆译，《世界美术》2022年第1期。
德勒兹、加塔利：《资本主义与精神分裂：千高原》，姜宇辉译，上海书店出版社2010年版。
杜骏飞："数字交往论（2）：元宇宙，分身与认识论"，《新闻界》2022年第1期。
董金平："加速主义与数字平台：斯尔尼塞克的平台资本主义批判"，《上海大学学报》（社会科学版）2018年第6期。
大卫·哈维："当代资本主义社会的普遍异化"，《学习与探索》2018年第8期。
董明楷等："基于动态描述逻辑的主体模型"，《计算机研究与发展》2004年第5期。
段伟文："直面数字技术与自动化技术突变的哲思"，《自然辩证法通讯》2020第11期。
戴宇辰："'旧相识'和'新重逢'：行动者网络理论与媒介（化）研究的未来：一个理论史视角"，《国际新闻界》2020年第4期。
米歇尔·福柯：《性经验史》，佘碧平译，上海世纪出版集团2003年版。
米歇尔·福柯：《主体解释学——法兰西学院课程系列：1981—1982》，佘碧平译，上海人民出版社2018年版。
米歇尔·福柯：《词与物：人文科学的考古学》，黄伟民译，上海书店出版社2016年版。
米歇尔·福柯：《知识考古学》，谢强、马月译，生活·读书·新知三联书店2007年版。

范红霞、邱君怡:“数字守门人在社交平台上的角色分配与权力流动”,《新闻爱好者》2019 年第 6 期。

范红霞、叶君浩:“基于算法主导下的议程设置功能反思”,《当代传播》2018 年第 4 期。

方凌智、沈煌南:“技术和文明的变迁:元宇宙的概念研究”,《产业经济评论》2022 年第 1 期。

郭军、戴阿宝:“文化研究关键词之二”,《读书》2006 年第 2 期。

郭全中:“县级融媒体中心建设的进展、难点与对策”,《新闻爱好者》2019 年第 7 期。

甘莅豪、刘欣雨:“维基百科机器人群体性编纂过程中的知识与话语权研究”,《新闻大学》2021 年第 10 期。

高奇琦、李欢:“主奴辩证法与相互承认:试论人工智能战胜人类的可能性”,《理论探讨》2017 年第 6 期。

郭全中:“MCN 机构发展动因、现状、趋势与变现关键研究”,《新闻与写作》2020 年第 3 期。

高小康:“大数据时代的消费文化与空间冲突”,《湖北社会科学》2014 年第 12 期。

高艺等:“‘可见性’何以成为生意?——交友类 App 会员制的监视可供性研究”,《国际新闻界》2022 年第 1 期。

郭小平、秦艺轩:“解构智能传播的数据神话:算法偏见的成因与风险治理路径”,《现代传播》(中国传媒大学学报)2019 年第 9 期。

顾烨烨、方兴东、钟祥铭:“深度媒介化视角下平台治理的范式转变——‘守门人’理念下技术、媒介与制度的耦合进程”,《新闻与写作》2023 年第 3 期。

尤尔根·哈贝马斯:《公共领域的结构转型》,曹卫东等译,学林出版社 1999 年版。

哈拉瑞:《人类大历史:从野兽到扮演上帝》,林俊宏译,远见天下文化出版股份有限公司 2014 年版。

迈克尔·海姆:《从界面到网络空间:虚拟实在的形而上学》,金吾伦、刘钢译,上海科技教育出版社 2000 年版。

埃德蒙特·胡塞尔:《内在时间意识现象学》,杨富斌译,华夏出版社 2000 年版。

贺建芹:“激进的对称与‘人的去中心化’:拉图尔的非人行动者能动性观念解读”,《自然辩证法研究》2011 年 12 期。

黄淼、黄佩:“算法驯化:个性化推荐平台的自媒体内容生产网络及其运作”,《新闻大学》2020 年第 1 期。

何炜、魏贺、张旸:“人民日报‘中央厨房’:探索新闻生产新模式”,《新闻与写作》2016 年第 9 期。

何双百:“机器同伴:新型亲密关系下的人机共情现象思考”,《西南民族大学学报》（人文社会科学版）2021 年第 7 期。

黄擎："雷蒙·威廉斯与'关键词批评'的生成"，《外国文学研究》2011 年第 4 期。

胡泳、刘纯懿："元宇宙作为媒介：传播的'复得'与'复失'"，《新闻界》2022 年第 1 期。

安东尼·吉登斯：《社会的构成：结构化理论纲要》，李康、李猛译，中国人民大学出版社 2016 年版。

蒋锐、俞虹："作为公共服务平台的县级融媒体中心：一种基层治理的视角"，《现代传播》2021 年第 2 期。

玛丽·L. 格雷、西达尔特·苏里：《销声匿迹：数字化工作的真正未来》，左安浦译，上海人民出版社 2020 年版。

鞠春彦、杨轩："核心粉丝是如何炼成的：基于文化资本视角下的粉丝社群研究"，《中国青年研究》2019 年第 7 期。

姬德强："深度造假：人工智能时代的视觉政治"，《新闻大学》2020 年第 7 期。

尼克·库尔德利、安德烈亚斯·赫普：《现实的中介化建构》，刘泱育译，复旦大学出版社 2013 年版。

曼纽尔·卡斯特：《认同的力量》，曹荣湘译，社会科学文献出版社 2006 版。

曼纽尔·卡斯特：《网络社会的崛起》，夏铸九等译，社会科学文献出版社 2000 年版。

曼纽尔·卡斯特：《网络社会：跨文化的视角》，周凯译，社会科学文献出版社 2009 年版。

道格拉斯·凯尔纳：《媒体文化：介于现代与后现代之间的文化研究、认同性与政治》，丁宁译，商务印书馆 2004 年版。

詹姆斯·W. 凯瑞：《作为文化的传播："媒介与社会"论文集》，丁未译，华夏出版社 2005 年版。

道格拉斯·凯尔纳：《媒体奇观：当代美国社会文化透视》，史安斌译，清华大学出版社 2003 年版。

阿瑟·克拉克：《阿瑟·克拉克科幻短篇全集 2：星》，秦鹏等译，文汇出版社 2021 年版。

托马斯·库恩：《科学革命的结构》，金吾伦、胡新和译，北京大学出版 2012 年版。

査尔斯·霍顿·库利：《人类本性与社会秩序》，包凡一、王湲译，华夏出版社 2015 年版。

雷·库兹韦尔：《奇点临近：2045，当计算机智能超越人类》，李庆诚等译，机械工业出版社 2013 年版。

杰伦·拉尼尔：《你不是个玩意儿：这些被互联网奴役的人们》，葛仲君译，中信出版社 2011 年版。
布鲁诺·拉图尔:《科学在行动：怎样在社会中跟随科学家和工程师》，刘文旋、郑开译，东方出版社 2005 版。
布鲁诺·拉图尔:《我们从未现代过》，余晓岚等译，群学出版有限公司 2012 年版。
布鲁诺·拉图尔:《自然的政治：如何把科学带入民主》，麦永雄译，河南大学出版社 2016 版。
布鲁诺·拉图尔、史蒂夫·伍尔加:《实验室生活：科学事实的建构过程》，张伯霖、刁小英译，东方出版社 2004 年版。
雅克·勒戈夫:《中世纪的知识分子》，张弘译，商务印书馆 1996 年版。
沃尔特·李普曼:《公众舆论》，阎克文、江红译，上海人民出版社 2002 年版。
大卫·理斯曼等:《孤独的人群》，王崑等译，南京大学出版社 2002 年版。
迈克尔·刘易斯:《高频交易员：华尔街的速度游戏》，王飞等译，中信出版社 2015 年版。
哈特穆特·罗萨:《新异化的诞生：社会加速批判理论大纲》，郑作彧译，上海人民出版社 2018 版。
罗素:《人类的知识》，张金言译，商务印书馆 2017 年版。
罗昕:“算法媒体的生产逻辑与治理机制”,《人民论坛》(学术前沿)2018 年第 24 期。
罗昕、蔡雨婷:“县级融媒体创新基层社会治理的模式构建”,《新闻与写作》2020 年第 3 期。
罗昕、肖恬:“范式转型：算法时代把关理论的结构性考察”,《新闻界》2019 年第 3 期。
林爱珺、刘运红:“智能新闻信息分发中的算法偏见与伦理规制”,《新闻大学》2020 年第 1 期。
刘铮:“梅洛–庞蒂身体现象学视域中的技术问题”,《哲学与文化》2020 年第 10 期。
刘冰:“新闻策展：从内容整合展示到智能算法应用”,《中国出版》2019 年第 22 期。
刘斌:“算法新闻的公共性建构研究：基于行动者网络理论的视角”,《人民论坛》(学术前沿)2020 年第 1 期。
吕鹏:“‘元宇宙’技术：促进人的自由全面发展”,《产业经济评论》2022 年第 1 期。
刘千才、张淑华:“从工具依赖到本能隐抑：智媒时代的‘反向驯化’现象”,《新闻爱好者》2018 年第 4 期。
梁爽:“从图灵测试到超级智能：基于行动者网络理论的媒介技术互动”,《新闻知识》2018 年第 8 期。

刘涛、李昕昕："作为'技术化身'的标签：图像社交时代的连接文化及其视觉生成机制"，《新闻与写作》2021 年第 8 期。

刘伟："智能传播时代的人机融合思考"，《人民论坛》（学术前沿）2018 年第 12 期下。

刘文旋："从知识的建构到事实的建构：对布鲁诺·拉图尔'行动者网络理论'的一种考察"，《哲学研究》2017 年第 5 期。

刘晓春："布尔迪厄的'生活风格'论"，《民俗研究》2017 年第 4 期。

刘银娣："从经验到算法：人工智能驱动的出版模式创新研究"，《科技与出版》2018 年第 2 期。

刘铮："从'身体'到'肉身'：试论梅洛–庞蒂的涉身伦理"，《湖南师范大学社会科学学报》2016 年第 6 期。

刘震、张立榕："传播政治经济学视角下文化商品研究——以短视频为例"，《高校马克思主义理论研究》2020 年第 3 期。

刘志刚等："智能主体主要理论的综述与分析"，《计算机应用研究》2002 年第 7 期。

列夫·马诺维奇：《新媒体的语言》，车琳译，贵州人民出版社 2020 年版。

维克托·迈尔–舍恩伯格、肯尼思·库克耶：《大数据时代：生活、工作与思维的大变革》，盛杨燕、周涛译，浙江人民出版社 2013 年版。

刘易斯·芒福德：《乌托邦的故事：半部人类史》，梁本彬、王社国译，北京大学出版社 2019 年版。

莫里斯·梅洛–庞蒂：《知觉现象学》，姜志辉译，商务印书馆 2001 年版。

甘丹·梅亚苏：《有限性之后：论偶然性的必然性》，吴燕译，河南大学出版社 2018 年版。

马塞尔·毛斯：《社会学与人类学》，佘碧平译，上海译文出版社 2003 年版。

穆佳滢："'视觉殖民'意识形态的运作逻辑及其批判：基于对'景观社会'理论的再分析"，《理论导刊》2022 年第 6 期。

牟怡、许坤："什么是人机传播？：一个新兴传播学领域之国际视域考察"，《江淮论坛》2018 年第 2 期。

托马斯·M. 尼科尔斯：《专家之死：反智主义的盛行及其影响》，舒琦译，中信出版社 2019 年版。

海尔格·诺沃特尼等：《反思科学：不确定性时代的知识和公众》，冷民等译，上海交通大学出版社 2011 年版。

聂静虹、宋甲子："泛化与偏见：算法推荐与健康知识环境的构建研究——以今日头条为例"，《新闻与传播研究》2020 年第 9 期。

彭兰：《新媒体用户研究：节点化、媒介化、赛博格化的人》，中国人民大学出版社 2020 年版。

彭兰:“场景：移动时代媒体的新要素”,《新闻记者》2015 年第 3 期。

彭兰:“增强与克制：智媒时代的新生产力”,《湖南师范大学社会科学学报》2019 年第 4 期。

潘忠党、於红梅:“阈限性与城市空间的潜能：一个重新想象传播的维度”,《开放时代》2015 年第 3 期。

丹尼尔·托马斯·普里莫兹克:《梅洛-庞蒂》，关群德译，清华大学出版社 2019 年版。

约翰·切尼-利波尔德:《数据失控：算法时代的个体危机》，张昌宏译，电子工业出版社 2019 年版。

邱泽奇:《技术与组织：学科脉络与文献》，中国人民大学出版社 2018 年版。

祁林:“界面革命”,《文化研究》2015 年第 2 期。

秦明瑞:“系统的逻辑：卢曼理论中几个核心概念的演变”,《社会科学辑刊》2018 年第 5 期。

全燕:“智媒时代算法传播的形态建构与风险控制”,《南京社会科学》2020 年第 11 期。

全燕:“算法驱策下平台文化生产的资本逻辑与价值危机”,《现代传播》(中国传媒大学学报) 2021 年第 3 期。

全燕:“平台文化资本的形成与消费社会的再结构化”,《江苏社会科学》2022 年第 4 期。

全燕、陈龙:“算法传播的风险批判：公共性背离与主体扭曲”,《华中师范大学学报》(人文社会科学版) 2019 年第 1 期。

全燕、李庆:“作为行动者的算法：重塑传播形态与嵌入社会结构”,《陕西师范大学学报》(哲学社会科学版) 2021 年第 4 期。

全燕、李庆:“算法传播中的内容生态重组、意义贫困与实践突围”,《传媒观察》2022 年第 3 期。

全燕、杨魁:“社交网络舆论空间的‘中国式风险’检视”,《现代传播》2018 年第 1 期。

玛丽-劳尔·瑞安:《跨媒介叙事》，张新军等译，四川大学出版社 2019 年版。

芮必峰、昂振:“传播研究中的身体视角——从认知语言学看具身传播”,《现代传播》(中国传媒大学学报) 2021 年第 4 期。

芮必峰、昂振:“传播研究中的身体视角：从认知语言学看具身传播”,《现代传播》(中国传媒大学学报) 2021 年第 4 期。

米歇尔·德·赛托等:《日常社会实践 1：实践的艺术》，方琳琳、黄春柳译，南京大学出版社 2015 年版。

阿玛蒂亚·森:《正义的理念》，王磊、李航译，中国人民大学出版社2012年版。

施特劳斯:《修辞、政治与哲学——柏拉图〈高尔吉亚〉讲疏（1963年）》，李致远译，华东师范大学出版社2017年版。

阿尔弗雷德·舒茨:《社会世界的意义构成》，游淙祺译，商务印书馆2012年版。

贝尔纳·斯蒂格勒:《南京课程：在人类纪时代阅读马克思和恩格斯——从〈德意志意识形态〉到〈自然辩证法〉》，张福公译，南京大学出版社2019年版。

罗伯特·斯考伯、谢尔·伊斯雷尔:《即将到来的场景时代》，赵乾坤、周宝曜译，北京联合出版公司2014年版。

申琦、王璐瑜："当机器人成为社会行动者：人际交互关系中的刻板印象"，《新闻与传播研究》2021年第2期。

盛思鑫:《谁在误导你的决策——无处不在的守门人》，社会科学文献出版社2015年版。

孙飞："回到前科学知识：论沃格林与施特劳斯的共性与差异"，《政治思想史》2020年第3期。

孙萍、刘瑞生："算法革命：传播空间与话语关系的重构"，《社会科学战线》2018年第10期。

孙萍："'算法逻辑'下的数字劳动：一项对平台经济下外卖送餐员的研究"，《思想战线》2019年第6期。

孙玮："赛博人：后人类时代的媒介融合"，《新闻记者》2018年第6期。

孙玮："交流者的身体：传播与在场——意识主体、身体-主体、智能主体的演变"，《国际新闻界》2018年第12期。

孙玮、李梦颖："数字出版：超文本与交互性的知识生产新形态"，《现代出版》2021年第3期。

时晓虹等："'路径依赖'理论新解"，《经济学家》2014年第6期。

弗雷德·特纳:《数字乌托邦：从反主流文化到赛博文化》，张行舟等译，电子工业出版社2013年版。

田甲乐、田喜腾："论知识民主化的智识进路和资本进路"，《自然辩证法研究》2021年第8期。

马克斯·韦伯:《经济与社会》（第一卷），阎克文译，上海人民出版社2019年版。

雷蒙·威廉斯:《关键词：文化与社会的词汇》，刘建基译，生活·读书·新知三联书店2018年版。

雷蒙·威廉斯:《文化与社会：1780—1950》，高晓玲译，商务印书馆2018年版。

雷蒙·威廉斯："文化是通俗的"，高路路译，《上海文化》（文化研究）2016年第5期。

维纳:《人有人的用处：控制论与社会》，陈步译，北京大学出版社2010年版。

王斌、李宛真:“如何戳破‘过滤气泡’算法推送新闻中的认知窄化及其规避”,《新闻与写作》2018 年第 9 期。

汪斌锋:“‘慢生活’:一个‘社会速度’批判视角”,《宁夏社会科学》2018 年第 1 期。

汪靖:“从人类偏见到算法偏见:偏见是否可以被消除”,《探索与争鸣》2021 年第 3 期。

王君超:“未来传播形态的三个重要维度”,《人民论坛》(学术前沿)2017 年第 23 期。

王競一等:“想象的可供性:人与元宇宙场景关系的分析与反思”,《新闻与写作》2022 年第 4 期。

王茜:“打开算法分发的“黑箱”:基于今日头条新闻推送的量化研究”,《新闻记者》2017 年第 9 期。

王思:“智能化时代新闻媒体特点与生产模式创新”,《学习与实践》2019 年第 1 期。

王天恩:“人工智能和关系存在论”,《江汉论坛》2020 年第 9 期。

王晓伟、刘能勇等:“符号学视角下语义网定义及其理论框架的再认识”,《现代情报》2017 年第 8 期。

王勇刚:“机遇抑或挑战:区块链技术与当代西方民主困境”,《哈尔滨工业大学学报》(社会科学版)2021 年第 2 期。

施蒂格·夏瓦:《文化与社会的媒介化》,刘君等译,复旦大学出版社 2018 年版。

西塞罗:《西塞罗全集·修辞学卷》,王晓朝译,人民出版社 2007 年版。

夏冰青:“数字劳工的概念、学派与主体性问题:西方数字劳工理论发展述评”,《新闻记者》2020 年第 8 期。

徐丹丹、鞠英杰:“‘互联网 +’环境下信息关系对知识形态的影响研究”,《图书馆理论与实践》2020 年第 3 期。

许向东、王怡溪:“智能传播中算法偏见的成因、影响与对策”,《国际新闻界》2020 年第 10 期。

芭芭拉·亚当:《时间与社会理论》,金梦兰译,北京师范大学出版社 2009 年版。

唐·伊德:《技术与生活世界:从伊甸园到尘世》,韩连庆译,北京大学出版社 2012 年版。

余志鸿:《符号:传播的游戏规则》,上海交通大学出版社 2003 年版。

杨信彰:“Charles C. Fries 的语言交际理论与信号语法”,《上海外国语大学学报》2000 年第六期。

杨保军、杜辉:“智能新闻:伦理风险·伦理主体·伦理原则”,《西北师大学报》（社会科学版）2019 年第 1 期。

喻国明、耿晓梦："算法即媒介：算法范式对媒介逻辑的重构"，《编辑之友》2020 年第 7 期。

喻国明、韩婷："算法型信息分发：技术原理、机制创新与未来发展"，《新闻爱好者》2018 年第 4 期。

喻国明、曲慧："'信息茧房'的误读与算法推送的必要：兼论内容分发中社会伦理困境的解决之道"，《新疆师范大学学报》（哲学社会科学版）2020 年第 1 期。

喻国明、曾佩佩等："趣缘：互联网连接的新兴范式：试论算法逻辑下的隐性连接与隐性社群"，《新闻爱好者》2020 年第 1 期。

袁艳："'慢'从何来？——数字时代的手帐及其再中介化"，《国际新闻界》2021 年第 3 期。

燕燕："梅洛-庞蒂名相的肉身——从我能的身体到一体的肉身"，《现代哲学》2012 第 3 期。

阳镇："平台型企业社会责任：边界、治理与评价"，《经济学家》2018 年第 5 期。

亨利·詹金斯：《融合文化：新媒体和旧媒体的冲突地带》，杜永明译，商务印书馆 2012 年版。

郑杭生主编：《社会学概论新修》（第三版），中国人民大学出版社 2003 年版。

张佰明："以界面传播理念重新界定传受关系"，《国际新闻界》2009 年第 10 期。

周春风、胡苏皖："'慢城市'情感体验下的景观装置艺术塑造"，《美与时代》（城市版）2021 年第 4 期。

战迪："如何塑造我们的面孔：'脸性社会'的媒介文化批判"，《文艺研究》2019 年第 12 期。

张华、韩亮："社群化传播：基于新媒介时间的新传播形态"，《现代传播》（中国传媒大学学报）2020 年第 2 期。

张进、王垚："现象学视域下的物质文化研究"，《湖北大学学报》（哲学社会科学版）2017 年第 5 期。

张磊："社会减速与媒介时间性"，《全球传媒学刊》2020 年第 2 期。

周涛、高馨等："社会计算驱动的社会科学研究方法"，《社会学研究》2022 年 5 期。

周翔、程晓璇："参与无界：互联网模因的适应性与跨文化传播"，《学术研究》2016 年第 9 期。

周葆华："新媒体使用与主观阶层认同：理论阐释与实证检验"，《新闻大学》2010 年第 2 期。

张诚、朱天、齐向楠："作为县域治理枢纽的县级融媒体中心建设刍议——基于对 A 市的实地研究”，《新闻界》2018 年第 12 期。

张欣、宋雨鑫：“算法审计的制度逻辑和本土化构建”，《郑州大学学报》（哲学社会科学版）2022 年第 6 期。

张一兵：“颠倒再颠倒的景观世界：德波《景观社会》的文本学解读”，《南京大学学报》（哲学·人文科学·社会科学版）2006 年第 1 期。

张志安：“人工智能对新闻舆论及意识形态工作的影响”，《人民论坛》（学术前沿）2018 年第 8 期。

张志安、黄桔琳：“传播学视角下互联网平台可供性研究及启示”，《新闻与写作》2020 年第 10 期。

张钟萄：“数字资本主义的文化逻辑：从艺术批判到数据生产中的‘参与’”，《文艺理论研究》2020 年第 4 期。

郑作彧：“我们这个马赛克照片世界：当代真实的社会建构形式”，《广东社会科学》2021 年第 1 期。

“中国在线知识问答行业白皮书”，2022 年 1 月 12 日，https://report.iresearch.cn/report_pdf.aspx?id=3637。

“2019 年今日头条数据报告”，2020 年 1 月 7 日，https://mp.weixin.qq.com/s/Gm-D7dqy3PncueCiv4nbbaQ。

“2020 年中国移动互联网内容生态洞察报告”，2020 年 6 月 22 日，http://report.iresearch.cn/report_pdf.aspx?id=3593。

“2020 年中国 MCN 行业发展研究白皮书”，2020 年 5 月 8 日，https://mp.weixin.qq.com/s/4ZNpsxDeS3. PL3eeZn-NVOQ。

“2022—2023 年中国知识付费行业：知识付费行业朝多元化、垂直化方向发展，职业技能类知识需求有望提升”，2022 年 10 月 22 日，https://www.iimedia.cn/c1020/89739.html。

“被算法量产的‘沉迷’”，2018 年 4 月 12 日，https://mp.weixin.qq.com/s/0j-3uT-DYsSpEgkUMjspzROQ。

“被算法‘投喂’的时代，内容行业如何对抗系统推荐？”，2020 年 12 月 7 日，https://mp.weixin.qq.com/s/Fc3SRWmVo2y+7vcsLGr-PA。

“机器人科学家‘夏娃’开户制药新篇”，2015 年 2 月 10 日，https://www.iianews.com/info/robot/news-update/ABC00000000000236638.html。

“内容生态再次进化：2020—2021 年数字内容产业趋势报告”，2020 年 12 月 9 日，http://www.199it.com/archives/1166462.html。

“如何解放编辑的双手？智能化流程助 BuzzFeed 抵达目标受众”，2018 年 10 月 25 日，https://www.huxiu.com/article/268510.html。

“项飙谈 996 和异化：城市新穷人不是经济穷人，是意义贫困”，2021 年 2 月 3 日，https://mp.weixin.qq.com/s/I-Fbl6AYCZOXFSMcdky5gg。

外文文献

Van Aerschot, L. & Parviainen, J., “Robots Responding to Care Needs? A Multitasking Care Robot Pursued for 25 Years, Available Products Offer Simple Entertainment and Instrumental Assistance”. Available at: https://doi.org/10.1007/s10676-020-09536-0.

Agre, P., *Computation and Human Experience*, Cambridge: Cambridge University Press, 1997.

Allcott, H. & Gentzkow, M., “Social Media and Fake News in the 2016 Election”, *Journal of Economic Perspectives*, vol. 14, no. 2 (2017).

Alzubaidi, L., Zhang, J. & Humaidi, A. J., “Review of Deep Learning: Concepts, CNN Architectures, Challenges, Applications, Future Directions”, *Journal of Big Data*, vol. 8, no. 1 (2021).

Allem, J. P., Escobedo, P. & Dharmapuri, L., “Cannabis Surveillance with Twitter Data: Emerging Topics and Social Bots”, *American Journal of Public Health*, vol. 110, no. 3(2020).

Altheide, D. L. & Snow, R. P., *Media Logic*, Beverly Hills: SAGE Publications Inc., 1979.

Altheide, D. L., *Media Edge*: *Media Logic and Social Reality*, New York: Peter Lang Inc., 2014.

Amoore, L. & Raley, R., “Securing with Algorithms: Knowledge, decision, sovereignty”, *Security Dialogue*, vol. 48, no. 1(2017).

Amoore, L. & Piotukh, V. (eds.), *Algorithmic Life: Calculative Devices in the Age of Big Data*, New York: Routledge, 2016.

Amoore, L., “Data Derivatives on the Emergence of a Security Risk Calculus for Our Times”, *Theory*, *Culture & Society*, vol. 28, no. 6 (2011).

Amoore, L., *Cloud Ethics: Algorithms and Attributes of Ourselves and Others*, London: Duke University Press, 2020.

Ananny, M., “Toward an Ethics of Algorithms: Convening, Observation, Probability, and Timeliness”, *Science, Technology & Human Values*, vol. 24, no. 9 (2015).

Anderson, C., “The End of Theory: The Data Deluge Makes the Scientific Method Obsolete”. Available at: https://www.wired.com/2008/06/pb-theory/.

Andrejevic, M., Hearn, A. & Kennedy, H., “Cultural Studies of Data Mining: Introduction”, *European Journal of Cultural Studies*, vol. 18, no. 4−5 (2015).

Appadurai, A., *The Social Life of Things: Commodities in Cultural Perspective*, London: Cambridge University Press, 1986.

Applegate, M. & Cohen, J., “Communicating Diagrammatically: Mimesis, Visual Language & Commodification as Culture”, *Cultural Politics*, vol. 13, no. 7 (2016).

Arendt, H., *The Human Condition*, Chicago: University of Chicago Press, 1958.

Arthur, W. B., “Competing Technologies, Increasing Returns and Lock-in by Historical Events”, *The Economic Journal*, vol. 99, no. 3 (1989).

Aune, J. A., *Rhetoric and Math Anxiety*. Thousand Oaks: SAGE Publications Inc., 1995.

Barzilai-Nahon, K., “Toward a Theory of Network Gatekeeping: A Framework for Exploring Information Control”, *Journal of the American society for information science and technology*, vol. 59, no. 9(2008).

Baker, P. & Potts, A., “‘Why Do White People Have Thin Lips?’ Google and the Perpetuation of Stereotypes via Auto-complete Search Forms”, *Critical Discourse Studies*, vol. 10, no. 2 (2013).

Beer, D., “Power Through the Algorithm? Participatory Web Cultures and the Technological Unconscious”, *New Media and Society*, vol. 11, no. 6 (2009).

Beer, D., *Popular Culture and New Media: The Politics of Circulation*, Basingstoke: Palgrave Macmillan, 2013.

Bell, G., Hey, T. & Szalay, A., “Beyond the data deluge”, *Science*, 323(5919), 2009.

Bellanova, R. & de Goede, M., “The algorithmic Regulation of Security: An Infrastructural Perspective”, *Regulation & Governance*, vol. 16, no. 1(2022).

Berman, R. & Katona, Z., “Curation algorithms and filter bubbles in social networks”, *Marketing Science*, vol. 39, no. 2（2020）.

Beller, J., *The Message is Murder: Substrates of Computational Capital*, London: Pluto Press, 2017.

Benjamin, R., *Race after Technology*, Cambridge: Polity Press, 2019.

Bennett, W. L. & Segerberg, A., “The Logic of Connective Action: Digital Media and the Personalization of Contentious Politics”, *Information, Communication & Society*, vol. 15, no. 5 (2012).

Bessi, A. & Ferrara, E., “Social Bots Distort the 2016 U.S. Presidential Election Online Discussion”. Available at: https://firstmonday.org/article/view/7090/5653.

Bigo, D., "The Transnational Field of Computerised Exchange of Information in Police Matters and Its European Guilds", in Kauppi, N. & Madsen, M. R. (eds.), *Transnational Power Elites: The Social and Global Structuration of the EU*, London: Routledge, 2013.

Bishop, B., *The Big Sort: Why the Clustering of Like-minded American is Tearing Us Apart*, New York: Mariner Books, 2008.

Blas, Z., "Informatic Opacity", *The Journal of Aesthetics & Protest*, 2014.

Blooca, F. & Levy, M. R., *Communication in the Age of Virtual Reality*, Mahwah: Lawrence Erlbaum Associates, 1995.

Boczkowski, P. J. & Mitchelstein, E., "The Gap Between the Media and the Public", in Peters, C. & Broersma, M. (eds) *Rethinking Journalism Again: Societal Role and Public Relevance in a Digital Age*, New York: Routledge, 2017.

Bogost, I., *Persuasive Games: The Expressive Power of Videogames*, Cambridge: The MIT Press, 2007.

Bogost, I., "The Cathedral of Computation", *The Atlantic*, 2015.

Bodie, Z., Kane, A. & Marcus, A., *Investments*, 5th Edition, Boston: McGraw-Hill Education, 2002.

Bolukbasi, T., et al., "Man is to Computer Programmer as Woman is to Homemaker? Debiasing Word Embeddings". Available at: https://arxiv.org/pdf/1607.06520.pdf.

Boland, B., "Organic Reach On Facebook: Your Questions Answer". Available at: https://www.facebook.com/business/news/Organic-Reach-on Facebook.

Bolter, J. D., "The New Challenge of Computer Science Education: All Programming is Multimedia", Speech presented at the 2012 ACM Technical Symposium on Computer Science Education, Raleigh, 2012.

Bondi, M. & Scott, M., *Keyness in Texts (Studies in Corpuslinguistics)*, Amsterdam: John Benjamins Publishing Company, 2010.

Bourdieu, P., "Social Space and Symbolic Power", *Sociological Theory*, vol. 7, no. 1 (1988).

Bourdieu, P., "The Sociologist in Question", in Nice, R. (trans.), *Sociology in Question*, London: SAGE Publications Inc., 1993.

Bourdieu, P. & Passeron, J.-C., *Reproduction in Education, Society and Culture*, New York: SAGE Publications Inc., 1996.

Boyd, D., "Did Media Literacy Backfire?". Available at: https://points.datasociety.net/did-media-literacy-backfire-7418c084d88d.

Bozdag, E., "Bias in Algorithmic Filtering and Personalization", *Ethics and Informa-*

tion Technology, vol. 15 (2013).

Braidotti, R., *The Posthuman*, Cambridge: Polity Press, 2013.

Bradley, E. & Wiggins, G., "Memes as Genre: A Structurational Analysis of the Memescape", New *Media & Soliety,* vol. 17, no.11(2014).

Broussard, M., *Artificial Unintelligence: How Computers Misunderstand the World*, Cambridge: The MIT Press, 2018.

Burt, R. S., *Structural Holes: The Social Structure of Competition*, Cambridge: Harvard University Press, 1992.

Bucher, T., "The Right-Time Web: Theorizing the Kairologic of Algorithmic Media", *New Media & Society*, vol. 22, no. 9 (2020).

Bucher, T., *If... Then: Algorithmic Power and Politics*, Oxford: Oxford University Press, 2018.

Buolamwini, J., "Response: Racial and Gender bias in Amazon Rekognition— Commercial AI System for Analyzing Faces". Available at: https://medium.com/@Joy.Buolamwini/response-racial-and-gender-bias-in-amazon-rekognition-commercial-ai-system-for-analyzing-faces-a289222eeced. 2019-1-25/2021-1-19.

"BuzzFeed Reaches More Than 130 Million Unique Visitors In November". Available at: https://www.buzzfeed.com/buzzfeedpress/buzzfeed-reaches-more-than-130-million-unique-visitors-in-nom.

Byrne, D., "An Overview (and underview) of Research and Theory within the Attraction Paradigm", *Journal of Social and Personal Relationships*, vol. 14, no. 3 (1997).

Callon, M. & Latour, B., "Unscrewing the Big Leviathan: How Actors Macro-Structure Reality and How Sociologists Help Them Do So", in Cetina, K. K. & Cicourel, A. V. (eds.), *Advances in Social Theory and Methodology: Toward an Integration of Micro- and Macro-sociology*, London/Henley: Routledge and Kegan Paul, 1981.

Carey, J. W., "Technology as a Totem for Culture: On Americans' Use of High Technology as a Model for Social Order", *American Journalism*, vol. 7, no. 4 (1990).

Carey, J. W., *Communication as Culture: Essays on Media and Society*, Boston: Unwin Hyman, 1989.

Castle, D., "Hearts, Minds and Radical Democracy", *Red Pepper*, no. 1(1998).

Cetina, K., "Social Relations in Post Social Knowledge Societies", *Theory, Culture & Society*, vol. 14, no. 4 (1997).

Chen, S. & Chaiken, S., "The Heuristic Systematic Model in its Broader Context", in

Chaiken, S. & Trope, Y. (eds.), *Dual-process Theories in Social Psychology*, New York: Guilford Press, 1999.

Cheney-Lippold, J., "Jus Algoritmi: How the National Security Agency Remade Citizenship", *International Journal of Communication*, vol. 10 (2016).

Cheney-Lippold, J., *We Are Data: Algorithms and the Making of our Digital Selves*, New York: New York University Press, 2017.

Chun, W. H. K., *Programmed Visions: Software and Memory*, Cambridge: The MIT Press, 2013.

Clerwall, C., "Enter the Robot Journalist: Users' Perceptions of Automated Content", *Journalism Practice*, vol. 8, no. 5 (2014).

Coeckelbergh, M., *Moved by Machines: Performance Metaphors and Philosophy of Technology*, London: Routledge, 2019.

Connolly, W. E., *Why I Am Not a Secularist*, Minneapolis: University of Minnesota Press, 1999.

Cooley, C. H., *Social Organization: A Study of the Larger Mind Social*, New York: Routledge, 1909.

Cosley, D., et al., "Suggest Bot: Using Intelligent Task Routing to Help People Find Work in Wikipedia", in Proceedings of the 12th International Conference on Intelligent User Interfaces, 2007.

Couldry, N., "Data Colonialism: Rethinking Big Data's Relation to the Contemporary Subject", *Televison & New Media*, vol. 12, no, 6 (2019).

Couldry, N. & Hepp, A., *The Mediated Construction of Reality*, Cambridge: Polity Press, 2017.

Couldry, N. & Mejias, U. A., *The Costs of Connection: How Data is Colonizing Human Life and Appropriating it for Capitalism*, Stanford: Stanford University Press, 2019.

Couldry, N., "The Myth of 'Us': Digital Networks, Political Change and the Production of Collectivity", *Information, Communication & Society*, vol. 18 (2014).

Couldry, N., "Theorising Media as Practice", *Social Semiotics*, vol. 14, no. 2 (2004).

Crawford, K., Gillespie, T., "What is a Flag for? Social Media Reporting Tools and the Vocabulary of Complaint", *New Media & Society*, vol. 18, no. 3 (2016).

Crider, J., Greene, J. & Morey, S., "Digital Daimons: Algorithmic Rhetorics of Augmented Reality," *Computers and Composition*, vol. 60, no. 1 (2020).

Dalton, R. J., "Social Modernization and the End of Ideology Debate: Patterns of Ideological Polarization", *Japanese Journal of Political Science*, vol. 35, no. 7

(2006).

Darer, M., "The Echo Nest: Redefining the Internet Music Experience". Available at: http://dyn.com/blog/dyn-dns-client-the-echo-nest-internet-music-streaming-spotify-pan-dora-online/.

David, P. A., "Clio and The Economics of QWERTY", *American Economic Review*, vol. 75, no. 2 (1985).

Davidson, C. N., "A Fourth 'R' for 21st Century Literacy", *The Washington Post*, 2012.

Davis, W., "Fake News or Real? How to Self-Check the News and Get the Facts: All Tech Considered". Available at: http://www.npr.org/sections/alltechconsidered/2016/12/05/503581220/fake-or-real-how-to-selfcheck-the-news-and-get-the-facts?utm_campaign=storyshare&utm_source=facebook. com&utm_mediumsocial.

Dean, J., "Affective Networks", *Media Tropes*, vol. 2, no. 2 (2010).

Deighton, J., "Big Data", *Consumption, Markets and Culture*, vol. 22, no. 1 (2019).

DeIuliis, D., "Gatekeeping Theory from Social Fields to Social Networks", *Communication Research Trends*, vol. 34, no. 1(2015).

Delacroix, S. & Veale, M., "Smart Technologies and Our Sense of Self: Going beyond Epistemic Counter-profiling", in Hildebrandt, M. & O'Hara, K. (eds.), *Life and the Law in the Era of Data-Driven Agency*, Cheltenham: Edward Elgar Publishing, 2020.

Diakopoulos, N. & Shamma, D. A., "Characterizing Debate Performance via Aggregated Twitter Sentiment". Available at: http://dl.acm.org/citation.cfm?id=1753504.

Diakopoulos, N., *Algorithmic Accountability Reporting: On the Investigation of Black Boxes*, New York: Columbia Journalism School, Tow Center for Digital Journalism, 2014.

Van Dijck, J., "Users like you? Theorizing Agency in User-Generated Content", *Media, Culture & Society*, vol. 31, no. 1 (2009).

Van Dijck, J., Poell T. & de Waal, M., *The Platform Society: Public Values in a Connective World*, Oxford: Oxford University Press, 2018.

Van Dijck, J., *The Culture of Connectivity: A Critical History of Social Media*, Oxford: Oxford University Press, 2013.

DiMaggio, J. & Powell, W., "The Iron Cage Revisited: Institutional Isomorphism and Collective Rationality in Organizational Fields", *American Sociological Review*, vol. 48, no. 2 (1983).

Domingos, P., *The Master Algorithm: How the Quest for Ultimate Machine Learning Will Remake Our World*, New York: Basic Books, 2015.

Douglas, R., *Team Human*, New York: Routledge, 2019.

Dupuy, J.-P., *On the Origins of Cognitive Science: The Mechanization of the Mind*, Cambridge: The MIT Press, 2009.

Dylko, I., et al., "The Dark Side of Technology: An Experimental Investigation of the Influence of Customizability Technology on Online Political Selective Exposure", *Computer in Human Behavior*, vol. 73, no. 11 (2017).

Dyson, G., *Turing's Cathedral: The Origins of the Digital Universe*, New York: Random House, 2012.

Eagleton, T., "The Ideology of the Aesthetic", *Poetics Today*, vol. 9, no. 2 (1988).

Edelman, B., Luca, M. & Svirsky, D., "Racial Discrimination in the Sharing Economy: Evidence from a Field Experiment", *American Economic Journal: Applied Economics*, vol. 9, no. 2 (2017).

Edwards, A., et al., "Communication is Transhuman", in Tyma, A. & Edwards, A. (eds.), *Communication Is... Perspectives on Theory*, San Diego: Cognella, 2019.

Elizabeth, E., *The Printing Press as an Agent of Change: Communications and Cultural Transformations in Early-modern Europe, Volumes I and II*, Cambridge: Cambridge University Press, 2009.

Elmer, G., *Profiling Machines: Mapping the Personal Information Economy*, Cambridge: The MIT Press, 2004.

Engesser, S., Ernst, N. & Esser, F., "Populism and Social Media: How Politicians Spread a Fragmented Ideology", *Information, Communication & Society*, vol. 20, no. 7 (2017).

Erickson, B. H., "Culture, Class, and Connections", *American Journal of Sociology*, vol. 102, no. 1 (1996).

Esposito, E., "Algorithmische Kontingenz. Der Umgang mit Unsicherheit im Web", in Cevolini, A. (ed.), *Die Ordnung des Kontingenten. Beiträge zur Zahlenmäßigen Selbstbeschreibung der Modernen Gesellschaft*, Wiesbaden: Springer VS, 2014.

Fang, L., "Islamophobic U.S. Megadonor Fuels German Far-Right Party with Viral Fake News". Available at: https://theintercept.com/2017/09/22/german-election-afd-gatestone-institute.

Farrell, T., "The Weight of Rhetoric: Studies in Cultural Delirium", *Philosophy and Rhetoric*, vol. 41, no. 4(2008).

Feenberg, A., *Questioning Techonlogy*, London: Routledge, 1999.

Ferrante, A. & Sartori, D., "From Anthropocentrism to Post-humanism in the Educational Debate", *Relations*, vol. 14, no. 1 (2016).

Floridi, L., et al., "AI4people—an Ethical Framework for a Good AI Society: Opportunities, Risks, Principles and Recommendations", *Minds and Machines*, Vol. 28, no.4(2018).

Fortunati, L., "Robotization and the Domestic Sphere", *New Media & Society*, vol. 6, no. 34 (2017).

Foucault, M. (ed.), *Security, Territory, Population: Lectures at the Collège de France*, Basingstoke: Palgrave Macmillan, 2007.

Francesco, M., Daldrup, T. & Pant, R., "Acing the Algorithmic Beat, Journalism's next Frontier". Available at: https://www.niemanlab.org/2019/02/acing-the-algorithmic-beat-journalisms-next-frontier/.

Friedman, B. & Nissenbaum, H., "Bias in Computer Systems", *ACM Transactions on Information Systems*, vol. 14, no. 3 (1996).

Fry, H., *Hello World: Being Human in the Age of Algorithms*, New York: W. W. Norton & Company, 2019.

Fuchs, C. & Marisol, S., "The Political Economy of Capitalist and Alternative Social Media", in Atton, C. (ed.), *The Routledge Companion to Alternative and Community Media*, London: Routledge, 2015.

Galloway, A. R., *Gaming: Essays on Algorithmic Culture*, Minneapolis: University of Minnesota Press, 2016.

Galloway, A. R., *Protocol: How Control Exists after Decentralization*, Cambridge: The MIT Press, 2004.

Gambino, A., Fox, J. & Ratan, R. A., "Building a Stronger CASA: Extending the Computers are Social Actors Paradigm", *Human-Machine Communication*, no. 1(2020).

Ganesh, B. & Bright, J., "Countering Extremists on Social Media: Challenges for Strategic Communication and Content Moderation", *Policy & Internet*, vol. 12, no. 1 (2020).

Gardels, N., "Wael Ghonim: We have a Duty to Use Our Social Media Power to Speak the Truth", *The World Post*, vol. 32, no. 6 (2016).

Garnham, N., "Contribution to a Political Economy of Mass-Communication", *Media and Cultural Studies*, vol. 7, no. 4 (2006).

Gauntlett, D., *Making is Connecting: The Social Power of Creativity, from Craft and Knitting to Digital Everything*, Second Expanded Edition, Cambridge: Polity Press, 2018.

Gerbaudo, P. & Screti, F., "Reclaiming Popular Sovereignty: The Vision of the State in the Discourse of Podemos and the Movimento 5 Stelle", *Javnost: The Public*, vol. 22, no. 4 (2017).

Gerbaudo, P., "Populism 2.0", in Trottier, D. & Fuchs, C. (eds.), *Social Media, Politics and the State: Protests, Revolutions, Riots, Crime and Policing in the Age of Facebook, Twitter and YouTube*, New York: Routledge, 2014.

Gibbons, M., Limoges, C. & Nowotny, H., et al., *The New Production of Knowledge: The Dynamics of Science and Research in Contemporary Societies*, New York: SAGE Publications Inc., 1994.

Gillespie, T., "The Relevance of Algorithms", in Gillespie, T., Boczkowski, P. & Foot, K. (eds.), *In Media Technologies*, Cambridge: The MIT Press, 2013.

Gillespie, T., "Can an Algorithm be Wrong? Twitter Trends, the Spectre of Censorship, and Our Faith in the Algorithms Around Us". Available at: http://culturedigitally.org/2011/10/can-an-algorithm-be-wrong/.

Gillespie, T., "Our Misplaced Faith in Twitter Trends". Available at: http://www.salon.com/2011/10/19/our_misplaced_faith_in_twitter_trends/.

Gillespie, T., "The Politics of 'Platforms'", *New Media & Society*, vol. 12, no. 2 (2010).

Gillespie, T., "Do not recommend? Reduction as a Form of Content Moderation", *Social Media+Society*, 2022.

Gillett, R., Kiersz A. & de Luce, I., "37 Jobs That Could be Decimated by 2026", *Business Insider*, 2019.

Good, I., "Speculations Concerning the First Ultra Intelligent Machine", in Alt, F. & Rubinoff, M. (eds.), *Advances in Computers*, New York: Academic Press, vol. 6, 1965, pp.102.

Goodman, M., *Future Crimes: A Journey to the Dark Side of Technology and How to Survive It*, London: Bantam Press, 2015.

Gorwa, R., Binns, R., & Katzenbach, C., "Algorithmic Content Moderation: Technical and Political Challenges in the Automation of Platform Governance", *Big Data & Society*, vol. 7, no.1(2020).

Grimmelmann, J., "Regulation by Software" , *The Yale Law Journal*, vol. 114(2004).

Gyldensted, C., *From Mirrors to Movers: Five Elements of Positive Psychology in Constructive Journalism*, Loveland: Group Publishing, 2015.

Graefe, A., "Tow Center for Digital Journalism". Available at: http://towcenter.org/research/guide-to-automated-journalism/.

Graefe, A., et al., "Readers' Perceptions of Computer-generated News: Credibility, Expertise, and Readability", *Journalism*, vol. 19, no. 5 (2018).

Grosser, B., "What Do Metrics Want? How Quantification Prescribes Social Interaction on Facebook". Available at: http://computationalculture.net/what-do-metrics-want/.

Guillory, J., *Cultural Capital: The Problem of Literary Canon Formation*, Chicago: The University of Chicago Press , 1993.

Gunkel, D. J., *Robot Rights*, Cambridge: The MIT Press, 2018.

Gunkel, D. J., "Ars Ex Machina: Rethinking Responsibility in the Age of Creative Machines", in Guzman, A. L. (ed.), *Human-Machine Communication: Rethinking Communication, Technology, and Ourselves*, New York: Peter Lang Inc., 2018.

Guzman, A. L., "What Is Human-Machine Communication, Anyway ?" in Guzman, A. L. (ed.), *Human-Machine Communication: Rethinking Communication, Technology, and Ourselves*, New York: Peter Lang Inc., 2018.

Haagerup, U., *Constructive News: Why Negativity Destroys the Media and Democracy and How to Improve Journalism of Tomorrow*, New York: InnoVatio Publishing AG, 2014.

Habermas, J., *Überlegungen und Hypothesen zu einem erneuten Strukturwandel der politischen Öffentlichkeit*, Baden-Baden: Nomos, 2021.

Hackl, C., "Defining a New Reality" (No. 1) [Audio podcast episode]. In Metaverse Marketing. Available at: https://metaversemarketing.libsyn.com/1-defining-a-new-reality.

Håkanson, L., "Creating Knowledge: The Power and Logic of Articulation", *Industrial and Corporate Change*, vol. 16, no. 1 (2007).

Haraway, D., "A Cyborg Manifesto: Science, Technology and Socialist-Feminism in the Late Twentieth Century", in Bell, D. & Kennedy, B. M. (eds.), *The Cybercultures Reader*, London: Routledge, 2000.

Harris, T., "Before the Subcommittee on Communications, Technology, Innovation, and the Internet on'*Optimizing for Engagement: Understanding the Use of Persuasive Technology*'". Available at: https://www.commerce.senate.gov/services/files/AB53478B-3393-4EA1-B4F9-CDEE3E5F163A.

Harsin, J., "Regimes of Post Truth, Post Politics, and Attention Economies", *Communication, Culture & Critique*, vol. 8, no. 2 (2015).

Hart, H. L. A., *Law, Liberty, and Morality*, Stanford: Stanford University Press, 1963.

Hartmann, M., "The Tripe Articulation of ICT, Media as Technological Objects, Symbolic Environments and Individual Texts", *Domestication of Media and Technology*, 2006.

Harvey, A., "HyperFace". Available at: https://ahprojects.com/projects/hyperface/.

Hassan, R., "Network Time and the New Knowledge Epoch", *Time & Society*, vol. 12, no. 6 (2003).

Havel, V., "Anatomy of Reticence", in Wilson, P. (ed.), *Open Letters: Selected Prose*, London: Faber & Faber, 1991.

Hayles, N. K., *How We Became Posthuman, Chicago*: University of Chicago Press, 1999.

Heath, A., "Spotify Has a Secret 'Taste Profile' on Everyone, and They Showed Me Mine". Available at: http://www.businessinsider.com/how-spotify-taste-profiles-work-2015-9?international=trueandr=USandIR=T.

Hechter, M. & Horne, C. (eds.), *Theories of Social Order*, Stanford: Stanford University Press, 2003.

Helberger, N., Pierson, J. & Poell, T., "Governing Online Platforms: From Contested to Cooperative Responsibility", *The Information Society*, vol. 34, no. 1 (2018).

Heller-Roazen, D., *The Fifth Hammer: Pythagoras and the Disharmony of the World*, New York: Zone Books, 2011.

Hepp, A. & Krotz, F., "What 'Effect' do Media Have? Mediatization and Process of Social-Cultural Change", ICA Conference, 2007.

Hepp, A. & Couldry, N., *Communicative figurations: Transforming Communications in Times of Deep Mediatization*, London: Palgrave Macmillan, 2018.

Hildebrandt, M., "Privacy as Protection of the Incomputable Self: From Agnostic to Agonistic Machine Learning", *Theoretical Inquiries in Law*, vol. 20, no. 1 (2019).

Hildebrandt, M., *Smart Technologies and the End(s) of Law*, Cheltenham: Elgar, 2015.

Hiltz, S. R. & Turoff, M., *The Networked Nation: Human Communication via Computer*, Upper Saddle River: Addison-Wesley Publishing Company, 1978.

Hintz, A., Dencik, L. & Wahl-Jorgensen, K., *Digital Citizenship in a Datafied Society*, Cambridge: Polity Press, 2019.

Hitzler, P., "A Review of the Semantic Web Field", *Communications of the ACM*, vol. 64, no. 2 (2021).

Ho, A., Hancock, J. & Miner, A. S., "Psychological, Relational, and Emotional

Effects of Self-Disclosure After Conversations with a Chatbot", *Journal of Communication*, vol. 68 (2018).

Hogan, M., "Up Next: How Playlists are Curating the Future of Music". Available at: https://pitchfork.com/features/article/9686-up-next-how-playlists-are-curating-the-future-of-music/.

Höflich, J. R., "Relationships to Social Robots", *Intervalla: Platform for Intellectual Exchange*, vol. 1(2013).

Howard, P., *Is Social Media Killing Democracy?*, Oxford: Oxford Internet Institute, 2016.

Illousz, E., *Cold Intimacies: The Making of Emotional Capitalism*, Cambridge: Polity Press, 2007.

Introna, L. D. & Nissenbaum, H., "Shaping The Web: Why the Politics of Search Engines Matters", *The Information Society*, vol. 16 (2000).

Janssen, M. & Kuk, G., "The Challenges and Limits of Big Data Algorithms in Technocratic Governance", *Government Information Quarterly*, vol. 33, no. 3(2016).

Jarvis, J., "A Call for Cooperation Against Fake News". Available at: https://medium.com/whither-news/a-call-for-cooperation-against-fake-news-d7d94bb6e0d4#.4it7h4tuh-2016-11-18.

Jenkins, H., *Fans, Bloggers and Gamers: Exploring Participatory Culture*, New York: New York University Press, 2006.

Jenkins, H. W., "Google and the Search for the Future", *Wall Street Journal*, 2010.

John, R., *A Theory of Justice*, Cambridge: Harvard University Press, 2003.

Johnson, N. R., "Information infrastructure as rhetoric: Tools for analysis", *Poroi*, vol. 8, no.1 (2012).

Joly, K. & Mark, D. J., "Digital Games and the Communication of Health Problems: A Review of Games Against the Concept of Procedural Rhetoric", *Game*, vol. 8, no. 4(2018).

Just, N, Latzer, M., "Governance by Algorithms: Reality Construction by Algorithmic Selection on the Internet", *Media, culture & Society*, vol. 39, no. 2(2017).

Kang, H., et al., "Source Cues in Online News: Is the Proximate Source More Powerful than Distal Sources?", *Journalism & Mass Communication Quarterly*, vol. 88, no. 4 (2011).

Katzenbach, C. & Ulbricht, L., "Algorithmic governance", *Internet Policy Review*, vol. 8, no. 4(2019).

Karppi, T., et al., “Affective Capitalism: Investments and Investigations”, *Ephemera: Theory & Politics in Organization*, vol. 16, no. 9 (2016).

Kelly, K., *The Inevitable: Understanding the 12 Technological Forces that Will Shape Our Future*, New York: Viking, 2016.

Keohane, J., “How Facts Backfire: Researchers Discover a Surprising Threat to Democracy: Our Brains”, *The Boston Globe*, (2010).

Keyes, R., *The Post-Truth Era: Dishonesty and Deception in Contemporary Life*, New York: St Martin’s Press, 2004.

Kierkegaard, S., *The Sickness Unto Death: A Christian Psychological Exposition for Upbuilding and Awakening*, Princeton: Princeton University Press, 1983.

Kierkegaard, S., *The Concept of Anxiety*: *A Simple Psychologically Oriented Deliberation in View of the Dogmatic Problem of Hereditary Sin*, Princeton: Princeton University Press, 1980.

Kittler, F., “Thinking Colours and/or Machines”, *Theory, Culture & Society*, vol. 23 (2006).

Klausa, T., “Graduating From ‘New-School’–Germany’s Procedural Approach to Regulating Online Discourse”, *Information, Communication & Society*, Vol. 26, issue2 (2022).

Kleis, N. R. & Ganter, S. A., “Dealing with Digital Intermediaries: A Case Study of the Relations between Publishers and Platforms”, *New Media & Society*, vol. 20, no. 4 (2018).

Koselleck, R. & Dipper, C., “Begriffsgeschichte, Sozialgeschichte, begriffene Geschichte”, *Neue Politische Literatur*, vol. 43, no. 1 (1998).

Kranzberg, M., “Technology and History: Kranzberg’s Laws”, *Technology and Culture*, vol. 27, no. 3 (1986).

Kurzweil, R., *The Singularity is Near: When Humans Transcend Biology*, New York: Viking, 2005.

Laclau, E., *On Populist Reason*, London: Verso, 2005.

Lambiotte, R. & Kosinski, M., “Tracking the Digital Footprints of Personality”, *Proceendings of the IEEE*, vol. 12, no. 12 (2014).

Landwehr, M., Borning, A. & Wulf, V., “Problems with Surveillance Capitalism and Possible Alternatives for IT Infrastructure”, *Information, Communication & Society*, vol. 26, issue 10(2021).

Latour, B., “Where Are the Missing Masses?: The Sociology of a Few Mundane Artifacts”, in Bijker, W. E. & Law, J. (eds.), *Shaping Technology/Building Society:*

Studies in Sociotechnical Change, Cambridge: The MIT Press, 1992.

Latour, B., *The Pasteurization of France*, Cambridge: Harvard University Press, 1993.

Latour, B., *Reassembling the Social: An Introduction to Actor-Network Theory*, Oxford: Oxford University Press, 2005.

Lauriault, T., "Open Spatial Data", in Kitchin, R., Lauriault, T. & Wilson, M. W. (eds.), *Understanding Spatial Media*, London: SAGE Publications Inc., 2017.

Lazer, D. M. J., et al., "The Science of Fake News", *Science*, vol. 359, no. 6380 (2018).

Lazzarato, M., *The Making of the Indebted Man*, Los Angeles: Semiotext(e), 2011.

Lee, M. K., et al., *Working with Machines: The Impact of Algorithmic and Data-driven Management on Human Workers*, in proceedings of the 33rd annual ACM conference on human factors in computing systems, 2015, pp. 1603−1612.

Lee, S. A. & Liang, Y., "Robotic Foot-in-the-Door: Using Sequential-Request Persuasive Strategies in Human-Robot Interaction", *Computers in Human Behavior*, vol. 9(2019).

Lessig, L., *The Future of Ideas: The Fate of the Commons in a Connected World*, New York: Random House, 2001.

Levisen, C., *Cultural Semantics and Social Cognition: A Case Study on the Danish Universe of Meaning*, Germany: Walter de Gruyter, 2012.

Levy, S., "How Google's Algorithm Rules the Web". Available at: http://www.wired.com/magazine/2010/02/ff_google_algorithm/.

Lewis, S. C., Sanders, A. K. & Carmody, C., "Libel by Algorithm? Automated Journalism and the Threat of Legal Liability", *Journalism & Mass Communication Quarterly*, vol. 96, no. 1 (2019).

Licklider, J. C. R. & Taylor, R. W., "The Computer as a Communication Device", *Science and Technology*, (1968).

Lin N, Fu, Y. C. & Hsung, R. M., "Measurement techniques for investigations of social capital", *Social capital: Theory and research*, vol. 4(2001).

Lodge, M. & Wegrich K., *Managing Regulation: Regulatory Analysis, Politics and Policy*, London: Palgrave Macmillan, 2012.

Lombard, M. & Xu, K., "Social Responses to Media Technologies in the 21st Century: The Media Are Social Actors Paradigm", *Human-Machine Communication*, vol. 2, no.1(2021).

Van Loo, R., "The New Gatekeepers: Private Firms as Public Enforcers", *Virginia*

Law Review Association, no. 106 (2020).

Lopatovska, I., et al., "Talk to Me: Exploring User Interactions with the Amazon Alexa", *Journal of Librarianship and Information Science*, vol. 51, no. 4 (2019).

Lovink, G., et al, "Critical Point of View: A Wikipedia Reader", *SSRN Electronic Journal*, 2011.

Lupton, D., "The Commodification of Patient Opinion: The Digital Patient Experience Economy in the Age of Big Data", *Sociology of Health & Illness*, vol. 36, no. 6 (2014).

Lyon, D., *Surveillance as Social Sorting: Privacy, Risk and Automated Discrimination*, London: Routledge, 2003.

Makhortykh, M., et al., "Not All Who are Bots are Evil: A Cross-platform Analysis of Automated Agent Governance", *New Media & Society*, vol. 24, no. 4(2022).

Marino, M., "*Critical Code Studies*", *Electronic Book Review*, 2006.

Malone, T. W., *Superminds: The Surprising Power of People and Computers Thinking Together*, Boston: Little, Brown, and Company, 2018.

Mancini, P., "Media Fragmentation, Party System, and Democracy", *International Journal of Press/Politics*, vol. 18, no. 1 (2013).

Manyika, J., et al., *A Future that Works: Automation, Employment, and Productivity*, NewYork: Mckinsey Global Institute, 2017.

March, J. G., *Technological Innovation: Oversights and Foresights*, Cambridge: Cambridge University Press, 1997.

Marcini, F., Daldrup, T. & Pant, R., "Acing the Algorithmic Beat, Journalism's next Frontier". Available at: https://www.niemanlab.org/2019/02/acing-the-algorithmic-beat-journalisms-next-frontier/.

Martínez, A. G., *Chaos Monkeys: Obscene Fortune and Random Failure in Silicon Valley*, New York: Harper Collins, 2016.

Matheson, C., "Procedural Rhetoric Beyond Persuasion: First Strike and the Compulsion to Repeat." *Games and Culture*, vol. 10, no. 3 (2015).

McKelvey, F., "Algorithmic Media Needs Democratic Methods: Why Publics Matter", *Canadian Journal of Communication*, vol. 39, no. 4 (2014).

Mead, G. H., "From the Standpoint of a Social Behaviorist", *Mind, Self & Society*, vol. 1, Chicago: The University of Chicago Press, 1967.

Meyrowitz, J., "Media and Behavior - a Missing Link", in McQuail, D. (ed.), *McQuail's Reader in Mass Communication Theory*, New York: SAGE Publications Inc., 2002.

Merritt, D., *Public Journalism and Public Life*, Mahwah: Lawrence Erlbaum Associates, 1995.

Milan, S., "Data Activism as the New Frontier of Media Activism", in Pickard, V. & Yang, G. (eds), *Media Activism in the Digital Age*, New York: Routledge, 2017.

Miller, C. R., "Should We Name the Tools?", in Ackerman, J. & Coogan, D.(eds.), *The Public Work of Rhetoric: Citizen-Scholars and Civic Engagement*, Columbia: University of South Carolina Press, 2010.

Mitchell, W. J., *City of Bits: Space, Place, and the Infobahn,* Cambridge: The MIT press, 1996.

Moll, J., "CO2GLE. Web-Based Visualization". Available at: www.janavirgin.com/CO2/CO2GLE_about.html.

Mosco, V., *La nube: Big Data em um Mundo turbulento*, Barcelona: Biblioteca Buridán, 2014.

Müller, M. & Schur, C., "Assemblage Thinking and Actor-Network Theory: Conjunctions, Disjunctions, Cross-Fertilisations", *Transactions of the Institute of British Geographers*, vol. 4, no.3(2016).

Nagle, A., *Kill All Normies: Online Culture Wars from 4Chan and Tumblr to Trump and the Alt-Right*, Alresford: Zero Books, 2017.

Nagulendra, S. & Vassileva, J., "Providing Awareness, Explanation and Control of Personalized Filtering in a Social Networking Site", *Information Systems Frontiers*, vol. 18, no. 1 (2016).

Napoli, P. M., "Automated Media: An Institutional Theory Perspective on Algorithmic Media Production and Consumption", *Communication Theory*, vol. 24, no. 3 (2014).

Napoli, P. M., "On Automation in Media Industries: Integrating Algorithmic Media Production into Media Industries Scholarship", *Media Industries Journal*, vol. 1, no. 1 (2014).

Napoli, P., *Social Media and the Public Interest: Media Regulation in the Disinformation Age*, New York: Columbia University Press, 2019.

Nass, C., Steuer, J. & Tauber, E. R., "Computers are Social Actors", in Proceedings of SIGCHI' 94 Human Factors in Computing Systems, 1994.

National Aeronautics and Space Administration, *A Forecast of Space Technology 1980–2000* (No. NASA SP-387), 1976.

Netzer, Y., Tenenboim-Weinblatt, K. & Shifman L., "The Construction of Participation in News Websites: A Five-Dimensional Model", *Journalism Studies*, vol. 15, no. 5 (2014).

Nieborg, D. B. & Poell, T., “The Platformization of Cultural Production: Theorizing the Contingent Cultural Commodity”, *New Media & Society*, vol. 20, no. 11 (2018).

Niederer, S., “Wisdom of the Crowd or Technicity of Content? Wikipedia as a Sociotechnical System”, *New Media & Society*, vol. 12, no. 8 (2010).

Nielsen, J., *Usability Engineering*, Amsterdam: Morgan Kaufmann, 1994.

Nissenbaum, H., “From Preemption to Circumvention: If Technology Regulates, Why do We Need Regulation And Vice Versa”, *Berkeley Technology Law Journal*, vol. 26, no. 7 (2011).

Noble, S. U., *Algorithms of Oppression: How Search Engines Reinforce Racism*, New York: New York University Press, 2018.

Orwat, C., et al., “Software Als Institution und Ihre Gestaltbarkeit”, *Informatik Spektrum*, vol. 22, no. 6 (2010).

O’Reilly, T., “Open Data and Algorithmic Regulation”, *Beyond Transparency: Open Data and the Future of Civic Innovation*, vol. 21(2013).

Pak, A. & Paroubek, P., “Twitter as a Corpus for Sentiment Analysis and Opinion Mining”. Available at: http://www.bibsonomy.org/bibte x/25656c3bb1adf-00c58a85e3204096961c/frederik.

Pałka-Suchojad, K., “Who Keeps the Gate? Digital Gatekeeping in New Media”, *Zeszyty Prasoznawcze*, vol. 2, no. 246(2021).

Parikka, J. & Winthrop-Young, G., “Special Issue: ‘Cultural Techniques’ ”, *Theory, Culture & Society*, vol. 30, no. 6 (2013).

Parviainen, J. & Ridell, S., “Infrastructuring Bodies: Choreographies of Power in the Computational City”, in Nagenborg, M., et al. (eds.), *Technology and the City: Towards a Philosophy of Urban Technologies*, Dordrecht: Springer, 2020.

Pasquale, F., *The Black Box Society: The Secret Algorithms that Control Money and Information*, Cambridge: Harvard University Press, 2015, p. 179

Pasquier, D., *Cultures Lycéennes: La tyrannie de la majorite′*, Paris: Editions Autrement, 2005.

Petre, C., Duffy, B. E., & Hund, E., “Gaming the system: Platform Paternalism and the Politics of Algorithmic visibility”, *Social Media+Society*, 2019.

Pfeifer, R. & Bongard, J., *How the Body Shapes the Way We Think: A New View of Intelligence*, Cambridge: The MIT Press, 2006.

Pinchevski, A., *By Way of Interruption: Levinas and the Ethics of Communication*, Pittsburgh: Duquesne University Press, 2005.

Plantin, J.-C., et al., "Infrastructure Studies Meet Platform Studies in the Age of Google and Facebook", *New Media & Society*, vol. 20, no. 1 (2018).

Portuese, A., "The Digital Markets Act: European Precautionary Antitrust". Available at: https://itif.org/publications/2021/05/24/digital-markets-act-european-precautionary-antitrust/.

Potapov, A., "Technological Singularity: What Do We Really Know?", *Information*, vol. 9, no. 82 (2018).

Pötzsch, H., "Archives and Identity in the Context of Social Media and Algorithmic Analytics: Towards an Understanding of iArchive and Predictive Retention", *New Media & Society*, vol. 20, no. 4 (2018).

Prey, R., "Locating Power in Platformization: Music Streaming Playlists and Curatorial Power", *New Media & Society*, vol. 3, no. 5 (2020).

Prieur, A. & Savage, M., "Updating Cultural Capital Theory: A Discussion Based on Studies in Denmark and in Britain", *Poetics*, no. 39 (2011).

Prior, N., "Bourdieu and the Sociology of Music Consumption: A Critical Assessment of Recent Developments", *Sociology Compass*, vol. 7, no. 3 (2013).

Puschmann, C. & Powell, A., "Turning Words into Consumer Preferences: How Sentiment Analysis Is Framed in Research and the News Media", *Social Media Society*, vol. 4, no. 3 (2018).

Quintilian, *Institutio Oratoria: Books I-III*, Butler, H. E.(Trans.), Cambridge: Harvard University Press, 1980.

Quercia, D., Schifanella, R. & Aiello, L. M., "The Shortest Path to Happiness: Recommending Beautiful, Quiet, and Happy Routes in the City". Available at: http://researchswinger.org/publications/quercia14_shortest.pdf.

Ramsay, S., *Reading Machines: Toward an Algorithmic Criticism*, Urbana: University of Illinois Press, 2011.

Rawls, J., *A Theory of Justice*, Cambridge: Harvard University Press, 2003.

Reeves, B. & Nass, C. I., *The Media Equation*, Standford: CSLI Publications, 1998.

Reviglio, U., "Improving User Experience by Browser Extensions: A New Role of Public Service Media?", in El Yacoubi, S., Bagnoli, F. & Pacini, G. (eds.), *Internet Science*. INSCI 2019, Lecture Notes in *Computer Science*, vol. 11938 (2019).

Riccio, J., "Why the Experience Age Is Closing the Gap between Consultancy and Agency". Available at: https://www.digitalpulse.pwc.com.au/experience-age-advertising-agency-consultancy.

Richard, E., Nurse, J. R. C. & Erola, A., "The Anatomy of Online Deception: What

Makes Automated Text Convincing? ", in Proceedings of the 31st Annual ACM Symposium on Applied Computing (SAC), 2016.

Richards, R. J., Spence, P. R. & Edwards, C. C., "Human-Machine Communication Scholarship Trends: An Examination of Research From 2011 to 2021 in Communication Journals", *Human-Machine Communication*, vol. 4, no. 2(2022).

Rice, J., "Occupying the Digital Humanities", *College English*, vol. 78, no. 5(2016).

Rieder, B. & Sire, G., "Conflicts of Interest and Incentives to Bias: A Micro Economic Critique of Google's Tangled Position on the Web", *New Media and Society*, vol. 16, no 2 (2014).

Ritzer, G., *The McDonaldization of Society*, Thousand Oaks: Pine Forge Press, 1993.

Rockwell, G., "Cultural Mapping: A New Method for Knowledge Organization", *Annual Review of the Canadian Association for Information Science* 2003(1).

Rodriguez, M. A., et al., *Smartocracy: Social Networks for Collective Decision Making*, in Proceedings of the 2007 40th Annual Hawaii International Conference on System Sciences, Hawaii, 2007.

Rosen, J., *Getting the Connections Right*. New York: The Twentieth Century Fund Press, 1996.

Rosenblat, A., *Uberland: How Algorithms are Rewriting the Rules of Work*, Oakland: University of California Press, 2018.

Rosenthal-von der Pütten, A. M., et al., "An Experimental Study on Emotional Reactions Towards a Robot", *International Journal of Social Robotics*, vol. 5, no. 1 (2013).

Rosling, H., *The Joy of Stats*, London: BBC4, 2010.

Ruha, B., *Race After Technology: Abolitionist Tools for the New Jim Code*, Cambridge: Polity Press, 2019.

Rushkoff, D., *Team Human*, New York: W. W. Norton & Compang, 2019.

Samuel, H., "Emmanuel Macron Files Defamation Complaint Against Marine Le Pen Over Bahamas Account Allegation". Available at: http://www.telegraph.co.uk/news/2017/05/04/emmanuel-macron-files-defamation-complaint-marine-le-pen-offshore/.

Sandvig, C., et al.,"Auditing Algorithms: Research Methods for Detecting Discrimination on Internet Platforms", *Data and Discrimination: Converting Critical Concerns into Productive Inquiry*, no. 22 (2014).

Scannell, P., *Television and the Meaning of* "*Live*"*: An Enquiry into the Human Situation*, Cambridge: Polity Press, 2014.

Schlesinger, P., "Book Review of John Nerone: the Media and Public Life: a History", *Media, Culture & Society*, vol. 39, no. 4 (2017).

Scholz, T., *Uberworked and Underpaid: How Workers are Disrupting the Digital Economy*, Cambridge : Polity Press, 2017.

Schmidt, E. E., & Cohen, J., *The New Digital Age: Reshaping the Future of People, Nations and Business*. New York: Alfred A. Knopf, 2013.

Schramm, W., *The Story of Human Communication: Cave Painting to Microchip*, New York: Harper & Row, 1988.

Schwab, K., *The Fourth Industrial Revolution*, New York: Currency, 2016.

Scott, W. R. & Davis, G. F., *Organizations and organizing: Rational, Natural and Open Systems Perspectives*, London: Routledge, 2006.

Shannon, C. E., "A Mathematical Theory of Communication", *The Bell System Technical Journal*, vol. 27, no. 3 (April 1948).

Shelton, K., "The Value of Search Results Rankings", *Forbes*, 2017.

Siegel, E., *Predictive Analytics: The Power to Predict Who will Click, Buy, Lie or Die*, Hoboken: Wiley-Blackwell, 2016.

Siegel, E., *Predictive Analytics*, Hoboken: Wiley, 2013.

Silverman, C., "Lies, Damn Lies, and Viral Content: How News Websites Spread (and Debunk) Online Rumors, Unverified Claims, and Misinformation". Available at: http://towcenter.org/wp-content/uploads/2015/02/ Lies Damn Lies Silver man Tow Center.

Simondon, G., "The Genesis of the Individual", *Incorporations*, vol. 6 (1992).

Simons, H. W., Berkowitz, N. N. & Moyer, J. R., "Similarity, Credibility, and Attitude Change: A Review and a Theory", *Psychological Bulletin*, vol. 73, no. 1 (1970).

Singer, N., "Listen to Pandora, and It Listens Back". Available at: http://www.nytimes.com/2014/01/05/technology/pandora-mines-users-data-to-better-target-ads.html?_r=2and. Spotify for Brands Introducing Branded Moments. Available at: http://brandsnews.spotify.com/us/2016/10/14/introducing-branded-moments/.

Smith, C., "The Future of Video: Democratisation of Creativity and Production, Interview with Michael Rosenblam". Available at: https://www.theguardian.com/media-network/2012/feb/23/democratisation-creativity-production.

Snow, J., "Amazon's Face Recognition Falsely Matched 28 Members of Congress with Mugshots". Available at: https://www.aclu.org/blog/privacy-technology/surveillance-technologies/amazons-face-recognition-falsely-matched-28.

Solove, D. J., "Speech, Privacy, and Reputation on the Internet", in Nussbaum, M. & Levmore, S. (eds.), *The Offensive Internet: Speech, Privacy, and Reputation*, Cambridge: Harvard University Press, 2011.

Spence, P. R., "Searching for Questions, Original Thoughts, or Advancing Theory: Human-Machine Communication", *Computers in Human Behavior*, vol. 90 (2019).

Srnicek, N., *Platform Capitalism*, Cambridge: Polity Press, 2017.

Starkman, D., *The Watchdog That Didn't Bark: The Financial Crisis and the Disappearance of Investigative Journalism*, New York: Columbia University Press, 2014.

Stolley, K., "No, Really: Learn to Program", Paper Presented at the Annual Meeting of the Conference on College Composition and Communication, St. Louis, MO, March 2012.

Stoneburner, G., Goguen, A., & Feringa, A., "Risk Management Guide for Information Technology Systems", *NIST Special Publication*, 2002.

Stubbs, M. & Trier, V., "The Search for Units of Meaning: A Tribute to John McHardy Sinclair (14 June 1933–13 March 2007)", *Applied Linguistics*, vol. 30, no. 1 (2007).

Striphas, T., "The Abuses of Literacy: Amazon Kindle and the Right to Read", *Communication and Critical/Cultural Studies*, vol. 7, no. 3 (2010).

Suchman, L., *Human-machine Reconfigurations: Plans and Situated Actions*, Cambridge: Cambridge University Press, 2007.

Sundar, S. S., "There's a Psychological Reason for the Appeal of Fake News". Available at: https://newrepublic.com/article/2016/12/08/theres-psychological-reason-appeal-fake-news.

Sundar, S. S., et al., "Toward a Theory of Interactive Media Effects: Four Models for Explaining How Interface Features Affect User Psychology", in Sundar, S. S. (ed.), *The Handbook of the Psychology of Communication Technology*, Hoboken: Wiley-Blackwell, 2015.

Sundar, S. S., "The Main Model: A Heuristic Approach to Understanding Technology Effects on Credibility", in Metzger, M. J. & Flanagin, A. J. (eds.), *Digital Media, Youth, and Credibility*, Cambridge: The MIT Press, 2008.

Sunstein, C., *Republic: Divided Democracy in the Age of Social Media*, Princeton: Princeton University Press, 2017.

Surowiecki, J., *The Wisdom of Crowds*, New York: Anchor, 2005.

Swidler, A., "Culture in Action: Symbols and Strategies", *American Sociological Re-*

view, no. 51 (1986).

Tasch, B., "Some British Politicians Have a Skewed Idea of how the Top EU Officials Come to Power—Here is How It happens". Available at: http://uk.businessinsider.com/is-the-eu-undemocratic-2016-8-3.

Thaler, R. H., & Sunstein. C. R., *Nudge: Improving Decisions About Health, Wealth, and Happiness*, London: Penguin, 2009.

Thompson, C., "If you Liked This, You're Sure to Love That". Available at: http://www.nytimes.com/2008/11/23/magazine/23Netflix-t. html.

Thompson, R., "Kairos Revisited: An Interview with James Kinneavy", *Rhetoric Review*, vol. 19, no. 2 (2000).

Trevor, P., "Invisible Images (Your Pictures are Looking at You)". Available at: https://thenewinquiry.com/invisible-images-your-pictures-are-looking-at-you/

Tsvetkova, M., et al., "Even Good Bots Fight: The Case of Wikipedia", *PLOS ONE*, vol. 2 (2017).

Turner, V. W., "Betwixt and Between: The Liminal Period in Rites de Passage", in Lessa, W. A. & Vogt, E. Z. (eds.), *Reader in Comparative Religion: An Anthropological Approach* , 4th Edition, New York: Harper & Row, 1964/1979.

Tushman, M. L., & Katz, R., "External Communication and Project Performance: An investigation into the role of gatekeepers", *Management Science*, vol. 26, no.11(1980).

Ulam, S., "Tribute to John von Neumann 1903–1957", *Bulletin of the American Mathematical Society*, vol. 64 (1958).

Vakalis, I., Hosgood, B. & Chawdhry, P., *Biometrics for Border Security*, Warsaw: Frontex, Joint Research Unit, 2006.

Varian, H. R., "Beyond Big Data". Available at: https://link.springer.com/article/10.1057/be.2014.1.

Verbeek, P.-P., "Materializing Morality: Design Ethics and Technological Mediation Science", *Technology & Human Values*, vol. 31 (2006).

Verduyn, P., et al., "Do Social Network Sites Enhance or Undermine Subjective Well-being? A Critical Review", *Social Issues and Policy Review*, vol. 11, no. 1 (2017).

Verhulsdonck, G., & Limbu, M., *Digital Rhetoric and Global Literacies: Communication Modes and Digital Practices in the Networked World*, London: Routledge, 2014.

Waddell, T. F., Zhang, B. & Sundar, S. S., "Human-Computer Interaction", in Malden, R. M. E., et al. (eds.) , *The International Encyclopedia of Interpersonal Communication*, Hoboken : Wiley-Blackwell, 2016.

Wallenstein, A. & Spangler, T., "The Rise and Fall of a Content Farm", *Variety*, vol. 322, no. 6 (2003).

Wardrip-Fruin, N., *Expressive Processing: Digital Fictions, Computer Games, and Software Studies*. Cambridge: The MIT Press, 2009.

Watts, D. J. & Strogatz, H. S., "Collective Dynamics of 'Small-world' Networks", *Nature*, vol. 393 (1998).

Weber, J., "Helpless Machines and True Loving Care Givers: A Feminist Critique of Recent Trends In Human-Robot interaction", *Information Communication Ethics in Society*, vol. 3, no.4(2005).

Wertsch, J. V. & Roediger, H. L., "Collective Memory: Conceptual Foundations and Theoretical Approaches", *Memory*, vol. 16, no. 5 (2008).

Westerman, D., et al, "I-It, I-Thou, I-Robot: The Perceived Humanness of AI in Human-Machine Communication", *Communication Studies*, vol. 10, no.3 (2020).

Widdowson, H., "J. R. Firth, 1957, Papers in Linguistics 1934–51", *International Journal of Applied Linguistics*, vol. 17, no. 3 (2007).

Wiggins, B. E. & Bowers, G. B., "Bret Bowers. Memes as Genre: A Structurational Analysis of the Memescape", *New Media & Society*, vol. 17, no. 11 (2014).

Williams, R., "Culture is Ordinary", in Szeman, I. & Kaposy, T. (eds.), *Cultural Theory: An Anthology*, Hoboken: Wiley-Blackwell, 2011.

Williams, R., *Politics and Letters*, London: Interviews with New Left Review, 1979.

Winner, L., "Do Artifacts Have Politics?", *Daedalus*, vol. 109, no. 1 (1980).

Woodruff, A., "Necessary, Unpleasant, and Disempowering: Reputation Management in the Internet Age", in Proceedings of the SIGCHI Conference on Human Factors in Computing Systems, 2014.

Whelan, E., Donnellan, B. & Golden, W., "Knowledge Diffusion in Contemporary R&D Groups: Re-Examining the Role of the Technological Gatekeeper", *Annals of Information Systems*, vol. 4(2009).

White, D. M., "The 'gate keeper': A Case Study in the Selection of News", *Journalism quarterly*, vol. 27, no. 4(1950).

"Who Shared it? How Americans Decide What News to Trust on Social Media". Available at: http://mediainsight.org/Pages/%27Who-Shared-It%27-How-Americans-Decide-What-News-to-Trust-on-Social-Media. aspx.

Yeung K., "Algorithmic Regulation: A Critical Interrogation", *Regulation & Governance*, vol. 12, No. 4(2018).

Yeung, K., "'Hypernudge': Big Data as a Mode of Regulation by Design", *Information, Communication & Society*, vol. 20, no. 1 (2017).

Zeng, J., & Valdovinos Kaye, D. B., "From content moderation to visibility moderation: A case study of platform governance on TikTok", *Policy & Internet*, vol. 14, no.1(2022).

Zuboff, S., *The Age of Surveillance Capitalism: The Fight for a Human Future at the New Frontier of Power*, New York: Public Affairs, 2019.

Zuckerberg, M., "Bringing the World Closer Together". Available at: https://www.facebook.com/zuck/posts/10154944663901634.

"This Script was also the Basis for the Work Bot Used for the Documentation of Earthquakes Described in Chapter 3". Available at: https://homicide.latimes.com.

"Spotify for Brands Introducing Branding Moments". Available at: http://brands-news. spotify.com/us/2016/10/14/introduling-banded-moments/.

"The Digital Markets Act: European Precautionary Antitrust, Aurelien Portuese". Available at: https://itif.org/publications/2021/05/24/digital-markets-act-european-precautionary-antitrust/.

后 记

在历经四年的酝酿、积累、沉淀，几乎没有间断的文字耕耘，在所撰写的十余篇论文陆续发表后，我从2022年春节开始萌生在已有研究的基础上写作一部完整书稿的想法。这个过程比我想象中要顺畅，得益于我近年来持续在算法传播领域躬耘，所思专一，故拶题有数、下笔有底。在疫情的终止符和农历癸卯年的烟花一同来临的时候，我完成了这册书卷。

算法是近年来人文社科知识场域的新兴研究对象。在技术哲学、伦理学领域，算法与大数据、人工智能均受到关注，其中包括了人机关系的现象学阐释、后人类主义的反身指呈等；法学研究中对算法决策权、解释权的讨论和对算法歧视与偏见的司法审查等问题讨论较多；管理学领域多见算法与政府治权结合的规范性问题；经济学领域则是金融行业的算法决策研究等。算法之所以引起新闻传播学学者关注源自新闻资讯类平台和自动化新闻的出现，信息茧房、个性化推荐、回音室、算法分发等话题都是研究热点，并很快扩散至对传播中的数字伦理、媒介文化、平台治理、算法素养等问题的讨论。多学科议题和知识发现整体形成一股方兴未艾的研究势能，为本书写作积累了丰富资源。

出于对新媒体与社会发展问题的长期关注，我也是国内较早从事算法研究的传播学学者之一。本书所用的“算法传播”概念，我已研究多年，并已撰写多篇论文进行专题讨论。除了研究算法传播本体知识之外，我将算法传播放置在数字文明的复杂进程中，在全球化、智能化、平台化、深度媒介化等主题的根牙磐错中寻找问题、发现问题。本书涉及算法与社会变革、算法与政治传播、算法与人机传播、算法与平台化生产、算法与媒介文化等领域的议题，研究视角较多，理论线索较繁。幸运的是我的研究也得到了学界同行的认可，其间我围绕这些议题产出的多篇成果顺利发表并获转载，也收获了三个国家级项目的立项。人文学科的研究贵在批判精神，社会科学领域的学术创作同样需要秉持人文理念和价值担当，这也是支持我不断探索真知的信念。

学术创作之路难免孤独，但我甘之如饴，并愿以此报生平亲友与知己。感谢我的父亲，他退休前是中学语文老师，高凤流麦的故事我从小烂熟于心，我的人文气质来自他的遗传。感谢我的母亲，她和父亲一起陪我南征北战，为我分担生活的重任，让我能够潜心向学。感谢众多师友相扶，在我徘徊在人生低谷期时，他们是我的灯塔，让我看清精神皈依的方向。感谢商务印书馆团队给予我的支持和帮助。感谢我的研究生李佳琪、向钎铭、张入迁、李庆，我与他们合作发表的四篇论文都收录在本书中。感谢我的研究生刘静、何雯敏放弃休假，投入对书稿脚注的校订工作。如果书中依然还有纰误，那是我的责任。囿于个人能力，本书尚存在诸多不足之处，敬请读者朋友们包容与指正。

作 者

2023 年春节于珠江之畔

图书在版编目(CIP)数据

隐形超权力:算法传播研究 / 全燕著. — 北京:商务印书馆, 2023
ISBN 978-7-100-22426-0

Ⅰ. ①隐… Ⅱ. ①全… Ⅲ. ①算法—应用—传播学—研究 Ⅳ. ① G206

中国国家版本馆 CIP 数据核字(2023)第 075990 号

隐形超权力

算法传播研究

全燕 著

商 务 印 书 馆 出 版
(北京王府井大街 36 号 邮政编码 100710)
商 务 印 书 馆 发 行
北京虎彩文化传播有限公司印刷
ISBN 978-7-100-22426-0

2023 年 6 月第 1 版 开本 787×960 1/16
2023 年 6 月北京第 1 次印刷 印张 31⅛

定价：168.00 元